地方財政健全化法とガバナンスの経済学

制度本格施行後10年での実証的評価

赤井伸郎・石川達哉 著

Economics of Governance Effect of Act on Assurance of Sound Financial Status of Local Governments

有斐閣

目　次

序　章　地方財政健全化法のガバナンス効果 ―――― 1
はじめに　1
1　地方財政健全化法が担う役割と制定の経緯 ………………………… 1
2　ガバナンス制度として見た地方財政健全化制度の特徴 …………… 2
3　本書の意図と各章の概要 …………………………………………… 4

第1章　自治体財政に対する地方財政健全化法の役割 ―――― 9
●健全化判断比率とは？

はじめに　9
1　地方財政健全化法制定の背景と目的 ………………………………… 11
　1.1　地方財政健全化法制定の経緯　11
　1.2　旧再建法と地方財政健全化法の差異　13
2　健全化判断比率によって捕捉される財政構造上の問題点 ……… 17
　2.1　健全化判断比率の集計対象会計と各会計の算入範囲　17
　2.2　実質赤字比率　19
　2.3　連結実質赤字比率　21
　2.4　実質公債費比率　21
　2.5　将来負担比率　22
　2.6　健全化判断比率による早期是正の機能　23
3　地方財政健全化法施行後に財政健全化は進んだのか？ ………… 26
　3.1　財政状況が著しく悪化している自治体の数　26
　3.2　財政状況に問題のない自治体の数　28
　3.3　健全化判断比率の平均値の推移　30
4　財政健全化と健全化判断比率によるガバナンス効果 …………… 33
　4.1　健全化判断比率の改善とガバナンス効果　33
　4.2　実質赤字比率のガバナンス効果をめぐる論点　34
　4.3　連結実質赤字比率のガバナンス効果をめぐる論点　36
　4.4　実質公債費比率のガバナンス効果をめぐる論点　37
　4.5　将来負担比率のガバナンス効果をめぐる論点　39

まとめ　39
付論　起債管理指標としての健全化判断比率とそのルール改正 ………… 40

補　章　健全化判断比率の読み方 ──────────── 44
はじめに　44
1　実質赤字比率 ………………………………………………………… 44
2　連結実質赤字比率 …………………………………………………… 49
3　実質公債費比率 ……………………………………………………… 52
4　将来負担比率 ………………………………………………………… 59

第2章　実質公債費比率のガバナンス効果 ──────── 64
　　　　●臨時財政対策債の償還財源先食いを解消できるのか？
はじめに　64
1　財政運営と実質公債費比率 ………………………………………… 66
　1.1　実質公債費比率と自治体のインセンティブ　66
　1.2　実質公債費比率における満期一括償還方式地方債の取扱い　68
　1.3　実質公債費比率のガバナンス効果　70
　1.4　臨時財政対策債に対するガバナンスの必要性　72
　　1.4.1　実質公債費比率の集計対象としての臨時財政対策債　72
　　1.4.2　臨時財政対策債において問題視される償還・積立の遅れ　73
　　1.4.3　地方交付税の代替財源と見なされる臨時財政対策債の落とし穴　76
2　臨時財政対策債制度の概観 ………………………………………… 78
　2.1　臨時財政対策債に対する措置額の趨勢的増加　78
　2.2　臨時財政対策債の理論償還費の算定方法　83
　2.3　理論償還費の基準財政需要額算入額と現実の償還・積立額の乖離（償還財源先食い）　85
　2.4　起債額に基づく理論償還費を算定する必要性　87
3　臨時財政対策債の各種積立ルールと積立不足の実態 …………… 90
　3.1　理論償還費の算入ペースと実質公債費比率算定上の標準積立ルール　90
　3.2　臨時財政対策債の償還・積立と積立不足の実態　92
　3.3　償還・積立を促すガバナンス効果──実質公債費比率の算定ルールと償還・積立インセンティブ　99
4　実質公債費比率のガバナンス効果に関する計量分析 …………… 102
　4.1　検証の対象　102
　4.2　データと推定モデル　104

4.3　推定結果とその総括　107
　まとめ　110
　付論　元利償還金の全額が措置される特殊な地方債の償還財源先食い……111

第3章　連結実質赤字比率のガバナンス効果 ──── 116
●「公立病院特例債」発行団体の病院事業における資金不足額を縮減できるのか？

　はじめに　116
　1　地方財政健全化法施行時の公立病院の事業動向………………………118
　　1.1　時限措置としての公立病院特例債　118
　　1.2　公立病院特例債の効果　121
　　1.3　公立病院全般の事業動向と公立病院改革ガイドライン　122
　　1.4　地方交付税制度等における財源措置の拡充　123
　2　発行可能団体における公立病院特例債発行の有無と資金不足変化額…125
　　2.1　公立病院特例債の発行要件と発行可能額および起債実績　125
　　　2.1.1　公立病院特例債の発行要件　125
　　　2.1.2　公立病院特例債の発行可能額　126
　　　2.1.3　公立病院特例債起債団体に見る発行条件　127
　　2.2　公立病院特例債発行可能団体における連結実質赤字比率の状況　128
　　2.3　見かけ上の資金不足変化額と真の変化額　130
　　2.4　発行可能団体における地方交付税制度からの財源措置　133
　　2.5　発行可能団体における経営形態の変更　134
　3　公立病院特例債発行可能団体における資金不足額縮減に対する連結実質赤字比率のガバナンス効果の検証………………………137
　　3.1　検証仮説とその背景　137
　　3.2　推定モデルとデータ　139
　　　3.2.1　モデルの考え方　139
　　　3.2.2　被説明変数　140
　　　3.2.3　説明変数　140
　　3.3　推定結果とその解釈　145
　まとめ　149
　付論　健全化判断比率相互の関係──トレードオフは回避できるのか？…151
　　1　健全化判断比率相互の補完性と競合性　151
　　2　実質収支悪化が確実視される状況での対応──財政調整基金取崩しの効果　152
　　3　実質収支改善が確実視される状況での対応(1)──財政調整基金積増しの効果

　　　　　　　　154
　　4　実質収支改善が確実視される状況での対応(2)──繰上償還の効果　154

第4章　将来負担比率のガバナンス効果 ─────────── 157
　　●土地開発公社問題の解決を促すことはできるのか？

はじめに　157

1　将来負担比率から何を読み取れるのか？ ……………………… 159
　1.1　将来負担比率と実質公債費比率の関係から読み取れる財政構造　159
　1.2　財政健全化策としての繰上償還　166
　1.3　実質公債費比率が将来上昇するリスクと将来負担比率のガバナンス効果　169
　1.4　実質赤字比率が将来上昇するリスクと将来負担比率のガバナンス効果　175

2　自治体の財政健全化における土地開発公社の重要性 ………… 178
　2.1　土地開発公社の自治体にとっての重要性と設立法人としての特殊性　178
　　2.1.1　設立法人等の債務に対する自治体の債務保証・損失補償　178
　　2.1.2　地方三公社における特定調停の事例　182
　2.2　土地開発公社の清算・解散が遅れた理由　185
　　2.2.1　地価下落と土地開発公社の財務状況悪化　185
　　2.2.2　土地開発公社経営健全化対策　186
　　2.2.3　清算・解散が遅れた4つの理由　188
　2.3　土地開発公社の清算・解散が2009年度以降に加速した理由　193

3　将来負担比率による土地開発公社解散促進効果の計量分析 ……… 195
　3.1　予備的検討　195
　3.2　土地開発公社問題の解決に向けた選択肢の考え方　197
　3.3　分析対象と具体的な計量分析の方法　198
　3.4　モデルの推定と結果の解釈　201

まとめ　203

付論1　実質公債費比率と将来負担比率の関係 ……………………… 204
　1　実質公債費比率に対する将来負担比率の倍率を決める要因　204
　2　将来負担比率の引下げ策と「実質公債費比率に対する倍率」への効果　207
　3　約定スケジュールに従った債務償還の効果　208

付論2　土地開発公社清算と第三セクター等改革推進債利用に関する理論
　　　　モデル ……………………………………………………………… 209

1　借入れの更新ができないリスクを考慮しないモデル　209
　　2　借入れの更新ができないリスクを考慮するモデル　210

第5章　実質赤字比率のガバナンス効果 ———————— 212
●旧再建法の抜け穴はどこにあったのか？

　はじめに　212
　1　実質赤字比率だけが用いられた旧再建法下の制度——地方財政健全化法との比較から………………………………………………………213
　2　旧再建法下の財政再建事例の分析——会計操作に対する脆弱性と自発的な財政健全化を促すインセンティブの弱さ…………………………216
　　2.1　分析のねらい　216
　　2.2　旧再建法における財政再建の仕組みと財政破綻・財政再建の実例　216
　　2.3　再建申請で初めて発覚する財政破綻——申請年度に急上昇する実質赤字比率の不自然さ　219
　　2.4　実質赤字比率の強みと弱み——財政危機進行に対する指標性と会計操作に対する脆弱性（経常収支比率との比較）　223
　　2.5　旧再建法下の財政破綻の原因　228
　3　夕張市の財政破綻に見る制度の抜け穴——会計操作はどのようにして行われたのか？……………………………………………………………231
　　3.1　何が夕張市の財政破綻をもたらしたのか？　231
　　3.2　ヤミ起債と一時借入金の不正利用　237
　　3.3　操作された実質赤字比率　239
　　3.4　会計操作の手法と決算データにおける痕跡　240
　　3.5　会計操作の抑止力としての地方財政健全化法　244
　まとめ　246
　付論　経常収支比率が捉える財政リスク………………………………248

第6章　地方財政健全化法に残された課題 ———————— 251
●現行法のルールに抜け穴はないのか？

　はじめに　251
　1　改正された地方財政健全化法の概要
　　　——健全化判断比率のルール見直し………………………………253
　　1.1　「単コロ」「オーバーナイト」「公有地信託」の将来負担比率への算入　253

1.2 「地方財政の健全化及び地方債制度の見直しに関する研究会」の提言　257
　　1.2.1 新しい地方公会計基準による指標の追加　258
　　1.2.2 指標の組合せによる総合的な財政分析と既存指標の活用促進　260
1.3 「地方財政の健全化及び地方債制度の見直しに関する研究会」の提言の意義　261

2 制度改正後にも残る健全化判断比率の課題と改善策 …………… 262
2.1 実質公債費比率　263
　　2.1.1 課題1：減債基金の積立不足の算定対象　263
　　2.1.2 課題1への対応案　274
　　2.1.3 課題2：積立不足の集計対象外とされる定時償還方式地方債　276
　　2.1.4 課題2への対応案　277
　　2.1.5 課題3：交付税措置された償還財源の先食いの検出　277
　　2.1.6 課題3への対応案　279
2.2 実質赤字比率　279
　　2.2.1 課題4：一般会計による借入金の有無に関する表示　280
　　2.2.2 課題4への対応案　281
2.3 連結実質赤字比率　282
　　2.3.1 課題5：「解消可能資金不足額」の計上有無に関する表示　282
　　2.3.2 課題5への対応案　283
　　2.3.3 課題6：集計対象事業の法人形態が変更された場合の取扱い　284
　　2.3.4 課題6への対応案　284
2.4 将来負担比率　284
　　2.4.1 課題7：設定された早期健全化基準と協議不要基準の妥当性　284
　　2.4.2 課題8：確定債務と未確定債務の区分　290
　　2.4.3 課題7および課題8への対応案　291

まとめ　292

付論　見えにくい積立不足額の実態──定常状態のシミュレーションからわかること ………………………………………………………………………… 293

第7章　マクロの地方財政健全化に向けて ─── 299
●ミクロ合計額との乖離の意識づけと解消策

はじめに　299

1 マクロの地方債等残高とミクロの地方債等残高合計額との乖離の実態 ………………………………………………………………………… 302
1.1 地方全体の借入残高の状況　302

  1.2 乖離を生む「地方債残高に係る基準財政需要額算入見込額」 306

  1.3 自治体別の「地方債残高に係る基準財政需要額への算入見込額」 309

 2 地方財政計画上の財源不足額と臨時財政対策債の問題点 …………… 313

  2.1 将来負担比率のガバナンス効果が及ばない債務 313

  2.2 地方財政全体の持続可能性と地方財政計画における臨時財政対策債 315

  2.3 臨時財政対策債残高に係る基準財政需要額算入見込額の推定 320

   2.3.1 臨時財政対策債の理論元利償還費 320

   2.3.2 臨時財政対策債の理論元金償還費 323

   2.3.3 臨時財政対策債残高に係る基準財政需要額算入見込額 328

  2.4 地方債務としての交付税特会借入残高 331

  2.5 自治体に帰属させるべき債務を反映したミクロの地方債等残高合計額（修正ミクロ合計額） 333

 3 乖離解消とマクロの財政健全化に向けた方策——財政負担シミュレーション ……………………………………………………………………… 336

  3.1 基本的な考え方 336

  3.2 個別自治体に新たに求める財政負担の按分方法 338

  3.3 財政負担シミュレーション（2018 年度末）の結果 342

   3.3.1 都道府県に対する財政負担シミュレーションの結果 342

   3.3.2 市町村に対する財政負担シミュレーションの結果 345

 4 具体的な方策と求められる制度改革 ………………………………… 347

  4.1 現行制度下での「地方財源不足額」解消策 347

   4.1.1 地方交付税財源の拡充 348

   4.1.2 自治体の独自財源の拡充 351

   4.1.3 地方歳出額の減額 352

  4.2 他の方策の可能性 353

 まとめ 354

 付論 適正規模の財政調整基金に向けて——マクロの財源移転とミクロの年度間財源調整の観点から ……………………………………………… 356

終　章　さらなる地方財政健全化に向けたガバナンス制度改革 ── 360

 はじめに 360

 1 地方財政の健全性確保のために求められるガバナンス制度 ……… 361

  1.1 地方財政に対するガバナンス制度構築の必要性 361

  1.2 ガバナンス効果を支える地方財政健全化法の特徴——旧再建法との違い

362
2　ミクロ・ベースの財政健全化に対するガバナンス機能とその強化…363
　2.1　実証分析を通じて明らかになった健全化判断比率のガバナンス効果　363
　2.2　地方財政健全化法のガバナンス機能強化に向けて残された課題　365
3　マクロとミクロ合計額が乖離する原因とその解消に向けた改革……368
　3.1　マクロの地方財政健全化に向けて残された課題　368
　3.2　マクロとミクロ合計額の乖離解消に向けた改革　369
おわりに　370

あとがき　373
参考文献　375
参考資料　385
索　　引　390
著者紹介　396

序　章

地方財政健全化法のガバナンス効果

はじめに

　2007年6月に公布された「地方公共団体の財政の健全化に関する法律」（以下，地方財政健全化法と表記）は，約2年間の準備期間，地方財政再建促進特別措置法（以下，「旧再建法」と表記）からの移行期間を経て，2009年4月から本格施行が始まっており，2019年度は本格施行後ちょうど10周年の節目に当たる年度である。地方財政健全化法によって定められた4種類の健全化判断比率の推移を見れば，この10年間における個別自治体[1]の財政健全化については大きな成果をあげているように思われる。

　本書の最大の目的は，地方財政健全化法は個別自治体の財政健全化に寄与したのか否か，寄与したのであれば，その論理・背景は何か，さらに，同法に残された課題は何であるかを，自治体の行動インセンティブという観点から，経済学的論理と手法に基づき，実証的に明らかにすることである。

1　地方財政健全化法が担う役割と制定の経緯

　地方財政健全化法の整備にあたっては，総務省に設置された「新しい地方財政再生制度研究会」において，2006年8月から12月までの期間にさまざまな観点から議論が行われたが，その議論の直前，夕張市が不正経理によって未曾

---

[1] 憲法第92条において，地方公共団体に関する組織および運営に関する事項は，地方自治の本旨に基づいて法定されることが定められており，地方自治法では，地方公共団体の区分，組織および運営に関する事項の大綱が定められていることから，正確には「地方公共団体」と表記すべきである。しかし，新聞報道などでは「自治体」という表記の方がはるかに高い頻度で用いられているため，社会的に浸透していることを考慮して，本書では「自治体」という表記を用いることとする。

有の規模まで債務を膨張させていたことが6月に発覚し，そのような財政破綻を確実に回避させるための仕組みを地方財政健全化法に組み込むことが重点的に検討された。夕張市の事例は，経済学的にいえば，予算制約に従わずに歳出を決定し，会計操作によって赤字の顕在化を隠蔽していたものである。

　自治体で必要なサービスを提供するための財源は，個別自治体（ミクロ）に対しては，地方交付税制度を通じて，一定水準が保障されているはずである。長期的な視野で計画的な財政運営を行っているのであれば，持続可能性は高いと考えられる。一方で，当時の夕張市のように，合理性を欠いた財政運営を行い，失敗したときに自力で収拾をつけることは到底できないほどリスクの高いプロジェクトを実施してしまう可能性もある。すなわち，甘い見積りに基づく将来の収支見通しを用いることによって，成功可能性が低いプロジェクトを実施したり，過大な投資を行ったりする可能性があり，結果として，持続可能な財政運営から逸脱することもありうるのが現実である。しかも，プロジェクトの失敗によって，すでに財政危機が生じていることが，会計操作によって隠蔽され，表面化する時期が大きく遅れることさえも過去には起きた。

　財源の裏づけに乏しい無謀な歳出を行うことで生ずる，一定レベルを超えた赤字の拡大や債務の増大は，自治体の財政運営の持続可能性を危険にさらすものであり，財政指標のうえでこのような危険な兆候が現れたとしたら，自治体が自発的にこれを抑制し，危機を未然に防ぐよう財政健全化を促すことが，地方財政健全化法およびその柱である健全化判断比率に課せられた役割である。

2　ガバナンス制度として見た地方財政健全化制度の特徴

　地方財政健全化法によって定められた制度（以下，「地方財政健全化制度」と表記）には，各自治体が長期的な視野から健全な財政運営を行うインセンティブを持つように促すルールが採用され，自治体の行動を律するガバナンス制度として機能するように設計されている。重要なのは，自治体に自発的な財政健全化行動を促し，財政の持続可能性を維持する仕組みであり，制度やルールによる望ましい方向への誘導こそが本書で扱うガバナンス効果の本質である[2]。

---

[2] 行政組織におけるガバナンス・システムの必要性については，赤井（2006）の序章と終章において，網羅的に説明されている。

自治体の財政運営には，間接的ではあるが，首長や議員を通じて住民の意向が反映される（財政民主主義）。つまり，基本的には，住民の効用を最大化するような財政的選択がなされると考えられる。しかし，自治体は常に最適な選択が行える存在というわけではない。時として，合理性を欠いて，住民の便益に反するような選択が行われることは起こりうる。行政組織としての自治体と住民の間には情報の非対称性があるから，住民のための正しい選択からの逸脱，住民の効用を最大化する経路からの逸脱が，長期にわたり是正されない場合もありうる。自治体に対する住民や国によるコントロール，いわば"ガバメント・ガバナンス"がどうしても必要な理由は，ここにある。

　ただし，コントロールといっても，行財政運営の1つひとつに対して，住民が直接干渉することは困難であるため，まず求められることは，自治体がどのような決定を下したのかについて，住民が把握できること，また，住民の意思と乖離している場合には選択を改めるよう促すことが可能な仕組みを，自治体に対する制度として備えていることである。そのことが，住民の便益に反するような選択，誤った選択に対する抑止力となるからである。また，大きな逸脱が生じたときには，自律的な修正や，正しい選択，正しい経路への復帰を誘導するような仕組みが制度やルールに内在していることが求められる。その際，過去の選択の誤りを正すこと，誤った選択を未然に回避することは，自治体が自らに対する規律づけの結果として実現するものであるから，そのような自治体の行動インセンティブは尊重されていなければならない。

　このような条件を満たしているガバナンス制度が，まさしく，現行の地方財政健全化制度である。同制度のもとでは，国による直接管理や強要とは異なり，自発的に行動する自治体が主役となる。地方財政健全化法のもとでは，その後の財政的選択が大きく制約されるという意味で，（最も深刻なレベルまで財政悪化が進んでいるため，自らに課すべき制限が最も大きい）財政再生団体と（懸念される一定のレベルを超えて財政悪化が進んでいるため，財政再生団体に次いで，自らに課すべき制限が大きい）財政健全化団体のいずれになることも，住民の便益を考えるならば，避けなければならない。そのため，4種類の健全化判断比率のうち，どれか1つでも早期健全化基準に近い水準にある自治体は，その健全化判断比率を引き下げるよう自発的に財政健全化策を講じるインセンティブを持つ。

　これは，自治体の自由な選択と自発的な行動を尊重する「地方分権」や「地方自治」の理念とも整合的である。財政健全化計画や財政再生計画の内容自体

については、何ら制限を受けるものではなく、自治体自身の判断によって策定されるものであるとともに、計画の策定と実施は首長と議会の責任においてなされなければならないことが地方財政健全化法に定められている。

つまり、自治体の財政健全化への取組みは、自由な選択と自発的な行動を通じて、健全化判断比率を改善することに集約されるといっても過言ではない。後述するとおり、本書では、健全化判断比率と早期健全化基準に関するルールが、本当に自治体の健全化行動を促したのか否か、4種類の健全化判断比率ごとに実証的に分析する。

裏返していえば、健全化判断比率への算入対象から外れる項目については、地方財政健全化法はガバナンス効果を持たないということでもある。地方全体（マクロ）では、地方財政計画を通じて、国による財源保障が行われているものの、計画策定過程で生ずる「地方財源不足額」への対処として発行される臨時財政対策債は、地方財政健全化法では個別自治体（ミクロ）の実質的な債務ではないと位置づけられている。実のところは、制度による償還財源の確保は行われず、将来負担の真の帰属が曖昧なまま、その先送りだけが続けられている。この問題も、本書で分析・検討する。

地方財政健全化制度を有効に機能させるうえで欠かすことのできない視点は、住民に対する情報開示の重要性である。地域を構成する住民自身が財政状況を正しく理解してこそ、住民のエージェントである自治体運営者に、財政健全化インセンティブが生まれ、地方財政健全化制度のガバナンス効果が発揮されるからである。その意味では、健全化判断比率の算定結果に加えて、何をどこまで開示するのかが問われる。とくに、健全化判断比率については、それぞれが何を測るための指標であるかを考えれば、算定された結果のみを公表するのでなく、算定過程の情報を開示することこそが求められることは自明である。健全化判断比率算定過程の情報を開示するだけでも、何が現在の財政状況をもたらしているのか、早期改善が求められるのは何であるかが明確になり、今後の財政運営に対する住民の理解が進むことをおおいに期待できる。

3 本書の意図と各章の概要

以上を踏まえると、地方財政健全化法が本格施行後10年の区切りを迎えた今、自治体の財政運営の実態を見つめ直し、地方財政健全化制度のガバナンス

効果を見極めるよい機会である。それこそが，本書執筆の最大の動機である。本章に続く各章の意図は，以下のとおりである。

第1章とその補章は，地方財政健全化法成立の経緯と同法のもとでの財政健全化制度の内容に加え，健全化判断比率の具体的な算定方法，実績値の推移と早期健全化基準や財政再生基準など健全化判断比率に関わるルールがもたらす効果を学ぶパートである。誤解されやすい点も明らかにしており，このパートを読むだけで，制度に対する理解は大きく進むと思われる。また，2007～17年度の健全化判断比率の実績値の推移を踏まえて，地方財政健全化法施行後に自治体の財政健全化が着実に進んだことをさまざまな角度から示している。

第2章から第5章にかけては，地方財政健全化法における4種類の健全化判断比率のガバナンス効果について，それぞれ実証分析を行っている。

そのうちの第2～4章は，個別の健全化判断比率を直接の考察対象として，自治体の財政健全化行動を促すガバナンス効果を持つことを計量経済学的に検証するパートである。具体的には，実質公債費比率と新設の2指標（連結実質赤字比率と将来負担比率）に関して，この数年の間に学術誌に採択された論文や学会で報告した論文をベースとしつつ，採用モデルの精緻化や利用データの更新を行っている。それぞれの健全化判断比率のガバナンス効果を見極めるため，自治体の財政運営と指標の関係を十分に考慮したうえで，検証すべき仮説を設定し，精選されたデータを用いて計量的な分析に取り組んでいる。その際，各章に共通して，「健全化判断比率の早期健全化基準からの乖離率」が小さいほど，言い換えると「財政健全化団体」となって，その後の財政的選択を自ら制限しなければならない状況に陥る可能性が高まるほど，それを回避するための財政健全化行動が促されるかどうかに焦点を当てている。

まず，第2章では，臨時財政対策債について，元利償還金に係る交付税措置と現実の償還・積立に着目し，二元配置固定効果モデルの推定を通じて，実質公債費比率とその早期健全化基準が積極的な償還・積立と償還財源の先食い解消を自治体に促す効果を持っているか否かを検証する。

第3章では，地方財政健全化法の本格施行開始直前の2008年度限りで発行が許可された公立病院特例債に着目し，公立病院特例債発行可能団体を対象にして，公立病院特例債の発行の有無がその後の資金不足額縮減幅にも影響する処置効果モデル（プロビット・モデルと回帰モデル）を推定し，連結実質赤字を改善すべき幅が大きいほど病院特別会計における現実の資金不足額縮減幅が大

きいか否か，公立病院特例債は起債団体の資金不足額縮減を促進する処置効果を持っているか否かを検証する。

　第4章では，将来負担比率を，実質公債費比率のストック概念に相当する側面（第1の側面）と，他の3種類の健全化判断比率がカバーできない要素を集計対象とするという側面（第2の側面）という2つの側面に分けて，自治体に財政健全化を促すガバナンス効果を検証する。

　第1の側面に関するガバナンス効果は，実質公債費比率を補完する役割であり，一般会計の地方債残高が原因で将来負担比率が高い自治体に対して，ネットの繰上償還を通じてそれを引き下げるように促すか否かを検証した筆者の先行研究の成果を紹介する。

　第2の側面に関するガバナンス効果は，将来負担比率のみが持っている機能であり，設立法人等の債務に対する債務保証・損失補償が一般会計等負担見込額として将来負担比率に算入されることで，当該法人の抜本的な経営改革や清算・解散を促すか否かを検証する。具体的には，土地開発公社と2009～13年度に限定して発行が許可された「第三セクター等改革推進債」に着目して，入れ子型ロジット・モデルを推定し，将来負担比率の早期健全化基準からの乖離率が小さい自治体ほど土地開発公社の解散・清算を行うか否か，その解散・清算に際して第三セクター等改革推進債を利用するか否かの選択が何から影響を受けているのかを新たに検証する。

　それぞれの章で着目する臨時財政対策債，公立病院特例債，第三セクター等改革推進債は，いずれも赤字地方債という点では，共通している。他方，臨時財政対策債の元利償還費が後年度の普通交付税算定過程で100%措置（財源補塡）されるのに対して，公立病院特例債と第三セクター等改革推進債には，利払いに対する特別交付税措置があるものの，元金部分への国からの財源補塡措置はいっさい行われないという違いがある。そもそも，臨時財政対策債は普通交付税の代替財源としての役割を担っているのに対して，公立病院特例債は当面の資金繰りを好転させるための資金を，第三セクター等改革推進債は地方公社・第三セクター法人の清算資金を一時的に調達するための地方債であり，目的がそれぞれ異なる。これらの特殊な地方債の発行や償還に際して，自治体がどのような関わり方をするかに着目することで，強い意図を持って財政健全化に取り組んでいることを検証することに，主眼がある。

　したがって，見方を変えれば，**本書は地方債に関する実証分析の書でもある。**

地方財政健全化法の公布後は，4種類の健全化判断比率を共通の管理指標として用いることで，地方債協議・許可制度と地方財政健全化制度が一体のものとして運営されている現実があるからである。財政状況が著しく悪化した自治体（財政健全化団体と財政再生団体）に関するルールは地方財政健全化法によって定められている一方，より自由な地方債発行が可能になるよう，財政状況の悪化が軽度の自治体を「早期是正」し，良好な財政状況に誘導するルールは，地方財政法を根拠法とする地方債協議・許可制度のもとで定められている。

　これらに続く第5章では，地方財政健全化法が導入される以前から採用されている実質赤字比率が単独では十分に機能しなかった事例として，2007年6月に発覚した夕張市の財政破綻を考察の対象に据え，第2～4章における一連の分析も踏まえたうえで，分析を行う。旧再建法のもとでの財政再建制度と地方財政健全化法のもとでの財政健全化制度の違いに注意を払いながら，実質赤字比率のガバナンス効果についての議論を行い，旧再建法下では何が不十分であったか，現行制度にどのような課題が残っているのかを知ることを目的としている。

　このような第2～5章の分析を通じて，4種類の健全化判断比率が，その改善に取り組む自治体の行動を促すガバナンス効果を持っていることが裏づけられる反面，制度上の不備によって，これらの効果が十分に機能していない部分も見えてくる。その課題への対処の方法を示す第6章および第7章では，いっそうの財政健全化を通じて，持続可能な地方財政運営が可能となるように，現行制度の弱点を明らかにする一方，健全化判断比率の問題点を改めることで元来備わっているガバナンス効果をさらに強化するための対応策を提示する。

　これらのうち，第6章においては，第2～5章の分析結果を踏まえ，2016年度に実施された地方財政健全化法改正の評価を行うとともに，4種類の健全化判断比率の定義式に則して，どのような課題が残っているのか，ガバナンス効果の機能不全をたらしているのはどのような点にあるのかを詳細に検討する。そして，健全化判断比率の算定・適用・公表の各局面におけるミクロレベルの対応策を提案する。

　また，第7章では，個別自治体の財政状況をミクロ的に把握する現行の地方財政健全化制度固有の課題として，地方債等残高に関する「マクロとミクロ合計額の乖離」を指摘し，地方財政計画策定過程で生ずる「地方財源不足額」への対処として発行される臨時財政対策債の問題点について検討する。臨時財政

対策の償還費は地方交付税制度を通じて措置される位置づけながら，マクロ的に見れば，実質的な借換えが行われているにすぎず，全自治体分の「臨時財政対策債残高に係る基準財政需要額への算入見込額」を推定・積算することで，償還財源確保先送りの実態を初めて明らかにする。

「臨時財政対策債残高に係る基準財政需要額への算入見込額」は，交付税特会借入残高と同様に，地方全体で返済しなければならない債務であり，返済のために求められる財政負担額（歳入増加額もしくは歳出削減額）を個別自治体に帰属させる方策を検討し，3つの方法によるシミュレーション結果を示す。

終章では，本書全体の分析検討結果を踏まえた総括を行うとともに，残された課題の解決に向けて，第6章と第7章で示した対応策を実践していくための具体的なステップを提示している。

第6章で提示した課題に対しては，① 現行制度下の健全化判断比率算定に用いられているが開示されていない項目の開示・見える化，② 代替的な定義式に基づく健全化判断比率算定値の参考系列としての明示，③ 補足的な基準の新設を提案している。

また，第7章で提示したマクロとミクロ合計額が乖離する原因とその解消に向けた改革に関しては，「個別自治体が実質的な費用負担を認識しない債務」を監視し統制するガバナンス制度の構築に向け，臨時財政対策債は地方全体の実質的な債務であることを再認識させ，個別自治体に帰属する実質負担額を明確にするステップを提案している。具体的には，① 認識していない将来負担額の再認識，② 返済するインセンティブを持たせることによるマクロとミクロ合計額の乖離の縮小，③ 個別自治体に再認識された財政負担額分も考慮した健全化判断比率の算定によるガバナンス，を提案している。

以上のとおり，本書は，国と自治体において地方財政運営の実務に直接的に，もしくは間接的に関わる方だけでなく，地方行財政に関心を持っている方であれば，関係者，研究者を問わず，すべての方に読んでいただくことを意図したものである。実証的な裏づけを伴うかたちで，立場を超えて，財政運営上の論点と財政健全化を進めるための具体的な考え方を提供するために執筆しており，本書における提言は，地方財政の持続可能性を高めることに寄り添えるものと信じている。また，本書が契機となって，住民に対するいっそうの情報公開が行われ，住民による監視（モニタリング）を通じたガバナンスも強化されることで，地方分権と地方自治の推進にも貢献するものと期待している。

第1章

自治体財政に対する地方財政健全化法の役割
健全化判断比率とは？

本章のねらい

- 旧再建法との違いに注意を払いながら，地方財政健全化法の目的，特徴を解説し，同法が導入した各種のルールが持つ意味について検討する。
- 地方財政健全化法によって定められている4種類の健全化判断比率が自治体の財政状況のどのような側面を捉えているのか，健全化判断比率に設定された早期健全化基準や財政再生基準がどのような機能を持っているのか，解説する。
- 地方財政健全化法施行後は，4種類の健全化判断比率が共通の管理指標として用いられることで，地方財政健全化制度と地方債制度が一体の制度として運営されている実態について解説する。
- 健全化判断比率の実績値の推移を示し，2007年度以降の財政健全化の進捗状況について評価する。
- 健全化判断比率が自治体に自発的な財政健全化行動を促すガバナンス効果について，実証（統計学的な検証）を行う際に求められる視点，論点を，第2～5章に先立って提示する。

はじめに

　自治体が自らを律する行動によって財政健全化を進めるための制度を定めたのが，地方財政健全化法である。その行動を促す中心的な役割を担っているのは同法によって導入された4種類の健全化判断比率である。健全化判断比率は数値が高いほど財政状況の悪化が進んでいることを示す指標として設計されており，そのうえで，実質赤字比率，連結実質赤字比率と実質公債費比率にイエロー・ゾーン（早期健全化基準）とレッド・ゾーン（財政再生基準）が，将来負担比率にはイエロー・ゾーンが設定されている。これらの，どれか1つでも早

期健全化基準に達すれば,「財政健全化団体」となって「財政健全化計画」の策定と実施が求められ,また,どれか1つでも財政再生水準に達すれば,「財政再生団体」となって,「財政再生計画」の策定と実施が求められる。いずれの計画の策定と実施も,首長と議会の関与と責任においてなされなければならないことが地方財政健全化法上で定められている。財政健全化計画や財政再生計画の内容自体については,何ら制限を受けるものではなく,自治体自身の判断によって策定されるものであるが,確実に実行できること,計画期間満了時には財政健全化や財政再生を果たし,良好な財政状況を実現することを担保できる内容であることが,必然的に求められる。したがって,自然体で予算編成を行う状況と比べれば,低めの歳入見込み,控えめの歳出計画とならざるをえない。

このような意味において,財政的選択が大きく制約される「財政再生団体」(最も深刻なレベルまで財政悪化が進んでいるため,自らに課すべき制限が最も大きい)や「財政健全化団体」(懸念される一定のレベルを超えて財政悪化が進んでいるため,「財政再生団体」に次いで,自らに課すべき制限がきわめて大きい)となれば,住民の便益の著しい低下をひき起こすことになる。財政状況が悪化した自治体,すなわち,健全化判断比率が高い自治体は,そうした事態に陥ることを避けるため,健全化判断比率を引き下げるための方策を自発的に講じるインセンティブを持つ。これが健全化判断比率に期待されるガバナンス効果である。

第2〜5章は,健全化判断比率が本当にガバナンス効果を持っているのか否か,言い換えると,どのようなメカニズムで自治体の行動を誘発するのか,その結果がどのような波及経路で財政健全化をもたらすのかを統計学的な手法に基づいて実証的に明らかにする。それに先立って,地方財政健全化法の理念を解説し,財政指標としての健全化判断比率が表す内容,具体的な算定方法,集計対象などの特徴を明らかにすることが本章の第1の目的である。第2の目的は,実際に,地方財政健全化法施行後の健全化判断比率が着実に改善してきたことを実績データに基づいて示すことである。そして,健全化判断比率には,自治体に財政健全化を促すガバナンス効果が備わっていることを検証するうえで欠かすことのできない視点,論点を提示することが第3の目的である。

本章の構成は,以下のとおりである。

第1節では,地方財政健全化法の制定の経緯,特徴,目的について,解説する。第2節では,地方財政健全化法によって定められた4種類の健全化判断比

率について，自治体の財政状況をどのような側面に着目して評価するのか，悪化をどのように捉えて，数量的に測るのかを概観する。財政指標としての詳細な解説は，本章に続く補章に委ねることとする。第3節では，地方財政健全化法が施行されてから今日に至るまでの健全化判断比率の実績値の推移を踏まえて，健全化判断比率で測られる財政状況が着実に改善していることを示す。第4節では，そうした改善をもたらしたと考えられるメカニズムを推測し，自治体の自発的な財政健全化行動を促すガバナンス効果を検証するにあたっての視点，論点を提示する。

1 地方財政健全化法制定の背景と目的

1.1 地方財政健全化法制定の経緯

　地方財政健全化法が公布されたのは2007年6月である。決算に基づく健全化判断比率の算定と公表に関するルールのみ適用が開始されたのが2008年4月，旧再建法からの完全移行に伴う1年間の準備期間を挟んで，財政状況が著しく悪化した財政健全化団体と財政再生団体に対する規定の発動を含めた地方財政健全化法の本格施行が始まったのは2009年4月からである。2018年11月末に2017年度決算に基づく健全化判断比率の確報値が公表されたが，本格施行後の会計年度という観点から見れば，ちょうど10回目の決算を終えたことになる。

　地方財政健全化法が制定されたのは，地方分権の推進に伴って，自治体の財政的な選択，経済・金融行動における自己責任がいっそう強く求められる状況となり，地方財政全体に対する信用と秩序を維持するためのセーフティネットが強化される必要があったからである。十分な移行準備期間を設けたうえで，旧再建法の廃止を伴うかたちで新法の制定と施行がなされたことは，すべての自治体が例外なく健全な財政運営を行うことを担保する仕組みとしては，旧再建法では不十分だという判断がなされたことを示すものである。

　とくに，2000年代に入ってから，財政投融資制度の抜本改革を背景に地方債引受における公的資金の割合が低下し，ほぼ6割を市場公募債など民間資金が占める状況が定着したことや，2006年度には地方債許可制度が協議制度へと再編されたことが背景にある。すなわち，自治体の自由な選択と自主的なリ

スク管理が尊重されるなかで，財政運営の健全性を確保し，地方全体の信頼性を維持することが，従来に増して重要になっていた。自治体の自主性を尊重することと健全性を確保することを両立させる仕組みを強化したのが，地方財政健全化法である。

第5章で詳述するが，旧再建法のもとでも，自律して再建することが困難になるまで財政状況が悪化した自治体の事例は近年ではきわめて数が少なく，2000年代以降は夕張市の不正経理が発覚するまで，皆無であった。

しかし，予算外支出，ヤミ起債（第5章第3節の3.1および3.2項を参照），さらには虚偽の会計記録を伴う赤字隠しなど，「放漫財政の域を超えた悪質な事例[1]」は，生ずる頻度はきわめて低いものの，なくなることは決してなかった。たった1つの例外的事例であっても，地方財政と自治体全般に対する信頼性を揺るがす可能性があり，自治体の経済的選択における自主性が尊重され，資金調達における市場化も進んだ今日において，財政運営の健全性を確保し，すべての自治体が例外なく健全な財政運営を行うことを担保する仕組みは不可欠である。実際，不正な会計処理を続けた夕張市が適切な処理に基づいて実態を正しく財政指標に反映させる過程において，2005年度の実質赤字比率が37.8％，2006年度は791.1％[2]という，過去の事例と比較しても1桁異なる水準，標準財政規模の約8倍に当たる赤字が存在することが発覚した際には，1867自治体（2006年4月1日時点）のなかの特異な一例という認識にとどまらず，地方財政と自治体全般に対する信頼・信認を揺るがすショックをもたらした。顕著な事例をあげれば，地方債市場においては，夕張市とは関係のない自治体であっても，国債との利回り格差の急拡大に見舞われたのである。

時期を同じくして，「地方分権21世紀ビジョン懇談会」では「再生型破綻法制の早期検討への着手」が提唱され，政府の「経済財政運営と構造改革に関する基本方針2006」においては，再建法制等も適切に見直す方針が示されていた。

こうした流れを受けて総務省に設置された「新しい地方財政再生制度研究

---

1) 1970年代後半の再建団体についての原因分析を行った小林（1978）による指摘に基づく。
2) 2005年度の決算処理を行った2006年度に準用財政再建団体申請がなされ，2007年度から準用財政再建団体となった。2006年度の実質赤字比率が大幅上昇した理由は，一般会計に赤字を顕在化させない処理のしわ寄せで膨らんでいた特別会計の赤字も一般会計に集約させられたためである。詳しくは第5章を参照。

会」がとりまとめた報告書では,旧再建法の問題点として,次の点が指摘された。財政悪化が進む以前の平時における情報開示が不十分なこと,財政再建団体の基準しかなく,早期是正機能がないこと,ストック・ベースの財政状況の把握が不十分なこと,対象がほぼ一般会計に限定され,公営企業や地方公社等の経営状況が考慮されていないこと,再建を促進するための仕組みが限定的であることである。そのうえで,新しい財政指標を導入して自治体に早期是正を促すことが提言された。その理念が具現化されたのが健全化判断比率であり,財政健全化を促す仕組みが制度として法制化されたものが,2007年に公布された地方財政健全化法である。

1.2 旧再建法と地方財政健全化法の差異

表1-1は,旧再建法との主たる違いについて述べた総務省による解説資料から抜粋した表である。ここから,いくつかの特徴を見出すことができる。

第1は,従前の再建団体に相当する財政再生団体に関する基準(財政再生基

表1-1 旧再建法と地方財政健全化法の概要比較

	旧再建法	地方財政健全化法
財政健全化の仕組み	財政再建団体の基準しかなく,早期是正を図る段階がない	財政再生基準の前段階として早期健全化基準を設け,自主的な改善努力による財政の早期健全化を促す
対象となる会計	一般会計を中心としており,公営企業や一部事務組合・第三セクターなどの経営状況は考慮されない	公社や第三セクターの負債や赤字についても明らかにし,地方公共団体の財政の全体像を浮き彫りにする
財政状況を判断する方法	単年度の現金収支(フロー)の指標のみで,ストック(負債等)の財政状況に課題があっても対象とならない	公社・第三セクター等を含めた実質的負債によるストック指標である「将来負担比率」を導入する
情報開示	わかりやすい財政情報の開示や,財政情報の正確性を担保する手段が不十分	監査委員の審査・議会報告・住民への公表を義務化して,情報開示を徹底する
公営企業の経営に対する早期是正	早期是正の機能なし	「資金不足比率」を用いた経営健全化の仕組みを設ける

(注) 旧再建法自体には早期是正を図る段階はないものの,後述の地方債制度における起債制限を通じた早期是正措置はあったと見ることができる。ただし,現行の地方財政健全化法と比べて緩やかなものであった。
(出所) 総務省ウェブサイト(http://www.soumu.go.jp/iken/zaisei/kenzenka/index1.html)資料(表現を一部筆者修正)。

準〔レッド・ゾーン〕）に加えて，財政健全化団体に関する基準（早期健全化基準〔イエロー・ゾーン〕）が設けられていることである。財政悪化が懸念される一定のレベルを超えて進んでいるが，深刻化の度合いが財政再生基準よりは軽度だというのが早期健全化基準である。いわゆる「イエロー・カード」の基準が存在するだけでも，さらに重い「レッド・カード」に相当する行為を抑止する効果が働くはずであるが，旧再建法のもとでは，「注意（カードなし）」と「レッド・カード」の間にあるはずの「イエロー・カード」の基準（イエロー・ゾーン）が存在しなかったのである。

　第2は，表1-1には示されていないポイントであるが，懸念される一定のレベルを超えて財政悪化が進んだ自治体，すなわち，健全化判断比率が早期健全化基準に達した自治体と，最も深刻なレベルにまで財政悪化が進んだ自治体，すなわち，財政再生基準に達した自治体には，例外なくルールが適用され，事後的に全うすべき責務が明確化されていることである。前者は財政健全化団体となって財政健全化計画を策定・実施する責任を，後者は財政再生団体となって財政再生計画を策定・実施する責任を負う。

　新法のもとでは，基準に該当したら，例外なく，「イエロー・カード」や「レッド・カード」が提示されるが，旧再建法のもとでは，自ら「レッド・カード」の提示を受けたい旨の申出をしなければ，「レッド・カード」のもとでの強制的なルールの適用（当該法に定められたルールに従って国の管理のもとで財政再建に取り組むこと）を避けることも可能であった。すなわち，「自主再建（旧再建法には拠らない財政再建）」の道があった[3]。言い換えると，統一ルールに基づく準用再建と自主再建のどちらを選択するかを逡巡している間にも財政悪化が深刻化する危険性があった。「イエロー・カード」もなかった旧再建法のもとでは，「レッド・カード」に対する統一ルールが即座に適用されなかったことで，事態が深刻化したケースの典型が夕張市の財政破綻である。夕張市の事例では，真実が明るみに出るまで時間を要したこと自体についても対応の必要性が認識され，その後の地方財政健全化法の設計に活かされることで，財政危機が深刻化する危険性が解消されている。

　第3は，自治体が現実に負っている財政責任を明示できるように，財政状況のチェック指標を拡充し，新設の2指標を含む4種類の健全化判断比率を

---

3) この問題は，詳しくは本章第4節4.2項および第5章で検討する。

表 1-2　旧再建法と地方財政健全化法の採用指標の比較

	旧再建法	地方財政健全化法
資金繰りの悪化を表す指標	実質赤字比率 （実質収支比率）	実質赤字比率
		連結実質赤字比率
公債費負担の重さを表す指標	起債制限比率[注1]	実質公債費比率
		将来負担比率[注2]

（注）　1. 起債制限比率は，狭義の財政再建制度のなかではなく，地方債許可制度のなかで定められていた。なお，2006 年度の地方債協議制度の創設に伴って，2005 年度決算分からは実質公債費比率が採用されている。
　　　 2. 将来の公債費負担のほか，特別会計や設立法人等の赤字・債務に由来する一般会計等の負担によって将来の資金繰りが悪化するリスクも表している。

採用したことである。その概要は，表 1-2 に示すとおりである。新設 2 指標のうち，連結実質赤字比率は，全会計を連結して実質赤字を測る指標であり，将来負担比率は，一般会計が負っている債務の大きさを測るストックの指標である。

　これに対して，旧再建法のもとでは，財政再建申請に関わる直接の管理指標として採用されていたのは実質赤字比率のみである。実質赤字比率が一定の水準を超えていながら，財政再建団体となることを申請せずに自主再建を選択することが可能であったが，その場合には一般公共事業のための地方債の発行は許可されなかった。また，起債制限比率などの起債管理指標が一定水準に達したら，同様の発行制限が課されており，財政再建制度と地方債許可制度をあわせて見れば，資金繰りの悪化度合いを測る実質赤字比率と公債費負担の重さを測る起債制限比率が採用されていた。

　地方財政健全化法の施行後は，自治体の財政健全化を促す制度と地方債発行に際しての制度（届出，協議，許可）のいずれにおいても前述の 4 指標が共通の管理指標として採用されることで 2 つの制度の一体性が高まっている。

　第 4 は，財政健全化に向けた計画策定とその実施に際しては，自治体の自主性を重んじるとともに，首長だけでなく，議会が関与すべきことをより明確にすることで，実効性を高めたことである。前述の財政健全化計画，財政再生計画に関しては，まず，首長・議会によって決定されなければならないことが定められている。首長が作成し，議会の議決を経なければならないことは，旧再建法下の財政再建計画についても当てはまることであるが，地方財政健全化法では，計画の実施状況の報告も重視されている。すなわち，旧再建法下の財

政再建計画の実施状況に関する定めは，自治庁長官（総務大臣）に報告することと，その要旨を住民に公表することにとどまっていたが，地方財政健全化法のもとでは，財政健全化計画，財政再生計画の実施状況を議会に報告し，公表すること，総務大臣（都道府県の場合）もしくは都道府県知事に報告しなければならない（市町村・特別区の場合。都道府県知事は要旨を総務大臣に報告しなければならない）ことが定められ，実施状況の詳細を議会報告することおよび住民をはじめ社会全体に公表することが重んじられている。

このように，財政健全化計画，財政再生計画の策定・実施に対する首長と議会の関与責任をいっそう明確にすることで，計画の実効性が担保されている。実効性が高まったことは，早期是正の機能が働くうえで，きわめて重要である。なぜなら，健全化が確実にもたらされる計画を策定することは，堅実な歳入見通しに基づいて，大幅な歳出削減や起債抑制などを伴うかたちで予算編成と政策運営に対して自治体本来の裁量的な選択に自ら縛りをかけることを意味するため，計画を策定しなくてよい状況と比較すれば，現在の住民の便益を低下させる可能性が高いからである。そのため，早期健全化基準に近い水準まで財政状況の悪化が進んでいる自治体は財政健全化計画や財政再生計画の策定・実施を迫られる前に，自発的に財政健全化を進めるはずである。

第5は，指標算定に対する第三者によるチェックや情報開示に関わるルールを具体的に示したことである。自治体に対しては，決算審査を行う監査委員に健全化判断比率算定の際の基礎資料の提出と報告を義務づけた一方，監査委員には，当該資料に基づく監査と議会への報告書提出を求めている。表1-1のなかでは言及されていないが，自治体による健全化判断比率公表に際しては，多くの人が容易に閲覧することができるインターネットを活用するよう規定されている[4]。

算定された健全化判断比率の結果に関しては，まず，個別の自治体が自地域の住民に対する公表義務を負っている。そのうえで，都道府県は域内の全市町村について，国（総務省）は全自治体についてこれをとりまとめて公表するルールがある。実際，国においても，全自治体の健全化判断比率をとりまとめて，9月末に速報値を，11月末に確報値を公表しているが，その公表はインターネット上（総務省ウェブサイト）で行われている。自治体ごとの普通会計決算結

---

[4] 地方公共団体の財政の健全化に関する法律施行令第25条に定められている。

果[5]を総務省がとりまとめた「都道府県決算状況調」や「市町村別決算状況調」が当該会計年度の終了から1年後に公表されることと比較すると、個別自治体の健全化判断比率の公表がそれより半年も前に行われているのは、財政状況を速やかに住民に伝えることの重要性を考慮してのことだと考えられる。

もっとも、国による速報値の公表と同時期、あるいは、それに先駆けて、自らの健全化判断比率をインターネット上で公表している自治体は多くない。インターネット利用は勧奨されていることであって、義務づけられたものではないが、地方財政健全化法の施行令に明記されていることが励行されていないという意味では、制度の理念がまだ自治体に十分に浸透していないのも事実である。

2　健全化判断比率によって捕捉される財政構造上の問題点

2.1　健全化判断比率の集計対象会計と各会計の算入範囲

前節で述べたとおり、地方財政健全化法の仕組みは、すべて健全化判断比率を媒介とした仕組み、ルールの上に成り立っている。そこで、その中心にある4種類の健全化判断比率の指標、すなわち、実質赤字比率、連結実質赤字比率、実質公債費比率、将来負担比率が直接表す内容や、どのようなリスクに対するシグナルを発することができるのか、という財政指標として担っている役割について、概観することにしたい。指標の詳細な中身や算定方法は、補章を参照されたい。

まず、いずれの健全化判断比率も、数値が高いほど財政状況が悪いことを示すように設計されており、数値の低下が改善を示す点は共通している。

次に、それぞれの指標がカバーする会計は、図1-1に示すとおりである。

これを見て、実質赤字比率のカバーする領域が最も狭く、連結実質赤字比率、実質公債費比率、将来負担比率の順で捕捉範囲が拡大していくと認識するのは、適切ではない。実質公債費比率の算定対象に公営企業会計や一部事務組合・広

---

[5] 都道府県、市町村および地方全体の集計値ベースでの決算速報は、「地方公共団体普通会計決算の概要」として、健全化判断比率と同じタイミングで公表されている。また、個別自治体における決算事務自体は、出納整理期間終了後の3カ月以内、すなわち8月末までに行われなければならないことは、地方自治法第233条に定められている。

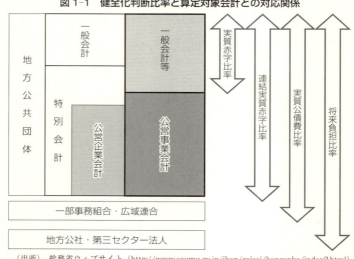

図1-1 健全化判断比率と算定対象会計との対応関係

（出所）総務省ウェブサイト（http://www.soumu.go.jp/iken/zaisei/kenzenka/index2.html）に基づいて筆者作成。

域連合まで含まれているといっても，あくまで，それらが発行した地方債の償還費のうち，一般会計が実質的に負担している部分に限られ，公営企業債にかかる公債費がすべて計上されているわけではない。同様に，将来負担比率の算定対象には地方公社や第三セクター法人の保有する債務が含まれているといっても，母体自治体が債権者に対して債務保証契約や損失補償契約を締結している場合において，経営悪化や債務超過などによって一般会計が代位弁済することが見込まれる場合の負担見込額に限定されており，地方公社や第三セクター法人の債務残高の全額が単純加算されているわけではない。これらに関しては，しばしば誤解される点であり，注意が必要である。

　連結実質赤字比率に関しても，各会計の赤字額・資金不足額を当該会計が自力で穴埋めすることができない場合には，一般会計が負担しなければならないことを踏まえて，実質赤字比率の概念を全会計ベースに拡張したものと見ることができる。特別会計，公営企業，地方公社や第三セクター法人には固有の歳入があっても，債務が増大していって自力のみでは返済できなくなれば，最後の拠り所となるのは自治体の一般会計である。平時においても，公営企業に対する国からの財政支援のうち，補助金，負担金，出資金，長期貸付金等の方法により一般会計等が負担するものとされている歳出[6]に対するものは，一般会

計からの「繰出金」というかたちで，重要な歳入項目の1つとなっている。この意味で，自治体財政の中核に一般会計が位置する構造は1950年代も今日も変わらない。

　こうした現実を反映して，健全化判断比率はすべて，自治体の一般会計が負う財政責任に対応した指標という点で共通している。4種類の健全化判断比率のなかであえて中心指標を1つ選ぶとすれば，それは実質赤字比率である。要因の違いにかかわらず，財政状況が著しく悪化すれば，その結果は一般会計における資金繰りの逼迫，すなわち実質赤字の拡大として現れるからである。

　実質赤字比率，連結実質赤字比率，実質公債費比率，将来負担比率の定義式や財政指標としての詳細な仕組みについては補章で扱うこととし，以下ではこれら4指標について，最低限理解しておくべきことを説明する。

2.2　実質赤字比率

　実質赤字比率は，「一般会計等」（一般会計との違いは本章に続く補章の第1節を参照）の短期の資金繰りの悪化度合いを示す指標である。一見，単純なフローの赤字の相対的な大きさを表しているかのように見えるが，自治体会計では決算上の剰余は翌期以降に歳入項目の1つとして繰り越すことができるため，前年度からの繰越額も歳入総額の一部として扱ったうえでの収支（歳入歳出差額）は累積キャッシュフローを表す。企業会計に当てはめれば，「流動負債と流動資産の差」におおむね相当する[7]。つまり，実質赤字比率はストックの指標と見なすこともできる。

　住民が必要とする標準的な地方行財政サービスを提供するための歳出[8]を賄ううえで自らの財源のみでは不足する自治体には，地方交付税が国から交付される。そのため，標準的な歳出額にとどめる限り，財源不足が生ずることは起こらない。その水準を超えた歳出や任意の独自歳出のために，留保財源と国から交付される財源とをあわせても不足が一時的に見込まれる場合には，財政調整基金の取崩しを予算段階から歳入に計上することで対応できるため，通常，

---

[6]　性質上，公営企業の経営に伴う収入を充当することが適当でない経費（例：消火栓に要する経費）や公営企業の性質上経営に伴う収入のみでは賄うことが客観的に困難であると判断される経費（例：都市部から離れた，交通の便の悪い地域における公立病院の経費）。

[7]　法適用企業を想定。正確には，本章に続く補章の第2節「連結実質赤字比率」を参照。

[8]　ここでは，特定財源によって賄われる部分を除いた歳出額という意味で，基準財政需要額を想定している。

実質収支はすぐには赤字にはならない。言い換えると，「適正に見積りされた歳入の範囲内で，歳出予算が組まれていれば，本来，赤字が生じない仕組みとなっている[9]」ということになる。

　例外的に赤字が生ずる状況として考えられるのは，基本的には，景気の急激な後退によって税収の予想外の減少が継続的に生じているなかで，減収補塡債の利用が行われないというような場合である[10]。しかし，法人関連税収の割合が小さい小規模自治体の場合，主たる税収は景気の影響が小さい固定資産税であることが多く，継続的な景気後退が生じた場合であっても，地方交付税の精算が追い付かないことが原因で実質収支が赤字化することは実際には起こりにくい[11]。歳出面での原因で赤字が生ずる状況として考えられるのは，たとえば，想定外の大雪によって，その対策経費を補正予算で増額補正する一方，増額補正された歳入が十分ではないというような場合である[12]。それ以外では，債務保証契約や損失補償契約が履行されて，一般会計が弁済するケース，債務償還能力に比べて過大な地方債を発行し，留保財源を使っても償還費を賄えないような特殊な状況，すでに財政調整基金が枯渇している状況が考えられる。

　つまり，実質赤字があるとすれば，甘い見通しに基づく歳入や過大な歳出を計上した状況，たとえば，償還能力に比して過大な地方債発行によって高水準の公債費負担を抱えている場合，特別会計へ高額の繰出を行っている場合，地方公社・第三セクター法人に対する債務保証契約・損失補償契約の履行に伴う代位弁済を行っている場合など特別な事態が継続的に生じ，しかも，財政調整基金に取崩しができる残高が存在せず，結果として資金繰りが逼迫するまで悪

---

9) 平嶋 (2010) の 16 頁より引用。
10) 地方交付税算定のベースとなる税収額と正確な税収実績見込額との間に差があれば，地方交付税の精算が行われる。とくに景気の影響を受けやすい法人住民税や法人事業税に関する当該差額は，留保財源分も含めて，減収補塡債の発行対象となるため，これを利用すれば，法人関連税収の落込みで実質収支が赤字になる事態は避けられる。それ以外の税収の差額に由来する要精算額に対しては，翌年度以降の3年間の内に現金精算される仕組みがある。そのため，複数年をかけた精算の途上でさらなる景気の落込みがあれば，新たな年度においても地方交付税算定のベースとなる税収額と税収実績見込額の間に差額が生じ，精算が追い付かないことで実質収支が赤字化する可能性はある。
11) 平嶋彰英氏のご指摘による。
12) 2017年度決算で実質赤字を計上した福井市が該当する。福井市は，形式収支の赤字は免れたものの，翌年度への繰越財源を控除した実質収支が赤字となった。その直接的な原因は前年度の7倍に達した大雪対策経費だとされる一方，こうした事態に備えるための財政調整基金積立残高が十分にはなかったことも指摘されている。たとえば，福井新聞社 (2018a, b)，読売新聞社 (2018a) を参照。

化した状況である。その深刻度を示すのが実質赤字比率ということができる。この実質赤字比率のガバナンス効果の実効性については，第5章で議論する。

2.3　連結実質赤字比率

連結実質赤字比率は，実質赤字比率の概念を一般会計と特別会計を合算した「全会計ベース」に拡張して，実質赤字額と資金不足額を集計したうえで，資金繰りの悪化度合いを問う指標である。全会計のうち，地方公営企業法の財務規定が適用される特別会計では，実質収支という表象項目は存在しないため，貸借対照表から計算される「資金不足額[13]」が連結実質収支へ集計される。損益計算書における純損益が集計されるわけではない点には注意する必要がある。このように，赤字（収支）といっても，ストックの指標としての性格も備えていることは，実質赤字比率と同様である。この連結実質赤字は会計間取引では改善することができないため，個々の会計を改善することが必然的に求められる。

もう1つ注意を要するのは，特別な政策的配慮によって，赤字や流動負債の一部を固定負債に振り替える効果のある地方債の発行が許可されれば，貸借対照表上の流動負債や資金不足額が減少して，連結実質赤字が見かけ上，改善することである。2008年度限りの発行が許可された「公立病院特例債」はその一例である。ただし，この特例地方債を許可した国のねらいは見かけ上の赤字を減額することではなく，償還満了までの7年の間に真の財政健全化を促すことにあった。意図した効果が発現したかどうかについては，第3章で検証する。

2.4　実質公債費比率

実質公債費比率は，一般会計が発行した地方債の償還費だけでなく，公営企業会計や一部事務組合が発行した地方債の償還費を一般会計が繰出によって負担している場合の負担額も含む，現在の公債費負担の重さを表す指標である。全会計の地方債償還費が集計されているかのように誤解されることがあるが，あくまで，集計対象は一般会計が負担する部分に限定される。

償還負担の相対的な重さは，特定財源に拠る分を控除したうえで，資金使途

---

13)　「資金不足額」は，おおむね，「流動負債」−「流動資産」+「建設改良費等以外の経費に係る地方債残高」で算定されるが，それぞれの項目には除外される分がある。正確な定義式については，本章に続く補章の第2節「連結実質赤字比率」を参照。

に制限のない一般財源のうち元利償還金に充てている額の標準財政規模に対する割合として測られる。しかも，元利償還金に対する交付税措置額（地方交付税の算定過程で当該元利償還金が基準財政需要額への算入を通じて実質的に補塡されている部分）については，分母・分子から除外されている。一般財源から償還費（公債費）に充当される金額の割合が高ければ，一般財源をさまざまな歳出に用いる自由度は狭められてしまう。こうした意味で，実質公債費比率は公債費負担の重さを示している。

実質公債費比率において特殊なルールが採用されているのは，満期一括償還方式地方債に関してである。現実の償還年限にかかわりなく，発行額の30分の1という減債基金に毎年積み立てていくべき理論値（「年度割相当額」）を定め，それを公債費相当額として計上するというものである。そして，現実の積立残高が理論積立残高（理論値に基づく積立残高）に満たない場合には積立不足額に基づく加算（「減債基金の積立不足を考慮して算定した額」の計上）を行う一方，積立残高を一般会計に貸し付けている場合には当該部分は積み立てられていないものと見なすルールが採用されている。

従前の指標である起債制限比率においては，理論値ではなく，現実の積立額を公債費に算入する方式が採用され，積立を怠っている方が算定される値が低くなるため，満期一括償還方式地方債の積立が阻害される可能性があったが，そうした矛盾が解消されている。

2.5 将来負担比率

将来負担比率は，一般会計の地方債残高に加えて，連結実質赤字や退職手当支給予定額のほか，地方公社や第三セクター法人に対する債務保証・損失補償に伴う潜在的な負担見込額なども含めた，一般会計が負っている債務の大きさをチェックするストックの指標である。このような集計対象となる会計の広さは，他の健全化判断比率にはない大きな特徴であるものの，将来負担比率の本質の一面にすぎない。というのは，将来負担比率の分子を構成する項目の大半は，実質公債費比率の分子を構成する各項目に対応するストック概念の項目であり，実質公債費比率のストック概念が将来負担比率の基本的な性格であるといえるからである。

財政構造上の問題点を表す指標という意味では，実質的に一般会計が債務を代位弁済しなければならないような地方公社や第三セクター法人を抱えている

自治体に対しては，そうしたリスクの大きさを一般会計等負担見込額として示すことのできる唯一の指標である。他方，そのような地方公社や第三セクター法人のない自治体に対しては，将来負担比率は一般会計を中心とする地方債残高の重さを測る指標として機能する。

その際，実質公債費比率と同様に，償還費のうち特定財源に拠る分や元利償還金に対する交付税措置（地方交付税算定過程における基準財政需要額に償還費が算入されることによる実質的な財源補塡措置）部分は控除されているが，それが実質公債費比率では現在の金額であるのに対して，将来負担比率では将来の見込額の合計であるという違いがある。したがって，現在の償還費に対する控除額と比べて，将来の償還費に対する控除額のバランスが崩れているようなケース，たとえば，元利償還金に対する交付税措置額を償還や積立に充当せず，地方交付税制度を通じた措置はまもなく終わってしまうのに多額の債務残高があるような自治体に対して，実質公債費比率に比して将来負担比率には高い値が算定される。地方公社や第三セクター法人に問題を抱える自治体の場合も同様であり，実質公債費比率と将来負担比率をセットで見れば，財政構造上の問題点を把握しやすい。これらの点は，第4章および第4章付論1で詳しく議論する。

ただし，実質公債費比率と将来負担比率の算定過程で基準財政需要額に算入された公債費やその見込額が控除されることに関しては，地方交付税制度を通じて措置される償還費が本当に財源補塡といえるのかどうか，そうではない場合には地方全体でどのように確保するのかという問題を伴っており，これらについては別途検討を要する。それは，自治体から見た地方財政健全化法上のミクロの債務と，地方財政計画から見た地方全体（自治体全体）の債務という意味でのマクロの債務との違いでもある。この違いに由来する問題については，第7章で議論する。

2.6 健全化判断比率による早期是正の機能

地方財政健全化法のもとで，健全化判断比率を改善させるための自発的な行動によって，財政悪化が進むことを回避するとともに，健全化を果たすよう自治体に促す仕組みは「早期是正の機能（早期是正措置）」と呼ばれる。健全化判断比率が早期健全化基準に達して財政健全化団体となった自治体には，財政健全化計画の策定と実施が求められるため，早期健全化基準が存在すること自体が財政再生基準に達することの抑止力となっている。同様に，多くの自治体は

早期健全化基準にも達しないように取り組んでいるはずである。財政再生団体や財政健全化団体となれば，その後の財政的選択が制約され，住民の便益を低下させるからである。そうした事態を回避するには，健全化判断比率を早期健全化基準よりも低い水準にとどめることが必要である。

　しかし，早期健全化基準に達していないというだけでは，財政状況に問題がないことにはならない。健全化判断比率が示す財政状況に関して，「問題がない」状態を「グリーン（良好な財政状況のイメージ）」で表せるのならば，「イエロー・ゾーン」と「グリーン・ゾーン」との間には，「パステル・イエロー・ゾーン（財政状況の悪化が財政健全化団体と比べて軽度）」，「アイボリー・ゾーン（財政状況の悪化がきわめて軽微）」とでも呼べる「薄いイエローのゾーン」の基準が公式に存在する[14]。表 1-3 は，これらの基準を含めたすべての基準について，指標ごとの数値を示したものである。

　たとえば，標準財政規模が 50 億円以下の市町村の場合，実質赤字比率が早期健全化基準（イエロー・ゾーン）である 15% に達していなくても，10% 以上（パステル・イエロー・ゾーン）であれば，「実質赤字解消計画」の策定と実施を求められる。実質公債費比率が早期健全化基準（イエロー・ゾーン）である 25% に達していなくても，18% 以上（パステル・イエロー・ゾーン）であれば，「公債費負担適正化計画」の策定と実施を求められる。そのうえで，起債が「許可」される。これらは，もともと地方債協議制度創設時に導入されたルールであり，地方財政健全化法に先行している。

　そのため，実質赤字比率の早期健全化基準は実質赤字解消計画の策定・実施が求められる水準と財政再生基準の間に位置するものとして[15]，地方財政法施行令第 22 条と地方財政健全化法施行令第 7 条の両方に依存するかたちで定められている（市町村は財政規模に応じ 11.25〜15%，都道府県は 3.75%）。その実質赤字比率の早期健全化基準に 5% を加算した水準に連結実質赤字比率の早期健

---

14) 2016 年度の法改正を反映した現行制度下では，切れ目のないゾーンの設定が行われているのは実質赤字比率のみであるが，改正前は実質公債費比率についても切れ目のないゾーン設定が行われていた。また，将来負担比率に関しても，法改正前は「薄いイエローのゾーン」が存在した。詳しくは，本章の付論を参照。

15) 早期健全化基準と財政再生基準が具体的には何に基づいて設定されているのか，相互にどのような関係にあるのか，旧再建法下のルールのどの部分が継承されているのかについては，2007 年度の総務省自治財政局財務調査課事務連絡「地方公共団体財政健全化法における早期健全化基準等について」において，平明に解説されている。

表 1-3 早期是正の機能から見た健全化判断比率の基準値

(単位:％)

地方債制度		届出制 (協議不要)	協議制	許可制 (早期是正)	許可制	
地方財政健全化制度					早期健全化基準	財政再生基準
都道府県	実質赤字比率	～0	0～2.5	2.5～3.75 実質赤字解消計画	3.75～5	5以上 財政再生計画
	連結実質赤字比率	～0	0～8.75		8.75～15	15以上 財政再生計画
	実質公債費比率	～18 (従前は16)	←設定なし→ (従前は16～18)	18～25 公債費負担適正化計画	25～35	35以上 財政再生計画
	将来負担比率	～400 (従前は300)	←設定なし→ (従前は300～400)		400以上	ー
市町村	実質赤字比率	～0	0～10 (0～2.5)	10～15 (2.5～11.25) 実質赤字解消計画	15～20 (11.25～20) 財政健全化計画	20以上 財政再生計画
	連結実質赤字比率	～0	0～20 (0～16.25)		20～30 (16.25～30) 財政健全化計画	30以上 財政再生計画
	実質公債費比率	～18 (従前は16)	←設定なし→ (従前は16～18)	18～25 公債費負担適正化計画	25～35	35以上 財政再生計画
	将来負担比率 (政令市)	～400 (従前は300)	←設定なし→ (従前は300～400)		400以上	ー
	将来負担比率 (政令市以外)	～350 (従前は200)	←設定なし→ (従前は200～350)		350以上	ー
公営企業	資金不足比率	～0	0～10	10～20 資金不足等解消計画	20以上	

(注) 都道府県については,東京都のみに適用される基準は省略した。市町村の実質赤字比率と連結実質赤字比率の基準値は標準財政規模によって異なるため,標準財政規模が50億円以下のケースを基本として表記し,500億円以上のケースを( )内に記した。届出制は民間資金引受の場合にのみ適用される。従前とは,2016年度法改正前。
(出所) 各種資料に基づいて筆者作成。

全化基準が設定されている(市町村は財政規模に応じ16.25～20％,都道府県は8.75％)。ちなみに,実質赤字比率の財政再生基準は,旧再建法において準用財政再建団体となる水準(市町村は20％,都道府県は5％)と同じであり,その水準に10％を加算した水準に連結実質赤字比率の財政再生基準が設定されている(市町村は30％,都道府県は15％)。

また,実質公債費比率に関しては,地方財政健全化法が公布された当時の地方債協議・許可制度において,一般単独事業債の許可が制限される25％に早期健全化基準が,公共事業債の許可が制限される35％に財政再生基準が設定されている。

将来負担比率の早期健全化基準については，実質公債費比率の早期健全化基準に相当する将来負担額の水準と平均的な地方債の償還年数を勘案して，市町村は350％，都道府県および政令市は400％とされている。

　自治体の自主性と自立性を尊重する流れのなかで地方債協議制度もさらに前進し，一定の条件を満たした団体が民間資金引受によって地方債を発行する場合には，事前届出を行えば国との協議すら不要とする「地方債届出制度」が，2012年度から施行されている。その条件は健全化判断比率に基づくものであり，4種類の健全化判断比率がそれぞれに設定された協議不要基準よりもすべて低いことが求められる。公募債市場で発行条件が決まるにせよ，民間金融機関との相対取引のなかで発行条件が決まるにせよ，自治体にとって少しでも有利な条件で起債するためには，機動的な対応が必要であり，「協議不要」の「事前届出」ですませられることが望ましいことはいうまでもないであろう。「実質赤字解消計画」の策定は必要なくても，健全化判断比率に関する4要件を満たさないため「協議不要対象団体」に認定されない場合は，「グリーン・ゾーン」よりは劣位ながら「パステル・イエロー・ゾーン」より良好な「アイボリー・ゾーン」の領域に位置するものとして分類できる。

　このように，地方債協議・許可制度と地方財政健全化制度は一体のものとして設計・運営されている。財政再生基準から地方債届出制度における「協議不要対象団体」の基準に至るまで健全化判断比率にはさまざまな基準値が設定されており，少なくとも，「協議不要対象団体」の要件を満たしていない自治体に関しては，財政状況に問題がないとは見なしがたい。きめ細かく基準値が設定されている健全化判断比率を下げれば，より制約の少ない選択が可能になるため，自治体が自発的に財政健全化を進める効果が期待される。それが健全化判断比率による早期是正の機能である。

3　地方財政健全化法施行後に財政健全化は進んだのか？

3.1　財政状況が著しく悪化している自治体の数

　健全化判断比率で測った財政状況に関して，変化を最もわかりやすいかたちで知ることのできるのは，「懸念される一定のレベルを超えて財政悪化が進んだ自治体である財政健全化団体や最も深刻なレベルにまで財政悪化が進んだ自

表 1-4　健全化判断比率が早期健全化基準以上の市町村の数

年度	2007	2008	2009	2010	2011	2012	2013	2014	2015	2016	2017
実質赤字比率	2 (1)	2 (1)	0 (0)	0 (0)	0 (0)	0 (0)	0 (0)	0 (0)	0 (0)	0 (0)	0 (0)
連結実質赤字比率	11 (2)	2 (1)	0 (0)	0 (0)	0 (0)	0 (0)	0 (0)	0 (0)	0 (0)	0 (0)	0 (0)
実質公債費比率	33 (2)	20 (1)	12 (1)	4 (1)	1 (1)	1 (1)	1 (1)	1 (1)	1 (1)	1 (1)	1 (1)
将来負担比率	5	3	3	2	2	2	1	1	1	1	1
参考：市町村総数	1,810	1,798	1,750	1,746	1,742	1,742	1,741	1,741	1,741	1,741	1,741

(注) 1. 2007年度決算分は算定のみ行われ，財政健全化団体や財政再生団体の適用は行われなかったが，比較のために掲載した。
2. 市町村総数は健全化判断比率の算定が行われた市町村の総数。
3. (　) 内は財政再生基準に達した市町村の数。
(出所)　総務省「団体別健全化判断比率」等に基づいて筆者作成。

治体である財政再生団体」の数が増えたのか，減ったのか，そのペースは速かったのか否かである。

表1-4は，この点に着目して，早期健全化基準に達した自治体の数が2007年度決算から2017年度決算までの間にどのように推移したのかを示したものである。この11年間は，4種類の健全化判断比率のすべてについて，早期健全化基準に達した都道府県の事例は1つもないため，表1-4に掲載している数字はすべて市町村に関するものである。2008年度に世界的金融危機（リーマン・ショック），2010年度末には東日本大震災に見舞われるなど，自治体にとって，逆風といえる環境が続いたが，早期健全化基準に達した市町村の数は着実に減少している。

このうち，実質赤字比率と連結実質赤字比率については，2009年度以降は早期健全化基準に該当する団体はゼロである[16]。実質公債費比率については，2007年度決算時点で早期健全化基準以上の市町村が33団体と最も多かったが，2011年度以降は1団体（夕張市）のみにまで減少している。将来負担比率については，2007年度決算時点で早期健全化基準以上の市町村は5団体のみと実

---

[16] 夕張市については，2009年度に実質赤字を固定負債に振り替える再生振替特例債の発行が許可されたため，発行額分だけ赤字額が減って，実質赤字と連結実質赤字が解消したという事情がある。しかし，実質公債費比率や将来負担比率は，再生振替特例債を集計対象外とはしていないため，算定値には実勢がそのまま反映されている。

質赤字比率に次いで少なかったが，脱却のペースは緩やかで，2013年度にようやく1団体（夕張市）にまで減少した。

このように，早期健全化基準未満への移行ペースは指標によって異なっているものの，懸念される一定のレベルを超えて財政悪化が進んだ自治体の数は，過去11年の間に着実に減ったこと，最初の7年間でこれ以上はほぼ減りようのない数まで改善が進んだことがわかる。

3.2 財政状況に問題のない自治体の数

健全化判断比率で測った財政状況に関して，次に確認するのは，「問題なし」と見なすことのできる団体の数である。ここでは，「地方債届出制度」における「協議不要基準」を仮想的に適用した。この条件を満たしていれば，財政状況に関して問題なしと本当にいえるとは限らないが，国が明示的に設定している健全化判断比率による基準としては最も厳しい基準だからである。

表1-5は都道府県の推移を，表1-6は市町村の推移を示している。

まず，都道府県に関しては，本来の要件である4指標すべてが基準値未満であった団体が2007年度時点で約3分の2を占めていたが，その後も2013年度頃までは全体で見ても，指標ごとに見ても，条件を満たしている団体の数には趨勢的な変化はなかった。しかし，2014年度以降は実質公債費比率に関する改善が明瞭に見られる。

他方，市町村に関しては，まず，4指標すべての条件を満たしている団体については，2016年度までは毎年度例外なく数が増えてきた。従前の基準を適用したとしても，「協議不要基準」を満たす市町村の割合は，2007年度の58%から2017年度には98%にまで上昇している。このような基調的な変化があったからこそ，地方債届出制度が施行されたともいえるであろう。

4指標のなかでは，改善のために財政運営の見直しを求められる自治体が最も多いと見られるのが実質公債費比率である。2007年度時点で早期健全化基準以上だった市町村の数が最も多く，また，「協議不要基準」を満たす市町村の数が最も少なかったからである。それでも，以後は，「協議不要基準」を満たす市町村が年々増加している。同様に，実質公債費比率のストック版としての性格を持つ将来負担比率も，2009年度を除いて条件を満たす市町村の数が毎年度増えている。

市町村総数が減少しているため，実質赤字比率と連結実質赤字比率について

表1-5 健全化判断比率に関して「協議不要基準」を満たす都道府県の数

年度	2007	2008	2009	2010	2011	2012	2013	2014	2015	2016	2017
実質赤字比率	46	47	47	47	47	47	47	47	47	47	47
連結実質赤字比率	47	47	47	47	47	47	47	47	47	47	47
実質公債費比率	33	36	35	34	30	33	34	39	41	43	44
将来負担比率	44	44	44	44	45	45	45	45	45	45	44
4指標すべて	32	35	34	34	30	33	34	38	41	43	42

(注) 1. 地方債届出制度の施行は2012年度（2010年度決算に基づく健全化判断比率を利用）だが，2007年度決算から適用があったものと仮想して，指標ごとに集計した。
2. 実質公債費比率に関する要件は2013～15年度以降の条件（16％未満）を便宜的に適用した。
3. 将来負担比率に関する要件は2012～15年度以降の条件（300％未満）を便宜的に適用した。
(出所) 総務省「団体別健全化判断比率」等に基づいて筆者作成。

表1-6 健全化判断比率に関して「協議不要基準」を満たす市町村の数

年度	2007	2008	2009	2010	2011	2012	2013	2014	2015	2016	2017
実質赤字比率	1,787 (23)	1,779 (19)	1,737 (13)	1,738 (8)	1,740 (2)	1,742 (0)	1,739 (2)	1,741 (0)	1,741 (0)	1,741 (0)	1,738 (3)
連結実質赤字比率	1,739 (71)	1,759 (39)	1,719 (31)	1,729 (17)	1,733 (9)	1,735 (7)	1,735 (6)	1,740 (1)	1,741 (0)	1,741 (0)	1,740 (1)
実質公債費比率	1,100	1,144	1,220	1,377	1,507	1,586	1,635	1,676	1,699	1,708	1,710
将来負担比率	1,640	1,678	1,675	1,699	1,710	1,722	1,726	1,728	1,733	1,735	1,736
4指標すべて	1,044	1,103	1,193	1,357	1,496	1,578	1,625	1,669	1,701	1,706	1,706
参考：市町村総数	1,810	1,798	1,750	1,746	1,742	1,742	1,741	1,741	1,741	1,741	1,741

(注) 1.～3. は表1-5と同じ。
4. 市町村総数は健全化判断比率の算定が行われた市町村の総数。
5. 実質赤字比率と連結実質赤字比率については，条件を満たさない市町村，すなわち赤字のある市町村の数を（ ）内に表示した。
(出所) 表1-5と同じ。

は，条件を満たす市町村の数では趨勢がわかりにくいが，条件を満たさない市町村，すなわち赤字のある市町村に着目すると，その数が着実に減少し，2014～16年度は実質赤字のある市町村がゼロ，2015，2016年度は連結実質赤字の

ある市町村もゼロとなるまで改善が進んだ。なお，2017年度には，赤字団体ゼロの状況が再び崩れ，実質赤字のある市町村が3団体，連結実質赤字のある市町村が1団体となったが，いずれも特殊要因によるものであり[17]，趨勢に変化はないと判断される。

3.3 健全化判断比率の平均値の推移

続いて確認するのは，健全化判断比率の全自治体についての平均値の推移である。実質赤字比率と連結実質赤字比率に関しては，収支が黒字の場合には公式な算定値は存在しないが，このうち，一般会計等を対象会計とする実質赤字比率に準ずる指標として，普通会計ベースの実質収支比率が公表されているため，符号を逆にして読み替えることができる。

表1-7は都道府県の推移を，表1-8は市町村の推移を示している。

まず，都道府県に関しては，3指標の平均値がすべて2007年度の水準よりも低い水準となったのは2014年度以降である。実質公債費比率に限れば，2009～11年度は小幅な上昇を続けていた。それでも，2012年度以降は低下が続いている。将来負担比率については，2010年度以降は低下が続いている。

一方，市町村に関しては，実質赤字比率は小幅ながらも2013年度まではマイナス幅（黒字幅）が拡大（改善）し，実質公債費比率と将来負担比率は2014年度以降も趨勢的に低下（改善）している。とくに，2016年度以降の将来負担比率に関しては，2007年度の水準の3分の1以下にまで圧縮されている。

以上のとおり，2007～17年度という11年間の健全化判断比率の実績値に基づいて，財政状況が改善したといえるのかどうかを3つの視点から検討したが，**都道府県に関しては，もともと著しく悪化していた団体がなかったこともあり，全般的な改善傾向は緩やかなもので，いまだ財政健全化の途上にあると総括できる。**

念のため，4指標のなかでは「問題あり」の団体が一番多い実質公債費比率

---

17) 実質赤字と連結実質赤字を計上した売木村（長野県）は，起債を2017年度内に完了しなかったことによるものと報道されている（信濃毎日新聞社（2018a, b），毎日新聞社（2018），読売新聞社（2018b）を参照）。また，実質赤字を計上した西興部村（北海道）については，補助金計上年度を見誤っていたことによるものである（同村による健全化判断比率・資金不足比率に関する資料および北海道新聞社（2018）を参照）。実質赤字を計上した福井市については，本章注12を参照。

表 1-7　健全化判断比率の都道府県平均値の推移

年度	2007	2008	2009	2010	2011	2012	2013	2014	2015	2016	2017
実質赤字比率	▲1.2	▲0.9	▲1.0	▲1.3	▲1.3	▲1.3	▲1.6	▲1.5	▲1.3	▲2.0	▲2.1
実質公債費比率	13.5	12.8	13.0	13.5	13.9	13.7	13.5	13.1	12.7	11.9	11.4
将来負担比率	222.3	219.3	229.2	220.8	217.5	210.5	200.7	187.0	175.6	173.4	173.1

(注)　1．各指標の平均値は加重平均値。
　　　2．実質赤字比率は健全化判断比率ではなく，普通会計ベースの実質収支比率の符号を逆にして読み替えた。
　　　　したがって，▲は実質収支が黒字であることを意味する。
(出所)　総務省「団体別健全化判断比率」「都道府県決算状況調」に基づいて筆者作成。

表 1-8　健全化判断比率の市町村平均値の推移

年度	2007	2008	2009	2010	2011	2012	2013	2014	2015	2016	2017
実質赤字比率	▲3.0	▲3.0	▲3.6	▲4.1	▲4.5	▲4.3	▲4.7	▲4.3	▲4.7	▲4.1	▲4.2
実質公債費比率	12.3	11.8	11.2	10.5	9.9	9.2	8.6	8.0	7.4	6.9	6.4
将来負担比率	110.4	100.9	92.8	79.7	69.2	60.0	51.0	45.8	38.9	34.5	33.7

(注)　表1-7と同じ。したがって，▲は実質収支が黒字であることを意味する。
(出所)　総務省「団体別健全化判断比率」「市町村別決算状況調」に基づいて筆者作成。

に関して，「財政悪化が軽度に進んだ団体」として「実質公債費比率18%以上の団体」に着目すると，表1-9に示すとおり，都道府県においては，2011年度まではその数が逓増していた。その後は減少に転じ，2017年度は2団体にまで減少しているが，表1-7に示されるとおり，平均値自体は11.4%と2011年度のピーク値13.9%から2.5%ポイントの低下にとどまっている。都道府県の発行する地方債は市町村の発行する地方債と比べて償還年限が長く，また，新規の起債も続いているため，過去に発行した地方債の償還が満了することで実質公債費比率が自然に低下する効果（第4章付論1を参照）は，さほど期待できないことが背景にある。したがって，繰上償還や満期一括償還方式地方債の積立不足額の解消に努めなければ，この指標は容易には改善しないといえよう。

　まさに，反対の状況を示す事例，すなわち財政状況がきわめて良好と評価できる事例として，地方債の償還が順調に進んで，実質公債費比率が負値，もしくは将来負担比率算定過程の分子が負値となった市町村の数を見たものが表

表1-9　実質公債費比率が18％以上の自治体の数

年度	2007	2008	2009	2010	2011	2012	2013	2014	2015	2016	2017
都道府県	2	3	4	6	7	6	4	4	3	3	2
市町村	434	396	302	169	107	57	37	25	17	12	13

（出所）　総務省「団体別健全化判断比率」等に基づいて筆者作成。

表1-10　実質公債費比率もしくは将来負担比率の分子が負値の市町村の数

年度	2007	2008	2009	2010	2011	2012	2013	2014	2015	2016	2017
実質公債費比率が負値	1	2	5	13	22	30	38	53	60	70	77
将来負担比率算定過程の分子が負値	190	230	253	325	406	488	552	598	641	672	674
参考：市町村総数	1,810	1,798	1,750	1,746	1,742	1,742	1,741	1,741	1,741	1,741	1,741

（注）　実質公債費比率の分子が負値となった場合は算定値も負値となるが，将来負担比率算定過程で分子が負値となった場合には将来負担比率は算定されず，「—」と表示される。
（出所）　表1-9と同じ。

1-10である。市町村のみ集計したのは，これまで，都道府県の該当事例は1つもないからである。

　実質公債費比率と将来負担比率の分子に計上される公債費，もしくは債務残高に関しては，いずれも一般財源による実質的な負担の重さを測る観点から，償還に充当できる特定財源（将来負担比率に関しては，その充当可能な総額）は控除すること，また，地方債の償還費のうち交付税措置（地方交付税算定過程で基準財政需要額に算入）される額（将来負担比率に関しては，その見込額の総額）も控除することは共通しており，償還すべき地方債が残っていても，条件次第では分子が負値となることがある。その条件とは，残存する地方債が，臨時財政対策債のように，元利償還金に対する措置率が高い地方債ばかりとなっていること，過去に交付税措置された償還財源を他の歳出に充てたりせずに，それ以上の額を債務返済に充ててきたことである。

　実質公債費比率と将来負担比率のいずれに関しても，「分子が負値」に該当する市町村の数は年々増加している。とくに，将来負担比率については，2014年度以降，該当市町村が全市町村の3分の1を超えるまでに至っている。将来負担比率の方が該当数が多いのは，財政調整基金や減債基金などの積立残高を

「充当可能基金」の残高として分子から控除する算定ルールがあること，近年はこれらの積立残高が過去に例のない水準にまで拡大していることを反映したものと考えられる。算定式の細目は，本章に続く補章で解説する。

第7章で詳しく検討するように，臨時財政対策債については，将来の償還財源が制度上は確保されていないという問題があるが，少なくとも，地方財政健全化法の枠組みで測られる実質債務（将来負担比率算定過程における分子相当額）がゼロ未満の市町村が3分の1を超えるに至ったことは，自治体自身の成果としては，評価に値するものである。

市町村について総括すれば，とくに，実質公債費比率と将来負担比率に関して，「懸念される一定のレベルを超えて財政悪化が進んだ団体の減少」「問題なしと見なせる団体の増加」「平均値の低下（改善）」「財政状況がきわめて良好（分子の算定値が負値）な団体の増加」が共通して観察され，財政健全化が顕著に進んでいると評価できる。実質赤字比率と連結実質赤字比率についても，「懸念される一定のレベルを超えて財政悪化が進んだ団体の減少」と「財政悪化が軽度に進んだ団体の減少」が見られ，全般的に改善が進んでいるといえる。

4 財政健全化と健全化判断比率によるガバナンス効果

4.1 健全化判断比率の改善とガバナンス効果

第3節で明らかになった財政健全化の進展，健全化判断比率の改善は，どのようなメカニズムで実現したのであろうか。実質赤字比率や連結実質赤字比率の低下や解消は，直接的には，集計対象会計における歳入増加か，歳出削減によって実現されるものである。同様に，実質公債費比率と将来負担比率は，地方債の繰上償還や満期一括償還方式地方債における積立不足の縮減などを通じて引き下げることが可能である。仮に景気による税収増など自治体の努力とは無関係な外生的要因のみによって，これらの改善がもたらされたものであったとしても，財政状況が結果的に改善することは好ましいことである。

しかし，そのような幸運がなくても，自らを律する自治体の行動を通じて地方財政の持続可能性と全自治体の信用が維持されるための仕組み，セーフティネットとして働くように設計・制定されたのが地方財政健全化法であり，それを実現するための早期是正の機能を発揮することが求められているのが健全化

判断比率である。したがって，地方財政健全化法や健全化判断比率が常に有効に機能するためには，これらが，財政健全化を達成しようとする自治体の自発的な行動を促すものでなければならない。財政健全化団体や財政再生団体が，策定した財政健全化計画や財政再生計画に従って財政状況の改善を図ることはもちろん重要であるが，より重要なのは，財政状況が悪化している自治体，さらに悪化が進めば財政健全化団体に陥るような自治体が，そうした事態を未然に防ぐこと，そのための自発的な回避行動をとることであり，このような健全化行動を自発的に起こすことを促す仕組みこそ，制度に求められるものである。

　本書の柱となる問題意識はこの点にあり，第2～5章の各章において，4種類の健全化判断比率とそれぞれに設定された早期健全化基準が自治体に財政健全化行動を促すガバナンス効果に関する実証分析を行う。以下では，そうした検証にあたっての視点・論点を，健全化判断比率ごとに提示することとしたい。

4.2　実質赤字比率のガバナンス効果をめぐる論点

　まず，健全化判断比率ごとの効果の検証という意味では，当該指標が導入されてからの日が浅いほど，効果は見極めやすい。財政運営上の管理指標，自己点検指標に対して，認識がなかった状況，いわば，無防備だった状況を出発点として改善に取り組むケースは，その典型である。連結実質赤字比率と将来負担比率の算定対象となった最初の決算年度は2007年度であり，実質公債費比率は2005年度からである。

　他方，実質赤字比率は，概念的には，旧再建法の制定前から存在するものであり，財政の健全度を測る指標として長い歴史を持っている。第3節で述べたとおり，地方財政計画を通じた財源保障によって，通常の予算編成を行っていれば，実質収支が赤字化することは起こりにくい。そのため，実質赤字が生じない財政運営を実践することは，地方財政健全化法施行のはるか前から，多くの自治体に定着していたものと考えられる。

　また，旧再建法のもとでは，申請後に財政再建団体としての再建に取り組む際の実質赤字比率の水準は，都道府県が5%以上，市町村は20%以上であったが，この水準が，地方財政健全化法における財政再生基準として受け継がれている。つまり，著しく財政状況が悪化した状態の目安という意味では，旧再建法から地方財政健全化法への移行に際して，何ら変更は行われなかった。早期健全化基準については，地方財政健全化法によって初めて導入されたもので

あるが，2007年度決算において，早期健全化基準以上だった自治体の数が4種類の健全化判断比率のなかで最も少ない2団体だったのは，管理指標としての長い歴史によるものだといえる。

旧再建法と地方財政健全化法との違いをあげれば，第1に，旧再建法のもとでは，前述の水準を超えた場合でも，財政再建団体になる申出をしなければ，自主再建（旧再建法には拠らない財政再建）を選択することが可能であったが，地方財政健全化法のもとでは，例外なく財政再生団体となって，再建に取り組むためのルールが発動されることである。

第2に，地方財政健全化法のもとでは，「最も深刻なレベルまで財政悪化が進んだ状態」よりは軽度の「懸念される一定のレベルを超えて財政悪化が進んだ状態」として，早期健全化基準が設定されていることである。

このように，旧制度から引き継がれた部分が多いため，見落とされがちであるが，新たな仕組みによって強化された部分として，4種類の健全化判断比率が明示的に採用されたことで，実質赤字比率のガバナンス効果が他の3種類の健全化判断比率とセットで機能するようになった点が指摘できる。この点は，旧再建法によってルールを直接定められていた財政指標が実質赤字比率のみであったことと対照的である。

特別会計や設立法人等に対して債務償還のための繰出を行ったり，これらの会計や法人が自力返済できない赤字の穴埋めをしたり，債務を代位弁済したりすることで，一般会計が赤字になる可能性があるが，連結実質赤字比率，実質公債費比率，将来負担比率によるガバナンス効果が働くことで，その可能性が減じられているといってもよい。また，それぞれの指標に早期健全化基準が設定されたことで，総合的な抑止力が早めに働く仕組みとなっている。

ただし，こうした旧再建法にはない仕組みは，2007〜17年度の11年間に目に見えるかたちで固有の健全化効果を発現させたというより，これから先の長期にわたって抑止力として働くものであろう。旧再建法のもとでは，地方財政健全化法の仕組みが採用されていなかったために危機発生を抑止することのできなかった事例があり，本書では，その検討を通じて，旧再建法にはないガバナンス効果を明らかにする。第5章にて，他の3種類の健全化判断比率の実証分析を踏まえたうえで，実質赤字比率のガバナンス効果について考察することとする。

4.3 連結実質赤字比率のガバナンス効果をめぐる論点

2007年度決算に基づく健全化判断比率は，地方財政健全化法における健全化判断比率の算定と公表に関する規定のみが適用されたものであった。地方財政健全化法が本格施行されたのは，財政健全化計画や財政再生計画の策定・実施などに関する規定も含めて，2008年度決算分（施行時期は2009年度）からである。1年間の準備期間が与えられただけでなく，地方財政健全化法の本格施行に伴う激変緩和措置も講じられ，連結実質赤字比率に関しては，早期健全化基準を上回る自治体の数が，2007年度決算の11団体から2008年度決算の2団体へと急減している。ただし，この2007年度から2008年度にかけての改善は，自治体の財政健全化がすぐに実を結んだことを示すものというより，2008年度限りで発行が許可された特例地方債（「公立病院特例債」）によって，病院特別会計の資金不足額が固定債務に振り替わり，連結実質赤字の集計対象から外れたことが大きく影響している。2007年度時点では連結実質赤字の原因となっていた会計の最大の要素が，病院特別会計の資金不足額だったからである。ただし，この「公立病院特例債」の償還年限は最長7年に限定されており，毎年の償還額に見合う資金不足額の解消を継続することができなければ，再び病院特別会計の資金不足額と連結実質赤字が現出することになっていた。

定時償還に伴う連結実質赤字を回避するためには，発行自治体が猶予期間内における継続的な資金額不足解消に取り組むことが必要であり，資金不足額解消は，あくまで，自治体の自発的な財政健全化行動に委ねられていた。「公立病院特例債」の発行可能額は，当時の資金不足額のうち，自治体の責任には帰さない額に基づいて算定される一方，元金に対する国からの財源補填はなく，支援措置は財政健全化のための7年間の猶予期間が与えられたことにとどまっていたからである。資金不足額解消に自発的に取り組むことに関しては，「公立病院特例債」の発行が，いわばコミットメントとして機能していると見ることができる。猶予期間が与えられたなかでの財政健全化の成果も，この特例地方債の効果も，償還が完全に満了した段階よりも途中段階の方が把握しやすい。その理由は，各種データの組合せ方次第で，真の資金不足額改善効果と病院特別会計の資金額不足が固定債務に振り替わったことによる見かけ上の改善効果とを峻別したうえで，連結実質赤字比率がどれだけ改善したかを計測することができること，7年間という期限を迎える前に繰上償還によって償還を完了さ

せる事例が観測できることである。これらの点を考慮に入れたうえで，自治体に財政健全化を促す効果を検証する必要がある。

連結実質赤字比率がガバナンス効果を発揮しているならば，当初の連結実質赤字比率が高かった自治体ほど，その後の現実の改善幅も大きいことが示されるはずである。こうした観点から，連結実質赤字比率が本当に改善したか否か，「公立病院特例債」と連結実質赤字比率に関するルールが自治体の自発的な財政健全化行動をどれだけ促したかについて，検証することの意義は大きい。第3章において，この検証を行う。

4.4 実質公債費比率のガバナンス効果をめぐる論点

地方財政健全化法施行後の健全化判断比率の推移に関して，都道府県と市町村の間で大きな差異が現れたのが，実質公債費比率である。市町村の実質公債費比率が「早期健全化基準（25％）以上の団体の数」「協議不要基準（18％未満）を満たす団体の数」「全団体の平均値」のいずれにおいても，顕著な改善を示したのに対して，都道府県においては，もともと著しい悪化を示していた団体がなかった反面，2007～17年度の11年間の改善も緩やかなものであった。とくに，「財政健全化団体よりは財政悪化が軽度」の「18％以上25％未満」の都道府県の数は11年の間にいったん増加した後，減少しており，実質公債費比率による健全化促進効果が働いていたのか否かは，団体数の変化では判断できない。

こうした都道府県と市町村の間の実質公債費比率の推移の違いには，地方債をめぐる都道府県と市町村の違いが影響している。第1に，もともと，市町村は都道府県と比べて短めの償還年限を発行時に選択する傾向があることに加え，多くの市町村においては，地方債発行のピークは1990年代にあり，地方財政健全化法施行前に償還のピークを迎えていた市町村も少なくなかったことである。つまり，特別の対策を講じなくても，年々の償還義務を果たしていれば，自然に実質公債費比率が低下する効果が市町村にはあったと見られる[18]。これ

---

18) このメカニズムを数量的に捉えることのできる理論分析としては，第4章の付論1における「3　約定スケジュールに従った債務償還の効果」を参照。また，観測データに基づく分析としては，石川（2013）があり，長期にわたる過去の毎年の地方債発行額に基づいて，後年度における年度ごとの償還額を推定し，現実の償還額の動きをほぼ再現できることを踏まえて，その十数年前から起債抑制に努めてきたことが，地方財政健全化法施行後の実質公債費比率低下に大きく寄与したと結論づけている。

らは，都道府県には当てはまらない。言い換えると，都道府県の実質公債費比率の引下げには，繰上償還や積立不足縮減など積極的な財政健全化策が求められることである。

第2に，都道府県については，2015年度までに35団体が市場公募債発行団体になっており，そのなかの古くからの**市場公募債発行団体**が発行する地方債の多くは，満期一括償還方式に拠っていると見られることである。この場合，事前の積立が望まれ，制度上も実質公債費比率算定に際しての標準的な積立額として，発行額の30分の1に当たる「年度割相当額」が定められているが，標準的な積立を続けた場合の残高（理論積立残高）と比べて積立不足が生じた場合には，都道府県の実質公債費比率を悪化させる。

第3に，2017年度末現在，普通会計地方債残高の36.8％を占める**臨時財政対策債**の都道府県と市町村に対する発行可能額の割当に関して，2008年度以降は顕著に都道府県に傾斜したことが指摘できる。

臨時財政対策債は，その元利償還金の全額が後年度の地方交付税算定過程における基準財政需要額への算入を通じて措置されている。現実の起債における償還年限が，基準財政需要額へ算入された理論償還費算定の前提となる償還年限よりも長い場合には，当面は措置額（理論償還費）が現実の償還額を上回る状況が続く。その差額を積み立てていない場合は，償還財源を他の歳出へ充当したこと，すなわち「償還財源の先食い」を意味する。すなわち，措置が終わった後の償還の場面では，先食い分だけ自主財源を充当しなければならない。満期一括償還方式地方債に適用される標準的な積立ルールに基づく金額が積み立てられていなければ，積立不足に基づく加算額が実質公債費比率に計上されるため，これも，現在の都道府県の実質公債費比率を悪化させる要因となる。また，将来，措置が終わった後の償還の場面では，実質公債費比率はさらに悪化する。

したがって，実質公債費比率とその早期健全化基準がガバナンス効果を発揮しているならば，実質公債費比率が高い自治体ほど先食い分を解消するような償還・積立を行ったり，積極的な繰上償還を行ったりして，実質公債費比率引下げに取り組んだことが示されるはずである。

改善が緩やかな都道府県の実質公債費比率の評価は慎重に行う必要があり，積立不足の実態とその縮減を自治体に促すガバナンス効果に関する実証分析は，他の健全化判断比率の実証分析に先駆けて，次の第2章で行う。繰上償還につ

いては，第 4 章で取り扱う。

4.5　将来負担比率のガバナンス効果をめぐる論点

　第 3 節で述べたとおり，将来負担比率の基本的な性格は，実質公債費比率のストック概念として捉えることができ，多くの場合，実質公債費比率の改善策は，将来負担比率の改善策を兼ねている。同時に，将来負担比率固有の集計項目としての代表的な算入項目が，地方公社や第三セクター法人に対する債務保証・損失補償に係る一般会計等負担見込額である。この一般会計等負担見込額の将来負担比率に対する平均的な寄与度は，一般会計等地方債残高と比べれば大きなものではないが，土地開発公社などに標準財政規模を上回る債務保証・損失補償を行っている自治体もあり，ひとたび債務保証契約や損失補償契約が履行されれば，母体自治体から巨額の資金が流出し，実質赤字が財政再生基準を上回ってしまう可能性がある。そうしたリスクの芽を摘んでおくよう自治体に促すことも，将来負担比率のガバナンス効果として期待されることである。

　とくに，清算前の土地開発公社の多くは，いわゆる「塩漬け土地」を抱えており，借入れに対する金利負担で債務が膨張していく構造がある。したがって，稼働していない土地開発公社を清算・解散することは，弁済責任を負う母体自治体の財政健全化にも資するものである。近年までながらく清算が進まなかったのは，自己資金で清算資金を賄うのが困難だったからであるが，地方財政健全化法の本格施行後の 5 年間は，清算資金を調達する目的で「第三セクター等改革推進債」が時限的に許可された。

　もし，将来負担比率とその早期健全化基準がガバナンス効果を発揮しているならば，将来負担比率が高い自治体ほど，そして，債務保証契約履行時の実質収支への影響が大きい自治体ほど，「第三セクター等改革推進債」などを利用して土地開発公社の清算が積極的に行われることが示されるはずである。

　土地開発公社の清算に焦点を当てた，将来負担比率のガバナンス効果の実証分析は第 4 章で行う。

ま と め

　本章では，現行の地方財政健全化法制定の経緯とその目的，特徴について，旧再建法との違いに焦点を当てながら，解説した。とくに，同法によって定められた 4 種類の健全化判断比率が捕捉する財政構造上の問題点を概観し，財政

指標として担っている役割を解説した。あわせて，地方財政健全化制度と地方債協議・許可制度が一体の制度として設計・運営されていること，そのための管理指標として健全化判断比率が用いられていることも示した。

そのうえで，地方財政健全化法施行後の健全化判断比率の実績値の推移をさまざまな角度から検討し，市町村において，顕著な改善が進んでいること，都道府県はもともと著しい悪化がなかったこともあり，当初は改善傾向が定かでなかったものの，2012年度頃から着実な改善が継続していることを明らかにした。

その結果も踏まえて，健全化判断比率が自治体の自発的な財政健全化行動を促すガバナンス効果を検証する際に求められる視点・論点を提示した。続く第2〜5章では，4種類の健全化判断比率1つひとつに着目し，それぞれの指標が自治体に財政健全化を促すガバナンス効果を発揮できているのか否か，指標ごとの検証を行うこととする。

なお，本章に続く補章では，健全化判断比率の定義式に即して，決算上のどのような項目に基づいて算定されるのか，財政状況の悪化をどのような観点から捕捉しているのかを詳細に解説する。

付論　起債管理指標としての健全化判断比率とそのルール改正

　地方財政健全化法の施行後は，地方財政健全化制度と地方債制度の一体性が高まり，4つの健全化判断比率をすべて利用したうえで，財政状況が良好なほど発行体が高い自由度を得られるように起債管理がなされている。とくに，民間資金引受の場合に「要件を満たせば，事前届出のみで協議さえも不要」とする地方債届出制度が施行された2012年度以降は，健全化判断比率の水準に応じて，地方債発行は「届出制（協議不要）」「協議制（実質赤字解消計画や公債費負担適正化計画は不要）」「許可制（実質赤字解消計画や公債費負担適正化計画の策定・実施が必要）」「許可制（財政健全化計画の策定・実施が必要）」「許可制（財政再生計画の策定・実施が必要）」という5段階の区分に従っている。

　これらの区分に関して，根拠法という観点から整理すると，財政状況が良好な自治体と軽度に悪化した自治体に関する起債に際してのルールを定めているのが地方財政法であるのに対して，本格的に財政状況が悪化した自治体が従うべきルールは，地方財政健全化法が定めている。地方財政健全化法と地方財政法の改正を伴うかたちで2016年度

に実施された制度改正の全体像については，第6章で詳しい内容の紹介とその評価を行うが，起債管理指標としての設定水準に関しては，届出制が適用される「協議不要基準」の一部緩和が実施された。25頁の表1-3には，その制度改正後の最新状況が反映されている。

起債管理という観点から見ると，財政状況が軽度に悪化した自治体の場合は，実質赤字解消計画や公債費負担適正化計画の策定・実施を前提に地方債の発行が許可されるが，財政状況が改善すれば，事前協議のみで自由に起債できる協議制が適用されるため，財政状況悪化の初期段階で自発的な財政健全化を促す（「早期是正」）。連結実質赤字比率と将来負担比率には，この早期是正を求める水準が設定されていないが，2015年度までは，これを例外として，4種類の健全化判断比率に対して，5段階の起債管理の適用基準が切れ目なく設定されていた。表1-11は，届出制が導入された2012年度から，その基準緩和が行われる前年である2015年度までの設定基準をまとめたものである。

2016年度に実施された制度改正では，協議不要基準（届出制適用の水準）が見直さ

表1-11　2012年度以降2015年度までの起債管理の仕組み

(単位：％)

地方債制度		届出制 (協議不要)	協議制	許可制 (早期是正)	許可制	
地方財政健全化制度					早期健全化基準	財政再生基準
都道府県	実質赤字比率	～0	0～2.5	2.5～3.75 実質赤字解消計画	3.75～5	5以上 財政再生計画
	連結実質赤字比率	～0	0～8.75	← 設定なし →	8.75～15	15以上 財政再生計画
	実質公債費比率	～16	16～18	18～25 公債費負担適正化計画	25～35	35以上 財政再生計画
	将来負担比率	300	300～400	← 設定なし →	400以上	―
市町村	実質赤字比率	～0	0～10 (0～2.5)	10～15 (2.5～11.25) 実質赤字解消計画	15～20 (11.25～20) 財政健全化計画	20以上 財政再生計画
	連結実質赤字比率	～0	0～20 (0～16.25)	← 設定なし →	20～30 (16.25～30) 財政健全化計画	30以上 財政再生計画
	実質公債費比率	～16	16～18	18～25 公債費負担適正化計画	25～35	35以上 財政再生計画
	将来負担比率 (政令市)	～300	300～400	← 設定なし →	400以上	
	将来負担比率 (政令市以外)	～200	200～350	← 設定なし →	350以上	
公営企業	資金不足比率	～0	0～10	10～20 資金不足等解消計画	20以上	

(注)　表1-3と同じ。
(出所)　筆者作成。

れ，実質公債費比率は 16% から 18% へ，将来負担比率は，都道府県と政令市については 300% から 400% へ，一般市町村については 200% から 350% へと引き上げられた。5 段階の起債管理の適用基準に照らし合わせると，これらの変更が持つ意味は，以下のように整理できる。

　まず，実質公債費比率は，民間資金引受の場合に協議制の設定水準がなくなり，「届出制」の範囲を超えると，その次は「許可制」となる仕組みに変更され，「届出制」が適用される上限の水準が 16% から 18% に緩和されたということである。一方，将来負担比率については，「届出制」の範囲を超えると，その次は「許可制」，しかも，財政健全化計画の策定と実施が求められる財政健全化団体の水準に移る仕組みへと変更された。将来負担比率に関しては，財政健全化団体の水準（早期健全化基準）に至らなければ，届出制適用に際して，事実上，水準を問わないというものである。もちろん，実際に「届出制」が適用されるためには，4 種類の健全化判断比率がすべて協議不要基準を満たす必要がある。

　将来負担比率の実績値の推移については，本章第 3 節で述べたが，今や将来負担比率算定過程で分子が負値となる自治体が全体の 3 分の 1 以上を占めるなど，4 種類の健全化判断比率のなかで最も顕著に改善が進んだ指標である。2017 年度決算においては，夕張市を除く一般市町村のうち，将来負担比率が 200% 以上だった自治体は 5 市町村のみである。都道府県と政令市のうち，300% 以上だった自治体は 3 都道府県のみである。この限りでは，将来負担比率に対する協議不要基準緩和の影響は限定的であるという判断が働いたものと思われる。

　これに対して，実質公債費比率は，4 種類の健全化判断比率のなかで地方財政健全化施行後の改善が最も緩やかな指標である。実質赤字と連結実質赤字が存在する自治体は 2015 年度以降はないことに加え[19]，将来負担比率は大きく改善が進んでいる自治体が多数を占める現実を踏まえれば，届出制が適用できるか否かは，実質公債費比率の水準にかかっているといっても，過言ではない。その実質公債費比率に対する協議不要基準が緩和され，民間資金引受の場合に協議制が適用される水準も撤廃されたのである。

　もっとも，届出制の範囲における自治体でも，事前協議をすることを選ぶ実態があると思われる。とくに，届出制の適用対象は民間資金引受の場合に限られるため，財政融資資金や地方公共団体金融機構資金による引受の割合が高い小規模自治体には，依然，協議制が基本ルールとして機能しているはずである。

　しかし，ルールそのものが自治体の行動を律するガバナンス機能を持っており，届出制が適用できる水準，協議する必要のある水準，財政健全化計画や財政再生計画の策定・実施は不要だが，許可を必要とする水準をきめ細かく設定しておくことには大きな

---

[19] 2017 年度は特殊要因によって実質赤字団体が 3 市町村，連結実質赤字団体が 1 市町村見られたが，いずれも特殊要因によるものである。注 12 および 17 を参照。

意義があったと思われる。それを撤廃したという意味で，健全化判断比率に対する切れ目ない基準値の設定による，きめ細かな起債管理の仕組みは大きく後退することとなった。表1-11と前掲の表1-3を比較すれば，「切れ目のなさ」の違いは明瞭である。

また，許可制のもとで実質公債費比率が一定範囲にある場合には公債費負担適正化計画の策定と実施が求められ，実質赤字比率が一定範囲にある場合には実質赤字解消計画の策定と実施が求められる一方で，現在も制度改正前も，将来負担比率の水準に応じて"将来負担適正化計画"の策定・実施が求められたり，連結実質赤字比率の水準に応じて"連結実質赤字解消計画"の策定・実施が求められたりするルールとはなっていない。本来は，将来負担比率や連結実質赤字比率に関しても，許可制のもとで策定・実施が求められる計画やそれに対応する水準の設定がある方が自然である。

2016年度の制度改正で変更された実質公債費比率と将来負担比率に関する基準値は，地方債市場の関係者，投資家に対するヒアリングやアンケートの結果も踏まえて設定されたものであるが，きめ細かな水準設定を後退させた（表1-11中の「設定なし」の空白領域が拡大した）ことが改正であったのか，改悪であったのかは，今後の歴史によって検証されることになるであろう。

補章

健全化判断比率の読み方

はじめに

　本補章では，地方財政健全化法によって定められた実質赤字比率，連結実質赤字比率，実質公債費比率，将来負担比率について，それぞれの定義式に即して，どのように算定されるのか，自治体の財政状況の悪化をどのような側面から捉えるのか，既存の財政指標にはないどのような特徴を持っているのかを解説する。

1 実質赤字比率

　実質赤字比率の定義式は次のとおりである。

実質赤字比率＝実質収支の赤字額÷標準財政規模×100
実質収支＝形式収支－翌年度への繰越財源
　　　　＝歳入－歳出－翌年度への繰越財源
　ただし，実質収支が黒字の場合は，指標は算定されない。

　この指標はフローの赤字の相対的な大きさを表しているように思われがちだが，「流動負債と流動資産の差」におおむね相当するストックの指標と見なすこともできる。
　実質赤字比率を理解するうえで重要な点は次のとおりである。
　第1に，自治体会計がキャッシュフローを重視する単式簿記の考え方に基づいていることである。表1-12に示すとおり，収支とは，資本的取引も経常的取引もすべて計上されたうえでの結果だという点である。歳入には地方債発行によって調達された資金が計上されているので，国民経済計算統計における

表 1-12 普通会計決算における歳入項目と歳出項目（市町村の場合）

歳入	歳出	歳入	歳出
地方税	人件費	都道府県支出金	投資及び出資金
地方譲与税	物件費	寄附金	貸付金
税交付金	維持補修費	繰入金	繰出金
地方特例交付金等	扶助費	繰越金	前年度繰上充用金
地方交付税	補助費等	財産収入	
分担金及び負担金	普通建設事業費	諸収入	
使用料・手数料	失業対策事業費	地方債	
国庫支出金	公債費		
国有提供施設等所在市町村助成交付金	積立金		

（注）利子割交付金，配当割交付金，株式等譲渡所得割交付金，地方消費税交付金，ゴルフ場利用税交付金，特別地方消費税交付金，自動車取得税交付金，軽油引取税交付金を「税交付金」と略記した。

「財政収支」相当概念（地方政府の「純貸出/純借入」，旧統計では「貯蓄投資差額」と呼称）の金額が赤字であっても，実質収支は十分に黒字となりうる。もちろん，地方債をまったく起債せずに償還のみを行えば，「財政収支相当額は黒字だが，実質収支は赤字」という状況は生じうるが，地方債をまったく起債しないケースはほとんどないと考えられる。したがって，実質赤字が生じている状態は，財政収支相当額が赤字のうえに，手元の現金収支までもが赤字だという状況である可能性がきわめて高い。

　第2に，歳入総額と歳出総額の差額（形式収支）は，当該年度の支出予定額が特例的に翌年度にずれ込んだ分に対応する財源を表す「翌年度への繰越財源」と「純剰余金」から構成されるが，その全額，すなわち歳入歳出差額（形式収支）が翌年度に繰り越されて，歳入項目のなかの「繰越金」として扱われており[20]，繰越に年限などの制約はないことから，**当年度の歳入歳出差額は，当該自治体発足以来の毎年度の「繰越金を除く歳入総額－歳出総額」の累計値に等しいことである**。前年度からの繰越金がなければ，形式収支や実質収支はフローの指標といえるが，そうでない場合は，累積キャッシュフローを示す。企業会計に当てはめれば，流動資産と流動負債の差額におおむね相当するストックの指標だといえる。真にフローの収支を表すのは，当年度と前年度の実質

20）赤字の場合には，「前年度充用金」として翌年度の歳出項目の1つに計上される。

収支の差である「単年度収支」である[21]。

　第3に,個別自治体に対して交付される地方交付税は,地方財政計画上で決定された地方交付税総額に対応しており,そこでは過去に発行した地方債の償還費を含めた歳出の総額に等しくなるように歳入の総額が確保されていることである。個別自治体においては,たとえ税源に恵まれなくても,地方交付税が交付されるため,基準財政需要額を賄うのに不足が生じることは起こらない。つまり,歳出面で地方財政計画と整合的な予算編成を行っていれば,景気の急激な後退などによって税収の予想外の減少が生じた際に減収補塡債も活用しないなどの特殊な場合を除いて,決算段階でも赤字にはならないはずである。

　第4に,歳入には財政調整基金からの取崩し額,歳出には財政調整基金への積立額を計上することができるので,当該自治体固有の要因で歳入と歳出のバランスが崩れることがあらかじめ見込まれている場合には,**予算段階から財政調整基金をバッファーとして利用することができる**ことである。

　このように,実質収支には構造的に赤字を回避できる仕組みが幾重にも組み込まれている。実質赤字が生じる状況として考えられるのは,予想外の税収減少が継続的に生じているのに減収補塡債を利用しないケースである。これは,回避可能な実質赤字を回避しないケースとでもいうべきものである。実質赤字が回避できないケースとしては,歳入予定に計上していた公営企業・地方公社・第三セクター法人などに対する貸付回収金が,返済が滞って収入されなかった状況や,予算総則に金額が計上された債務保証契約や損失補償契約が履行されて,一般会計が弁済したというような状況が考えられる。さらには,債務償還能力に比べて過大な地方債発行,とくに,元利償還金に対する後年度の地方交付税算定過程での措置額(基準財政需要額へ算入される公債費)の割合が低い事業に対する起債を過度に行い,その償還のピークが到来したという状況も考えられる。この場合,実質的に予算段階から歳入総額では歳出総額を賄えないような内容であった可能性,いわゆる「赤字予算」を組んでいた可能性も高い。

　したがって,**実質赤字がある自治体では特別な事態が生じている可能性**があり,4種類の健全判断比率のなかでも早期健全化基準や財政再生基準の値が低いという意味で,最も厳しい基準となっている。実質赤字しか直接のチェック

---

21) さらに,「単年度収支」から財政調整基金への積立額を加算し,取崩し額を控除した後,繰上償還額を加算した額を「実質単年度収支」と呼ぶ。

補　章　健全化判断比率の読み方

対象としていなかった旧再建法がセーフティネットとしての一定の効果をあげてきたのは，基準値を厳しく設定していたからだと考えられる。そして，再建団体に対する実質赤字の基準値は，地方財政健全化法においても，財政再生基準に継承されている。

　注意を要するのは，実質収支が黒字の場合は，実質赤字比率は算定されないことである。赤字にならないことが求められるといっても，黒字が大きければ，大きいほど好ましいとは判断されていないからであろう。大幅な黒字が出ることが見込まれているのであれば，繰上償還を行って地方債残高を減らすこと，減債基金や財政調整基金の積増しをすることが望まれ，数年度にわたって大きな黒字が続くことは，予算編成や決算剰余金の処分の仕方に問題があることを示すものである[22]。

　金融的な観点からは，実質収支の黒字と財政調整基金積立残高は等価であることを考慮に入れれば，現金収支残・手元流動性の趨勢を見るうえでの適切な指標は，実質収支よりも「実質収支＋財政調整基金残高」であるといえる。この「実質収支＋財政調整基金残高」は「修正実質収支」とも呼ばれている。総務省の勧奨によって2010年度決算以降について公表している「財政状況資料集[23]」においても，「実質収支比率等における経年分析」というタイトルで「実質収支＋財政調整基金残高」の計数が実際に掲載されている。しかし，一部の市町村は，この「財政状況資料集」を公表していない[24]。

　また，地方財政健全化法と旧再建法の実質赤字比率算定に際しての集計対象会計について比較すると，地方財政健全化法のもとでは「一般会計等」，旧再

---

[22]　合理的に資産と負債を管理できる自治体に関しては，同じ純債務残高（債務残高－金融資産残高）であれば，高額の金融資産（実質黒字，財政調整基金積立残高）と債務（地方債残高）を両建てで持つことよりも，前者と後者をともに低額にとどめることの方が必ずしも好ましいとは限らない。しかし，近視眼的な判断から金融資産を歳出に充当する傾向がある場合に，好ましくない選択をしないように自らに縛りをかける意味で両建てを忌避する判断をするのであれば，妥当なものといえる。

[23]　総務省の「地方財政状況調査関係資料」に関するウェブサイトには，Microsoft Excel形式で都道府県と政令市について自治体ごとの財政状況資料集が掲載されているページがある（http://www.soumu.go.jp/iken/zaisei/jyoukyou_shiryou/index.html）。しかし，健全化判断比率の公表義務が一義的には個別自治体にあるように，この資料の公表責任も自治体に属すると考えるべきである。

[24]　市町村については，各都道府県のウェブサイトにおいて，域内の全市町村分が一括して公表されている。しかし，この「財政状況資料集」を自身のウェブサイトでは公表していない市町村は少なくない。

建法下では「一般会計等」とほぼ同範囲の「普通会計」よりもやや広範囲の会計を集計対象としているという違いがある。

　まず，地方財政健全化法施行前も施行後も，決算等で実際に用いられている会計区分である「普通会計」とは，自治体によって設置会計も会計ごとの範囲も異なるなかで相互比較が可能になるよう，一般会計とそれに準ずる一定範囲（公営事業会計以外）の会計を集計して，会計間取引による重複部分を控除した仮想的な会計である。

　「一般会計等」の集計対象会計は，「普通会計」とほぼ同じだが，すべて実在の会計群である。すなわち，「想定企業会計」の分離計上（一般会計上の公営事業に関する収支を一般会計とは区分して，擬制的に特別会計のものとして経理する取扱い）が行われていない。また，実質収支は，地方財政健全化法第2条では，「相互間の重複額を控除した純計によるもの」と定められているが，算定上は単純合計しても変わらないため，監査等の便宜を考えて，単純合計を求める算定様式と純計の合計を求める算定様式の両方がある。この「一般会計等」に含められる会計は，一般会計のほかは，公営事業会計ではない特別会計，すなわち，公債管理会計，母子寡婦福祉資金貸付金会計，勤労者福祉共済会計などである。

　一方，旧再建法下で実質赤字の集計対象となった会計は，通常の「普通会計」や「一般会計等」の概念よりもやや広範囲であり，これらの会計のほか，公営事業会計（公営企業会計を除く）の一部を加えたものである。具体的には，収益事業（公営競技等），公立大学附属病院事業，法非適用の有料道路事業（観光用有料道路事業を除く）および駐車場事業（観光地有料駐車場事業を除く），介護サービス事業などで，地方公営企業法を適用していないものである。

　総括すれば，地方財政健全化法のもとでの実質赤字比率算定時の集計対象会計は「一般会計等」であり，「想定企業会計」の分別（分離計上）を行わないことを除けば，「普通会計」と同範囲であり，収支として算定される額は「普通会計」と同じになる。旧再建法下での実質赤字の集計対象会計は，この「普通会計」に公営事業会計（公営企業会計を除く）の一部を加えたものである。

　財政再建団体（旧再建法下）や財政再生団体，財政健全化団体（地方財政健全化法）になるか否かは実質赤字比率の水準にかかっているため，集計対象会計の違いは決して無視できるものではないが，財政指標として理解するうえでの実態的な違いは，小さなものであると思われる。

2 連結実質赤字比率

連結実質赤字比率の定義式は次のとおりである。

連結実質赤字比率＝全会計を集計した連結実質赤字÷標準財政規模×100

ただし，連結実質収支の集計対象は，次のとおりである[25]。
- ⓐ 一般会計および公営企業会計以外の特別会計：実質収支
- ⓑ 地方公営企業法の財務規定非適用の公営企業会計：実質収支＋建設改良費等以外の経費に係る地方債残高
- ⓒ 地方公営企業法の財務規定適用の公営企業会計：流動資産－流動負債＋建設改良費等以外の経費に係る地方債残高

また，連結実質収支が黒字の場合は，連結実質赤字比率は算定されない。

つまり，公営企業会計などを含めてすべての特別会計と一般会計とを合算した連結ベースで，実質赤字額・資金不足額の集計値の大きさを問うのが連結実質赤字比率である。従前も，地方公営企業法によって，個々の公営企業の資金不足額のチェックは行われていたが，旧再建法との連動性がなく，全会計を連結した管理指標を採用していなかった。そのため，連結収支を改善しなくても，会計間の繰入や繰出によって，目的とする会計だけを見かけ上改善させることが可能であった。連結実質収支は会計間取引では改善することができないため，個々の会計を改善することが必然的に求められる。その意味で，全公営事業の経営改善に取り組む自発的な行動を自治体に促す効果がある連結実質赤字比率を新たに導入したことの意義は大きい。

指標の考え方自体は難しいものではないが，自治体の会計原則は会計によって異なることや，特殊な呼称が用いられていることで，連結実質赤字比率には誤解されやすい部分が多くある。

たとえば，一般会計と同様の会計原則が採用されて，表象項目として「実質収支」が存在するのは，上記ⓐの「公営企業会計以外の特別会計（国民健康保険事業会計や介護保険事業会計など）」と，ⓑの「地方公営企業法の財務規定が適

---

25) 流動資産，流動負債，建設改良費等以外の経費に係る地方債残高のいずれについても除外される項目がある。後掲の注27，28，30を参照。

用されない公営企業会計（簡易水道事業会計，下水道事業会計，市場会計，駐車場事業会計，宅地造成事業会計などのうち公営企業法財務規定を任意適用していない場合）」に限られる。

これに対して，(c)の水道事業，工業用水道事業，交通事業，電気事業，ガス事業，病院事業など「地方公営企業法の財務規定が適用される公営企業[26]」，いわゆる「法適用企業」の会計には，民間企業会計と同様に，損益計算書と貸借対照表が存在する反面，実質収支という表象項目は存在しない。これらの公営企業会計における「赤字」とは，通常，収益的収支（損益計算書）の純損失を指すが，連結実質赤字の集計対象とはならずに，貸借対照表から計算される「資金不足額」が集計対象となる。

「資金不足額」とは，貸借対照表における「流動負債[27]」と「流動資産[28]」の差額に相当する「不良債務[29]」に「建設改良費等以外の経費に係る地方債残高[30]」を加算した額である。

損益計算書上の純損益に概念的に近いのは，「実質収支」ではなく「単年度収支」や「単年度実質収支」の方である。貸借対照表上の固定資産と固定負債に変化がなければ，当年度の純損益は，流動資産と流動負債の差額（資金不足額/資金剰余額）の前年度からの変化額に等しくなるからである。

このように，連結実質収支の集計対象は，「法適用企業」会計では流動負債と流動資産の差額を基本とする資金不足額（資金剰余額），他の会計では実質収支というように異なっているが，概念的に同一のものを集計しているという意味で正しい取扱いである。他方，「地方公営企業年鑑」などにおいて「赤字事業」という場合には，「法適用企業」会計においては損益計算書上で純損失を計上している事業，他会計においては実質収支が赤字の事業を指すので，注意

---

26) 「法適用企業」と呼称される。また，地方公営企業法の財務規定を適用していない公営企業は「法非適用企業」と呼称される。
27) 建設改良費等の財源に充てるための企業債等および建設改良費等に係る一時借入金，未払金のうち翌年度において企業債を起こすこととしている額を除く。
28) 翌年度へ繰り越される支出の財源充当額を除く。
29) ただし，流動負債と流動資産の差額が正の場合，「不良債務」と呼ばれる。また，資金不足額が負値になる場合は，「資金剰余額」と呼ばれる。
30) 固定負債に計上された建設改良費等以外の経費の財源に充てるための企業債の額。ただし，当該決算期日における一時借入金または未払金で公営企業の建設または改良に要する経費に係るもののうち，その支払に充てるため翌年度において地方債を起こすこととしているものの額を除く。

補　章　健全化判断比率の読み方　51

表1-13　連結実質赤字比率算定上の例外ルール

内容	対象事業（会計）	備考
解消可能資金不足額の控除	—	—
(1)累積償還・償却差額算定方式	公営企業全事業	償還年限が施設耐用年数より短いことが根拠
(2)減価償却前経常利益等による負債償還可能年数算定方式	路面交通事業，鉄道事業，下水道事業	将来，資金剰余が累積的に発生する見込みであることが根拠
(3)個別計画策定算定方式	下水道事業	未利用施設の存在や個別事情に配慮
販売用土地の流動資産への計上	宅地造成事業	
特殊な地方債の起債許可	—	—
公立病院特例債	病院事業	2008年度限り許可。償還年限7年
震災減収対策企業債	被災公営企業	特定被災地方公共団体限定。償還年限15年

(出所)　各種資料に基づいて筆者作成。

が必要である。

　地方財政健全化法のもとでは，公営企業会計の資金不足額は，連結実質赤字比率の集計対象となるだけでなく，会計ごとの「資金不足比率」も健全化判断比率に準ずる指標として，位置づけられている。健全化判断比率における「早期健全化基準」に相当するのが「経営健全化基準」であり，資金不足比率がこの値に達したら，経営健全化計画を策定・実施しなければならず，当該公営企業は「経営健全化団体」となる。

　公営企業会計に関する資金不足比率や連結実質赤字比率に関して特記されることは，集計対象とする実質収支・資金不足額（資金剰余額）の算定には，いくつかの例外ルールが存在することである。それらをまとめたのが表1-13である。

　これらの取扱いは，すべて資金不足額や連結実質赤字額を減額する効果があることで共通している。たとえば，巨額の施設を敷設した直後は資金不足額が生じていても，施設が本格稼働して事業が軌道に乗れば，資金剰余に転ずることは十分に考えられるところであり，それらを反映した場合と現在の資金不足額との差額を赤字から除外することには一定の合理性がある。それが「解消可能資金不足額[31]」の概念である。

---

31)　総務省のウェブサイト「健全化判断比率・資金不足比率等の算定様式等データ」（http://www.soumu.go.jp/iken/zaisei/kenzenka/youshiki/index.html）においては，全自治体分の「健全化判断比率の基礎数値」の公表が始まり，そのなかには「解消可能資金不足額」が掲載されている。

「解消可能資金不足額」を計上することによって「連結実質赤字」を回避している場合には，現実には資金不足額が生じていることを意味し，金融機関からの一時借入金や他会計の基金による貸付など資金繰り上の対応が行われていることになる。しかしながら，健全化判断比率算定値が「解消可能資金不足額」を控除したうえでのものであることを付記している自治体は少数派にとどまっている。

また，実質赤字比率と同様に，連結実質赤字比率も，連結実質収支が黒字の場合には算定されないことはすでに述べたとおりであり，黒字の場合を含む連結実質収支やそれを構成する各会計の実質収支・資金不足額（資金剰余額）の状況を把握するためには，「財政状況資料集」の利用が不可欠である。

3　実質公債費比率

実質公債費比率に算入される公債費の集計範囲は，18頁の図1-1に示したとおり，一般会計にとどまらずに公営企業会計や一部事務組合にまで及んでいる。そのため，全会計の地方債の償還費が集計されているかのように誤解されやすいが，ルール上，実質公債費比率に算入される償還費は，一般会計債の償還費のほかは，公営企業債等の償還費のうち一般会計が負担する部分に限定される。

実質公債費比率は，次式で算定される値の3年度平均値である。

実質公債費比率＝$(A-C-D) \div (E-D) \times 100$
$A = A_1 + A_2 + A_3 + A_4 + A_5 + A_6 + A_7$

ただし，上式の構成項目は次のとおりである。それらは，すべて「財政状況資料集」に掲載されている。

A_1：一般会計等の定時償還方式地方債の元利償還金（繰上償還分を除く）
A_2：一般会計等の満期一括償還方式地方債の年度割相当額（準元利償還金）
A_3：減債基金の積立不足を考慮して算定した額（準元利償還金）
A_4：債務負担行為に基づく支出のうち公債費に準ずる額（準元利償還金）
A_5：公営企業債の償還費に充てた一般会計等からの繰入額（準元利償還金）
A_6：一部事務組合等が起こした地方債の償還費に充てた負担金・補助金（準元利償還金）

A_7：一時借入金利子（準元利償還金）
　C：元利償還金・準元利償還金に充てた特定財源
　D：元利償還金・準元利償還金に係る交付税措置額（基準財政需要額算入公債費）
　E：標準財政規模

　なお，自治体に財政規律を求めるという意味では地方財政健全化制度と一体のものとして運営されている地方債協議制度は，もともとは地方財政健全化法の制定に先立って，2006年4月から施行されたものである。これまでのところ，国の同意を得ずに起債する「不同意債」の発行はいまだに行われていない。それでも，財政状況が良好な自治体は国の同意がなくても起債できるという意味では，地方債発行に関する理念は，地方債協議制度創設後は「原則自由」へと変わったのであり，必ず許可を必要とする「原則禁止」の理念からは180度の転換であった。これに伴って，発行体における自己規律と自己責任が尊重されたうえで，発行体がその後の償還に苦慮する事態に陥って，地方債市場全体の信用が損なわれることのないように，起債管理の仕組みはより緻密で強固なシステムへと変わる必要があった。そこで，財政状況が良好ではない自治体は引き続き国からの起債許可を必要とすることにしただけでなく，起債管理指標やその基準も改められた。その際，従前の起債制限比率に代わる新しい起債管理指標として，2005年度決算分から導入されたのが実質公債費比率であった。

　実質公債費比率が表す内容は，地方債の償還負担の相対的な重さであり，とくに，償還資金として半ば自動的に割り当てられる特定財源に拠る分を控除したうえで，資金使途に制限のない一般財源のうちどれだけの割合を元利償還費に充てているのかを示している。しかも，地方交付税の算定過程で償還費が基準財政需要額に算入されることを通じて実質的に財源補塡されている部分については，分母と分子の両方から除外したうえで算定された割合である。この定義式は不交付団体にはそぐわないように思われるかもしれないが，地方交付税が交付されないのは，それに見合う額以上の地方税収入が不交付団体にはあるからである。これを「自分自身から受け取っている地方交付税相当額」と見なして読み替えれば，利用可能な財源に関する条件を交付団体と揃えたうえで，「地方交付税制度による措置額を除いた一般財源のなかでどれだけ公債費を負担しているのか」を測っているという解釈が可能である。

デフォルトを起こさない限り，地方債の償還は約定スケジュールどおりか，繰上償還を通じて前倒しで行われるかのいずれかである。そのため，一般財源から償還費に充当される金額の割合が高ければ，一般財源をさまざまな歳出に用いる自由度は狭められてしまう。高額の償還費は，償還期間が満了するまで，キャッシュフローを圧迫し続ける。こうした意味で，**実質公債費比率は，公債費負担の相対的な重さを正確に測る役割を担っている**。

起債制限比率から実質公債費比率への切替えによって変更されたのは，準元利償還金の範囲を明確に定義したことと，満期一括償還方式地方債に関する取扱いを改めたことである。そうした変更が必要だったのは，地方債が国債とは違う償還方式を採用していること，そのため，決算統計上でも特殊ルールを採用しなければならないこと，そのルールが従前の起債制限比率に対しては弱点となっていたことによる。これらの点について，背景も含めて，以下で詳しく述べることとしたい。

まず，地方債の償還においては，利付国債のように，「半年ごとに利払いが行われ，満期を迎えたら，元金が償還される方式」，すなわち「満期一括償還方式」は少数派である。満期一括償還方式地方債が採用されるのは，銀行等引受債の一部と，**市場公募債（市場公募地方債）**に限られる。公的資金引受の割合が高い自治体，すなわち，市場公募債を発行しない都道府県や政令市以外の市町村においては，満期一括償還方式に拠って地方債を発行するケースはきわめて稀である。多くの場合，起債後は満期を迎えるまでの期間を通じて，毎年一定額を償還する「定時償還方式」と呼ばれる償還方式を採用している。つまり，**自治体全体としては，定時償還方式が主流派，満期一括償還方式はむしろ少数派となっている**。両者の違いは，表1-14にまとめられている。

そうした状況のもとで満期一括償還方式地方債が問題となるのは，個々の自治体が長期的視野に立って償還費を管理するという文脈と公債費負担の重さを評価する文脈においてである。たとえば，30億円の30年債を据置期間なしの定時償還方式で償還する場合は，1億円の元金償還費を30年間にわたって負担することになるのに対して，満期一括償還方式のもとでは，元金償還費は29年間がゼロ，満期を迎える年だけが30億円となる。つまり，満期一括償還方式に対しては，満期に備えて毎年積立を行うなど計画的に償還財源を確保しておかなければ，満期を迎えたときに他の歳出に充てる財源が不足してしまう。これを回避するため，満期一括償還方式を市場公募債における標準方式と定め

補　章　健全化判断比率の読み方　55

表 1-14　満期一括償還方式地方債と定時償還方式地方債の比較

	満期一括償還方式地方債	定時償還方式地方債
元金の支払い	満期時に一括支払い	据置期間後，満期までの年限のなかで均等に支払い[*]
（元金支払いの）据置期間	償還年限（満期）に一致	通常は 3 年
利子の支払い	半年ごとに定額を支払い	半年ごとに残存元金×表面利率を支払い[*]
引受資金（地方債種類）	市場公募債のすべてと銀行等引受債の一部	公的資金の大部分と銀行等引受債の一部
主たる発行体	市場公募債を発行している都道府県と政令市	市場公募債発行団体以外の都道府県と政令市以外の市町村[#]
減債基金に積立した場合の普通会計決算統計上の取扱い	「公債費」に計上	「積立金」（フロー）に計上
減債基金積立残高の普通会計決算統計への反映	いっさい含まれない	過去の積立額が含まれている
普通会計決算統計上の地方債残高と現実の残高との関係	償還されていなくても，公債費に計上した積立累計額を現実の残高から控除した額が決算上の残高	乖離なし
実質公債費比率算定上の元金償還と実績値の関係	理論値（発行額の 3.3%）と積立不足額を計上し，実績値は計上しない	繰上償還以外は実績値を計上
実質公債費比率算定上の「積立不足」概念の適用	あり	なし

（注）　他の償還方式として，「任意償還方式」がある。*：他に元利均等償還方式もある。#：市場公募債発行団体においても，銀行等引受債では定時償還方式も併用することが多い。
（出所）　各種資料に基づいて筆者作成。

る変更がなされたとき[32]から，償還に伴う支出額を平準化する観点で，国は減債基金への事前積立を強く勧奨してきた。

　満期に備えて毎年計画的な積立を行った場合，公債費負担の実態は定時償還方式とさほど変わらないものとなる。しかし，決算の場面で，形式どおりにこれを積立金として計上し，満期償還を行った年度のみ公債費に計上するならば，積立中の期間と満期のいずれにおいても，実勢とかけ離れた公債費が記録されることとなってしまう。そのため，普通会計における決算ルールも実勢が数字

---

[32]　1992 年 1 月に当時の自治省（財政局地方債課長）から市場公募地方債発行団体に提示された内かん「市場公募地方債に係る満期一括償還方式の導入について」に拠る。

表 1-15　起債制限比率と実質公債費比率の満期一括償還地方債積立金の違い

	起債制限比率	実質公債費比率
減債基金への積極的な積立を行った場合	上昇	不変（理論値のみ計上）
減債基金への積立を先送りした場合	低下	積立不足額に対応する分だけ上昇
減債基金の積立不足を解消した場合	上昇	低下（積立不足による押上げ分が解消）
積立金を一般会計に貸し付けた場合	不問	貸付分は積立残高から除外して積立不足かどうかを判定

（出所）　各種資料に基づいて筆者作成。

に反映されるよう考慮され，満期一括償還方式地方債による減債基金への積立は「積立金」ではなく「公債費」として扱われている。地方債残高や基金に関する統計の上でも，現実の償還が終わっていなくても，積立分を地方債残高から控除する一方，減債基金残高には反映しないルールが採用されている。

　問題が生じるのは，満期一括償還方式地方債に対する事前積立を定時償還方式における償還ペースを上回るペースで行ったり，過去の積立ペースの遅れを取り戻したりするような「積増し」を行ったりするケースである。こうした選択は，健全な財政運営という観点からは高く評価されるべきであるにもかかわらず，従前の起債制限比率は，算定に際して何らの調整も施していなかった（表 1-15 参照）。

　逆に，事前積立をいっさい行わなければ，起債制限比率は低く算定される仕組みであった。

　そのため，近視眼的な判断で目先の起債制限比率算定値を低く抑えて，償還負担を先送りし，満期時に現実の償還負担も起債制限比率も跳ね上がる選択がなされていても，満期前の起債制限比率からはそれを捕捉することはできなかった。

　これに対して，実質公債費比率においては，満期一括償還方式地方債に対して，10 年債の 2 回借換え，実質的に 30 年償還を前提に，毎年 30 分の 1 ずつ減債基金に積み立てていくことを標準的な積立ルールとして据えている。そして，この標準ペースに基づく理論値を準元利償還金（「年度割相当額」）として計上すること，起債以来の積立残高（基金残高）が理論値に基づく積立残高（理論積立残高）に満たない場合には積立不足額に基づいて算定する加算額（「減債基

金積立不足を考慮して算定した額」）を計上すること，積立残高を一般会計に貸し付けている場合には当該部分は積み立てられていないものと見なすこと，借換えを行った場合にも当初の起債額が借換え後の理論値に反映されることなど，緻密な算定ルールが採用されている。

最も複雑なのが「減債基金の積立不足を考慮して算定した額」であり，その具体的な算定式は，次のとおりである。

「減債基金の積立不足を考慮して算定した額（52頁のA_3）」＝A_{31}×$\{1-\min(A_{32}/A_{33}, 1)\}$

　　　ただし，$A_{31}=\min(A_{34}, A_{35})$
　　　　　　　min（　）は（　）内の小さい方。

A_{31}：当該年度に償還期限が満了した満期一括償還地方債に係る「年度割相当額」に当該満期一括償還地方債の償還期間の年数（起債後の経過年数）を乗じて得た額（A_{34}），もしくは，元金償還額から借換債を財源とする償還額を控除した額（A_{35}）のいずれか少ない額

A_{32}：前年度末における実際の減債基金残高

A_{33}：前年度末において償還期限が満了していない満期一括償還地方債に係る「年度割相当額」の前年度末までの累計額（理論積立残高）

実質公債費比率の導入によって，公債費に関しては，現実の償還額，普通会計決算統計上の公債費，実質公債費比率算定過程での償還額の3種類が併存することとなり，利用者の混乱を招く一因となっていることは否定できない。しかし，自治体の選択に対して，償還負担の先送りを抑止するだけでなく，積極的な積立を促し，積立不足がある場合にはその解消を強く求める効果があり，地方債発行体の規律と責任を強化するという文脈において，きわめて有意義であるといえる。

また，起債制限比率から実質公債費比率への移行によって，指標の計算過程がきわめて複雑化し[33]，自治体がそれを自発的に公表しない限り，住民など第三者が指標算定を再現することは事実上不可能になってしまったが，その問題

---

[33] 2006年5月に総務省（自治財政局地方債課長）から自治体に通知された文書「実質公債費比率等について」において，実質公債費比率算定のための詳細な計算シート事例が示され，当該文書の公表も行われた。

も地方財政健全化法施行後は緩和されている。「健全化判断比率・資金不足比率カード[34]」や「財政状況資料集」における開示項目から[35]，実質公債費比率の水準やその変化が何に起因しているかを分析できるからである。

実質公債費比率には，実質赤字比率や連結実質赤字比率にはない，注意を要する特徴がある。

第1に，単年度の実質公債費比率の3年間における平均値として算定されることである。算定値の前年度からの変化幅は通常は大きくないため，それゆえに変化幅が大きい場合には，構成項目がどのような水準にあるか，確認することが重要である。

第2に，定義式における分母の中心項目として，標準財政規模を採用していることは，実質赤字比率や連結実質赤字比率と同様であるが，分子分母から元利償還金・準元利償還金に係る交付税措置額（基準財政需要額に算入される元利償還費）を控除するため，この金額の変化次第では指標値が大きく変動することである。言い換えると，元利償還金や準元利償還金の水準が何ら変わらない場合でも，元利償還金・準元利償還金に係る交付税措置額が大きくなれば，算定される実質公債費比率は低下（改善）する。したがって，実質公債費比率の変化が何に起因しているのかを確認する必要がある。

第3に，4種類の健全化判断比率のなかでも，実質公債費比率は，一度指標値が上がってしまうとそれを短期間で下げるのが容易ではないことである。実質赤字比率や連結実質赤字比率は，歳出項目のどれかを削減することができれば，単年度で引下げ効果が現れる。しかし，地方債の元金と利子の支払額と償還年限はあらかじめ約定されているため，元利償還費を簡単に削減することはできない。特段の対策を講じていないのに実質公債費比率が下がっているとしたら，過去に発行した地方債の償還ピークが過ぎた場合であろう。

そうではない場合に効果があるのは，繰上償還と満期一括償還方式地方債における積立不足の解消である。繰上償還額は実質公債費比率には算入されないため，分子を減額させる効果は，繰上償還に伴う公債費の縮減額，すなわち繰

---

34) 「健全化判断比率・資金不足比率カード」（2007〜09年度決算分）は単一の資料で全自治体がカバーされているが，「財政状況資料集」（2010年度以降の決算分）は自治体ごとの資料形態となっているという違いがある。

35) 現在は，総務省のウェブサイトで公表されている「健全化判断比率・資金不足比率等の算定様式等データ」（注31参照）を通じて，「健全化判断比率・資金不足比率カード」や「財政状況資料集」よりも精細に健全化判断比率の算定過程を知ることが可能になっている。

補　章　健全化判断比率の読み方　59

上償還額を当初の償還年限で除した額となる[36]。ただし，繰上償還が可能な地方債の範囲も限られるはずである。

　また，満期一括償還方式地方債における積立不足を解消した場合[37]は，実質公債費比率の分子から減額される金額は解消額の10～30％程度にとどまる見込みである。この10～30％という数字は，ストック・ベースの積立不足額が一般に公表されていないため，磯道（2017）が都道府県・政令市に対する個別調査を行って得た「積立不足額」の2015年度実績値によって，公表されている「積立不足を考慮して算定した額」の2016年度実績値を除すことで得た値である[38]。積立不足を縮減した額がそのまま実質公債費比率に反映されるわけではないが，繰上償還よりも大きな効果を持つケースが多いことは明らかである。

4　将来負担比率

将来負担比率の定義式は，次のとおりである。

将来負担比率＝$(B-F-G-H)\div(E-D)\times 100$
$B=B_1+B_2+B_3+B_4+B_5+B_6+B_7+B_8+B_9+B_{10}$

　ただし，上式の構成項目は次のとおりである。それらは，すべて「財政状況資料集」に掲載されている。

B：将来負担額
B_1：一般会計等の前年度末地方債残高
B_2：債務負担行為に基づく支出予定額のうち地方財政法第5条各号関係経費（地方債分）
B_3：公営企業債の元金償還費に充てる一般会計等からの繰入見込額

---

36) 第4章付論1の「2　将来負担比率の引下げ策と『実質公債費比率に対する倍率』への効果」において，繰上償還が実質公債費比率と将来負担比率に与える効果について，理論モデルに基づく数理的な分析を行っている。
37) 積立不足を解消しないまま借換えした場合は，積立不足額はいったんリセットされる。ただし，「年度割相当額」がかさ上げされる（詳細は第2章および第6章を参照）。
38) 第6章の図6-2（271頁）を参照。また，第6章付論では，数値事例に基づくシミュレーション分析を実施しており，積立をまったく行わない場合（2ケースを想定）は，定常状態における「積立不足を考慮して算定した額」の積立不足額に対する割合が2/11と12/121になることを示している（297頁）。

B_4：一部事務組合等が起こした地方債の元金償還費に充てる自治体負担等見込額
B_5：退職手当支給予定額のうち一般会計等負担見込額
B_6：設立法人等の負債額等のうち一般会計等負担見込額（財務・経営状況を勘案）
B_7：連結実質赤字額
B_8：一部事務組合等の連結実質赤字額相当額のうち一般会計等負担見込額
B_9：受益権を有する信託に係る負債額のうち一般会計等負担見込額（財務・経営状況を勘案）
B_{10}：設立法人以外の者に対する特定短期貸付金等のうち一般会計等負担見込額（財務・経営状況を勘案）。B_6の内数
D：元利償還金・準元利償還金に係る交付税措置額（基準財政需要額算入公債費）
E：標準財政規模
F：充当可能基金額
G：償還費に充当可能な特定財源見込額
H：地方債残高等に係る交付税措置見込額（理論償還費の基準財政需要額算入見込額）

つまり，将来負担比率は，一般会計等の地方債残高に加えて，連結実質赤字のほか，地方公社や第三セクター法人などに対する債務保証や損失補償に伴う一般会計等の負担見込額を集計し，一般会計等が負っている債務の大きさをチェックするストックの指標である。呼称の「将来負担比率」は，「まだ顕在化していないが，このままの状態が続けば将来負担が顕在化する」という側面が重視されて採用されたものと考えられる。4種類の健全化判断比率のなかで，将来負担比率のみが，財政再生基準は設定されずに早期健全化基準しか設定されていない理由も，「まだ顕在化していない」という点に求めることができる。

算入項目に関する財政構造上の問題点を表す指標という観点から見ると，将来負担比率には，2つの側面がある（第4章も参照）。

第1の側面は，実質公債費比率のストック概念に相当することである。

第2の側面は，他の健全化判断比率の集計対象からは外れている地方公社・第三セクター法人の債務についても，その一部を算入していることである。具体的には，地方公社・第三セクター法人に対する債務保証契約や損失補償契約

補　章　健全化判断比率の読み方　61

が履行されて，自治体が一般会計から代位返済を行う状況など，将来の一般会計負担を増加させる要因については，その発生確率を考慮して，将来負担額に計上している。

将来負担比率が導入された当時は，これら2つの側面のうち，第2の側面に注目が集まったが，経営・財務に著しい問題のある地方公社・第三セクター法人を抱えていなければ，第1の側面が将来負担比率には色濃く反映される。実

表1-16　将来負担比率と実質公債費比率の対応関係

			実質公債費比率		将来負担比率
分子	(＋)	A_1, A_2, A_3	定時償還方式地方債元利償還金，満期一括償還方式地方債の年度割相当額，減債基金の積立不足を考慮して算定した額	B_1	一般会計等の前年度末地方債残高
		A_4	債務負担行為に基づく支出予定のうち公債費に準ずる額（当年度）	B_2	債務負担行為に基づく支出予定額のうち地方財政法第5条各号関係経費（地方債分）
		A_5	公営企業債の償還費に充てた一般会計等からの繰入額（当年度）	B_3	公営企業債の元金償還費に充てる一般会計等からの繰入見込額
		A_6	一部事務組合等が起こした地方債の償還費に充てた負担金・補助金（当年度）	B_4	一部事務組合等が起こした地方債の元金償還費に充てる自治体負担見込額
		―	なし	B_5	退職手当支給予定額のうち一般会計等負担見込額
		―	なし	B_6	設立法人等の負債額等のうち一般会計等負担見込額（財務・経営状況を勘案）
		A_7	一時借入金利子（注）	B_7	連結実質赤字額
		―	なし	B_8	一部事務組合等の連結実質赤字相当額のうち一般会計等負担見込額
		―	なし	B_9	受益権を有する信託に係る負債額のうち一般会計等負担見込額（財務・経営状況を勘案）
		―	なし	B_{10}	設立法人以外の者に対する特定短期貸付金等のうち一般会計等負担見込額（財務・経営状況を勘案）。B_6の内数
	(－)	―	なし	F	充当可能基金額
		C	元利償還金・準元利償還金に充てた特定財源（当年度）	G	償還費に充当可能な特定財源見込額
		D	元利償還金・準元利償還金に係る交付税措置額（当年度基準財政需要額算入公債費）	H	地方債残高等に係る交付税措置見込額（理論償還費の基準財政需要額算入見込額）
分母	(－)	D	元利償還金・準元利償還金に係る交付税措置額（当年度基準財政需要額算入公債費）	D	元利償還金・準元利償還金に係る交付税措置額（当年度基準財政需要額算入公債費）
	(＋)	E	標準財政規模	E	標準財政規模

（注）　連結実質赤字のなかの実質赤字に対応する一時借入金から生ずる利子。
（出所）　各種資料に基づいて筆者作成。

際,指標としての基本的な性格が「実質公債費比率のストック版」であることは,表1-16から明らかである。

まず,将来負担比率と実質公債費比率の定義式における分母は完全に同じである。また,実質公債費比率の分子に採用されているすべての項目について,それぞれをストック概念化した項目が将来負担比率に採用されている。加算項目でいえば,フローの元利償還金(実質公債費比率の定義式における A_1, A_2, A_3)の支払いはストックの地方債残高(将来負担比率の定義式における B_1)から生ずるものであるし,減算項目でいえば,次年度以降の元利償還金に充てられる特定財源や元利償還金に対する交付税措置予定額の総額(GおよびH)は当年度の額(CおよびD)をフローとすれば,ストックといえるからである。

そして,将来負担比率にのみ採用されている加算項目として,「退職手当支給予定額のうち一般会計等負担見込額」(B_5)や「設立法人等の負債額等のうち一般会計等負担見込額(財務・経営状況を勘案)」(B_6)がある一方,減算項目としては充当可能基金(F)がある。いずれも,一般会計等が負っている実質的な債務残高を表すのに必要な項目という点で妥当なものである。

このうち,注意しなければならないのは,地方公社や第三セクター法人が保有する債務に対する債務保証・損失補償契約に由来する負担が,そのままの金額ではなく,一般会計等が負担する確率を反映した「期待値」になっている点である。

一般会計等による負担見込額の評価方法にはさまざまな方式が認められているが,一般的な第三セクター法人に対する損失補償の場合は,「標準評価方式」における「財務諸表評価方式」が標準的な評価方法とされている。この「財務諸表評価方式」では,金融機関からの借入額のどれくらいの割合を母体自治体が負担しなければならないかという観点から,資産負債と損益の状況に応じて,債務を A(正常償還見込債務),B(自治体要関与債務),C(自治体要支援債務),D(自治体実質管理債務),E(自治体実質負担債務)の5ランクに分類し,このランクに対応する10〜90%の負担見込率を損失補償額に乗じる方法がとられている。たとえば,当該第三セクター法人の経営損益が赤字で債務超過額が損失補償額を上回っていれば,債務区分がEに分類され,最も高い90%が適用されるはずである。

しかし,現実にはそうなっていないケースもある。その理由としては,他の評価方法,たとえば,資産負債や経営計画を個別に評価する方式に従っている

ことが考えられるが，公表された「設立法人等の負債額等のうち一般会計等負担見込額（財務・経営状況を勘案）」（B_6）を見る際には，この負担見込率が適正に設定されているのかという問題意識を持つことが何よりも重要である。

地方公社や第三セクター法人の解散・清算に必要な資金を調達する目的で「第三セクター等改革推進債」が発行された場合は，清算手続きが実質的に始まったことを意味するため，「一般会計等負担見込額」についても，実現する可能性が高い数値が反映されることになるが，その実際の金額を見ると，前年度までの将来負担比率算定過程で計上していた「一般会計等負担見込額」の金額を大きく上回るという事例も観察されるからである。その場合は，どのような評価方式を採用していたかにかかわらず，負担見込額を過小評価していたことは間違いないであろう。

たとえば，土地開発公社を清算（解散）する場合，債務保証契約に基づく代位弁済を自治体が金融機関に対して行った後，最終的には含み損（時価評価額と取得価額の差額）を抱える土地の売却額も反映させることで，土地開発公社の正味資産（債務超過）が確定し，当該額の債権放棄を自治体が土地開発公社に対して行うという手続きが必要となる[39]。時価評価額と取得価額の差額が1年の間に大きく変わるとは考えにくいから，前年度における一般会計等負担見込額の算定が不正確だったといわざるをえない。

一般会計等負担見込額が確定額となったとき，その全額が一般会計からの歳出に計上されるとしたら，他の歳出予算が大きく制限されてしまう。そうした事態を回避する手段が「第三セクター等改革推進債」であり，実質的には一般会計による負担額を償還年数で按分して平準化する効果を持っている。「第三セクター等改革推進債」を利用して土地開発公社をはじめとする設立法人等を解散・清算した事例が多数見られることは，清算の前まではそうしたリスクを抱えていたこと，「第三セクター等改革推進債」という清算手段の創設とその利用によってリスクの顕在化を回避できたことを示唆している（第4章を参照）。

一般会計等負担見込額がどのように算定されているのかについては，監査委員だけに任せるのではなく，住民自身がモニターすることが重要である。

---

39) 第4章の図4-4（192頁）を参照。

第2章

実質公債費比率のガバナンス効果
臨時財政対策債の償還財源先食いを解消できるのか？

本章のねらい

- 実質公債費比率に算入される地方債の元利償還金を考察対象とするにあたって、2017年度末における普通会計地方債残高の36.8%を占める臨時財政対策債に着目する重要性を解説する。
- 地方交付税制度との関係を中心に、臨時財政対策債の発行と償還の仕組みについて解説する。
- 臨時財政対策債の元利償還金に係る交付税措置額（理論償還費の基準財政需要額算入額）、実質公債費比率算定上の満期一括償還方式地方債に関する標準積立額、現実の償還・積立額の違いを解説する。
- 臨時財政対策債における現実の償還・積立の先送り、すなわち、交付税措置額先食いの原因と実態を明らかにする。
- 臨時財政対策債の償還・積立不足（措置額先食い）解消を促す実質公債費比率のガバナンス効果についての計量分析を行う。

はじめに

　第1章では、地方財政健全化法によって定められた健全化判断比率から財政状況についてどのようなことを把握できるのかを踏まえたうえで、健全化判断比率に対して設定された基準（財政再生基準と早期健全化基準のほか、地方債協議・許可制度における協議不要基準）と各自治体における実績値の推移に基づいて、財政健全化が着実に進捗していることを確認した。さらに、制度が自治体に財政健全化行動を促すガバナンス効果を考える際の論点を提示した。

　第2章から第5章までの各章では、実際に健全化判断比率が自治体に健全な財政運営を促すガバナンス効果を発揮しているのか否かを、データに基づき客

観的に検証していくことにしたい。そのなかで，本章では，4種類の健全化判断比率のうち，自治体の地方債残高から生ずるフローの返済負担の重さを測る実質公債費比率に着目する。この実質公債費比率が自治体の財政運営の効率化や財政健全化に向けた自発的な行動を促していれば，ガバナンス効果を発揮していると評価できる。その見極めに際して重要なのは，実質公債費比率の水準を引き下げるために，自治体が財政運営を見直し，自発的に財政健全化を進めているかどうかである。

具体的な分析と検証にあたっては，最初に，2001年度に創設された臨時財政対策債の制度を概観する。そのうえで，2001～17年度における46道府県の決算データを用いて，元利償還金に係る交付税措置額（理論償還費の基準財政需要額算入額と同義。以下，「措置額」と表記）と現実の償還・積立額とを比較し，両者の間に乖離，すなわち償還・積立不足が存在するのか否かを確認する。ここでの償還・積立不足は，実質公債費比率算定上の「積立不足額」とは別概念のものであり，地方交付税制度を通じて措置された償還財源が「先食いされた状態」にあること，言い換えると，将来の定時償還の際や満期を迎えたときにその分だけ自主財源を充当しなければならないことを示すものである。大きな償還・積立不足（償還財源先食い）があれば，今後の予算編成に際して他の歳出への配分を制約するなど，財政運営に支障をきたす可能性がある。

続いて，実質公債費比率とその早期健全化基準が，こうした意味での償還・積立不足（償還財源先食い）を是正・解消し，将来の確実な償還を行えるように自治体の行動を誘導する機能を備えているのかどうか，すなわち，償還・積立を促すガバナンス効果が有効に働いているのかどうかを検証する。

各節の構成は，以下のとおりである。

第1節では，実質公債費比率が自治体に財政健全化を促すガバナンス効果を及ぼすメカニズムと臨時財政対策債に焦点を当てる理由を述べる。第2節では，臨時財政対策債に関わる制度を概観し，元利償還金に係る交付税措置（地方交付税算定過程での基準財政需要額への理論償還費算入）の仕組みを解説する。また，自治体への臨時財政対策債発行可能額の割当が続いた結果として，毎年の措置額が増え続けていることを指摘する。第3節では，臨時財政対策債を対象として，償還・積立に関する各種のルールを解説した後，実際に各都道府県への措置額の累計額と，現実の償還・積立額の累計額とを比較し，償還不足・積立不足（償還財源先食い）の状況を報告する。第4節では，実質公債費比率が，これ

らの不足を改善する効果を持つのか，すなわち，臨時財政対策債における償還財源先食いの改善・解消という意味での財政健全化を促すガバナンス効果を発揮しているのか否かについての計量的な実証分析を行う．最後に，分析結果を総括し，今後に向けた提言を行う．

1 財政運営と実質公債費比率

1.1 実質公債費比率と自治体のインセンティブ

　地方財政健全化法によって定められている4種類の健全化判断比率のうち，実質公債費比率は公債費の負担の重さを測る指標である．この値が大きければ，公債費以外の歳出に振り向けられる歳入が制限される状況を意味するから，実質公債費比率は一定範囲の大きさに収まっていることが求められる．次式（簡略に表記した定義式）が示すとおり，実質公債費比率を構成する項目のうち，自治体の財政的選択が直接反映されるのは，地方債の元利償還金と準元利償還金である[1]．

（単年度の）実質公債費比率

$$= \frac{元利償還金＋準元利償還金－充当特定財源－基準財政需要額への算入公債費}{標準財政規模－基準財政需要額への算入公債費}$$

　地方債残高が増加して元利償還金や準元利償還金が多くなれば，歳出の内訳を自由に選択できる幅が狭まり，予算編成は公債費によって制約されてしまう．地方債が証券方式と証書方式のいずれの形態で発行されていても，発行体である自治体には，約定されたスケジュールに従って元金と利子の償還を行う義務があり，他の経費に優先して元利償還費が歳出に計上されることになるからである．また，同時に，公債費が多額になれば，算定される実質公債費比率も高くなり，予算編成において自由な選択が狭められる危険性が，実質公債費比率に反映される．

　この実質公債費比率は，地方財政健全化法の公布に1年先んじるかたちで2006年度から導入された起債管理のための指標であり，2005年度決算分が最

---

[1] 元利償還金と準元利償還金の範囲と定義については，地方財政法施行令第11，12条と地方債に関する省令第3，4条に定められている．また，実質公債費比率は本文で示した定義式による算定結果の3年度平均値である．

初の実質公債費比率算定値となった。地方財政健全化法の施行前は，この実質公債費比率が25％に達した場合は，起債可能な地方債の範囲が直接制限されることで，財政運営に実質的な制約が課せられた。同法施行後は，実質公債費比率が25％に達した場合は，「財政健全化団体」となって，首長と議会の関与と責任を伴うかたち，すなわち，拘束力を伴うかたちで「財政健全化計画」の策定・実施を求められることとなった。そうした事態を回避するには，自治体は実質公債費比率を25％未満に保たなければならない。つまり，**地方財政健全化法のもとで真に自由な財政運営を維持しようとする限り，自治体は実質公債費比率を低水準にとどめるインセンティブを持つのである**。そして，公債費の負担を一定水準以下に抑えること，言い換えると，**実質公債費比率を抑制することは，住民に対する地方公共サービスを安定的に提供するうえで欠かせないことである**。

　もちろん，財政健全化団体になったからといって，起債制限や財政運営上の規制を受けるということはない。「財政健全化計画」も自治体自身の判断によって策定されるものであるが，確実に実行できて，計画期間満了時には財政健全化が実現する内容であることが，必然的に求められるため，自然体で予算編成を行う状況と比べれば，低めの歳入見込み，控えめの歳出計画とならざるをえない。「真に自由な財政運営」と表現したのは，「財政健全化計画」を策定しなくてもよい状況下では，自然体での予算編成と財政運営が行えることを指すものである。

　そもそも，自治体の歳出とは，住民に地方公共サービスを提供するうえで必要な経費を賄う際の支出である。住民を第一に考えるならば，当年度の歳出に伴う便益だけでなく，過去のインフラ投資の結果として蓄積された既存の地域社会資本ストックが生み出すサービスから得られる便益を含めて，住民の便益を通時的に最大化するように，毎年度の歳出の内訳を決定する必要がある。そのため，予算編成に際しては，会計年度独立の原則と予算の単年度主義を遵守しながら，通時的に望ましい歳出の選択を行えるように，地方債と財政調整基金を利用することが不可欠である。

　言い換えると，地方債の発行と償還は，長期的な時間視野のなかでの最適化行動の結果として行われるべきことであり，発行額や償還期間の選択を誤れば，その悪影響は長期にわたって続くことになる。

　ところが，自治体によっては，常に正しい選択や合理的な行動ができるとは

限らないから，合理性から著しく逸脱した選択を行った場合にそれを改めさせたり，そのような選択を未然に防いだりすることが望まれる。すなわち，自治体の財政的選択に規律づけを行い，住民の便益向上に向けて，自発的に適切な選択をするよう誘導することが制度には求められる。これが制度やルールによるガバナンスの本質である。

1.2 実質公債費比率における満期一括償還方式地方債の取扱い

実質公債費比率が発揮すべき機能を問われるのは，とくに，地方債発行後の償還や資金管理の局面においてである。その理由は，以下に述べるとおりである。

まず，満期一括償還方式地方債の場合，元金の償還義務は満期時まで到来しないが，償還時には多額の資金が必要になることから，その資金を計画的に積み立てておくことが望まれる。普通会計決算においては，満期一括償還方式地方債に限り，償還に備えた減債基金への積立を行った場合，「積立金」ではなく，「公債費（償還費）」として扱うルール[2]がある。このルールは，償還に伴う負担を平準化して費用計上するという意味で，大変重要なものである。

決算ルール上は公債費と見なされる満期一括償還方式地方債の積立額の実績値は，実は，実質公債費比率には算入されない。その代わり，標準的な積立額，すなわち「年度割相当額[3]」が定められ，それが算入されている。この「年度割相当額」は，据置期間のない30年間の元金均等償還方式を想定した一種の理論値である。注意を要するのは，理論値といっても，理論償還費の基準財政需要額算入額（措置額）とは異なることである。

では，この標準的な積立のペースに比べ，現実の償還・積立を遅らせたり，早めたりすると，実質公債費比率はどうなるのであろうか。まず，現実の償還・積立のペースを早める場合は償還額が増大するが，その結果，算定される実質公債費比率が高くなるのであれば，早期償還のインセンティブは失われてしまう。また，現実の償還・積立のペースを遅らせる場合は償還額が減少するが，その結果，算定される実質公債費比率が低くなるのであれば，そのような

---

2) このルールとの整合性を確保するため，統計上の普通会計地方債残高も償還が行われたものとして，減額される。また，統計上の減債基金残高には，満期一括償還方式地方債の積立分は計上されない。
3) 「年度割相当額」は地方債に関する省令の第4条に定められている。

効果を得るために償還・積立を遅らせるインセンティブが生じてしまう。

早期償還は将来の公債費負担を軽減するための行動でもあり，これを阻害しないことは，実質公債費比率を低水準にとどめようとする元来のインセンティブを活かすうえでは，最低限必要なことといえる。

しかし，実質公債費比率の前身の管理指標に当たる起債制限比率に関しては，公債費として扱われる満期一括償還方式地方債の積立金をそのまま分子に計上していたため，現実の償還・積立が先送りされることや，その遅れが是正されないことが指摘されていた[4]。そのような問題が生じないように，起債制限比率に代わって導入された実質公債費比率では，自治体の行動インセンティブを十分に考慮して，標準的なペースを定めたうえで，そのペースを上回った場合については算定値を増加させないが下回った場合については算定値を増加させる仕組みが採用されている。そのペースを下回った場合のストック・ベースの差額が「積立不足」と定義され，一定の算式に従ってフロー相当額に変換された額，すなわち「(減債基金の)積立不足を考慮して算定した額」が実質公債費比率に加算計上される。

満期一括償還方式とは，10年物の国債のように，満期時に元本の償還が一括して行われ，それまでは毎年利子の支払いのみが行われる方式である。地方債の分野では，銀行等引受債の一部や市場公募債を除けば，この方式は適用されていない。

一方，定時償還方式とは，住宅ローンの返済のように，償還年限が満了するまでの期間は，元利均等返済や元金均等返済が毎年行われる方式であり，前述の「積立不足」概念も定時償還方式地方債には適用されない。小規模自治体の発行する地方債の大半では，この定時償還方式が適用されている。

当然ながら，現実の償還が約定された償還スケジュールから遅れることは許されないことであり，また，現実には起きていないが，実質公債費比率算定に際して想定されている標準的な積立ペースや理論償還費の基準財政需要額算入ペースと対比した場合には，現実の償還・積立のペースにはしばしば遅れが観察される。償還先食いとは，理論償還費の基準財政需要額算入ペースと対比した場合の遅れにほかならない。もちろん，その遅れを取り戻すことは可能である。**償還・積立の遅れを取り戻したり，ペースを早めたりすることとは，満期**

---

[4] 詳細は，第1章の補章を参照。

一括償還方式の場合は減債基金への積立残高を増やすか，繰上償還を行うことであり，定時償還方式の場合は繰上償還を行うことである。繰上償還をするには，もちろん，地方債引受機関の合意が必要となる。実質公債費比率の算定に際しても，起債制限比率の算定に際しても，この繰上償還額は集計対象から除外されて，分子に計上されないルール[5]があり，自治体が償還・積立のペースを早めるインセンティブが尊重されている。繰上償還については，次項で詳述する。

1.3 実質公債費比率のガバナンス効果

以上を踏まえると，満期一括償還方式地方債に対する標準的な積立ペース，標準的な積立残高（理論積立残高）として設定された水準に現実の積立残高が達していない場合の積立不足を反映することを含めて，算定された実質公債費比率が，制度上「問題ない」と扱われる水準以下にとどまっていれば，何らかの要因で現実の償還・積立を遅らせるインセンティブが自治体に存在する場合には，それを是正することはできない。

しかし，実質公債費比率が制度上「問題あり」と見なされる水準にあれば，とくに「懸念される一定のレベルを超えて財政悪化が進んでいる」と見なされる水準（早期健全化基準）に近づくにつれて，現実の償還・積立の遅れを是正し，実質公債費比率を適正水準に戻そうとする，望ましいインセンティブが働く。これがまさに財政健全化を促すガバナンス効果である。

なお，地方債の協議・許可制度において「問題ない」として扱われる水準とは，民間資金引受の場合に起債の届出のみですませられるという「協議不要基準」が適用される 18% 未満，「問題あり」は「公債費負担適正化計画」の策定・実施が求められる 18% 以上である[6]。「懸念される一定のレベルを超えて財政悪化が進んでいる」と見なされる水準は，「財政健全化計画」の策定・実施が求められる「早期健全化基準」，すなわち 25%（以上）である。「最も深刻

---

[5] 地方財政法施行令第 11 条において，「実質公債費比率の算定に用いない元利償還金」として繰上償還額があげられている。

[6] 地方財政健全化法の施行後は，地方債制度と地方財政健全化制度の一体性・整合性が高められ，4 種類の健全化判断比率を共通の管理指標として用いる運営がなされている。具体的には，地方債協議・許可制度の根拠法である地方財政法が財政状況が良好な自治体と軽度に悪化した自治体に対するルールを，地方財政健全化法が本格的に財政状況が悪化した自治体に対するルールを定めている。詳しくは，第 1 章を参照。

なレベルまで財政悪化が進んでいる」状況として「財政再生計画」の策定・実施が求められる「財政再生基準」は35％（以上）である。

91頁の図2-6に例示するとおり，償還・積立の実績額と地方交付税制度を通じた措置額との対比で捉える償還不足・積立不足（償還財源先食い）と，実質公債費比率算定上の積立不足とは同一概念によるものではない。それでも，実質公債費比率算定上の積立不足を解消しようとすれば，措置額との対比で見た償還不足・積立不足も縮減される。また，積立不足による加算計上の有無にかかわらず，実質公債費比率の水準を引き下げるために繰上償還を行えば，措置額との対比で見た償還不足・積立不足も改善する。

もちろん，地方債の引受機関からすれば，無条件に繰上償還を認めることは，約定どおりの償還が行われた場合に得られる利得の逸失を意味する可能性が高く，繰上償還は資金の出し手には好まれない。その回避策として，たとえば，引受当初からの合意事項として繰上償還を認めないルールとしたり（例：市場公募資金），逸失する利得に見合う補償金の支払いを求める規定を設けたり（例：公的資金）している。

このような背景もあって，自治体およびその公営企業が高金利時代に発行した地方債の利払費負担を軽減するという政策的判断によって2007～12年度に実施された「公的資金補償金免除繰上償還」承認分を例外として，一般的には繰上償還は行われないかのように思われることが多い。

しかし，統計に照らし合わせると，その2007～12年度においてさえも，ネットの繰上償還額（グロスの繰上償還額から借換債発行額を控除した差額）に関しては，「公的資金補償金免除繰上償還」を利用した金額よりも，補償金を要する公的資金や民間資金によって引き受けられた地方債に対する金額の方がはるかに多かったことがわかる。

まず，「公的資金補償金免除繰上償還」の計画承認額累計は，全体で6兆3184億円，普通会計分が1兆792億円であり，実績額ベースで見たネットの繰上償還額は全体（6兆958億円）の約15.3％に当たる9324億円を占めていたことから[7]，この措置を利用した普通会計におけるネットの繰上償還額は1651億円程度であったと推定できる。個別自治体におけるネットの繰上償還の総額

---

7) 計画承認額は公表資料（各年度の「補償金免除繰上償還に係る計画の承認」）による。実績額は筆者の問い合わせに応じてくださった総務省自治財政局のご回答による。

は普通会計決算データとして入手可能であり，同期間について集計すると9990億円にも達していたことから，8339億円は補償金を要する公的資金や民間資金によって引き受けられた地方債に対する金額であったことになる。

このように，資金の出し手からは好まれないなかでも繰上償還が行われうるのは，制度上，決算時の剰余金処分のあり方として，歳計剰余金の2分の1以上を基金に積み立てるか，繰上償還財源に充てるかをしなければならない[8]ことに加え，自治体自身が繰上償還を行う強いインセンティブを持っているからである。

たとえば，2007年度決算に基づく健全化判断比率が早期健全化基準に達していた47市町村を対象に，財政再生団体や財政健全化団体になることを回避するための方策についてのアンケート結果をとりまとめた前島（2009）によれば，最も多かった回答が繰上償還であった[9]。そうしたインセンティブを後押しするのは，繰上償還額は実質公債費比率には算入しないというルールである。そのインセンティブをさらに強めたのが，2007～12年度における「公的資金補償金免除繰上償還」措置であったといえる[10]。

1.4 臨時財政対策債に対するガバナンスの必要性

1.4.1 実質公債費比率の集計対象としての臨時財政対策債

償還財源先食いという意味での積立不足の解消というかたちで自治体に自発的な財政健全化を促すガバナンス効果を実質公債費比率が持っていることを確認することが，後の第4節で行う計量分析の目的である。具体的には，実質公債費比率が高水準にあればあるほど，積極的な償還・積立によって償還・積立不足（償還財源の先食い）の縮減・解消をしているのか否かを検証する。

実質公債費比率の算定に際して，元利償還金および準元利償還金が集計対象となる地方債は，基本的には，普通会計から発行されている地方債である。そのなかでも，近年，残高が顕著に拡大しており，社会的にも償還・積立の遅れ（交付税措置された償還財源の先食い）が指摘されてきた[11]地方債である臨時財政

---

[8] 地方財政法第7条に定められている。
[9] また，「財政状況資料集」にも，現況についての自己分析欄があり，2007～11年度において将来負担比率が1度でも200%を超えたことのある市町村のうち，「財政状況資料集」がウェブサイトで公表されている市町村を対象にして筆者が集計した際も，実質公債費比率や将来負担比率の改善策としてあげられていることが最も多かったのが繰上償還である。
[10] 詳しくは，第4章第1節を参照。

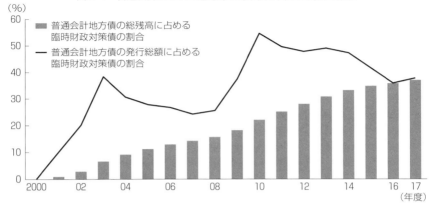

図2-1 普通会計において臨時財政対策債が占める割合の推移

(出所) 総務省「地方財政統計年報」に基づいて筆者作成。

対策債に着目する。この臨時財政対策債は2001年度に発行が始まったが，その後，発行額が趨勢的に増加し，自治体の財政運営において無視できない大きな存在となっている。

図2-1に示されているように，2010～14年度の間は普通会計から新たに発行される地方債のうちのほぼ半分を占めたこともあり，残高は2017年度末における普通会計地方債の36.8%を占めるに至っている。

臨時財政対策債は注目されるべきものでありながら，その償還・積立に関する行動を分析した研究は，本章のベースとなった石川・赤井（2012, 2013a）を除けば皆無といえる状況である。その意味でも，臨時財政対策債の発行と償還・積立の実績について整理し，制度からの財源補填の仕組みと現実の償還・積立の関係に焦点を当てて，将来の財政運営への影響を改めて分析することの意義は大きいはずである。

1.4.2 臨時財政対策債において問題視される償還・積立の遅れ

臨時財政対策債においては，とくに，償還・積立の遅れ（交付税措置された償

---

11) たとえば，毎日新聞社（2012），日本経済新聞社（2012a, b），朝日新聞社（2014），日本放送協会（2015）による積立不足や償還財源先食いの報道がある。また，財政制度等審議会財政制度分科会（2014, 2015, 2016）では，石川・赤井（2012, 2013a）に類似した方法論に基づく試算が行われている。臨時財政対策債の償還・積立不足に対する公式見解としては，衆議院における2015年2月3日の首相答弁書がある（http://www.shugiin.go.jp/internet/itdb_shitsumon.nsf/html/shitsumon/b189009.htm）。

還財源の先食い）が問題視されている。その理由は，以下のように整理される。

　第1に，臨時財政対策債が，近年，普通会計の地方債総残高に占める割合を大幅に上昇させている地方債であり，しかも，元利償還金の支払いが発行から長い年月を経た後になる償還方式（満期一括償還方式，または，後述の理論償還費算定の前提となる償還年限よりも長い償還年限に基づく定時償還方式）が採用されることが多いため，償還不足や積立不足を招きやすいことである。言い換えると，起債からの経過年数が浅い時期は措置額が現実の償還額を上回るケースが多いため，その差額を別の歳出に充てること，すなわち，償還財源を先食いするという自治体の近視眼的な行動が観察される可能性が高いことである。

　第2に，後年度の地方交付税算定過程で基準財政需要額に算入されることを通じて，元利償還金（理論償還費）の全額が措置される地方債，言い換えると，**実質的に償還財源を制度から全額補塡される前提を持つ地方債**であるといえることである。この措置率が100％であれば，理論償還費の前提となる償還年限・償還方式と現実の償還年限・償還方式が一致する場合には，1.1項で示した実質公債費比率の分子における減算項目の「基準財政需要額への算入公債費」と加算項目の「元利償還金」は一致する可能性が高い。両者が一致すれば，実質公債費比率に対する効果はゼロである。

　合理的な自治体であれば，その構造を認識したうえで，今後の歳入・歳出の見通しを踏まえて，発行条件を設定するであろう。実質公債費比率を押し上げる要素を完全に排除することを最優先するのであれば，理論償還費の償還年限・償還方式に現実の起債の場面での発行条件を合致させ，「理論償還費の基準財政需要額算入額」と同額の償還を毎年行うことになるであろう。

　しかし，近視眼的な行動をとる自治体は，計画に基づく長期的な財源確保の必要性や償還・積立の重要性よりも眼前の措置額の大きさに目を奪われ，償還財源を先食いして，償還不足や積立不足を残す可能性が十分にある。**この償還財源先食いは，措置率が高い地方債でのみ起きうる現象である**。

　第3に，地方交付税制度を通じて措置されるといっても，マクロ的に見れば，既往臨時財政対策債の理論償還費が新たに発行される臨時財政対策債に置き換わっているという意味において，自治体全体で実質的な借換償還が行われているにすぎないことである。これは，地方財政計画策定時の地方財政対策によって決められているが，他の地方債については，理論償還費を当該地方債の新たな発行で賄うというような決定はされておらず，地方交付税制度を通じた個別

自治体に対する措置額も地方財政計画上の地方交付税総額のなかに含まれていることになる[12]。元利償還金に対する交付税措置額をマクロ的に捉えると，他の地方債については地方交付税の一部として現金交付されることにより，これを現実の償還に充当すれば地方債残高を縮減させる効果を伴う。しかし，臨時財政対策債については実質的な借換えが行われるだけで，現実の償還に充当しても地方債残高を縮減させる効果を持たない。もちろん，個別自治体レベルでは，既往臨時財政対策債由来の臨時財政対策債発行額と理論償還費とが必ずしも一致するわけではないから，臨時財政対策債についても残高の減少が着実に進むケースもある。

　地方財政計画上，既往債の理論償還費の全額を新たな臨時財政対策債で賄う方式は，臨時財政対策債が初めて発行された 2001 年度の翌年度である 2002 年度以来継続的にとられている。自治体全体で見たとき，現実の償還に充当した場合に臨時財政対策債の残高を縮減させる効果を持つという意味での恒久的な償還財源が補塡されたことは一度もないのである。そして，新しい臨時財政対策債の発行で得た資金を既往債の償還や積立に充当しなければ，債務が減らないどころか，起債した分が増えたままになってしまう。このように，マクロ的には，措置額を現実の償還・積立に充当しないことの意味が，臨時財政対策債と他の地方債とでは，著しく異なるのである。

　そもそも，臨時財政対策債とは，国税の一定割合として確保される地方交付税財源と地方ニーズから計算される地方交付税必要額との間に恒常的に発生している「地方財源不足額」に対して，当面の資金手当てをするための方策として国が総額を決定するものである。個別自治体の臨時財政対策債発行可能額は，この総額を各自治体に按分するかたちで決定されており，個別自治体に対して普通交付税の決定と通知が行われるのと同時に発行可能額の割当と通知が国によって行われている。制度上は，マクロ的にも，ミクロ的にも，臨時財政対策債は地方交付税と一体のものとして位置づけられており[13]，地方交付税の代替財源ともいわれる。

---

12)　「地方財政対策」で決定される臨時財政対策債の総額は，既往債の理論償還費を賄うための「折半対象前財源不足額」対応分と「折半対象財源不足額」対応分の合計額であり，臨時財政対策債以外の地方債の元利償還費の一部が「折半対象財源不足額」の一因になっていると見なせば，それも新たな臨時財政対策債で賄われていることになる。なお，地方財政計画策定過程で生ずる「地方財源不足額」とその解消策として講じられる「地方財政対策」の問題点は，第 7 章で扱う。

かつては，「地方財源不足額」を補塡するための地方交付税を増額するために，交付税及び譲与税配付金特別会計（以下，交付税特会と表記）による新規借入れがなされていたが，2001年度から臨時財政対策債への移行が始まった。国としては，将来の返済に対する責任の所在が曖昧な交付税特会借入金ではなく，直接の償還義務の所在が明確な地方債というかたちをとることで，起債する個々の自治体に財政責任を負わせ，規律を高めるねらいがあったと思われる。

しかし，他方では，制度から自治体に対して，後年度に元利償還金の全額を実質的に補塡する前提があるために[14]，自治体が本当に責任感を持って発行と償還・積立を行っているかどうかが，問われるべきものとなっている。

1.4.3 地方交付税の代替財源と見なされる臨時財政対策債の落とし穴

臨時財政対策債が，地方交付税の代替財源，もしくは，実質的な地方交付税の一部だといわれる理由は，次のとおりである。

第1に，個別自治体の地方交付税算定過程においては，基準財政需要額の一部を振り替えるかたちで国が発行可能額を決定していることである。2012年度以前は，基準財政需要額からの振替に関する算定対象には不交付団体も含まれていたが，「財源不足額基礎方式」へと完全移行した2013年度以降は，交付団体のみに対象が限定されている。すなわち，個別自治体の財源不足額を実質的に振り替える方式で発行可能額が決定された後，「振替前基準財政需要額」から発行可能額を控除した額が「振替後基準財政需要額」となり，基準財政収入額との差額が普通交付税の「交付基準額」となっている[15]。

このような振替が行われなかった場合の地方交付税額を基準にすれば，その金額の一部が臨時財政対策債発行可能額に置き換わったのと同等である。こう

---

13) 地方交付税法附則第6条の2において，都道府県および市町村について，基準財政需要額から控除されるべき臨時財政対策債発行可能額について記されている。

14) 元利償還金の全額が後年度の地方交付税算定過程で基準財政需要額に算入される方針は地方財政計画（地方団体の歳入歳出総額の見込額）の本文に明記されている。

15) 普通会計決算統計（総務省「都道府県決算状況調」や「市町村別決算状況調」など多くの公表資料における基準財政需要額は，特段の断り書きがなければ，臨時財政対策債発行可能額を控除した後の「振替後基準財政需要額」の金額であり，控除前の金額は「振替前基準財政需要額」と表記される。自治体全体の財源不足額の合計が普通交付税総額を超える場合には，交付基準額を一定の率で減額する地方交付税法第10条第2項の規定があり，それによって振替後ベースの普通交付税額がゼロになる場合には，臨時財政対策債が割り当てられていても不交付団体となることがある。

した構造が，地方交付税の不足分を賄うために，自治体が代行的に臨時財政対策債を発行しているという意識をもたらしている可能性が高い[16]。

　第2に，起債によって調達された資金に対しては，地方交付税と同様に使途制限が課されることがないことである。つまり，歳入項目としての臨時財政対策債は一般財源に分類されることである。

　第3に，後年度の地方交付税算定過程における基準財政需要額に理論償還費が算入されることを通じて，元利償還金の全額が措置されることである。形式的には，償還義務を負うのは自治体であるものの，このような償還財源の補填が行われるという建前のもとでは，実質的な償還費用を自治体は負わないことになる。

　第4に，総務省による「地方財政対策」に関する説明資料などにおいて，地方交付税と臨時財政対策債との合計額が「実質的な地方交付税」と表現されることが多いためである。

　このように，臨時財政対策債を広義の地方交付税の一部と見なせることについて，十分な根拠がある。しかしながら，いったん発行されれば，自治体固有の債務となることは，臨時財政対策債も他の地方債と変わりがない。前述のとおり，満期一括償還方式で起債した場合や，定時償還方式で起債した場合であっても，理論償還費算定に際して仮想された償還年限よりも長期の償還年限が設定されている場合には，発行からの経過年数が浅い時期においては，各自治体における措置額が現実の元利償還額を上回る。その結果，措置が終了した後には，自治体が負う現実の償還義務のみが残る危険性がある。そのため，将来にわたって償還が確実に履行されるように，また，将来の予算編成において，償還費が他の歳出を圧迫する事態を招かないように，措置額と現実の償還額との差額を積み立てておく堅実さが必要である。臨時財政対策債発行によって調達した資金を地方交付税と同様に制約なしに使えるのは，あとから措置される額が現実の償還に確実に充てられることを前提としている。調達資金をすでに歳出に用いているのに，措置された財源を償還や積立に充てずに先食いしてしまえば，もはや臨時財政対策債は単なる債務でしかない。

　後述するように，理論償還費の基準財政需要額算入額の進捗ペース，言い換えると，発行可能額に基づいて算定される措置額の累計額と，実質公債費比率

---

16)　自治体に対する取材結果に基づいた日本経済新聞社（2016）がわかりやすい。

算定上の標準的な積立による積立累積額とは異なるものであり，措置累計額と必要積立残高の間には，無視できない乖離がある。したがって，実質公債費比率算定上の積立不足がゼロの場合や，実質公債費比率が突出して高い水準にはない場合でも，措置額の先食いが行われていないとはいえない。実質公債費比率算定上の積立不足が顕在化しない程度に先食いを行うことも十分に可能だからである。

それでも，少なくとも，実際に算定された実質公債費比率の水準が高い場合や積立不足によって実質公債費比率算定が押し上げられている場合には，措置額の先食いが進んでいる可能性はきわめて高い。

この状況において，実質公債費比率が早期健全化基準に近づくにつれて，措置額との対比で見た償還・積立不足（償還財源先食い）の解消を自治体に促すのであれば，実質公債費比率は，償還・積立行動の規律づけをするガバナンス効果を持っていると見なせよう。

2 臨時財政対策債制度の概観

2.1 臨時財政対策債に対する措置額の趨勢的増加

臨時財政対策債の発行総額は，制度が導入された 2001 年度は 1 兆 2269 億円だったが，年度による増減を経ながらも趨勢的に増加し，2010 年度には 7 兆 993 億円に達した。その後も 5～6 兆円台の発行額が続いたことで，2017 年度末の残高は 53 兆 910 億円に達して，普通会計における地方債総残高の 36.8％を占めるまでに至っている。

個別自治体の臨時財政対策債は地方交付税を代替するものといわれる一方で，全自治体の発行可能額は，最初に総額が地方財政計画策定時に決定されており，個別自治体の金額を積算して発行可能総額が決定されているわけではない[17]。これは，個別自治体に対する地方交付税の積算結果として地方交付税総額が決まっているのではなく，地方財政計画上で地方交付税総額が決まった後に，個別自治体の地方交付税の合計額が総額に一致するように，地方交付税の算定ルール，言い換えると基準財政需要額の算定ルールが調整されている構図と同じ

---

17) 詳細については，第 7 章で検討する。

である。臨時財政対策債発行可能額の総額は地方交付税総額とセットで地方財政計画を通じて決定され，個別自治体に対する臨時財政対策債発行可能額も個別自治体に対する普通交付税決定と同時に割り当てられている。

　今後の発行可能額の水準は「地方財源不足額」次第であるが，地方財政計画策定過程で毎年「地方財源不足額」が発生しており，それが今後も続くならば，何らかの資金手当てが必要になる。これまでと同様に，国と地方が折半して費用負担するという「折半ルール」に従って，「折半対象財源不足額」のうちの地方負担分を臨時財政対策債で賄う[18]という「地方財政対策」におけるマクロの決定をやめない限り，それを個別自治体に按分するかたちで決定される発行可能額の割当も続くことになる。

　しかも，全自治体の既往臨時財政対策債の理論償還費は，「折半対象財源不足額」には含められておらず，折半の対象外とされる「折半対象前財源不足額」の大部分を占めるものという位置づけがなされている。そして，マクロ的には，その既往臨時財政対策債の理論償還費に対しても，臨時財政対策債発行可能額が割り当てられている（図2-2）[19]。

　発行可能額と現実の起債額の違い，措置額と現実の償還額・積立額の違いはあるにせよ，起債額と元金償還額のバランスとして決まる現実の残高には，発行可能額と措置額のバランスが反映されていると考えれば，「折半対象財源不足額」がなくならない限り，臨時財政対策債の残高と「折半対象前財源不足額」に対応して新たに割り当てられる発行可能額は増加を続けることになる。

　2019年度地方財政計画では「折半対象財源不足額」がゼロとなって，「地方財源不足額」はすべて「折半対象前財源不足額」が占めたことで注目が集まったが，過去においても，2007，08年度（当初予算段階）の「折半対象財源不足額」対応分の臨時財政対策債発行可能額がゼロになったことがあり，図2-2におけるGDPギャップ率との連動性を見れば明らかなように，「折半対象財源

---

[18]　臨時財政対策債の理論償還費は「折半対象前財源不足額」の主要部分として位置づけられ，これに対しても新たな臨時財政対策債が別途割り当てられるが，その既往臨時財政対策債も「折半対象財源不足額」に対する資金手当てのために発行されたものであることを踏まえれば，すべての臨時財政対策債は時点の異なる「折半対象財源不足額」に端を発しているといえる。

[19]　既往債の償還費も新たな臨時財政対策債によって賄われることと，その金額については，地方財政計画本体には記されていないが，地方財政対策についての総務・財務両大臣覚書のほか，「地方財政計画の概要」という説明資料のなかに記されている。ただし，その理由についての説明はなされていない。

図 2-2 「折半対象財源不足額」対応分の臨時財政対策債発行可能額と「折半対象前財源不足額」対応分の臨時財政対策債発行可能額の推移

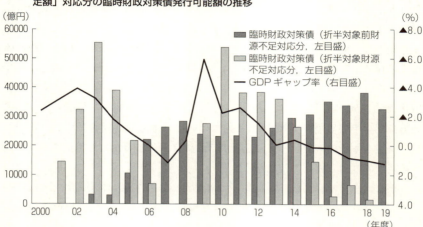

(注) GDP ギャップ率は,(現実の GDP − 潜在 GDP)/潜在 GDP で定義される (潜在 GDP は OECD による推計値)。
(出所) 総務省「地方財政計画」,OECD「Economic Outlook」vol. 103 に基づいて筆者作成。

不足額」は景気変動に伴う循環的な動きをすることにも留意する必要がある。このうち,年度途中でリーマン・ショックが生じた 2008 年度については,国の第 2 次補正予算における国税の減額補正に伴って地方交付税も減額補正され,通常ならば臨時財政対策債の増額が求められる状況へと転じたが,当該分は国の一般会計から加算して補塡されるこことなった[20]。リーマン・ショック後の国と地方の税収の落込みがピークに達したのは 2010 年度であり,「地方財源不足額」,「折半対象財源不足額」,「臨時財政対策債発行可能額」は,それぞれ 18.2 兆円,10.8 兆円,7.7 兆円となった。このように,景気後退によって「折半対象財源不足額」とそれに対応する発行可能額が大きく増加する可能性があることを認識しておく必要がある。

既往臨時財政対策債に対する理論償還費の基準財政需要額算入額は過去の発行可能額ごとの積算値として算定されており,残高の増大とともに,趨勢的に増加していく。実際,図 2-3 に示すとおり,臨時財政対策債に対する措置額

---

[20] 国の一般会計から加算額は 2 兆 2731 億円,そのうちの 1 兆 2410 億円は地方負担分とされ,臨時財政対策債に代えて国が一般会計加算(臨時財政対策債振替加算)を行うものの,当該額は 2011〜15 年度の地方交付税総額から減額精算されることとなった。解説としては,『平成 21 年版地方財政白書』149 頁を参照。

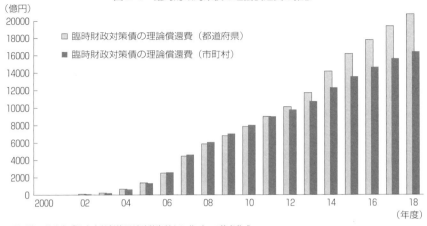

図 2-3 臨時財政対策債の理論償還費の推移

（出所）総務省「地方交付税等関係計数資料」に基づいて筆者作成。

（理論償還費）は趨勢的に増大している。

　措置された償還財源を含めた資金管理は自治体自身が償還満了まで計画的に行わなければならないことは当然のこととして，既往臨時財政対策債の理論償還費が趨勢的に増大していることが持つ意味については，地方財政計画に照らし合わせて考えておく必要がある。まず，国の財政状況を考えれば，地方財政計画の規模（歳入歳出の総額）が持続的に拡大していくことは見込みにくい。「経済財政運営と改革の基本方針2018」において，目標時期が2025年度まで延期されたとはいえ，国と地方を合わせたプライマリー・バランスを黒字化する目標がある以上，国としては地方財政計画の安直な規模拡大を容認することは考えにくい。地方財政計画が「臨時財政対策債残高に係る理論償還費を全額措置しつつ，その他の経費，すなわち新たな地方行財政運営に伴って必要とされる歳出を前年度と同様の水準に設定する方針」で策定される場合，措置額の趨勢的増大を反映すれば，公債費を含めた歳出の総額は拡大してしまう。したがって，このような方針が掲げられることはないであろう。

　一方，地方財政計画の規模が一定に保たれる場合には，基準財政需要額に対応する歳出（臨時財政対策債残高に係る理論償還費を除く）は減額され続けなければならない。実際に，地方の一般財源総額を数年間にわたって一定水準に維持することが政治的に公約されたが，地方税収と地方交付税総額（臨時財政対策債発行可能総額を含む）が不変であれば，増大する臨時財政対策債の償還費は，

他の歳出に充当できる地方交付税の金額を減らすことになる。

　自治体が注意しなければならないのは，マクロ的には，臨時財政対策債を含む歳入総額が見かけ上増大しても，理論償還費に対応する新たな臨時財政対策債発行分が含まれており，上で例示したケースのように，他の経費に充てるべき額は増えていない可能性が高いことである。これらのことを個別自治体も正しく理解したうえで，将来の償還への備えと新たな行財政運営に対応する歳出額の決定を行う必要がある。

　また，地方交付税算定過程での措置額が地方交付税として交付されたものであろうと，新たな臨時財政対策債発行で得た資金であろうと，それを償還以外の使途に用いてしまえば，実際の償還の局面では自主財源をその分だけ充当しなければならないことに変わりはない。言い換えると，臨時財政対策債の発行によって調達した資金は現実の償還や減債基金への積立に充てることが重要である。しかも，マクロ的に見れば，他の地方債の償還費に対する措置額は地方交付税の現金交付額に含まれているが，臨時財政対策債の理論償還費に対する措置額は新たな臨時財政対策債の発行を行わなければ現金として手にすることはできないものであり，現金を手にした時点で自治体が償還義務を負う債務が増えている。したがって，他の地方債の場合には，償還財源を他の使途に充てても，債務残高が変わらないという効果にとどまるが，臨時財政対策債の場合は，増えた債務がそのまま加算される結果となってしまう。

　マクロ的には，臨時財政対策債に対する措置の本質は実質的な借換債の発行であり，起債で得た資金を償還費に充てずに，他の歳出に用いてしまうことの意味はきわめて重いものである。

　確かに，個別自治体に対する地方交付税は，制度上，経費別の基準財政需要額の積算結果として算定される一方，その過程にかかわらずに，使途を限定せずに使いうるものである。しかし，他の財源と合わせた歳入総額の範囲内に歳出総額が収まる関係が長期的に満たされる必要があり，財源確保の裏づけがないまま償還や積立を先送りして，歳出を増やすことは続けられない。言い換えると，自治体において，理論償還費の基準財政需要額算入額と現実の償還・積立額が大きく乖離する状況が一定期間続くことは，危険な兆候を示すものである。

2.2 臨時財政対策債の理論償還費の算定方法

臨時財政対策債に関しては，個別自治体に対する措置額（理論償還費の基準財政需要額算入額）は，各団体の実際の償還年限・償還方法に対応した元利償還金を集計する方式ではなく，都道府県，市場公募債発行市町村（政令市と特別区），他の市町村という3区分で，モデル的な発行条件を一律に仮想し，その発行条件のもとでの定時償還額を「理論償還費」として適用する方式に拠っている。具体的には，発行（可能）年度ごとに共通の標準的な償還年限・償還方法（元金均等返済による3年据置の定時償還方式）と表面利率を想定し，その経過年度に応じて算定される「理論償還費」を積算するものである。

その理論償還費は，過去の毎年の発行可能額（1000円単位）に「単位費用×発行可能額割当年度ごとの補正係数」を乗じた後，その積和を全年度分集計することで算定されている。しかも，単位費用と補正係数は毎年度改正されている。重要なのは，この算式に基づく措置額は，現実の起債額に対してではなく，発行可能額に対して適用されるため，理論償還費は起債をするか否かの影響を受けないことである。言い換えると，臨時財政対策債の発行可能額が割り当てられた時点（例年7月末）で後年度の措置予定総額が確定したのと同義であり，その後に起債すれば，起債をするほど自らが負う将来の償還費も増える関係にある。地方議会などでは，「発行しないと損である」というような誤解が一部に見受けられるが，少なくとも理論的には，「措置額をできる限り多く受けようとして，起債額と歳出額を増やす」というような歪んだインセンティブを制度が自治体に与えることはないのである[21]。

臨時財政対策債に係る理論償還費の基準財政需要額算入額の計算方法は，図2-4に例示されている。償還満了までの各年の理論償還費については，あらかじめ示されることはなく，決定年度のみに適用される金額が毎年洗い替えされており，元金部分と利子部分の内訳も公式に存在するわけではない。しかし，2004年度以前の発行可能額に対しては，据置期間3年の20年債に対する定時

---

21) 年度によって，交付団体と不交付団体のいずれにもなる可能性がある自治体は，交付団体になれば実質的な財源補塡を受けられることを見込んで，そのような結果が得られる歳入・歳出を選択する可能性がないとはいえない。自治体にとっての地方交付税は完全に外生的に決定されるわけではなく，建設地方債の起債額に応じて措置額が決まる事業費補正のほか，道路延長など自治体の過去の選択結果が反映された項目に補正係数を乗ずるかたちで措置額が決まる経費分野に関しては，地方交付税は内生変数といえる部分がある。

図2-4 臨時財政対策債に係る理論償還費の基準財政需要額算入額(2018年度額算定の事例:愛知県)

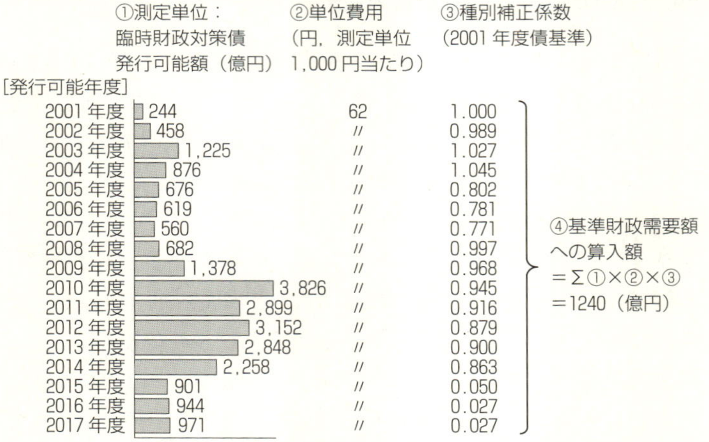

①測定単位: 臨時財政対策債発行可能額(億円)　②単位費用(円, 測定単位1,000円当たり)　③種別補正係数(2001年度債基準)

[発行可能年度]

年度	①	②	③
2001年度	244	62	1.000
2002年度	458	〃	0.989
2003年度	1,225	〃	1.027
2004年度	876	〃	1.045
2005年度	676	〃	0.802
2006年度	619	〃	0.781
2007年度	560	〃	0.771
2008年度	682	〃	0.997
2009年度	1,378	〃	0.968
2010年度	3,826	〃	0.945
2011年度	2,899	〃	0.916
2012年度	3,152	〃	0.879
2013年度	2,848	〃	0.900
2014年度	2,258	〃	0.863
2015年度	901	〃	0.050
2016年度	944	〃	0.027
2017年度	971	〃	0.027

④基準財政需要額への算入額
= Σ①×②×③
= 1240 (億円)

(注) ②は地方交付税法「別表第1(第12条第4項関係)」に、③は普通交付税に関する省令「別表第1 法第13条に規定する補正係数の算定に用いる補正率等の表」に記載されている。
(出所) 筆者作成。

償還(元金均等償還)が、2005年度以降の発行可能額に対しては、据置期間3年の20年債と30年債に対する定時償還(元金均等償還)が仮想されたうえで、理論償還費が算定されているため、元金部分と利子部分に分解する試算を行うことは十分に可能である(第7章参照)。

理論償還費が算定された年度ごとに、2001年度以降の各年度に割り当てられた既往臨時財政対策債発行可能額1000円当たりの基準財政需要額算入額を都道府県についてまとめたものが、表2-1である(市場公募債発行市町村、他の市町村については、第7章参照)。

これを見れば明らかなように、臨時財政対策債の理論償還費は、発行翌年度から3年間が据置期間に対応する利子部分のみの償還費、4年度目以降が均等に償還される元金部分と逓減する元本残額に対応する利子部分からなる償還費であることが理解できる。利子部分を控除することにより元金部分を計算すると、発行年度・算定年度によって微調整がなされているものの、17年間(据置期間3年の20年償還)の元金均等償還ペース、ないしは17年間(据置期間3年の20年償還)と27年間(据置期間3年の30年償還)の元金均等償還の加重平均ペースにほぼ一致している。

表 2-1　臨時財政対策債の理論償還費の推移（都道府県）

年度債＼年度	2001	2002	2003	2004	2005	2006	2007	2008	2009	2010	2011	2012	2013	2014	2015	2016	2017
2001	—	—	—	—	—	—	—	—	—	—	—	—	—	—	—	—	—
2002	14.00	—	—	—	—	—	—	—	—	—	—	—	—	—	—	—	—
2003	14.00	8.40	—	—	—	—	—	—	—	—	—	—	—	—	—	—	—
2004	14.00	8.40	15.50	—	—	—	—	—	—	—	—	—	—	—	—	—	—
2005	72.00	8.42	14.83	14.98	—	—	—	—	—	—	—	—	—	—	—	—	—
2006	71.00	66.53	14.77	14.98	17.89	—	—	—	—	—	—	—	—	—	—	—	—
2007	71.00	66.03	71.92	14.98	17.89	19.10	—	—	—	—	—	—	—	—	—	—	—
2008	70.00	65.59	71.19	73.57	17.92	19.11	17.99	—	—	—	—	—	—	—	—	—	—
2009	69.00	65.21	70.52	72.73	63.69	19.11	18.01	16.01	—	—	—	—	—	—	—	—	—
2010	68.00	64.80	69.77	71.81	62.97	66.03	18.02	15.98	13.87	—	—	—	—	—	—	—	—
2011	68.00	64.40	69.22	70.92	62.29	65.21	64.19	15.98	13.87	12.51	—	—	—	—	—	—	—
2012	67.00	63.99	68.47	70.08	61.57	63.38	66.80	13.87	12.53	10.12	—	—	—	—	—	—	—
2013	66.00	63.29	67.78	69.17	60.92	63.43	62.57	65.87	58.28	12.47	10.10	7.33	—	—	—	—	—
2014	65.00	62.92	66.43	68.32	60.19	62.53	61.69	65.13	57.79	60.39	10.08	7.28	7.22	—	—	—	—
2015	65.00	62.53	65.72	67.41	59.48	61.62	60.91	64.29	61.49	60.00	57.92	7.28	7.22	5.53	—	—	—
2016	64.00	62.08	65.02	66.50	49.98	60.67	60.03	63.49	60.99	59.52	57.60	54.98	7.23	5.50	3.07	—	—
2017	63.00	61.68	64.39	65.58	49.90	48.51	59.22	62.69	60.48	59.03	57.20	54.68	56.07	5.48	3.09	1.70	—
2018	62.00	61.32	63.67	64.79	49.72	48.42	47.80	61.81	60.02	58.59	56.79	54.50	55.80	53.51	3.10	1.67	1.67

（注）　1．測定単位当たり（1000円当たり）の基準財政需要額算入額（円）。
　　　2．便宜的に，単位費用×補正係数を小数点第2位に四捨五入した数値を表示。
（出所）　各年度7月末時点の地方交付税法「別表第1（第12条第4項関係）」および普通交付税に関する省令「別表第1　法第13条に規定する補正係数の算定に用いる補正率等の表」に基づいて筆者作成。

2.3　理論償還費の基準財政需要額算入額と現実の償還・積立額の乖離（償還財源先食い）

　理論償還費の基準財政需要額算入額の算定に際しては，一律に標準的な償還年限が仮想される一方，個別自治体が実際に発行する臨時財政対策債の償還年限・償還方式はさまざまである。そのため，単年度で見れば，個別の団体における現実の償還額と理論償還費の基準財政需要額算入額との間には乖離が生じうる。これが償還不足・積立不足，言い換えると，償還財源先食いの原因となる。

　措置額が現実の償還額を上回る場合には，差額を減債基金に積み立てておくべきことは，1978年に当時の自治省財政局財政課長・地方債課長による内かんとして自治体に提示された文書「減債基金の設置等について」において，勧奨されていたことである。具体的に，「減債基金は，財源対策債償還費等の地

方交付税の基準財政需要額への算入額が当該財源対策債の現実の償還額を一定期間上回る場合があること，地方債の償還期限の延長により後年度の公債費負担が増加することとなること等にかんがみ，将来の公債の償還費に充てるため所要の財源を計画的に保留することをその設置の趣旨とするものであること」と述べられている。

朝日新聞社（2014）による報道などが契機になって，臨時財政対策債の償還・積立不足について，2015年1月から2月にかけて国会（衆議院）で質疑応答が行われた際も，安倍首相は「政府としては，満期一括償還方式で発行している地方債の償還財源を確保するため，減債基金への計画的な積立を行うことが財政運営上適切であると認識している」と答弁している。

しかしながら，これらの考え方に従わずに，差額を他の使途に用いてしまえば，その累積額が償還・積立不足額となる。既述のとおり，実質公債費比率算定上の積立不足は上記の償還・積立不足額とは異なる概念で捉えられたものであり，具体的には，満期一括償還方式地方債に集計対象を限定したうえで，標準積立ペースに従って積立を行った場合の積立残高（理論積立残高）と実際の積立残高の差額として，算定される。

もっとも，いずれの積立不足概念も，実際の金額を算定するには，減債基金への積立実績を把握する必要があることは共通しており，償還額や積立額を把握する目的で統計を利用する際には注意を十分に払わなければならないことがある。それは，1992年に自治省地方債課長による内かんとして示された文書「市場公募地方債に係る満期一括償還方式の導入について」にしたがって，普通会計決算上は，満期一括償還方式地方債の当該減債基金への積立額が「積立金」ではなく，「公債費」として扱われているが，通常の償還額と合算された数値しか公表されていないことである。

対照的に，定時償還方式の地方債に対する償還充当資金を平準化する目的で積み立てられる減債基金への積立額は，決算統計上も文字どおりの積立として扱われ，公債費には計上されない。

第3節においては，元利償還費に係る交付税措置額と現実の償還・積立額との対比によって捉えた不足額を直接の分析対象に据えるが，本書で「償還・積立」と表記した場合の「積立」とは満期一括償還用減債基金への積立額のみを指すこととする。

満期一括償還方式地方債に関する積立に対しては，究極的な選択として，積

立をまったく行わないことも可能であり，その場合の「償還額」は統計上ゼロとなって，措置額との間には大きな乖離が生ずる．また，すべて定時償還方式で起債している自治体であっても，理論償還費算定時に想定されたウエイトと同じウエイトで30年債と20年債を起債しているとは限らない．すべて30年債，あるいは，2回借換えする10年債における現実の償還額は理論償還費を大きく下回る．3年を超える据置期間を設定した場合も同様である．起債時に設定される償還年限，据置期間，表面利率などの発行条件が理論償還費算定に際しての想定とは異ならない限り，乖離は少額にとどまるが，自治体によっては，現実の償還年限を理論償還費算定に際して仮想されている償還年限と違えることで，乖離額を意図的に大きくしている可能性も否定できない．

2.4 起債額に基づく理論償還費を算定する必要性

制度上の理論償還費は，あくまで発行可能額に基づいて算定されているが，現実の償還・積立額との対比で償還・積立不足を問う際には，厳密には，理論償還費の基準財政需要額算入額に含まれる償還・積立を行うべき額，すなわち，起債額に基づく理論償還費を用いなければならない．臨時財政対策債発行可能額が割り当てられても，その全額を起債することはせずに，発行可能枠の一部を残した場合には，将来，その分の償還義務も発生しないからである．

言い換えると，理論償還費の基準財政需要額算入額と現実の償還・積立との差額を積立不足額（償還財源先食い額）として捉える際は，「起債しないで発行可能枠を残した分」に対応する理論償還費を試算して，これを算入額から控除するか，起債額ベースで理論償還費を推定するか，いずれかを行う必要がある．そうしないと，積立不足額を過大評価してしまうからである．

これまでに行われた臨時財政対策債の償還財源先食いに関する報道においても，算定値から判断すると，この点までは考慮していないと思われるため，注意が必要である．前述の国会における首相答弁書においても，23道府県と6政令市について，2013年度末時点の臨時財政対策債に関する償還・積立不足に相当する金額が示されているが，理論償還費の基準財政需要額算入額の累積額と現実の積立・償還額の累積額との差を単純に求めたものである[22]．そこに

---

22) 2015年2月3日付の「衆議院議員緒方林太郎君提出臨時財政対策債償還に関する質問に対する答弁書」（内閣衆質189第9号）による．

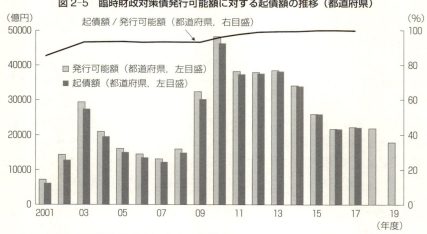

図 2-5 臨時財政対策債発行可能額に対する起債額の推移（都道府県）

（出所）　総務省「都道府県決算状況調」に基づいて筆者作成。

は，富山県も含まれているが，同県は 2001 年度に発行可能額の 30.4％ しか起債していないため，起債額ベースでの理論償還費を推定したうえで，2013 年度末まで累積額ベースで現実の積立・償還額とそれと比較すれば，実態としては不足がなかったことがわかる。

　起債額に基づく理論償還費は公表されていないため，推定する必要があるが，それに先立って，都道府県について，臨時財政対策債の発行可能額と現実の起債額の推移を見たものが図 2-5 である。

　まず，発行可能額および起債額が 2009 年度から急増したのは，当初は都道府県全体と市町村全体に対して，同額の発行可能額が割り当てられていたものの，2008 年度以降は都道府県に傾斜する配分となったからである。顕著に都道府県に加重したのは 2009 年度からで，2008 年度の都道府県の発行可能額を基準にすると，2009 年度は 2 倍，2010 年度は 3 倍の割当が行われていた。これには，リーマン・ショック後の 2010 年度における「地方財源不足額」が過去最大規模の 18.2 兆円に達し，7.7 兆円の臨時財政対策債の発行可能額が全自治体に割り当てられたことも影響している。

　注意が必要なのは，2012 年度以前は不交付団体にも発行可能額が付与されていたことである。2009 年度までは，個別自治体に対する発行可能額の算定方式として「人口基礎方式」が採用されていたが，新たに導入された「財源不足額基礎方式」が 2010 年度から 2012 年度にかけて順次拡大して，不交付団体

への割当が行われない「財源不足額基礎方式」へ完全に切り替えられたのは2013年度になってからである。

たとえば，2009年度においては，全自治体中で最大の発行可能額が東京都に割り当てられていたが，2001～12年度の間，東京都が臨時財政対策債を実際に発行することは一度もなかった。当時の不交付団体であった市町村のなかには起債する団体もあったが[23]，堅実な財政運営に努める自治体であれば，発行可能額が割り当てられても，不要な起債は行わないはずである。

そのため，自治体全体で見た実際の起債額は，地方財政計画に計上された金額を下回る状況が続き，そもそも不交付団体に発行可能額を割り当てるのは不自然であるという声も強まって，「財源不足額基礎方式」が導入された。その副次効果として，不交付団体において，不要な起債が誘発されることは完全になくなっている。

発行可能額と実際の起債額の関係を集計ベースで見ると，東京都に付与された発行可能額は時期によって大きく異なるため，都道府県全体の発行可能額に占める起債額の割合は，その影響を受け，2003～09年度は93％，その後上昇して2015年度以降は100％となっている。東京都以外の46道府県に関しては，臨時財政対策債に関する制度が創設された2001年度は，元利償還金の全額を後年度の地方交付税算定過程で措置する仕組みに対する解釈の違いがあったと見られ，発行可能額に対する実際の起債額の割合には，各道府県の間にばらつきがあった。その後は，恒常的な不交付団体である東京都を除く46道府県が発行可能額のほぼ全額を起債している。

このように，実際には限られた期間，限られた都道府県でしか実例は見られないが，**発行可能額の全額を起債しないで枠を残すことには，自らの行動を律するという観点から意義を見出すことができる**。

たとえば，財政制度等審議会が2018年5月に答申した「新たな財政健全化計画等に関する建議」では，「臨時財政対策債の残高を増やしながら基金残高も増加している団体が7割に上っていること」，言い換えると，「地方の基金残

---

23) 当時の不交付団体による臨時財政対策債発行は合理的な理由に基づいていると解釈できるケースもある。たとえば，石川（2010）は，2007年度の臨時財政対策債発行可能額に対する起債額の割合を被説明変数とするトービット・モデルの推定を通じて，その決定が前年度の財政調整基金残高（−），前年度の公債費（＋），人口増加率（−），財源超過の度合い（−）によって説明できることを明らかにしている。

高と臨時財政対策債の残高が両建てで増加している」現況に対して,「地方債の発行時期を工夫」や「決算黒字が見込まれる場合には地方債の発行取りやめを検討すること」を通じて,「地方の債務残高の安定的な引下げを行っていくことが重要である」と提言している。

既存の資産と負債の管理と将来の予算編成・執行に対して,常に合理的な判断に従って最適な選択を行える自治体であれば,資産と負債が両建てで増えているのは,むしろ,最適化行動の結果として捉えることもできる。しかし,債務の返済と一体のものとして資金管理の観点から保有しているはずの基金であっても,余裕資金として他の歳出に充当するといった近視眼的な選択をしてしまうことがある自治体は,グロスの資産と負債を圧縮することで,そのような行動に自ら縛りをかけることができる。

発行可能額の枠を使い残すことで,将来の理論償還費が基準財政需要額に算入される際,増額される地方交付税を活用するにあたって,実際の償還をする必要がない分に対応する資金余剰を得ることができる。金融的な観点に立てば,臨時財政対策債を発行して基金に積むことと等価であるものの,「基金を歳出に使ってしまい,債務だけが残る」選択をしてしまう懸念がある自治体は,発行可能額の枠を使い残すことで,そうした事態を避けることができるであろう。

なお,起債に際しては,発行額だけでなく,どのような償還年限とするのか,何回の借換えを行うのか,また,起債後は約定スケジュールに従いつつも,償還・積立を実質的に早めたり,遅らせたりするために何を行うのかには選択の余地がある。償還・積立を考えるうえでは,満期一括償還方式か定時償還方式かという償還方式の違いが重要な意味を持つが,これらの内訳データは公表されていない。

3 臨時財政対策債の各種積立ルールと積立不足の実態

3.1 理論償還費の算入ペースと実質公債費比率算定上の標準積立ルール

満期到来までの当初発行額に対する償還・積立の進捗ペースには,少なくとも,次の3種類のペースが存在する。1つめは,現実の償還・積立の実績値によるものである。2つめは,基準財政需要額への理論償還費算入のペースである。3つめは,実質公債費比率に代表される,起債に際しての管理指標が前提

図 2-6 臨時財政対策債における各種積立方式の比較
(20 年償還と 30 年償還が組み合わされた理論償還費算入ペースと, 30 年債に適用可能な各種積立ペース)

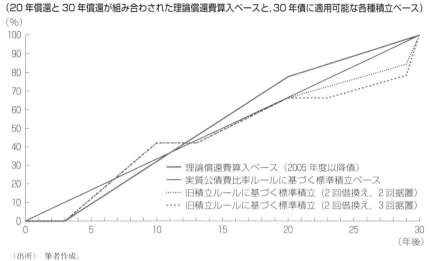

(出所) 筆者作成。

とする標準的な積立ペースである。実質公債費比率の前身である起債制限比率が用いられていた時代には，起債制限比率の算定自体には標準的な積立額という概念が適用されることはなかったが，当時の自治省によって勧奨された積立ルールが存在した。償還・積立の累積額の当初発行額に対する割合として，これらのペースを図示したのが，図 2-6 である。いずれのケースにおいても，30 年債，もしくは 10 年債の 2 回借換えが想定されている。

このうち，理論償還費の基準財政需要額への算入ペースは，2005 年度以降の臨時財政対策債に対して 20 年債と 30 年債の組合せ（加重平均）が想定されているため，20 年債が理論上償還満了する 20 年後からは，その傾きは小さくなる。

一方，実質公債費比率が導入された 2006 年度（決算対象年度は 2005 年度）より前の時代は，1986 年と 1992 年の「自治省地方債課長内かん」によって奨励された積立ルール（旧ルール）として，「3 年据置の後，元金の 6% 相当額の積立を毎年度行う」という標準ペースが満期一括償還方式地方債に対して定められていた。そのルールは，借換債の発行回数によって標準的な積立ペースが異なることを許容するものであり，その傾きは借換回数と据置の回数に依存する。

たとえば，借換え後に据置期間がない場合には，償還満了の年度（積立最終

年度）での積立額は小さいが，据置期間がある場合には，実質的な積立期間が短縮されることから，最終年度でかなりの積立額が必要（傾きが急）となる。

　実質公債費比率の導入後は，その算定に際して，満期一括償還方式地方債発行額の30分の1が毎年度の標準積立額，すなわち「年度割相当額」として設定され，減債基金の管理上も新しい積立ルールとして勧奨された。

　しかし，旧来のルールを現実の減債基金管理上のルールとして，そのまま維持してきた自治体も見られた。近年は，実質公債費比率算定上の標準積立ルールへの収斂が見られるが，地方債の発行年度ごとに独自の積立ルールを採用している自治体が存在する。

　現在の償還・積立不足を考えるうえでは，旧来の積立ルールは考慮に入れる必要はないと思われるかもしれないが，そのように考えるのは正しくない。2005年度に発行された30年債が満期を迎えるのは2035年度であり，自治体が独自の積立ルールに従って毎年の償還を行っている場合，発行時点の積立ルールをその後も適用する限り，言い換えると，新しい積立ルールを既往債に対しても遡及的に適用する変更を行わない限り，旧来のルールが長期にわたって効力を持つからである。もちろん，そのような場合でも，実質公債費比率算定に際しては，すべての満期一括償還方式地方債に対して，毎年の発行額の30分の1ずつを翌年度から積み立てるという積立ルールが一律に適用される。

　償還・積立の累積額という観点から各種の償還・積立ペースを比較すると，起債後の最初の6年間は，据置期間のない実質公債費比率算定上のルールに基づく積立ペースが最も高い進捗度を示す。しかし，7年度経過後から12年度経過時点までは，2回借換え・2回据置と2回借換え・3回据置に適用される旧積立ルールによる積立が実質公債費比率算定ルールのペースを上回る。経過13年度目以降30年目に達するまでは，理論償還費の算入ペースが最速となる。

　このように，起債後の経過年数によって，各種ルールに基づく償還・積立進捗ペースの進み具合は異なる。このうち，実質公債費比率算定ルールと基準財政需要額算入ルールの関係については，経過年数が浅い間は前者，経過年数が深まると後者の積立ペースが勝る。

3.2　臨時財政対策債の償還・積立と積立不足の実態

　前述のとおり，実質公債費比率算定に際して想定されている標準的な積立額，すなわち「年度割相当額」は，満期一括償還方式地方債発行額の30分の1と

いう単純なものである。満期一括償還方式地方債の将来の償還に備えた積立を
どれだけ行ったのかという実績額は、普通会計決算上の公債費としては計上さ
れるものの、実質公債費比率の算定に際しては、分子を構成する元利償還金・
準元利償還金から除外される。その代わり、準元利償還金に分類される「年度
割相当額」が算入される。

また、「積立不足額」は、発行銘柄ごとの「年度割相当額」に経過年数を乗
じた金額の積和を理論積立残高（後掲の算式におけるC）として、その理論積立
残高と減債基金における実際の積立残高（B）の差額として、捉えるものであ
る。

しかし、「積立不足額」（C－B）に基づいて、実質公債費比率に加算計上され
る額は、「積立不足額」そのものではなく、「積立不足」の集計対象を限定した
うえで調整を施した後の金額であり、「減債基金の積立不足を考慮して算定し
た額」と呼称されている。これをDとすれば、その具体的な算式は、次のと
おりである。

$$D = A \times \{1 - \min(B/C, 1)\}$$
　　ただし、$A = \min(A_1, A_2)$
　　　　　$\min(\ )$ は（　）内の小さい方。
A：当該年度に償還期限が満了した満期一括償還地方債に係る「年度割相当額」
　　に当該地方債の償還期間（起債後の経過年数）の年数を乗じて得た額（A_1），
　　もしくは、元金償還額から借換債を財源とする償還額を控除した額（A_2）
　　のいずれか少ない額
B：前年度末における減債基金残高（積立残高）
C：前年度末において償還期限が満了していない満期一括償還地方債に係る「年
　　度割相当額」の前年度末までの累計額（標準積立ルールによる理論積立残高）
D：「減債基金の積立不足を考慮して算定した額」

この計算式におけるBは満期一括償還方式地方債に対象を限定して集計し
た現実の減債基金積立残高、Cは発行銘柄ごとの「年度割相当額」に経過年数
を乗じた金額の積和である。すなわち、Cは図2-6における「実質公債費比率
算定上のルールに基づく標準積立ペース」に従って積立を行った場合の理論積
立残高であり、これまでに述べた措置累計額や償還・積立累計額に対応するも

のではない。そして,「C-B」が実質公債費比率算定上のストックの積立不足額になる。

また,Aはすべての満期一括償還地方債を集計対象とするのではなく,償還期限が満了した満期一括償還地方債に限定している。満期を迎えた銘柄については,標準積立ルールに従って,過不足なく積立を行っていれば,「年度割相当額」に償還年数を乗じて得た額(A_1)は,元金償還額から借換債発行額を控除した金額(A_2)に一致するはずである。減債基金に積み立ててある額を取り崩せば,元金償還額から積立残高,すなわち,「年度割相当額」に償還年数を乗じた額との差額だけ,借換債を発行すればよいことになるからである。

しかし,十分に積立を行ってこなかった場合など,適正規模を超えた借換債発行を行えば,元金償還額から借換債発行額を控除した金額(A_2)は,「年度割相当額」に償還年数を乗じた額(A_1)よりも小さな値となり,その金額がAとして適用される。その究極のケースとして考えられるのは,まったく積立を行わずに全額を借換償還するというケースであり,Aがゼロになることによって,「減債基金の積立不足を考慮して算定した額」もゼロになってしまう。

このように,「減債基金の積立不足を考慮して算定した額」が償還時の借換債への依存度に大きな影響を受けること,および,ストック・ベースの積立不足額とは著しく異なる金額になることには十分注意しなければならない(第6章を参照)。

自治体ごとの健全化判断比率算定の基礎資料として公表されている「財政状況資料集」には,「減債基金積立不足算定額(減債基金の積立不足を考慮して算定した額)」も明示されている。しかし,A,B[24],Cの値はデータとしてまったく公表されていない。

また,「減債基金積立不足算定額」自体も2009年度以降の値しか公表されていない。したがって,積立不足の実態を,実質公債費比率算定過程で計算されているはずの金額(C-B)として把握することは,現実にはできない。

つまり,償還・積立不足の金額を広範に把握するためには,元利償還金に係

---

24) Bの直接の公表値は存在しないが,政府のe-Statにおける「地方財政状況調査」のデータベースを利用すれば,推定可能である。具体的には,全地方債に関して,満期一括償還方式地方債の減債基金残高を控除する前の計数も掲載されており,通常の公表値である控除後の計数との差を計算することで,減債基金残高を推定することができる。しかし,地方債種類ごとのデータは網羅されていない。

る措置額との対比において，償還不足・積立不足（償還財源先食い）が起きている実態に迫る必要がある。満期一括償還方式地方債の場合，満期時までまったく積み立てないという選択も可能であり，償還・積立不足（償還財源先食い）は，満期一括償還方式が適用される地方債を発行している都道府県において観察されることが推測される。これを確認するためには，満期一括償還方式地方債のみを抽出して，積立不足を確認すべきであるが，そのようなデータは存在しない。利用可能なデータは，償還方式の詳細が不明な発行額と償還額に関するデータのみである[25]。

そこで，市場公募債が満期一括償還方式であること[26]に着目し，3つの道府県グループ別に，2017年度末時点での臨時財政対策債に関する償還・積立実績の累計額と理論償還費の基準財政需要額への算入累計額とを比較することにする。その3グループとは，「2000年度以前から市場公募債発行団体だった15道府県」の「グループ1」，「臨時財政対策債が初めて発行された2001年度以降2016年度末までに市場公募債発行団体化した19県」の「グループ2」，「観察対象最終年度の前年度である2016年度においても市場公募債発行団体にはなっていない12県」の「グループ3」である。東京都は臨時財政対策債を発行したことは一度もないため，考察の対象から除外している。

留意しなければならないのは，市場公募債発行団体が発行する地方債がすべて市場公募債であるとは限らず，銀行等引受債や公的資金の引受による地方債も発行している場合があることである。それでも，市場公募債との競合関係を考えると，市場公募債発行団体が発行する銀行等引受債の一部は満期一括償還方式であると推測される。したがって，「グループ1」は満期一括償還方式のウエイトが大きいと考えられるグループ，「グループ3」は定時償還方式のウエイトが大きいと考えられるグループ，「グループ2」は両者の中間に位置すると考えられるグループである。

2017年度末時点での臨時財政対策債の償還・積立不足額の推定結果は，図

---

25) 個別都道府県に関しては，地方債種類ごとの発行額，元金償還額，利払額，残高は総務省「都道府県決算状況調」から把握可能である。ただし，償還方式別の内数は掲載されていない。一方，個別市町村に関しては，同様のデータを地方債種類ごとに把握できる公表資料がながらく存在しなかったが，政府のe-Statに「地方財政状況調査」のデータベースが整備されてから後は，都道府県と同様のデータが利用可能になった。

26) 例外的に定時償還方式の市場公募地方債が発行された事例もあるが，全市場公募地方債に占める割合はきわめて小さい。

2-7 に示されている。2002 年度以降の各年度における起債額ベースの理論償還費を 2001〜17 年度の起債額実績と表 2-1 (85 頁) に基づいて推定した後，各年度の「理論償還費と償還・積立額の差」(「フロー・ベースの償還・積立不足額」) の合計値を「ストック・ベースの償還・積立不足額」としたものである。ちなみに，第4節の計量分析に際しては，自治体の毎年の償還・積立行動に注目するため，「フロー・ベースの償還・積立不足額」を用いている。

この図 2-7 を見ると，すべてのグループにおいて，償還・積立不足のない道府県も存在する。現実の償還・積立額の理論償還費累積額に対する割合を見ると，「グループ1」においては，100% 超の団体は 15 団体中 4 団体にすぎないが，定時償還方式主体の「グループ3」においても，100% 超の団体数は 12 団体中 6 団体にとどまっている。「グループ2」においては，19 団体中 12 団体である。

このように，満期一括償還方式の割合が高いと推測される「グループ1」においては，十分な積立のある団体は少なく，償還・積立不足（償還財源先食い）のある団体の割合が高いという傾向が見られる。しかし，その「グループ1」においても，神奈川県のように，算入額を 20% 以上上回る償還・積立を続けてきた自治体がある一方，市場公募債未発行の「グループ3」においても，償還不足がかなりの規模で存在する自治体が見られる。満期一括償還方式主体か，定時償還方式主体かという償還方式の違いは重要な要素ではあるが，それだけが原因ではない。結局のところ，償還・積立不足の違いは，基本的には各自治体が現実に償還・積立をどれだけ行ったのか，償還財源の先食いをどれだけ行ったのかという選択行動の結果として現れているものである。

ちなみに，本章のベースになった研究論文は，石川・赤井 (2012) および石川・赤井 (2013a) であり，当時は 2010 年度末時点のデータに基づいて同様の試算を行ったが，償還・積立不足のない道府県は，「グループ1 (2000 年度以前から市場公募債発行団体だった 15 道府県)」中 5 県，「グループ2 (2001〜2009 年度に市場公募債発行団体化した 13 県)」中 9 県，「グループ3 (2009 年度時点での市場公募債を発行していなかった 18 県)」中 9 県であった (図 2-8 参照)。

償還・積立不足のない道府県の数はほとんど変わっていないが，2010 年度末時点では理論償還費累計に対する償還・積立不足の割合がきわめて大きかった大阪府が 2017 年度末時点では償還・積立不足を完全に解消していることは注目される。理論償還費累計に対する償還・積立不足の割合に関しても，最大

第2章 実質公債費比率のガバナンス効果　97

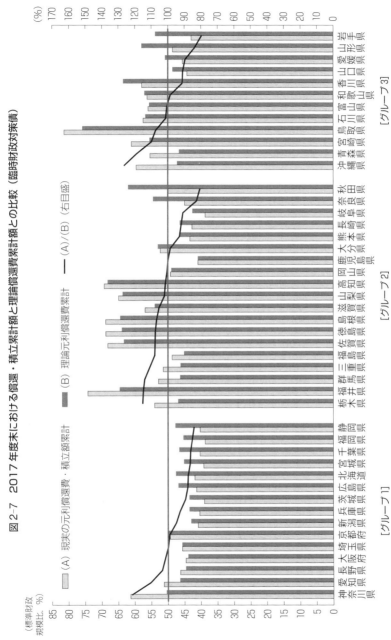

図2-7　2017年度末における償還・積立累計額と理論償還費累計額との比較（臨時財政対策債）

(注)　制度上の理論償還費は当該年度の臨時財政対策債発行可能額に基づいて算定されるが、償還・積立不足額を把握する目的に従って、起債の各年度について推定した後に累計額を求めた。
(出所)　筆者作成。

図2-8 2010年度末における償還・積立累計額と理論償還費累計額との比較(臨時財政対策債)

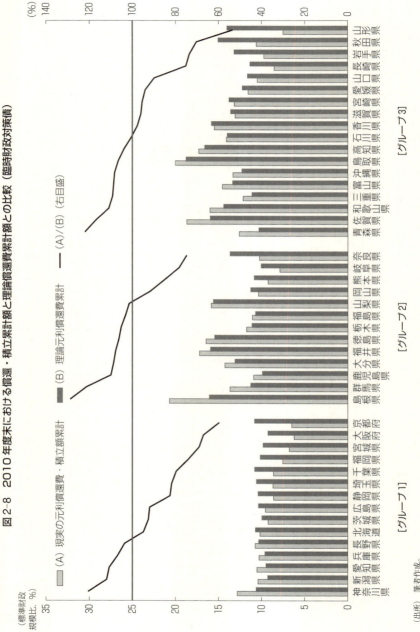

(出所) 筆者作成。

値が 40% から 20% に低下するなど，理論償還費累計に対する償還・積立不足の割合は 2010 年度から 2017 年度までの 7 年の間に縮小している。しかし，理論償還費の累計金額は大きく増加しており，標準財政規模に対する償還・積立不足額の割合で見ると，その最大値は 6.5% から 12.0% へと拡大していることには注意しなければならない。

3.3　償還・積立を促すガバナンス効果
──実質公債費比率の算定ルールと償還・積立インセンティブ

　もう 1 つ重要な論点としてあげられるのは，基本ルールが遵守されるかどうかという意味での実効性である。実質公債費比率導入前の旧積立推奨ルールは，自治体が据置の回数を任意に選択することを容認しており，その結果が満期直前の最終年度における必要積立率をはじめ，積立ペースに大きな違いをもたらした。しかも，推奨ルールを守らなかったときでも，起債制限比率算定に際して加算計上がなされることはなく，積立不足の存在によって起債制限などのかたちで財政的選択が制約されることはなかった。

　しかし，実質公債費比率の算定においては，現実の償還年限，満期の長短にかかわらず，30 年償還を前提にして，満期一括償還方式地方債発行額の 30 分の 1 が標準的な積立額，すなわち「年度割相当額」として定められている。このとき，満期一括償還方式地方債に対して，自治体に償還・積立を促す仕組みがまったく働かなければ，「積立はいっさい行わずに，満期時に何らかの資金を確保して元金償還に充当する」という選択がなされることは十分にありうる。償還確実性や将来の資金繰りの観点からは，こうした選択がなされないように誘導する制度設計が望まれる。

　実質公債費比率は，自治体の償還費負担の重さを測るとともに，これを低下させるように自治体の財政運営への規律づけを行う仕組みを採用している。その仕組みの 1 つは，対象が満期一括償還方式地方債に限定されるものの，積立不足に基づく加算額（3.2 項の算式における D）が実質公債費比率に算入されることである。具体的には，「標準の積立ペースが守られなかった場合，『年度割相当額×経過年数』（C）と現実の積立残高（B）とを比較して，前者が後者を上回っていれば，その差額を積立不足額と定義し，この積立不足額に基づく『減債基金の積立不足を考慮して算定した額』（D）を実質公債費比率の分子に加算計上する」というものである。

この積立不足概念は，満期一括償還方式地方債に限定されるため，元利償還金に対する措置額と現実の償還・積立額の差額という意味での償還・積立不足と比べて対象範囲が狭いことや，実際に加算計上される「減債基金の積立不足を考慮して算定した額」は借換債次第でゼロになることなど，欠点があるのは事実である。それでも，実質公債費比率は自治体の行動インセンティブを十分考慮して算定されており，以下のとおり，**自治体に自発的な財政健全化を促す**，いくつかの仕組みを備えている。その点を見落としてはならない。

　第1は，早期積立のインセンティブを阻害しない仕組みである。

　実質公債費比率の算定に際しては，決算上は公債費として扱われる満期一括償還方式地方債の積立額の実績値を計上することはしない。代わりに，「年度割相当額」という理論額を計上し，積極的な積立によって満期一括償還方式地方債の減債基金残高がその理論額を上回っても，理論額しか計上しないというものである。これが，早期積立のインセンティブを阻害しない仕組みである。

　第2は，積立不足を解消させるインセンティブ，すなわち，すでに積立不足がある場合にはこれを解消するインセンティブを与える仕組みである[27]。

　現実の積立額が理論額を下回った場合は，その積立不足残高に基づく加算額，すなわち「減債基金の積立不足を考慮して算定した額」が計上され，実質公債費比率が押し上げられることは，すでに述べたとおりである。押し上げられた実質公債費比率を引き下げるうえで最も効果的な方策は，その積立不足を縮減・解消することである（第4章も参照）。積立不足を解消するために，減債基金への積立額を増やしても，実質公債費比率の分子に積立額が計上されることはない。理論額としての「年度割相当額」がすでに計上されているからである。積極的な積立をした場合に何らかの有利な規定が適用されることはないが，少なくとも，積立不足を解消しようとすることが実質公債費比率を悪化させることにはならない。この仕組みによって，自治体には積立不足解消を促すインセンティブが与えられているのである。

　第3は，すでに積み立てられた減債基金が貸付金として安直に利用されるこ

---

27) 定時償還方式には積立不足概念は適用されない。この場合，実質公債費比率が早期健全化基準に近い水準にまで上昇すれば，新たな起債額を減らすことで，実質公債費比率のさらなる上昇を抑制するインセンティブが生じる。しかし，より積極的に実質公債費比率を引き下げる方策として考えられるのは繰上償還である。実質公債費比率および将来負担比率が自治体に繰上償還を促すガバナンス効果の実証分析については，第4章を参照。

とを抑止する仕組みを取り入れたことである。

　減債基金の積立残高を一般会計に貸し付けること自体は違法なものではない。多くの場合，実質収支の黒字を維持するために行われる。しかし，減債基金の積立残高の一部が貸し付けられれば，貸付分は，将来の償還に備えて積み立てられた資金としては実質的に機能しないのも事実である。そこで，実質的な積立残高が正確に反映される工夫として，貸付分を積立残高から控除したうえで積立不足が算定される仕組みを採用している。実質公債費比率への加算計上を避けるには，貸付分控除後の実質積立残高が「年度割相当額」×経過年数として算出される標準積立残高を下回らないようにしなければならない。

　もっとも，積立不足に伴う加算計上が実質公債費比率になされることを容認したうえで，一般会計の実質赤字を回避するための減債基金からの貸付を優先する自治体も存在する。減債基金からの貸付によって実質赤字を見かけ上，回避しているのか否かは，公表値からは判断できない。この問題は，実質赤字比率算定ルールにおける課題であって，実質公債費比率算定ルールにおける課題ではないともいえる。詳しくは，第 6 章で検討する。

　第 4 は，「減債基金の積立不足を考慮して算定した額」を引き下げる効果のある**借換債発行に過度に依存することを抑制する仕組み**も採用されていることである。

　具体的には，借換債を発行した場合の「年度割相当額」を当初発行額の 30 分の 1 とするのではなく，当初発行額を「30 − 借換債の償還年限」で除した額とするというルールである。その直接の目的は，理論値である「年度割相当額」の水準を修正することで，残された年限のなかで平準化された金額での積立を無理なく進めていくよう促すことにある。同時に，積立不足を解消しないまま借換債を発行した場合には，標準的な積立額のハードルを上げるため，安易な借換償還（借換債の発行）を抑制する効果を持っている。

　たとえば，2 回借換えを前提とする 10 年債の場合，第 1 回借換え前には当初発行額の 3 分の 1 に当たる積立残高がなければならない。この積立残高に対応する借換債発行額は当初発行額の 3 分の 2 となり，それを残された償還年限 20 で除した 30 分の 1 が借換え後の「年度割相当額」となるため，「年度割相当額」は借換え前と変わらない。これに対して，まったく積立を行わないままで全額を借り換えた場合は，「年度割相当額」は 20 分の 1 に跳ね上がる。このように，「年度割相当額」がいったん上昇してしまうと，借換債の償還が満了

するまでの期間においては，減債基金の積増しによって，積立不足を解消することはできても，「年度割相当額」を引き下げることはできない。それが，安易な借換債の発行を抑制する効果として期待される。

このように借換債発行に伴う「年度割相当額」の上昇によって，実質公債費比率は押し上げられる。しかし，借換償還が行われることで，「減債基金の積立不足を考慮して算定した額」を算定するうえでの積立不足額がいったんゼロにリセットされるため，短期的には実質公債費比率押下げ効果の方が大きく現れる。したがって，合理的な選択を行う自治体には，過度の借換債依存を抑止する効果を持つ反面，近視眼的な選択をする自治体に対する抑止効果は十分ではない。

修正された「年度割相当額」によって実質公債費比率が押し上げられた場合は，たとえば，定時償還方式地方債の繰上償還など「年度割相当額」以外の部分で実質公債費比率を再度引き下げる方策が必要となる。

以上のとおり，実質公債費比率が自治体に償還・積立を促すガバナンス効果は，「減債基金の積立不足を考慮して算定した額」の算入部分にのみにあるのではなく，実質公債費比率全体の効果として捉えることが重要である。

4 実質公債費比率のガバナンス効果に関する計量分析

4.1 検証の対象

前節で述べたように，積立不足を解消すれば，実質公債費比率の分子に加算計上されている金額がゼロとなり，実質公債費比率を下げることが可能となる。早期健全化基準である25％に近づくにつれて，積立不足を縮減・解消して実質公債費比率を下げるべく，積立額を増やす行動が想定される。本節では，臨時財政対策債に着目し，この積立行動から仮説の検証を試みる。

そのためには，積立不足に関するデータの把握が必要になる。しかし，すでに述べたとおり，実質公債費比率算定過程で把握されているストック・ベースの積立不足額自体はまったく公表されていない。データとして把握できるのは，地方交付税算定過程における措置額（理論償還費の基準財政需要額算入額）と現実の償還・積立額の差額，もしくは差額の累計額として捉えた場合の積立不足額，すなわち，交付税措置された償還財源の先食い額である。

筆者が独自に算定した図2-7（97頁）における償還・積立不足額と実質公債費比率算定上の積立不足額にはいくつかの点で概念上の違いがあり，その違いは次のように整理できる。

第1は，実質公債費比率算定に用いられる「減債基金の積立不足を考慮して算定した額」の集計対象が，臨時財政対策債以外を含む普通会計から発行されたすべての地方債を含むことである。

第2は，実質公債費比率算定の積立不足額は，満期一括償還方式による地方債のみを対象とすることである。言い換えると，定時償還方式の地方債は計算の対象外となっていることである。しかし，「現実の償還・積立額と措置額の差額」という意味での不足額が，定時償還方式地方債主体の自治体を含めて広範囲に見られることは，確認したとおりである。

第3は，「先食い」は，地方交付税算定過程における措置額（理論償還費の基準財政需要額算入額）を本当に現実の償還・積立額に充当したのかという文脈において生ずる概念であり，実質公債費比率算定上の積立不足に対しては直接には当てはまらないことである。

そこで，以下の分析では，限られた期間のデータしか利用できない「減債基金の積立不足を考慮して算定した額」の公表値は利用しない。その代わり，償還財源先食いが起きやすい臨時財政対策債を対象として，「現実の償還・積立額と措置額の差額」を都道府県ごとに計算し，その時系列データを利用する。

ただし，実質公債費比率における積立不足概念が，あくまで満期一括償還方式地方債に限定されることについては，満期一括償還方式地方債のウエイトが大きいと考えられる「グループ1」の自治体のみを計量分析の対象とすることで，概念の違いが実質的には問題にはならないようにした。すなわち，臨時財政対策債について独自に算定した「現実の償還・積立額と措置額の差額」が実質的に満期一括償還方式地方債に限定されるようにすることで，実質公債費比率の積立不足概念に合わせるというものである。

すでに述べたように，臨時財政対策債は，後年度の地方交付税算定過程で理論償還費が全額措置される地方債であるために，措置額が現実の償還を上回った場合に減債基金へ積み立てずに，その差額（償還財源）を先食いするという近視眼的行動を招く懸念がある。しかし，算定された実質公債費比率が早期健全化基準に近づくにつれて，この行動を改めさせる可能性が高い。

つまり，自治体の選択次第で償還・積立の遅れが生じやすく，また，その遅

れを取り戻す過程で多額の積立が行われうるのが，満期一括償還方式で起債した場合の臨時財政対策債である。これに焦点を当てることで，自治体に積立を促す実質公債費比率のガバナンス効果を検証することとする。すべての地方債について，地方交付税制度を通じて措置された償還財源の先食いの実態を捉えることはできないが，先食いが最も起こりやすい臨時財政対策債に着目することで，実質公債費比率のガバナンス効果が検証しやすくなるというメリットがある。

以上を踏まえて，次の4.2項以降では，臨時財政対策債における，償還・積立額と措置額の差額という意味で毎年度生じうるフローの積立不足額（フローの先食い額）に注目し，実質公債費比率がこの金額にどのような効果を及ぼしているのかを検証する。4.2項では，データと推定モデルの詳細を説明した後，4.3項において，推定結果を報告する。

4.2 データと推定モデル

使用するデータは，2006〜17年度の都道府県別パネルデータである。ただし，東京都は臨時財政対策債を発行したことは一度もないので，除外している。対象自治体は，満期一括償還方式を主体に臨時財政対策債を発行していると考えられる「グループ1」の15道府県である[28]。「グループ2」および「グループ3」は分析対象外とする。2006年度以降に推定期間を限定するのは，前年度の実質公債費比率を説明変数の一部に採用すること，実質公債費比率の算定が2005年度決算分以降について行われていることが理由である。2017年度までの期間に限定する理由は，本書執筆時点で利用可能な最新データが2017年度決算分だからである。

推定するモデルは，以下のとおりである。

$$Y_{it} = X_{it}\beta + u_{it}$$

ここで，i は道府県，t は時間を表し，誤差項を $u_{it} = \mu_i + v_{it}$ とする。μ_i は道府県間に存在する観察できない固定効果で，v_{it} は $v_{it} \sim iid\ (0, \sigma_v^2)$ であるとする。年度固有の要因が存在する可能性を考慮して，年度ダミー変数も採用する

---

28) 北海道，宮城県，茨城県，埼玉県，千葉県，神奈川県，新潟県，長野県，静岡県，愛知県，京都府，大阪府，兵庫県，広島県，福岡県。

ため,実質的に二元配置固定効果モデル(two-way fixed effect model)を推定することと同じである。

　まず,積立行動を表す被説明変数には,臨時財政対策債についての「(現実の償還費・積立額－理論償還費)/標準財政規模」と,「現実の償還費・積立額/標準財政規模」の2タイプを採用する。前者を被説明変数に採用した場合のモデル(モデル(1)およびモデル(3))は,基準財政需要額に算入された理論償還費,すなわち,措置額よりもどれだけ多い額,もしくは少ない額を積み立てるのかという決定を問うモデルである。後者を被説明変数に採用した場合のモデル(モデル(2)およびモデル(4))は,純粋に償還費・積立額を問うモデルである。

　また,現実の償還費・積立額と理論償還費を元利償還金ベースで捉えるものがモデル(1)とモデル(2)である。元金償還金ベースで捉えるものがモデル(3)とモデル(4)である。

　一方,説明変数には,次の変数を採用する。

　第1に,「地方財政健全化法によるガバナンス効果」を表す変数を採用する。具体的には,「(25－前年度実質公債費比率)の逆数」を用いる。逆数を用いた理由は,25%という数値に近づくにつれ,積立への促進効果が強くなる傾向を捉えるためであり,本変数の係数符号には,プラスが予想される。

　第2に,対象自治体の財政状況,財政構造を表す変数を採用する。具体的には,「前年度までの満期一括償還方式臨時財政対策債起債額[29]累計/標準財政規模」,「前年度の修正実質収支比率」,「単年度の振替前財政力指数」の3変数である。

　「満期一括償還方式臨時財政対策債起債額累計」は,実質公債費比率算定上の「年度割相当額」のベースとなる臨時財政対策債発行額の代理変数である。借換債でなければ,「年度割相当額」は発行額の30分の1として算定されるが,借換債の場合には発行額を「30－借換債の償還年限」で除した値となるうえ,満期一括償還方式の臨時財政対策債残高,そのなかの借換債の内訳,償還年限などはまったく公表されていないため,「年度割相当額」の算定対象となる発行額を直接知ることはできない。そこで,満期一括償還方式による毎年の臨時財政対策債発行額を推定した後,その累計値を求めて,「年度割相当額」の算

---

[29] このデータは公表されていないため,「臨時財政対策債かつ市場公募債＋臨時財政対策債かつ縁故債×全縁故債に占める証券方式かつ満期一括償還方式の割合」により推定した。

定対象となる発行額の代理変数とした。ルールに沿って積立を行っているのであれば，期待される係数符号はプラスである。

「修正実質収支比率」は，実質収支と財政調整基金残高の合計額を標準財政規模で除して100倍したものであり，手元流動性という意味での資金繰りの余裕度を表している。手元資金に余裕がある自治体ほど，積極的な積立を行うのであれば，この変数に期待される係数符号はプラスである。

振替前財政力指数は，公表されている「財政力指数」の分母に用いられている基準財政需要額が臨時財政対策債発行可能額を控除した「振替後基準財政需要額」であるために，年々大きく変動する臨時財政対策債発行可能額の影響を受けることを考慮して，それに代わるものとして筆者が独自に定義した変数である。

2000年度以前の財政力指数であれば，自治体の留保財源の相対的な大きさを表す変数として，そのまま時系列比較にも用いることができる。しかし，2001年度以降の財政力指数は，地方財政計画策定時の「折半対象財源不足額」に基づいて決定された臨時財政対策債発行可能額，すなわち，景気変動を反映して循環的に変動する要素の大きい金額が元来の「振替前基準財政需要額」から控除されているため，これに対する基準財政収入額の倍率（として算定される値）が持つ意味が年度によって異なるという大きな問題がある。

そこで，「振替後基準財政需要額と臨時財政対策債発行可能額の合計額に対する基準財政収入額の倍率」として算定した変数が「単年度の振替前財政力指数」である。「単年度」と表記したのは，公式の「財政力指数」のように3年度平均値としては算定していないためである。留保財源に恵まれている自治体ほど，積極的な積立を行うのであれば，この変数に期待される係数符号はプラスである。

さらに，「現実の元利償還費・積立額/標準財政規模」を被説明変数とするモデル(2)には，「理論元利償還費/標準財政規模」を説明変数に加えることとする。「現実の元金償還費・積立額/標準財政規模」を被説明変数とするモデル(4)には，「理論元金償還費/標準財政規模」を説明変数に加えることとする。自治体が措置された額を確実に積み立てようとするならば，期待される係数符号はプラスである。しかし，自治体が眼前の措置額の大きさを先食いできる財源の大きさと捉えてしまうのならば，係数符号はマイナスである。

採用したこれらの変数の記述統計量は，表2-2に示すとおりである。モデル

表2-2 記述統計量

		平均値	中位値	最大値	最小値	標準偏差
対標準財政規模百分比（％）	現実の元利償還費－理論元利償還費	−0.18	−0.29	2.41	−1.56	0.76
	現実の元金償還費－理論元金償還費	−0.16	−0.24	2.39	−1.55	0.74
	現実の元利償還費	3.57	3.22	9.98	0.60	2.06
	現実の元金償還費	2.62	2.20	8.24	0.13	1.78
	理論元利償還費	3.75	3.32	8.41	0.75	1.96
	理論元金償還費	2.78	2.24	7.01	0.34	1.69
	前年度までの満期一括償還方式臨財債起債額累計	61.50	50.50	171.40	10.00	34.90
	前年度実質収支＋前年度末財政調整基金	2.50	1.41	13.66	−1.36	2.93
小数	単年度振替前財政力指数	0.57	0.56	1.06	0.31	0.15
	1÷(25－前年度実質公債費比率)	0.12	0.10	1.11	0.06	0.11

（注）断り書きのない場合は当年度の値。臨財債は臨時財政対策債の略記。
単年度振替前財政力指数＝基準財政収入額÷(振替後基準財政需要額＋臨時財政対策債発行可能額)。

(1)の被説明変数である「(現実の元利償還費・積立額－理論元利償還費)/標準財政規模」とモデル(3)の被説明変数である「(現実の元金償還費・積立額－理論元金償還費)/標準財政規模」の平均値は，いずれもゼロを下回っている。つまり，15道府県の12年間の平均値で見る限り，現実のフロー・ベースの償還費・積立額は理論償還費を下回っているのである。

4.3 推定結果とその総括

表2-3は，モデル(1)〜(4)の推定結果である。すべて，横断面の不均一分散を修正した一般化最小二乗法で推定し，Whiteの修正を施した漸近的な統計的検定量を示している。また，紙幅の関係で団体ごとの固定効果は表示していない。

まず，すべてのモデルにおいて，地方財政健全化法によるガバナンス効果を表す「(25－実質公債費比率)の逆数」は有意に正となり，25%に近づくほど制度は積立を促進するガバナンス機能を備えていることがわかる。

また，「前年までの満期一括償還方式臨時財政対策債起債額累計」の係数は，すべてのモデルにおいて，有意に正であった。この値が大きくなるに従って，積立が求められる額も比例的に増加するから，推定係数が正であることは妥当な結果である。「現実の元利償還費・積立額/標準財政規模」を被説明変数とするモデル(2)と「現実の元金償還費・積立額/標準財政規模」を被説明変数とす

るモデル(4)に関しては，この変数の係数は発行残高に対する平均的な積立ペースを表すものであり，実質公債費比率算定上の標準積立ペースとして定められた30分の1を下回る値にとどまっていることは，実質公債費比率のルールと比較して現実の積立が十分には行われていないことを示すものである。それでも，過去に発行した臨時財政対策債の残高に対応する積立を行っているという点では，実質公債費比率算定上のルールが償還・積立を促しているといえる。

モデル(2)において独自に採用した「理論元利償還費/標準財政規模」については有意水準1%で有意に正，モデル(4)において独自に採用した「理論元金償還費/標準財政規模」については有意水準10%で有意に正という結果となった。これらの変数は，毎年の地方交付税算定過程で既往債に対応する措置額（理論償還費の基準財政需要額算入額）であり，その係数は，償還・積立額をどれだけ増やすのかを表す。2006～10年度の実績データに基づくパネル分析を最初に実施した石川・赤井（2012）においては，この変数の係数は有意に負であったから，2010年度までの期間においては，眼前の措置額が増えると，むしろ積立を減らしてしまう傾向があったといえる。しかし，2017年度までのパネルデータを使った場合には，理論償還費の多寡に応じて，償還・積立額を決める行動をとっていることになる。近年は，臨時財政対策債の償還財源の先食いに対して，社会的に厳しい目が向けられるようになったことで，過去には先食いを行っていた自治体も償還・積立に努めるようになったことが反映されたものと考えられる。

「前年度修正実質収支比率」は，実質収支の黒字や財政調整基金残高が大きい場合，すなわち，資金繰りの余裕度が大きい場合に，償還・積立が促進されるかどうかを見るための変数である。モデル(3)において有意に正となったが，モデル(1)，(2)，(4)においては有意ではなかった。

また，留保財源の相対的な大きさを表す「単年度（当年度）の振替前財政力指数」については，4つのいずれのモデルにおいても有意ではなかった。したがって，留保財源など税収基盤に恵まれているかどうかは，臨時財政対策債の積立額には直接の影響を及ぼしていないことになる。

地方財政健全化法のもとでは，自治体が財政健全化団体や財政再生団体になることを回避するための自発的な行動をとると考えられ，実質公債費比率とその早期健全化基準が地方債の確実な償還・積立を自治体に促すというガバナンス効果を持っているはずである。モデルの推定結果からは，実際に，このガバ

表 2-3　臨時財政対策債に関する積立行動の推定結果

推計式（推計方法：Panel EGLS） 説明変数 ＼ 被説明変数	モデル(1) （現実の元利償還費・積立額−理論元利償還費）/標準財政規模	モデル(2) 現実の元利償還費・積立額/標準財政規模	モデル(3) （現実の元金償還費・積立額−理論元金償還費）/標準財政規模	モデル(4) 現実の元金償還費・積立額/標準財政規模
(25−前年度実質公債費比率) の逆数	1.940 0.855　*	1.964 0.854　*	1.788 0.822　*	1.909 0.816　*
理論元利償還費の基準財政需要額算入額/標準財政規模		0.831 0.252　**		
理論元金償還費の基準財政需要額算入額/標準財政規模				0.460 0.238
前年度までの満期一括償還方式臨時財政対策債起債額累計/標準財政規模	0.005 0.001　**	0.006 0.002　**	0.004 0.001　**	0.007 0.002　**
前年度の修正実質収支比率	0.016 0.013	0.018 0.013	0.027 0.013　*	0.027 0.014
単年度（当年度）の振替前財政力指数	0.237 1.367	0.116 1.410	0.088 1.330	−0.104 1.274
2007 年度ダミー	−0.246 0.043　**	−0.120 0.190	−0.232 0.039　**	0.086 0.148
2008 年度ダミー	−0.434 0.038　**	−0.240 0.289	−0.440 0.035　**	0.072 0.233
2009 年度ダミー	−0.411 0.089　**	−0.167 0.364	−0.454 0.089　**	0.183 0.305
2010 年度ダミー	−0.286 0.203	−0.005 0.452	−0.371 0.198	0.334 0.384
2011 年度ダミー	−0.333 0.158　*	0.011 0.529	−0.420 0.154　**	0.379 0.400
2012 年度ダミー	−0.358 0.155　*	0.041 0.605	−0.445 0.153　**	0.467 0.444
2013 年度ダミー	−0.227 0.147	0.267 0.737	−0.330 0.147　*	0.824 0.546
2014 年度ダミー	−0.595 0.120　**	0.045 0.955	−0.653 0.121　**	0.957 0.731
2015 年度ダミー	−0.634 0.060　**	0.120 1.123	−0.690 0.061　**	1.279 0.878
2016 年度ダミー	−0.836 0.057　**	0.032 1.294	−0.876 0.058　**	1.465 1.040
2017 年度ダミー	−0.979 0.066　**	0.046 1.527	−1.000 0.067　**	1.846 1.261
定数項	−0.458 0.873	−0.265 0.956	−0.229 0.857	0.027 0.832
標本数	180	180	180	180
修正済決定係数	0.422	0.950	0.000	0.916

（注）　各行の上段は係数推定値，下段は分散不均一性を考慮した標準誤差。＊＊は 1％，＊は 5％ 水準で有意であることを示す。説明変数に関して断り書きのない場合は当年度の変数。

ナンス効果が働き,とくに早期健全化基準に近い水準にまで実質公債費比率が高まった自治体に対しては強く積立を促す役割を果たしていることが明らかとなった。

まとめ

本章は,2001年度に制度が創設された臨時財政対策債が,地方交付税の代替的財源であるという側面,起債後は自治体固有の債務になるという側面の板挟みのなかで,償還・積立に際して自治体に対する規律づけが十分に働いているのかどうか,それに先立って,地方交付税制度を通じた措置額(理論償還費の基準財政需要額算入額)を他の歳出に使うという先食い行動がどの程度見られるのかを考察した。それらを見極めるため,まず,臨時財政対策債に関わる制度を概観し,発行と償還・積立の実態とその背景を分析した。その結果,定時償還方式主体の道府県を含めて,理論償還費の基準財政需要額への算入を通じて実質的に補填された償還財源をすべて償還・積立に充てている自治体ばかりではないこと,すなわち,償還財源の先食いをしている自治体もあること,その金額が大きいケースもあることが広範に観察された。

また,算定された実質公債費比率と早期健全化基準が償還・積立を自治体に促すというガバナンス効果に着目して,自治体に対する規律づけの有無を検証したところ,満期一括償還方式を主体に臨時財政対策債を発行していると考えられる15道府県において,**実質公債費比率は,臨時財政対策債の償還・積立を促す一定の機能を果たしている**との実証結果が得られた。

地方自治のもと,債務償還の方法は自治体の裁量に任されており,措置額と償還・積立額とが単年度レベルで一致する必要はない。しかし,自治体全体で見れば,臨時財政対策債に対する償還財源補填額は現金交付された地方交付税のなかに含まれるものではなく,新たな臨時財政対策債の発行によって賄われているのが実態であることを忘れてはならない。他の地方債については,元利償還金に対する措置額を先食いしても,地方債残高が減らないだけですむが,臨時財政対策債の場合には,新たな臨時財政対策債を発行した分だけ債務が増えたままになってしまう。

さらに,最初の臨時財政対策債発行から16年も経過した2017年度末時点において,ストック・ベースで大きな償還・積立不足が見られる自治体が残っている。筆者が2010年度までのデータを用いて分析を行った当時は,長期的

な計画に基づいた選択ではなく,近視眼的な歳出の決定を行っている可能性が懸念されたが,その結果生じた償還・積立不足が十分には解消されていないことを示すものである。したがって,現状が続けば,将来の定時償還の際や満期を迎えたときに,先食いしてしまった措置額の分だけ自主財源を充当せざるをえない。予算編成時には他の歳出に配分できる歳入が減ってしまうという意味で,財政運営に大きな支障をきたす可能性が示唆される。

この状況を打破するには,地方自治を尊重しながらも,現行規定よりも一歩踏み込んで償還・積立の実態を明らかにするチェック・システムの導入が望まれる。たとえば,地方債の種類ごとに償還・積立の進捗度を計測して公表すること,措置額と償還・積立額に基づく積立不足額,積立不足率も公表すること,それらに対する数値目標を設定することなどが有効であると思われる。

また,実質公債費比率が高まれば,臨時財政対策債に対する積立が促進されることが確認された一方で,他種類の地方債に関しては,実質公債費比率の効果どころか,償還・積立不足の実態さえも明らかではない。地方債の種類ごとに償還・積立不足の実態を把握することが必要であり,また,理論償還費の基準財政需要額算入額を将来の償還に備えて着実に積み立てるように促すガバナンス効果が機能しているのか否かの検証も望まれる。

しかし,実態把握や実証分析に必要な地方債の種類ごと,償還方式別の発行額や減債基金への積立額,積立残高[30],積立不足額などのデータは公表されていないため,部外者が容易に財政運営の評価を行えない状態となっている。本章においても,データの制約から精緻な分析ができていない部分も残されている。これらに関する情報公開は,財政健全化を促すガバナンス効果を高めるうえでも重要であり,今後いっそうのデータ公表が望まれる。

付論　元利償還金の全額が措置される特殊な地方債の償還財源先食い

臨時財政対策債以外にも,元利償還金(理論償還費)の全額が後年度の地方交付税算定過程で基準財政需要額に算入されることを通じて措置される地方債が存在する。それらの多くは,国の政策に起因する自治体の歳入減少を補うための特例地方債である。概

---

30) 注2を参照。

表 2-4 元利償還金の全額が措置される特殊な地方債の概要

地方財政法上の根拠条文	呼称	発行目的と発行（可能）額の算定方法	元利償還金に対する措置額の割合
第 33 条，第 33 条の 2，第 33 条の 3，第 33 条の 5	減税補塡債	国税の政策的な減税に伴って生ずる，同じ課税ベースを持つ地方税の税収減を補うため，当該（具体的な対象は，個人住民税）減少額を基準額として，1994～96 年度と 98～2007 年度に発行。	100%
第 33 条の 4	臨時税収補塡債	地方消費税が導入された 1997 年度は平年ベースの税収が得られないことへの対処として，差額相当額を 1 年限りで確保するために発行。	100%
第 33 条の 5 の 2	臨時財政対策債	地方に対する必要交付税総額と国税 5 税に基づく交付税財源との差額を賄うための主要財源。総額は，総務省と財務省の間で協議される地方財政対策のなかで決定。個別自治体に対しては，基準財政需要額の一部を振り替えるかたちで発行可能額を算定。2001 年度以降発行が続けられている。	100%
第 33 条の 5 の 3	減収補塡債	地方交付税算定時の地方税収見込額と実績見込額の乖離によって，交付税が過少算定となった場合の精算手段として，税収差額を発行額とする。第 5 条に定める事業費に充当する以外に，特例分は一般財源へ充当することが実質的に可能。最初の発行は 1975 年度。	75%（基準財政収入額に算入される地方税収の割合と同じ）
第 5 条第 5 項	臨時財政特例債	1985～92 年度における投資的経費にかかる国庫補助負担率の暫定的引下げに関して，投資的経費にかかる国庫補助負担金減額分を補塡するために増発された建設地方債。臨時財政対策債のモデルとされる。	100%

（出所）筆者作成。

要は，表 2-4 に示すとおりである。

このうち，減収補塡債の措置割合（措置額の発行額に対する割合）は 75% であるが，地方税の減収時に留保財源分も含めて発行を許可する一方，地方税の基準財政収入額に対する算入割合が 75% であることを反映して，措置割合も同率に設定したものであり，実質的な措置割合は 100% と見なすことができる。個別自治体の地方交付税算定時の税収と実績見込額との差額に由来する地方交付税の要精算額が生じたとき，法人関連税収[31]の当該差額に相当する金額の起債を自治体が行うことで，実際の地方税収（交付

基準額算定上は留保財源分を除く）と交付された地方交付税では基準財政需要額を賄うのに不足する事態を回避するために，起債（留保財源分を含めた税収実績見込額と地方交付税算定時の想定税収との差額分の発行が可能）で得た資金を充当するとともに，発行額の75％分に対応する償還財源を後年度に実質的に補塡される仕組みを持つのが減収補塡債である。

要精算額に対しては，翌年度以降の3年間をかけて現金精算する仕組みもあるが[32]，支払う側の国にとっては，償還年数に等しい期間を通じて実質的な精算を行うことのできる減収補塡債の方が資金確保はしやすい。国の財政状況が良好で十分な資金があれば，自治体に減収補塡債を発行させることなく，現金での一括精算が可能なはずであるから，減収補塡債は国の都合で自治体が発行する地方債としての側面を持っている。

同様に，国税（法定5税）に基づく地方交付税財源で全自治体が必要とする地方交付税の総額を賄うことができれば，「地方財源不足額」が発生せず，臨時財政対策債の発行なしですませられるはずである。しかし，現実にはその反対の状況が続いている。

表掲の地方債のうち，現在も発行されているのは，臨時財政対策債と減収補塡債のみである。他の特殊な地方債に関しても，元利償還金の基準財政需要額への算入は現在でも続いている。それらに関して，理論償還年限よりも現実の起債における償還年限の方が長いのだとしたら，発行後の経過年数が浅い時期は，毎年の措置額が現実の償還・積立額よりも高額になっていたはずである。言い換えると，臨時財政対策債以外の地方債においても，「措置された償還財源の先食い」が起きていた可能性がある。

そこで，これらの地方債に関する償還・積立累計額と元利償還金に対する措置累計額の差額を集計した結果が，表2-5である。図2-7および図2-8では臨時財政対策債についての償還・積立不足を確認したが，特殊な地方債全体で見れば，11道府県に標準財政規模の10％を上回る償還・積立不足額が存在することがわかる。償還・積立不足の標準財政規模比の最大値は静岡県の19.2％であり，逆に，償還・積立超過の最大値は福井県の12.8％である。

また，償還・積立の累計額と措置累計額の差額を臨時財政対策債と臨時財政対策債以外の地方債に分け，相関係数を求めると，0.02であった。したがって，臨時財政対策債に対する償還・積立行動と臨時財政対策債以外の地方債に対する償還・積立行動の間に，明確な関係性はないといえよう。そのなかで注目されるのは，神奈川県が，臨時財政対策債に関しては償還・積立超過が標準規模比10.8％，臨時財政対策債以外に関しては償還・積立不足が20.0％という対照的な結果を示していることである（図2-9参

31）減収補塡債発行による精算対象となる税目は，道府県分は道府県民税の法人税割，利子割，法人事業税，地方法人特別譲与税，市町村分は市町村民の法人税割と利子割交付金である。

32）精算対象税目は，道府県分は道府県民税の所得割，法人税割，利子割，法人事業税，地方法人特別譲与税，市町村分は市町村民の所得割，法人税割，利子割交付金，特別とん譲与税である。減収補塡債が発行された場合は精算対象額から当該発行額が控除される。

表2-5 特殊な地方債の償還・積立累計額と措置累計額の差額(1995～2017年度, 46道府県)

	①元利償還金累計額 (実績値, 億円)	②措置額累計 (億円)	③差額累計(①-②) (億円)	④=③/標準財政規模 ×100 (%)
北海道	16,427	18,055	▲1,629	▲12.0
青森県	3,344	3,303	41	1.1
岩手県	3,409	3,804	▲396	▲9.9
宮城県	3,803	4,570	▲767	▲16.3
秋田県	3,311	3,613	▲303	▲9.3
山形県	3,459	3,844	▲385	▲11.7
福島県	4,741	4,495	245	5.0
茨城県	5,008	5,495	▲488	▲7.7
栃木県	4,185	3,850	335	7.5
群馬県	4,512	4,264	248	5.6
埼玉県	11,102	12,156	▲1,054	▲9.0
千葉県	9,111	10,611	▲1,500	▲14.3
神奈川県	17,816	19,001	▲1,184	▲9.2
新潟県	5,991	6,079	▲89	▲1.6
富山県	3,395	3,394	1	0.0
石川県	3,015	2,993	22	0.7
福井県	3,080	2,752	328	12.8
山梨県	3,050	2,981	68	2.6
長野県	5,253	5,175	78	1.5
岐阜県	4,197	4,612	▲415	▲8.8
静岡県	6,540	7,899	▲1,359	▲19.2
愛知県	19,779	21,563	▲1,784	▲13.1
三重県	4,280	4,039	241	5.6
滋賀県	3,228	3,093	135	4.1
京都府	4,927	5,642	▲715	▲14.3
大阪府	21,728	24,236	▲2,508	▲16.1
兵庫県	8,996	10,014	▲1,018	▲9.6
奈良県	2,551	2,947	▲396	▲12.3
和歌山県	2,701	2,723	▲22	▲0.8
鳥取県	2,638	2,483	155	7.3
島根県	3,189	3,112	76	2.7
岡山県	3,982	4,051	▲70	▲1.7
広島県	5,179	5,990	▲811	▲14.2
山口県	3,151	3,256	▲105	▲2.8
徳島県	2,887	2,728	158	6.2
香川県	2,480	2,693	▲213	▲8.2
愛媛県	3,302	3,376	▲75	▲2.1
高知県	3,152	3,002	150	5.6
福岡県	7,315	8,501	▲1,187	▲12.9
佐賀県	2,901	2,670	231	9.0
長崎県	3,274	3,335	▲60	▲1.6
熊本県	3,653	3,828	▲175	▲4.2
大分県	3,067	3,121	▲54	▲1.6
宮崎県	3,327	3,134	194	5.9
鹿児島県	4,086	4,123	▲37	▲0.8
沖縄県	3,597	3,162	434	11.6

(注) 集計対象は, 表2-4に掲載した地方債。措置額は臨時財政対策債のみ起債額ベースの筆者推定値, 他は公表値。減収補塡債は現実の償還額の75%を①に算入した。④で用いた標準財政規模は2017年度実績値。

(出所) 総務省「都道府県決算状況調」「地方交付税等関係計数資料」に基づいて筆者作成。

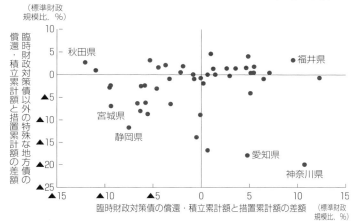

図2-9 臨時財政対策債と他の地方債における「超過/不足」の関係

(注) 2017年度の標準財政規模に対する割合。
(出所) 表2-5と同じ。

照)。臨時財政対策債に対する国民・住民の監視が厳しくなったことで、臨時財政対策債だけ償還・積立を励行して、他の特殊な地方債がそのしわ寄せを受けたのか、臨時財政対策債より発行時期が古い地方債の償還・積立不足が大きいことへの反省として、臨時財政対策債から行動を改めて、償還・積立を励行したのか、いずれが真実なのかは定かではない。

いずれにしても、データの開示範囲を拡大し、すべての種類の地方債に関して、償還と積立に関する不足と超過の実態を住民が把握できるようにすることが、何よりも重要である。解明の第一歩は、そこから始まる。

第3章

連結実質赤字比率のガバナンス効果

「公立病院特例債」発行団体の病院事業における資金不足額を縮減できるのか？

本章のねらい

- 地方財政健全化法施行当初の連結実質赤字の主因でもあった病院特別会計の状況を明らかにし，時限的に発行が許可された「公立病院特例債」の効果と意義について解説する。
- 公立病院特例債発行団体の実態を把握するため，公立病院特例債が固定負債として扱われ，連結実質赤字の集計対象から除外される効果と償還が進むに従って除外効果が失われることの両方に着目し，発行団体における「病院特別会計の実質的な資金不足額」を算定したうえで，実際にこれが改善していることを確認する。
- 連結実質赤字比率算定に対する時限的緩和効果を持つ公立病院特例債の償還年限に着目し，公立病院経営，広くは財政運営における改革期限のコミットメント・ツールとして機能していること，当該期間内に「実質的な資金不足額」を縮減することに対して，連結実質赤字比率がガバナンス効果を発揮していることを実証的に明らかにする。

はじめに

地方財政健全化法によって新たに導入された連結実質赤字比率は，公営企業会計を含む全会計の実質赤字・資金不足額[1]を集計する性格から，会計間の繰入・繰出による影響を受けない。そのため，個々の会計における事業運営に対

---

[1] 公営企業会計においては，「実質収支」という表象項目は存在しないが，同一概念の表象項目として「資金不足額」もしくは「不良債務」が存在するため，各会計の実質赤字（実質黒字）と資金不足額（資金剰余額）を集計して，連結実質赤字を算定する。資金不足額や不良債務は，実質赤字と同様に，ストックの指標と見なすことが可能であり，基本部分はおおむね流動負債と流動資産の差額である。詳しくは，第1章の補章を参照。

して本質的な改善を促すことが期待できる。

　しかし，地方財政健全化法の施行開始時には，旧再建法下のルールからの激変を緩和する観点から，本則で定められている連結実質赤字比率に対する早期健全化基準と財政再生基準よりも緩やかな基準（高い水準）を2010年度決算分まで適用する経過措置が講じられた。また，集計値として算定される連結実質赤字の主因となっていた会計・事業のなかには，配慮が必要な事業も存在し，特別な措置が講じられた。たとえば，公立病院事業に対しては，経営改善を促す代わりに特別に起債を認め，一定期間，一定額について，資金繰りを改善させる配慮がなされ，資金不足額を縮小させる効果を伴っていた。それが「公立病院特例債」であり，結果的に地方財政健全化法の適用に猶予を部分的に与えることとなった。

　財政法上には発行できる根拠が定められていない特例国債（赤字国債）を国が毎年度発行できているのは，当該年度限りの発行を可能にする特例法を予算とセットで毎年度作っているからであり，歳出額ありきで歳入不足額を特例国債で賄うことも事実上可能になっている。これに対して，特例地方債（赤字地方債）は，上限となる発行可能額が国から自治体に割り当てられるか，客観的な基準や外生的な条件に基づいて決定されるかのいずれかであり，自治体が望む歳出額を実現するうえで他の歳入では不足する分を特例地方債で賄うというようなことはできない。発行根拠も地方財政法や個別の特別法によって与えられており，発行事由と金額は限定されている。

　公立病院特例債も客観基準によって発行可能額が決定され，発行に際しては国による許可を必要とするものであるが，事業経営の結果としての実質赤字や資金不足額の解消を将来に繰り越す効果のある特例地方債の発行が，万一，無制限に行われれば，地方財政健全化法によるルールが形骸化するだけでなく，予算制約がソフト化する危険性さえもはらんでいる。客観基準に基づく発行可能額の決定と国による許可は，これらの危険性を排除するために不可欠なものといえる。

　逆に，地方財政健全化法の施行開始当時に，公立病院特例債というスキームが創設されなければ，公立病院事業における資金不足額解消に必要な一定の時間を確保することができず，短期間に急激な歳出削減などを行わざるをえなくなって，公立病院として提供するサービスの質を一定水準以上に維持することができないケースが生じたものと考えられる。

つまり，地方財政健全化法によるルールを形骸化させるリスクを伴うというデメリットを最小限に抑えつつ，無理なく公立病院事業の効率化と資金不足額解消を進められるというメリットを活かすための仕組みが，公立病院特例債である。

個別の公立病院事業に関する経営分析や公立病院改革に関する議論は多く見られるが，連結実質赤字比率のルールに対する公立病院特例債の効果も考慮したうえで，自治体が病院事業の経営改善に取り組む行動に関して計量分析を通じて解明しようとした研究は，これまでまったく行われてこなかった。本章では，地方財政健全化法のもとで連結実質赤字比率が自治体に財政健全化を促すガバナンス効果が発揮され，公立病院特例債の償還に合わせ，病院特別会計における資金不足額圧縮と連結実質赤字の改善が着実に進んできたのか否かに関しての実証的な検討を行う。具体的には，公立病院特例債の発行要件を満たしていた61の市町村を対象に，起債後の病院特別会計における資金不足額の真の変化を計測し，その決定要因を計量分析する。

本章の構成は，次のとおりである。第1節では，連結実質赤字比率と公立病院特例債の関係，公立病院の事業状況と国の政策的対応について説明する。第2節では，公立病院特例債の発行実績とその後の資金不足額の変化を整理する。第3節では，公立病院特例債発行可能団体における病院特別会計における資金不足額解消と連結実質赤字改善に対する連結実質赤字比率のガバナンス効果を検証する。具体的には，プロビット・モデルと回帰モデルからなる処置効果モデルを推定する。最後に，推定結果を総括し，連結実質赤字比率と公立病院特例債の意義を評価する。

1 地方財政健全化法施行時の公立病院の事業動向

1.1 時限措置としての公立病院特例債

地方財政健全化法が制定された2007年度は，地方公営企業のなかでも公立病院事業の経営状況が著しく悪化していた時期であり，病院特別会計の資金不足額が連結実質赤字の主因となっていた。しかも，公立病院事業の経営悪化の背景には，新臨床研修制度の導入等に伴う医師不足や診療報酬改定（引下げ）によって患者不足・収入減が生じたこともあり，病院特別会計の資金不足額拡

大の責任をすべて自治体に帰することはできなかった。こうした状況を踏まえて，国（総務省）は公立病院に対する財源措置のあり方を改める一方，地方財政健全化法の本格施行に先立って，病院特別会計の資金不足額の一部を連結実質赤字の集計対象から除外する効果を持つ特例債の発行を 2008 年度限りで許可した。これが公立病院特例債であり，起債した自治体が 7 年間という猶予期間を得ることで，資金不足額解消を円滑に進めることが目的とされた。

連結実質赤字比率は，全会計の実質赤字額（黒字額）と資金不足額（資金剰余額）の総合計額を標準財政規模で除すことによって算定される指標で，当該自治体の短期的な資金繰りの逼迫度を総合的に測ることができるものである。地方財政健全化法施行前においても，普通会計[2]を対象に財政再建の手続きを定めた財政再建法のほか，個別の赤字企業に対する地方公営企業法上の再建規定が存在したが，普通会計以外の公営事業運営や公営企業経営の失敗によって当該会計が自律回復できない状況に陥ったときに，その財政責任を負うのは母体自治体であるという観点からのガバナンス機能が十分働いていたとは言い難い。とりわけ，普通会計と公営企業会計の財政状況チェックが一体のものとして行われる明確なルールが存在しなかったことで，会計間の繰入・繰出によって，目的とする会計だけを見かけ上改善させる決算処理が広範に行われていた可能性がある。会計間の繰入・繰出は，特定の会計の収支を見かけ上改善することを目的とするのではなく，真にそうした繰入・繰出が必要・妥当なケースに限って行われるべきものである。地方財政健全化法が施行され，連結実質赤字比率が導入されてからは，この指標を改善するには，個々の会計における収支の改善が不可欠となっている。

このように，地方財政健全化法は自治体による財政状況チェックの対象拡大と方法の精緻化をもたらし，新ルールへ適応した予算編成・財政運営を求めるがゆえに，その施行に際しては猶予期間が与えられ，激変緩和措置も講じられた。

具体的には，2008 年度決算分から地方財政健全化法が本格施行されるにあたって，連結実質赤字比率に対して，本則では 30％ と定められている市町村に対する財政再生基準について，2008 年度および 2009 年度決算分は 40％，

---

[2] 厳密には，集計対象会計は普通会計よりもやや広範囲である。詳細は，第 1 章の補章を参照されたい。

表 3-1　2007 年度に連結実質赤字のあった 70 市町村における会計別赤字の内訳

	連結実質収支	一般会計	国民健康保険会計	老人保健会計	病院特別会計
会計設置市町村数	—	70	70	70	41
赤字市町村数	70	14	35	37	39
赤字額の標準財政規模比平均値（％）	10.4	▲0.9	3.5	0.2	12.9 (21.9)

（注）　1.　赤字額とは，実質赤字額もしくは資金不足額を指す。▲は黒字を表す。
　　　2.　（　）内は病院特別会計を設置している 41 市町村における平均値を示す。
（出所）　総務省「健全化判断比率・資金不足比率カード」に基づいて筆者作成。

2010 年度決算分は 35％ が経過的に採用され，本則の水準が適用開始されたのは 2011 年度決算分からである。

　そして，連結実質赤字の主因となっていた病院特別会計についても，資金不足額に対する措置が講じられた。それが，一定の条件を満たす自治体に対する公立病院特例債の起債許可である。そうした配慮がなされたのは，2007 年度は地方公営企業のなかでも病院事業の経営状況が著しく悪化していた時期であり，また，病院特別会計の資金不足額拡大には，自治体の財政運営とは別の要因も大きく影響していたと判断されたからである。

　表 3-1 は，夕張市を除く全市町村において[3]，2007 年度決算で連結実質赤字のあった 70 市町村の会計別内訳をまとめたものである。赤字（資金不足額）を計上している市町村が多かった会計は，病院特別会計（39 市町村），老人保健会計（37 市町村），国民健康保険会計（35 市町村），一般会計（14 市町村）であった。しかも，病院特別会計を設置していないケースは資金不足額ゼロと見なしたうえで集計した場合の平均値が 12.9％，設置している市町村のみで集計した場合の平均値が 21.9％ と，70 市町村における連結実質赤字比率の平均値 10.4％ をいずれも上回っていることから，病院特別会計の資金不足額が連結実質赤字の主因の 1 つであったことは明らかである。

　そのような背景を踏まえ，2008 年度に限定して病院特別会計における資金不足額に基づいて特例的に許可された地方債が，公立病院特例債である。地方

　3）　夕張市を除外する理由は，2007 年度の実質赤字比率が 730.7％，連結実質赤字比率が 739.4％ と突出しており，また，旧再建法における最後の準用財政再建団体として再建に着手した翌年であるなど，他の赤字団体とは同列に論じられないからである。

債を発行しないで事業を継続する場合と比べれば，地方債発行によって資金不足額が減るのは一般的に当てはまることとはいえ，資金不足額を抱える病院特別会計において，公立病院特例債が発行されれば，当該額が連結実質赤字比率の集計対象から除外される効果を伴っていることはきわめて重要である。

1.2 公立病院特例債の効果

公立病院特例債は，資金不足額の算定対象外となる固定負債として扱われるため，起債額だけ資金不足額を見かけ上減額させることが，直接の効果である。

しかし，償還満了までの7年の間に実質的な意味での資金不足額の圧縮がまったく進まなければ，毎年の償還に伴って，資金不足額は当初の水準に戻ってしまう。つまり，連結実質赤字の集計対象から病院特別会計の資金不足額を一定額除外する効果は，あくまで時限的なものである。償還年限は7年と指定されているため，起債した自治体は最大7年という限られた期間のなかで資金不足額を圧縮すべく，歳入と歳出の全般的見直しを行い，公立病院事業の資金繰りを改善することが求められる。

しかも，「連結実質赤字の集計対象からの除外効果」は毎年の定時償還額の分だけ失われるため，7年後の償還満了時に資金不足額が解消されていればよいということではなく，毎年継続的な改善が求められる。

公立病院特例債を発行することが自治体に健全な財政運営を促すインセンティブを与えるのは，資金不足額の一部をこの特例債に振り替えることで連結実質赤字の集計対象から除外される効果が7年後の償還満了時には完全に失われ，先延ばしはできないため，改革の期限がコミットされることである。

とくに，公立病院特例債を発行しなければ財政健全化団体や財政再生団体となったはずの自治体は，償還満了時までに資金不足額解消に十分な成果をあげることができなければ，財政健全化団体や財政再生団体となって，財政的選択に大きな制約を受けることになる。そうした事態を回避すべく，自治体は積極的に資金不足額圧縮へ取り組むはずである。最大7年間の猶予を実質的に与える代わりに改善を促すことが，この特例地方債の最大の意義であり，連結実質赤字比率によるルールがあって初めて実現できる仕組みでもある。しかも，「連結実質赤字の集計対象からの除外効果」は毎年の定時償還額の分だけ失われるため，7年後の償還満了時に資金不足額が解消されていればよいということではなく，毎年，継続的な改善が求められる。

財政健全化の成果も，この公立病院特例債の直接的な効果も，実は，償還が完全に満了した段階よりも途中段階の方が把握しやすい。途中段階ならば，真の資金不足額改善効果と病院特別会計の資金不足額が固定債務に振り替わったことによる見かけ上の改善効果とを峻別したうえで，連結実質赤字比率がどれだけ改善したかを計測できるからである。加えて，7年という償還年限を待たずに繰上償還によって償還をすませてしまう事例も観測できることがある。

　副次的な効果としても，当面の資金繰りが改善することで，資金や経営資源を効果的に活用する余力が生じ，資金不足以外の面でも事業効率を高める効果が現れる可能性がある。その一方で，見かけ上の資金不足額が一時的に減るだけで，本質的な資金不足額解消を先延ばしする手段として用いられ，資金不足額解消への取組みが遅れてしまう可能性もある。

　したがって，公立病院特例債が地方財政健全化法のもとで連結実質赤字を解消する方向に機能したか否かは，償還満了時に資金不足額縮減をどれだけ実現できたかを確認することで検証できる。ただし，償還が完全に満了した7年後ではなく，償還の途中段階であれば，各種データの組合せ方次第で，真の資金不足額改善効果と病院特別会計の資金不足額が固定債務に振り替わったことによる見かけ上の改善効果とを峻別することができるというメリットがある。

　また，資金不足額の解消は公立病院事業における経営改善だけでなく，地方交付税制度など財源措置による一般会計からの繰入額の影響も受けるため，公立病院に対する国の指針や具体的な施策を理解することが重要である。

1.3 公立病院全般の事業動向と公立病院改革ガイドライン

　すでに述べたように，地方財政健全化法が制定された2007年度は，公立病院事業の経営状況が著しく悪化していた時期であった。表3-2に示すとおり，経常経費に対する経常収益の割合（経常収支比率[4]）を全病院ベースで測ると，1980年以降では最も低い95.2％まで落ち込むとともに，資金不足額を抱える事業の割合も近年では最も高い17.1％まで上昇していた。

　こうしたなか，公立病院事業の経営改革に向けた指針として，総務省が

---

4) 普通会計において算定される経常収支比率とは異質な概念に基づく指標である（解説については，第5章の付論を参照）。普通会計の経常収支比率（充当される経常一般財源に対する経常的な費用の割合から歳出の硬直性を測る）は低い方が好ましいが，公営企業会計において算定される経常収支比率（経常費用に対する経常収益の割合）は高い方が好ましい。

表3-2　公立病院事業の経営指標の推移（2002～16年度）

年度	2002	2003	2004	2005	2006	2007	2008	2009	2010	2011	2012	2013	2014	2015	2016
①総事業数	764	754	728	674	669	667	665	655	654	652	643	643	639	636	634
②不良債務を有する事業数	96	95	100	98	104	114	96	84	63	37	31	25	64	56	69
③=②÷①(%)	12.6	12.6	13.7	14.5	15.5	17.1	14.4	12.8	9.6	5.7	4.8	3.9	10.0	8.8	10.9
④不良債務比率(%)	2.1	2.0	2.1	2.3	2.7	3.4	1.7	1.5	0.9	0.5	0.3	0.3	0.6	0.5	0.7
⑤経常収支比率(%)	97.2	97.8	96.9	96.7	95.2	95.2	95.5	97.3	100.1	100.2	100.3	99.4	99.1	98.7	97.9

（注）「流動負債（建設改良費等の財源に充てるための企業債等を除く）−流動資産（翌年度へ繰り越される支出の財源充当額を除く）」が正値のとき，これを「不良債務」という。「不良債務比率」は，不良債務の医業収益に対する割合。なお，連結実質赤字の集計対象となる「資金不足額」は，おおむね，「流動負債」−「流動資産」+「建設改良費等以外の経費に係る地方債残高」で算定される。詳しくは第1章の補章を参照。
（出所）　総務省「地方公営企業年鑑」より筆者作成。

2007年12月に取りまとめたのが「公立病院改革ガイドライン」である。改革の柱は，①経営の効率化，②再編・ネットワーク化，③経営形態の見直しの3つであり，このうち，経営形態の見直しの具体策として想定されていたのは，地方公営企業法の全部適用，地方独立行政法人への移行，指定管理者制度の導入，民間譲渡，診療所化，医療機関以外の事業形態への移行であった。そして，その実現のため，自治体の病院事業に対する財源措置も見直された。

自治体には数値目標を伴う改革プランの策定とその実施が要請され，後年度の集計結果によれば，目標最終年度を2013年度，中間総括年度を2011年度とする改革プランにほぼすべての自治体が取り組んだことが確認されている。公立病院特例債発行団体には先駆的に取り組むことが求められ，2008年度の公立病院特例債発行を契機として，これらとセットで経営改革が進められることとなった。ちなみに，2015年3月には「新公立病院改革ガイドライン」が総務省から示され，自治体による公立病院改革は次のステージに移行している。

1.4　地方交付税制度等における財源措置の拡充

2003年度から2007年度にかけての病院特別会計における資金不足額の拡大には，研修医制度の見直しに伴う医師不足の深刻化や診療報酬の引下げなど国の施策に起因する部分が含まれており，それに対処し，自治体による公立病院改革を後押しする観点から，地方交付税制度等を通じた財源措置が拡大された。その内容は，2008年11月に公表された「公立病院に関する財政措置のあり方

等検討会報告書」に基づくものであり，産科・小児科・緊急医療に対する措置単価の増額，不採算地区病院の定義拡大と算定基準見直しによって，普通交付税措置や特別交付税措置の充実が図られた。

地方公営企業としての公立病院は，経営に要する経費を料金収入をもって充てる独立採算制の原則に従っている。それでも，たとえば，不採算地域・過疎地域における医療の確保を図るために設置された病院に要する経費は一般会計等が負担するものとされており，その所要財源が地方財政計画に計上され，普通交付税の算定過程での基準財政需要額への算入または特別交付税を通じて措置されている。

現実の病院特別会計における他会計からの繰入金は，こうした交付税措置に対応する「基準内繰入金（以下では，「繰入基準額」と表記）」と，自治体の主体的な判断によって，経営基盤強化のために基準額を超えて一般会計等から行う「基準外繰入金」とに大別できる。両者を合わせた額が「実繰入額」である。

表3-3は，後の計量分析に際して観測時点として据える2013年度までの期間について，一般会計からの繰入額を見たものである。経常的な事業運営に対する財源措置である，収益勘定における「繰入基準額」が「実繰入額」の9割近くを占めている。しかも，金額は2009年度まで増加し，その後も高水準を維持している。また，国・都道府県による補助金は少額ではあるものの，2011年度まで増え続け，その後もほぼ横ばいとなっている。

このように，国庫支出金，都道府県支出金や地方交付税制度を通じた財源措置額が拡大したことにも支えられ，前掲の表3-2における公立病院全体の経常収支比率は2010年度に100%を回復し，資金不足額（不良債務）を有する事業の割合も2008年度に低下に転じ，2013年度には3.9%にまで下落している[5]。

もっとも，公立病院特例債自体への地方交付税制度からの財源措置という意味では，実際の利払費の2分の1が特別交付税措置されているが，元金部分についての財源措置はまったく行われていない[6]。

2008年度以外で公立病院特例債の発行が許可されたのは，第1次オイルシ

---

[5]　この集計値には，52団体が公立病院特例債を発行することによって，見かけ上の資金不足額が減る効果（後述）も含まれている。

[6]　公立病院特例債と同様に，公営企業の資金不足額を補塡するために起債が認められた地方債として，「地方交通事業の経営の健全化の促進に関する法律」に定められ，1972年度の不良債務額に基づいて1973年度に発行が許可された「公営交通事業再建債」をあげることができる。支援措置が利子部分に限られることも共通している。

表3-3 全公立病院に対する財源措置の推移

(単位：100万円)

年度	2007	2008	2009	2010	2011	2012	2013
損益計算書における国庫（県）補助金	14,888	16,311	17,478	18,947	20,006	19,695	19,777
収益勘定における他会計からの繰入金（繰入基準額）	465,888	477,617	496,573	481,426	482,967	465,866	465,866
収益勘定における他会計からの繰入金（特別利益込みの実繰入額）	529,028	566,790	566,390	541,710	537,634	524,638	518,489
資本勘定における他会計からの繰入金（実繰入額）	167,070	184,068	204,696	198,088	194,185	178,662	198,009
他会計からの繰入金総額（実繰入額）	696,098	750,858	771,086	739,799	731,819	703,300	716,498

(出所) 総務省「地方公営企業年鑑」等より筆者作成。

ョック直後の1974年度に前例があるのみである。1974年度公立病院特例債は，賃金・物価の高騰と診療報酬引上げの遅れなどを背景に，公立病院の経営が急激に悪化し，全事業の67％が累積欠損を抱えるという非常事態のもとで，発行が許可されたものである。発行自治体は全体の4分の3に当たる301に達し，元金の40〜50％相当額が交付税措置されるなど制度的な支援は広範囲で手厚いものであった。償還年限は，原則7年ながら，最短3年から最長15年まで幅があったことも，2008年度公立病院特例債とは異なる点である[7]。

2 発行可能団体における公立病院特例債発行の有無と資金不足変化額

2.1 公立病院特例債の発行要件と発行可能額および起債実績

2.1.1 公立病院特例債の発行要件

2008年度に許可された公立病院特例債は，発行要件を満たす自治体が少数に限定される一方，その要件や発行可能額の算定基準は客観性が高く，地方交付税制度を通じた財源措置も最小限であることが特徴である。無条件で手厚い措置を講ずるのではなく，財政健全化に取り組みやすい環境を整えることで，起債自治体の自発的な財政健全化を促すことに重きが置かれている[8]。

---

7) 1974年度公立病院特例債については，自治省財政局各担当課長ほか（1974），伊藤（1974），秋本（1974），澤田（1979），鈴木（2009）を参照。
8) 比較可能な近年の事例としては，資金不足比率10％以上の15団体を対象に資金不足額解消の

具体的な発行要件は，次のとおりであった。第1は，2007年度の資金不足率（資金不足額÷医業収益）が10％以上であること，第2は，2003年度に比して2007年度の資金不足額が増えていること，第3は，公立病院改革プランを策定すること，第4は，償還満了までに資金不足額解消が見込めること，である。

2.1.2　公立病院特例債の発行可能額

発行可能額の基本的な算定額は，2003年度末から2007年度末の間に増加した資金不足額であり，上限は2007年度末資金不足額とされた。ただし，この基本額に対して，一般会計等から病院特別会計に行った繰入額の実績値と前述の「繰入基準額」との差額が資金不足額に与えた影響を考慮して，客観基準に基づく加算と減算も行われた。その具体的な内容は，次のとおりである。

まず，加算額に関しては，第1の要素は，「資金不足額解消のため，2004～07年度に一般会計から病院特別会計へと繰り入れられた額（交付税措置額との差額が上限）」であり，19団体（計量分析の対象団体中の18市町村）が該当した。第2の要素は，「前記以外の取組みによって同期間の資金不足額削減に貢献した額（2007年度の単年度資金収支が黒字の事業）」であり，2団体（小樽市〔北海道〕，川崎町〔福岡県〕）が該当した。第3の要素は，「公立病院事業経営の責には帰さない特別な事由で資金不足額が生じた場合の当該資金不足額」であり，該当団体はなかった。第1～3の複数の要素に該当する団体もあったため，結果として，起債額が加算された団体は，20団体（19市町村）だった。

また，減算額に関しては，第1の要素は，「2004～07年度中に公立病院事業に対する交付税措置を受けながら，繰り入れずに資金不足額を拡大させた場合の非繰入額」であり，2団体（大鰐町〔青森県〕，大月町〔高知県〕）が該当した。地方財政健全化法施行前には，会計間取引によって一般会計の赤字を実質的に病院特別会計に負わせる自治体が現実にあったことを示す一例でもある。第2の要素は，「同期間中に上記事由のほか，公立病院事業経営の責に帰す特別な

ための財政的支援を行った第5次病院事業経営健全化措置（2002～10年度）があり，一時借入金（不良債務額に対応）に対する利子だけでなく，一般会計からの繰入によって解消した不良債務額の2分の1を特別交付税措置するなど国の関与の度合いは小さくなかった。2008年度公立病院特例債の場合は，起債団体だけでなく，全事業を対象とする公立病院改革の推進が別途進められ，そのための財源措置も拡充されているという背景の違いも指摘することができる。

第3章　連結実質赤字比率のガバナンス効果　127

事由で資金不足額が拡大した額」であり，1団体（小樽市）が該当した。結果として，起債額が減算された団体は，3団体（3市町村）だった。

このように，病院特例債発行可能額の算定基準は，客観性・妥当性の高いものであった。

2.1.3　公立病院特例債起債団体に見る発行条件

2008年度において，実際に公立病院特例債を起債した自治体は52団体であった。その内訳は1県，2政令市，48一般市町村，1一部事務組合であり，起債団体のほとんどが政令市以外の一般市町村である。

起債実績データにおける償還年限・据置期間・引受資金などの発行条件は，表3-4に示すとおりである。発行団体のほとんどが，発行可能額いっぱいまで発行していることがわかる。また，7割の団体が，地方公共団体金融機構資金を活用している。償還年限は7年以内に統一されている。

据置期間に関しては，「なし」が6割を占め，最長でも2年間であった。実際の償還方式としては，元利均等償還方式と元金均等償還方式の両方が採用されたと思われるが，便宜的に元金均等償還方式で考えると，据置期間がない場合は，発行額の7分の1ずつ毎年返済する償還が起債してから1年以内に開始され，2年間の据置期間がある場合は，5分の1ずつ毎年返済する償還が起債後3年以内に開始されたはずである。

表3-4　公立病院特例債発行団体における発行条件

発行可能額に対する起債額の割合	30%台	50%台	60%台	70%台	80%台	90%台	100%
全52団体	1	1	1	1	4	3	41
（うち48市町村）	1	1	1	1	3	3	38

起債額に占める機構資金の割合	0%	7%	100%
全52団体	14	3	35
（うち48市町村）	13	0	35

償還年限（年）	5年	6年	7年
全52団体	1	1	50
（うち48市町村）	1	1	46

据置期間（年）	0年	1年	2年
全52団体	31	5	16
（うち48市町村）	29	5	14

（注）　引受資金は地方公共団体金融機構資金と民間資金のみである。
（出所）　総務省準公営企業室資料より筆者作成。

表 3-5　公立病院特例債発行可能団体における連結実質赤字市町村の推移

年度	2007	2008	2009	2010	2011	2012	2013
全市町村における連結実質赤字団体数#	70	30	31	17	9	7	6
（うち早期健全化基準以上の団体数）	11	2	0	0	0	0	0
発行可能市町村における赤字団体数*	36 (33)	18 (17)	15 (15)	6 (6)	3 (3)	2 (2)	2 (2)
（うち早期健全化基準以上の団体数*）	7 (7)	1 (1)	0 (0)	0 (0)	0 (0)	0 (0)	0 (0)
起債した 48 市町村における赤字団体数**	27 (27)	13 (13)	11 (11)	4 (4)	2 (2)	1 (1)	1 (1)
（うち早期健全化基準以上の団体数**）	7 (7)	1 (1)	0 (0)	0 (0)	0 (0)	0 (0)	0 (0)

（注）　#：夕張市を除く。*：64 市町村における数。（　）内は，後述の計量分析の対象とした 61 市町村における数。**：48 市町村における数。（　）内は，後述の計量分析の対象とした 47 市町村における数。
（出所）　総務省「団体別健全化判断比率等」「地方公営企業年鑑」に基づいて筆者作成。

2.2　公立病院特例債発行可能団体における連結実質赤字比率の状況

　一般市町村に焦点を当てると，公立病院特例債の発行団体は 48 団体であった。このほかに，発行要件と決算データに基づいて「起債はしなかったが，発行要件を満たしていた一般市町村」を抽出すると，16 団体が該当し，両者を合わせた「公立病院特例債発行可能団体」には 64 市町村が該当した。

　この 64 市町村について，全市町村と比較しながら，連結実質赤字比率との関係を見たのが，表 3-5 である。2007 年度においては，実に 64 市町村中の 36 市町村が連結実質赤字を計上していた。病院特別会計の資金不足額が連結実質赤字の主因となっていたことはすでに述べたとおりであるが，病院特別会計が資金不足額を計上していた市町村よりもさらに範囲が限定される「公立病院特例債発行可能団体」において，過半が連結実質収支も赤字であったのである。

　しかも，夕張市を除く全 1815 市町村のうち連結実質赤字団体の総数は 70 にとどまっていたのに，その約半分を公立病院特例債発行可能団体が占めていたのである。これらの事実は，地方財政健全化法の本格施行に際して，公立病院特例債というスキームが連結実質赤字比率適用の緩和措置としての役割を実質的に担っていたことを改めて裏づけるものである。

　この「公立病院特例債発行可能団体」を第 3 節での計量分析の対象とするが，分析に必要なデータが得られる団体は 61 市町村[9]ある。そのうち，実際に発

第 3 章　連結実質赤字比率のガバナンス効果　129

表 3-6　「発行可能市町村」における公立病院特例債発行の有無

実際に発行した 47 市町村：
函館市（北海道），小樽市（同），留萌市（同），苫小牧市（同），美唄市（同），江別市（同），赤平市（同），士別市（同），根室市（同），松前町（同），森町（同），白老町（同），弘前市（青森県），八戸市（同），黒石市（同），十和田市（同），鰺ヶ沢町（同），大鰐町（同），板柳町（同），三戸町（同），奥州市（岩手県），塩竈市（宮城県），登米市（同），男鹿市（秋田県），高畠町（山形県），北茨城市（茨城県），三浦市（神奈川県），佐渡市（新潟県），穴水町（石川県），常滑市（愛知県），名張市（三重県），京丹後市（京都府），泉大津市（大阪府），泉佐野市（同），和泉市（同），柏原市（同），阪南市（同），高砂市（兵庫県），香美町（同），橋本市（和歌山県），智頭町（鳥取県），山陽小野田市（山口県），徳島市（徳島県），大月町（高知県），川崎町（福岡県），大村市（長崎県），荒尾市（熊本県）

発行しなかった 14 市町村：
釧路市（北海道），三笠市（同），深川市（同），由仁町（同），平取町（同），厚岸町（同），盛岡市（岩手県），氷見市（富山県），能登町（石川県），伊勢市（三重県），舞鶴市（京都府），西宮市（兵庫県），川西市（同），大和高田市（奈良県）

（出所）　総務省「平成 20 年度地方公営企業年鑑」より筆者作成。

表 3-7　2007 年度の連結実質赤字比率による「発行可能市町村」の分類

- 2007 年度の連結実質赤字比率≧早期健全化基準の団体：7 市町村
  公立病院特例債を起債した団体：7 市町村
  起債しなかった団体：0
- 0＜2007 年度の連結実質赤字比率＜早期健全化基準の団体：26 市町村
  公立病院特例債を起債した団体：20 市町村
  起債しなかった団体：6 市町村
- 2007 年度の連結実質赤字比率≦0 の団体：28 市町村

（出所）　総務省「地方公営企業年鑑」「健全化判断比率・資金不足比率カード」より筆者作成。

行した 47 市町村と発行しなかった 14 市町村の内訳は，具体的には，表 3-6 のとおりである。

　ここで 2007 年度の連結実質赤字比率に着目し，早期健全化基準以上の団体，連結実質赤字比率はプラスだが早期健全化基準には達していない団体，マイナスの団体（連結実質赤字には該当しない団体）の 3 つに分けて，公立病院特例債を発行したか否かについて，分類したのが，表 3-7 である。

---

9)　病院を完全廃止した松原市（大阪府〔公立病院特例債は不発行，病院廃止は 2009 年度〕）と廃止して診療所へと改編した松浦市（長崎県〔公立病院特例債発行団体，診療所化は 2009 年度〕）および鶴田町（青森県〔不発行団体，診療所化は 2012 年度〕）を除外した。除外する理由は，後述の計量分析に必要なデータが完全廃止や診療所化の時点で得られなくなったためである。

まず，発行可能団体のうち，2007年度の連結実質赤字比率が早期健全化基準を超えていた団体は7団体あり[10]，7団体が公立病院特例債を発行している。これらの団体は，財政健全化団体となることを避けるために，起債したと考えられる。その他の発行団体は，2007年度時点においては，連結実質赤字比率は早期健全化基準を超えていないものの，起債を契機とする改革に取り組むために起債したと考えられる。連結実質赤字比率がプラス（連結実質収支が赤字）の団体においては，将来，早期健全化基準に至る可能性も高く，マイナス（連結実質収支が黒字）の団体に比べて，発行が促進されると思われたが，プラスの団体とマイナスの団体ともに，起債しなかった団体は同数であった。

2.3 見かけ上の資金不足変化額と真の変化額

2008年度における公立病院特例債の起債は，起債しなかった場合と比べて，病院特別会計の資金不足額を発行額だけ減少させる。もし，流動資産が不変であれば，流動負債を同額減少させるため，多くの起債団体において連結実質赤字比率が早期健全化基準に達することを回避させられるのである[11]。

他方，2009年度以降の各年度においては，定時償還方式による元利金支払い分が毎年の資金不足額を拡大させる効果を伴う。公立病院特例債金利の方が一時借入金などの金利よりも高かったが，公立病院特例債発行によって増加する利子負担は特別交付税措置（実際は，支払利子の2分の1）によってほぼ相殺されていると考えられる。そのため，実質的には元金償還分のみが単年度の資金不足額拡大（流動負債拡大）要因となる。

資金不足額や流動負債だけでなく，債務全体に目を向けると，公立病院特例債発行時には発行額が，また，その後は元金残存額が固定負債として残っていることになる。他の条件が不変ならば，この固定負債は，7年間における毎年の償還とともに，流動負債に戻っていくということもできる。

したがって，真に資金不足額圧縮が行われたかどうかを見極めるためには，これらの額も考慮した「実質的な資金不足額の変化」で評価しなければならな

---

10) 留萌市（北海道），美唄市（同），赤平市（同），黒石市（青森県），大鰐町（同），泉大津市（大阪府），泉佐野市（同）。

11) 泉佐野市の連結実質赤字比率は，2008年度に早期健全化基準を上回ったが，公立病院特例債を発行していなかったら，財政再生基準に近い水準に達していたことが試算できるため，起債によって財政再生団体となることを確実に回避する効果があったといえる。

い。すなわち，見かけ上の資金不足変化額に公立病院特例債元金残存額を加えた額で評価することが必要である。

以下では，起債後5年間（償還開始後4年間）が経過した2013年度に観測時点を据えて，実質的な資金不足額を測るものとする。すなわち，「実質的な資金不足変化額」は，次式で表される。

∴ 病院特別会計の実質的な資金不足変化額
　＝病院特別会計の見かけ上の資金不足変化額＋公立病院特例債元金残存額
　＝2013年度病院特別会計の資金不足額－2007年度病院特別会計の資金不足額
　　＋2013年度公立病院特例債元金残存額

2013年度末の公立病院特例債元金残存額[12]については，発行から5年度が経過しているため，次式がおおむね成り立つ。

$$公立病院特例債元金残存額 = 発行額 \times \left(1 - \frac{5 - 据置年数}{償還年限 - 据置年数}\right)$$

ただし，償還年限≦7

同様に，連結実質赤字額[13]の変化についても，次式のとおり，見かけ上の連結実質赤字変化額に公立病院特例債元金残存額を加算することで，実質的な変化額を求めることができる[14]。

∴ 実質的な連結実質赤字額の変化額
　＝見かけ上の連結実質赤字額の変化額＋公立病院特例債元金残存額
　＝2013年度連結実質赤字額－2007年度連結実質赤字額
　　＋2013年度公立病院特例債元金残存額

図3-1は，61団体を対象に連結実質赤字比率の見かけ上の改善幅の内訳を見たもの，図3-2は，病院特別会計における資金不足額改善幅の内訳を見たも

---

12) 総務省「地方公営企業年鑑」の個表貸借対照表には，固定負債の欄に「再生債・特例債」の残高が記載されており，上記の式で算出した公立病院特例債元金残存額とほとんど一致する。
13) 連結実質赤字額や連結実質赤字比率は，公式には正値の場合のみ算定されることになっているが，集計過程では負値，すなわち連結実質収支が黒字のケースも含めて計算される。その値は，「健全化判断比率・資金不足比率カード」や「財政状況資料集」から得ることができる。
14) 地方独立行政法人化した病院や広域ネットワーク化した病院は連結実質赤字比率の集計対象から外れるが，分析目的に従って，それを含めた連結病院実質赤字比率を算定した。

図 3-1 連結実質赤字比率の見かけ上の改善幅の内訳（2007〜13年度）

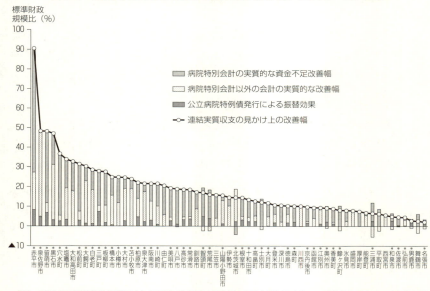

(注) 2007年度標準財政規模に対する比率。改善幅は変化幅の符号を反転させた。▲は拡大を示す。＊は起債団体。
地方独立行政法人化したケースや広域ネットワーク病院化したケースの病院事業の資金不足額も連結実質赤字の集計対象に加えた。
(出所) 総務省「健全化判断比率・資金不足比率カード」，各自治体「財政状況資料集」等より筆者作成。

のである。まず，全団体において，見かけ上の連結実質赤字比率はすべて改善し，改善幅の平均値は 18.2% である。公立病院特例債によって資金不足額が固定負債に振り替わっていることによる効果は，起債後 4 年間の償還が進んだこともあって平均 1.8% にとどまり，両者の差である 16.4% が連結実質赤字比率の実質的な改善幅平均値となる。この実質的な改善幅もすべての団体において正である。そして，連結実質赤字比率の実質的な改善幅のうち，9.9% が病院特別会計における実質的な改善幅，6.5% が他会計の改善幅によって構成されている。

病院特別会計の資金不足額に関しては，公立病院特例債による効果を除外しても，2 団体を除いて実質的な改善を示している。資金不足額改善の標準財政規模比が最も大きいのは赤平市で，63.2% にも達している。また，公立病院特例債発行団体のうち，5 市町村[15] が繰上償還によって，すでに 2013 年度時

---

15) 函館市（北海道），小樽市（同），苫小牧市（同），士別市（同），鰺ヶ沢町（青森県）。

第 3 章　連結実質赤字比率のガバナンス効果　133

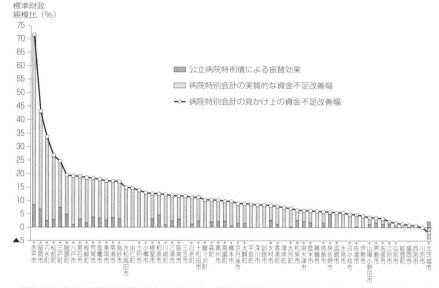

図 3-2　病院特別会計の資金不足額改善幅の内訳（2007〜13 年度）

（注）　2007 年度の標準財政規模に対する比率（%）。改善幅は変化幅の符号を反転させた。▲は拡大を示す。*は起債団体。
（出所）　総務省「地方公営企業年鑑」より筆者作成。

点で償還を終えている。

　ちなみに，起債から 5 年経過した 2013 年度時点ではなく，3 年経過した 2011 年度時点において，連結実質赤字比率の見かけ上の改善幅の内訳と病院特別会計における資金不足額改善幅の内訳を見たものが，図 3-3 および図 3-4 である。

　図 3-1 および図 3-2 と比較すると，連結実質赤字に対しても，病院特別会計の資金不足額に対しても，2013 年度時点と比較して，2011 年度時点での実質的な資金不足額改善幅は大きくないこと，公立病院特例債発行による振替効果（見かけ上の改善幅）が大きいことが，明瞭にわかる。この事実は，公立病院特例債発行団体における病院事業における経営改善が継続的に行われていること，また，1 年当たりの実質的な改善幅が大きいことを裏づけるものである。

2.4　発行可能団体における地方交付税制度からの財源措置

　表 3-8 に示すとおり，計量分析の対象とする 61 市町村においては，地方交

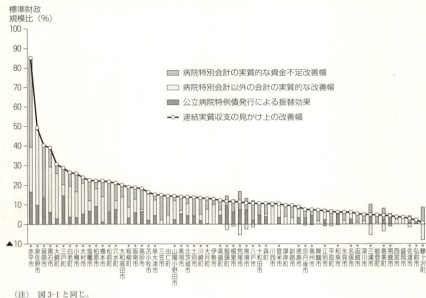

図 3-3 連結実質赤字比率の見かけ上の改善幅の内訳（2007〜11年度）

（注）　図 3-1 と同じ。
（出所）　図 3-1 と同じ。

付税制度を通じた財源措置額に対応する「繰入基準額」が 2013 年度においても前年度比で増加を続けており，表 3-3（125 頁）で見た公立病院事業全体に対する財源措置と比べても，病院経営健全化に向けたサポートが拡大していることがわかる。分析対象市町村には財源基盤の弱い自治体，過疎地域の自治体も多数含まれていることが，地方交付税措置拡充の背後にある。

2.5　発行可能団体における経営形態の変更

　地方交付税制度を通じた財源的支援を受けるだけでなく，経営形態変更などを通じて，自治体がどのような経営改善の意向を持っていたのか，また，実際に進めたのかについては，公立病院改革プラン策定時の計画とその後の実績を見比べることで判断できる。その際，計画段階から経営形態見直しの強い意思，明確な変更方針を持っていることが重要である。

　表 3-9 は，公立病院特例債発行可能団体を対象として，具体的な施行期日を伴うかたちで「見直しの方針を決定」した事例を集計した結果である。実際に経営形態変更を実施したか否か，あるいは実施時期は，その後の環境変化の影

第 3 章 連結実質赤字比率のガバナンス効果 135

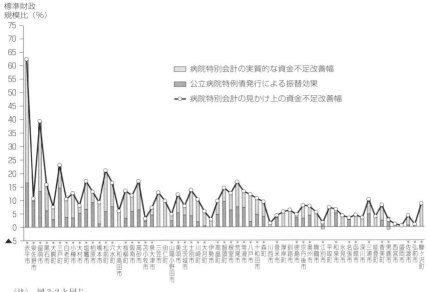

図 3-4 病院特別会計の資金不足額改善幅の内訳（2007〜11 年度）

（注） 図 3-2 と同じ。
（出所） 図 3-2 と同じ。

表 3-8 「発行可能市町村」に対する地方交付税制度等による財源措置の推移

（単位：100 万円）

年度	補助金	繰入基準額	基準外繰入額	実繰入額
2007	557	23,276	2,162	25,438
2008	709	24,068	5,648	29,717
2009	816	27,492	5,117	32,609
2010	1,062	29,524	6,375	35,899
2011	1,185	29,681	4,687	34,369
2012	1,138	35,031	8,366	43,397
2013	1,141	35,671	6,776	42,447

（注） 泉佐野市（大阪府）と川崎町（福岡県）の旧公立病院は 2011 年度より地方独立行政法人化し、財務諸表の形式が異なるため、便宜的に実繰入額全額を繰入基準額対応分と見なした。
（出所） 総務省「地方公営企業年鑑」「平成 24 年度および 25 年度病院事業決算状況」より筆者作成。

響を受けるだけでなく、それ自体が改革の一部をなすという意味で、改革の進捗と不可分な内生変数である。

経営形態変更の具体的な内容としては、「公立病院改革ガイドライン」で示

表 3-9　発行可能団体の 2008 年度時点での経営形態見直し計画とその後

経営形態変更の内容	2008 年度時点で変更方針を決定していた市町村	左記のうち 2013 年度末までに実行済の市町村	2008 年末時点の計画はなかったが，その後 2013 年度末までに変更を実施した市町村
公営企業法全部適用	小樽市（北海道），松前町（同），黒石市（青森県），鰺ヶ沢町（同），鶴田町（同），奥州市（同），塩竈市（宮城県），三浦市（神奈川県），佐渡市（新潟県），荒尾市（熊本県）	小樽市，松前町，黒石市，鰺ヶ沢町，塩竈市，三浦市，佐渡市，荒尾市	八戸市（青森県），十和田市（同），登米市，高畠町（山形県），柏原市（大阪府），常滑市（愛知県），泉大津市，香美町（大阪府），山陽小野田市，徳島市
地方独立行政法人化	泉佐野市（大阪府）	泉佐野市	川崎町（福岡県）
指定管理者制度の導入	なし	—	氷見市（富山県），大村市（長崎県）
民間譲渡	山陽小野田市（山口県）	未実施	—
診療所化	鶴田町，登米市（宮城県）	鶴田町	—
医療機関以外の事業形態への移行	白老町（北海道）（一部）	白老町（一部）	—

（注）　経営形態見直し計画は予定期日を伴うかたちで変更方針を決定していた市町村を掲載。
（出所）　総務省「公立病院改革プラン策定状況等について（2009 年 3 月調査）」「地方公営企業年鑑」より筆者作成。

された「地方公営企業法の全部適用団体への移行」「地方独立行政法人化」「指定管理者制度導入」「民間譲渡」「診療所化」「医療機関以外の事業形態への移行」に分類されている。このうち，公立病院特例債発行可能団体においては，2008 年度に公立病院改革プランが策定された段階での経営形態変更予定として最も多かったのは，「地方公営企業法の全部適用団体への移行」である。この背景には，公立病院事業経営における財務行動上の自由度がより高い「全部適用団体」へ転ずることで経営効率化を進める意図があったものと理解できる。また，その究極形態が「地方独立行政法人化」であったと見られる。また，「診療所化」は入院サービスから撤退する代わりに診療サービスに特化するという重点化・効率化の考え方によるものといえる。重要なのは，地域住民に真に必要なサービスをいかに効率よく提供するかということであり，どの経営形態の変更にも一定の合理性がある。

3 公立病院特例債発行可能団体における資金不足額縮減に対する連結実質赤字比率のガバナンス効果の検証

3.1 検証仮説とその背景

　公立病院特例債の発行が住民の効用を高める観点から正当化されるとしたら，それは，起債することで異時点間の資源配分の適正化がなされる場合である。当然ながら，それはハードな予算制約のもとで成り立つ議論であり，地方財政健全化法によって導入された早期健全化基準や財政再生基準はハードな予算制約を遵守させるための仕組みでもある。

　そして，財政健全化団体に陥ることを回避するためには，連結実質赤字額や病院特別会計における資金不足額を縮減させる資金が必要であり，この資金の調達方法としては，以下の2つが考えられる。

　第1は，起債をしない場合である。資金は，料金収入など歳入の増加か歳出の削減で賄わなければならない[16]。起債による資金調達には依存しないため，財政健全化が急速に進む一方で，単年度でその財源を調達しなければならないため，歳入の増加が果たせない場合には，急激な歳出削減が必要となり，それによる公共サービスへの影響が懸念される。

　第2は，起債する場合である。公立病院特例債を起債した場合には，その調達資金で資金不足額を当面減少させることが可能となる。ただし，最長7年間の毎年の償還に対して，自力で償還財源を確保しなければならないから，7年間の猶予期間を得ると理解できる。財政健全化が遅れる懸念はあるものの，継続的な経営改善により，公共サービスへの影響をコントロールしながら，歳入増加や歳出削減による実質的な資金不足額解消に取り組める可能性がある。

　地方財政健全化法によって導入された連結実質赤字比率がガバナンス効果を効果的に発揮するうえで求められることは，①公立病院特例債を償還満了（7年）までに確実に完済させることへのコミットメント（借換えなど予算制約がソフト化する状況を生み出さないこと）と，②着実に経営改善を進めて，資金不足額を継続的に圧縮すること（償還資金を毎年捻出すること）であろう。

---

[16] 経営の見直しによって歳入の増加を図ることは当然検討されたと思われるが，短期的に大幅な改善を実現することは困難であったと考えられる。

ここで重要な意味を持つのが，償還年限が7年であり，連結実質赤字の集計対象から除外される猶予期間は，償還時には完全に失われること，毎年の定時償還額の分だけ「連結実質赤字の集計対象からの除外効果」が失われることである。言い換えると，コミットメントがなされ，予算制約がソフト化されないことが不可欠である。地方債制度上，公立病院特例債の借換えは許可されないので，発行した自治体の病院経営の改革を短期間に果たすというハードルの高い目標を自らに課し，また，実現することが必要である。起債後7年間の償還額は毎年の資金不足額拡大要因となるため，償還満了時までに起債額以上の資金不足額縮減が病院特別会計で果たされるか，他会計における実質赤字・資金不足額の改善がなければ，連結実質赤字は起債前の水準を上回ってしまう。それどころか，毎年，前年度と比べた改善額が償還額を上回る必要がある。これは，起債団体すべてに当てはまることであり，とりわけ，公立病院特例債の発行がなければ2008年度時点で財政健全化団体になっていた自治体には，猶予期間内の毎年求められる資金不足額縮減額はより大きな金額になる。

　図3-2および図3-4に示したとおり，起債した自治体でも，起債しなかった自治体でも，2011年度時点でも，2013年度時点でも，実質的な資金不足額の改善自体は進んでいる。しかし，起債した場合は，その後の改善を確実なものとするコミットメントとして機能していると考えられ，また，その後の資金不足額改善をもたらす諸要因は，公立病院特例債を起債するか否かの選択にも影響している可能性がある。

　なお，地方財政健全化法のもとでは，公営企業会計ごとに資金不足比率も算定され，20%以上の場合は，当該企業が「経営健全化団体」に指定される。これは，母体自治体における「財政健全化団体」に相当するものである。しかし，母体自治体が財政健全化団体となることは，公立病院が経営健全化団体になること以上に，その後の財政的選択に大きな制約を課されることになるため，単に病院特別会計の資金不足率を改善するだけでなく，連結実質赤字比率を下げることを優先的な目標としていると考えられる。

　そこで，以下の仮説を立て，現実のデータに基づいて，当該仮説を検証することとする。

仮説1：公立病院特例債の償還満了までに連結実質赤字を改善すべき幅が大きいほど，病院特別会計における資金不足額縮減への取組みのインセンティブは強くなり，より大きな資金不足額縮減が行われる。

仮説2：公立病院特例債の発行団体は，発行しなかった団体に比べて，病院特別会計における資金不足額解消の必要性を意識し，強いインセンティブを持って資金不足額縮減を行う。

　起債前の連結実質赤字比率が高ければ，当然，期限内に圧縮すべき資金不足額の金額も大きくなる。公立病院事業の経営改善に対する取組みが計画的かつ着実に実践されれば，資金不足額は確実に減るはずである。実現した資金不足額縮減がこうしたインセンティブに基づくものであることが示されれば，連結実質赤字比率と公立病院特例債によるガバナンス効果が有効に機能していることの検証になる。

3.2　推定モデルとデータ

3.2.1　モデルの考え方

　公立病院特例債が2008年度に発行されたため，その影響を受けない2007年度末の病院特別会計の資金不足額を基準として，起債後5年間（償還開始後4年間）が経過した2013年度末までの変化額を計測し，その変化に影響を与える要因として，上記の仮説，すなわち，インセンティブとの関係を計量的に検証する。とくに，公立病院特例債発行という「処置」がその後の病院特別会計における資金不足額改善に効果を持つ構造に関しては，処置効果モデル（treatment effect model）として捉え，これを推定する。具体的に想定するモデルは，以下のとおりである。

①プロビット・モデル：
$$z_i^* = \alpha' w_i + u_i$$
$z_i = 1$ if $z_i^* > 0$, 　　Probability$(z_i = 1) = \Phi(\alpha' w_i)$
$z_i = 0$ if $z_i^* \leq 0$, 　　Probability$(z_i = 0) = 1 - \Phi(\alpha' w_i)$

②回帰モデル：
$$y_i = \beta' x_i + \gamma x_i z_i + \delta z_i + \varepsilon_i$$

　①は公立病院特例債を発行するか否かの選択に関するプロビット・モデル，②はその後の病院特別会計における資金不足額改善に関する回帰モデルである。回帰モデルにおける y_i は病院特別会計における資金不足額縮減額である。z_i はプロビット・モデルにおける被説明変数である起債団体ダミー（公立病院特

例債を発行=1, 発行しない=0) であり, 係数 δ が通常の処置効果を表す。本章で採用するモデルでは, 他の説明変数 x_i とダミー変数 z_i の交差項も採用することで, 公立病院特例債を発行した自治体と発行しなかった自治体とでは, 変数 x_i の効果の発現の仕方が異なることを体現し, その処置効果を交差項の係数 γ で測る。ただし, ガバナンス効果を及ぼしていると考えられる連結実質赤字比率にのみダミー変数 z_i との交差項を想定する。

推定に際しては, ①の公立病院特例債を発行するか否かの選択に関するプロビット・モデル, ②の資金不足額改善に関する回帰モデルを連立させ, ①における被説明変数であるダミー変数の推定値を, ②における説明変数として用いる2段階推定を行う。

推定対象とする自治体は, 第2節で説明した「公立病院特例債発行可能団体」に該当する 64 市町村のうちのデータが利用可能な 61 市町村である[17]。

3.2.2　被説明変数

まず, 病院特別会計の資金不足額改善に関する回帰モデルにおける被説明変数としては, 第2節2.3項で定義した「病院特別会計の実質的な資金不足変化額」をもとに,「病院特別会計の実質的な資金不足変化額(標準財政規模比)」を用いる。具体的には, 次のとおりである。

- 病院特別会計の実質的な資金不足変化額(標準財政規模比)
  ＝(2013年度末病院特別会計資金不足額－2007年度末病院特別会計資金不足額
  ＋2013年度末公立病院特例債残高)÷2007年度標準財政規模×100

ここで, 公式統計上の資金不足額は正値のみ掲載されるため, 「流動負債－流動資産＋翌年度繰越財源」により, 負値を許容するかたちで算定する。負値を許容しないと, 資金不足額の縮減幅を適正に評価できないからである。

3.2.3　説明変数

説明変数のいくつかは, 回帰モデルとプロビット・モデルの両方に採用する

---

[17] データが利用できない3市町村は病院特別会計廃止という自治体の選択によるものであり, 標本からの脱落も内生変数といえる。しかし, 事例が少なく, 脱落標本と観測標本への分岐を内生化したモデルを推定することは困難なため, 観測標本に限定した推定にとどめた。

が，それぞれに固有な説明変数も採用する。

　回帰モデル固有の説明変数のうち，とくに重視するのは，連結実質赤字比率である。毎年の定時償還に見合う資金剰余を捻出しないと，償還額分だけ資金不足額が拡大し，連結実質赤字比率を押し上げる要因として働くためである。したがって，起債前の連結実質赤字比率が高かった自治体，早期健全化基準を上回っていた自治体ほど，資金不足額圧縮をめざす強い取組みを行うことが予想される。データに関しては，公式の連結実質赤字比率は正値のみ掲載されるため，正負の値を許容する「健全化判断比率・資金不足比率カード」の「連結実質収支」を利用する。

　また，自治体の経営努力が及びにくい外生的な条件や地方交付税制度を通じた財源措置も考慮し，域内の競合病院数や所得，人口，人口密度などの公立病院経営努力が及ばない要因を表す変数として採用する。これらのいくつかは，プロビット・モデルにも共通して採用する。

　具体的には，回帰モデルに関して，次の変数を用いることとする。

(1) **地方財政健全化制度によるガバナンスに関わる変数**

　地方財政健全化制度によるガバナンスに関わる変数として採用する変数は，以下のとおりである。

- 2007年度の連結実質赤字比率のうち早期健全化基準（本則）以上の部分
- 2007年度の連結実質赤字比率の早期健全化基準（本則）未満の部分
- 2007年度の連結実質赤字比率に関する早期健全化基準以上団体ダミー：1＝該当団体，0＝該当しない団体
- 公立病院特例債起債団体ダミー：1＝該当団体，0＝該当しない団体

　なお，財政健全化団体に該当するのは，健全化判断比率が早期健全化基準以上で財政再生基準未満の自治体であり，市町村に対する連結実質赤字比率の早期健全化基準は，当該団体の標準財政規模に基づいて，16.25〜20％の数値として算定される。具体的には，以下のとおりである[18]。

　標準財政規模≦50億円：　　　　20（％）

---

[18] 地方公共団体の財政の健全化に関する法律施行令の第7条と地方財政法施行令の第22条の規定に従って，計算できる。

$$50\text{ 億円} \leq 標準財政規模 \leq 200\text{ 億円}：\frac{1+10\text{ 億円}/標準財政規模}{6} \times 100\ (\%)$$

$$200\text{ 億円} \leq 標準財政規模 \leq 500\text{ 億円}：\frac{37+1000\text{ 億円}/標準財政規模}{240} \times 100\ (\%)$$

$$標準財政規模 \geq 500\text{ 億円}：\qquad 16.25\ (\%)$$

　また，2007年度決算では健全化判断比率の算定のみ行われ，財政再生団体や財政健全化団体の適用はなかったが，連結実質赤字比率が早期健全化基準以上であった自治体はすべてが公立病院特例債を起債していることから，他の自治体とは峻別する意味で，早期健全化基準以上団体ダミーを想定した。このダミー変数は単独で使用する変数ではなく，連結実質赤字比率に関する変数に乗ずることで，同じ連結実質赤字比率であっても，財政再生団体や財政健全化団体とそうではない自治体での影響の現れ方の違いを見るための変数である。

　後述のプロビット・モデルにおいて被説明変数として用いる公立病院特例債起債団体ダミーは，回帰モデルでは，実質的な資金不足額の変化に対して，起債したか否かが影響を及ぼす可能性を考慮して，その推定値を説明変数として採用する。これが処置効果（treatment effect）を表す項であり，単独で採用するだけでなく，これを「2007年度の連結実質赤字比率×(1－早期健全化基準以上団体ダミー)」に乗じたものを新たな変数として採用する。この変数に対する係数が「負」であれば，2017年度時点の連結実質赤字比率が早期健全化基準には達していなくても，公立病院特例債を発行した自治体の場合は，実質赤字比率の水準に応じて，実質的な資金不足額が縮小したことを意味する。

(2) **公立病院事業に対する財源措置に関わる変数**

　地方交付税制度を通じた公立病院事業に対する財源措置に関わる変数は，以下のとおりである。

- 2008〜13年度の公立病院事業に対する普通交付税措置額（公立病院事業収益勘定に対する2008〜13年度の交付税措置合計額の2007年度標準財政規模に対する割合）
- 2008〜13年度の地方交付税総額（地方交付税額から上記財源措置額を控除し，臨時財政対策債発行可能額を合算した額の2008〜13年度合計値の2007年度標準財政規模に対する割合）

公立病院事業の収益勘定に対する地方交付税措置額とは，「繰出基準額」を算定基礎として算出された，一般会計に対する普通交付税に算入されている金額のことである。このデータは，「地方公営企業年鑑」個票の損益計算書や総務省「病院事業決算状況・病院経営分析比較表」における「他会計からの繰入基準額（収益勘定）」として把握することが可能であり，その2008～13年度合計値の2007年度の標準財政規模に対する割合を外生変数（説明変数）として採用する。「他会計からの実繰入金（「繰入基準額」と「基準外繰入金」を合わせた繰入金の総額）」は，内生的要素を持つため，使用しない。

(3) その他の外的要因を表す変数

　その他の外的要因に関しても，考慮する必要がある。その他の外的要因に関わる変数は，以下のとおりである。

- 人口の対数値
- 人口密度の対数値
- 住民1人当たり課税所得
- 住民1万人当たり域内病院数

　このうち，人口規模および人口密度の増加は，公立病院の利用されやすさに関わる変数で，資金不足額縮減に寄与する可能性があることを考慮したものである。同様に，住民1人当たり課税所得に関しても，住民の所得水準が高ければ高額医療が選好され，資金不足額縮減に寄与する可能性がある反面，域内域外を問わず，公立病院と競合する民間病院が選好されて，公立病院利用に抑制効果を及ぼす可能性がある。また，所得水準が高い場合には，公立病院経営に関する関心が下がって，経営改善に対する母体自治体のコミットを求めなくなる側面も考えられる。住民1万人当たり域内病院数は，域内に公立病院と競合する民間病院がどれだけ存在するかを表すため，公立病院利用と資金不足額縮減の抑制要因となる可能性がある。

(4) プロビット・モデル固有の説明変数

　また，プロビット・モデルの説明変数として採用する変数は，以下のとおりである。

- 公立病院特例債発行可能額（公立病院特例債発行可能額の2007年度標準財政規模に対する割合）

- 2007年度実質公債費比率
- 2007年度実質収支比率
- 住民1万人当たり当該病院医師数
- 住民1人当たり課税所得
- 人口密度の対数値

上記のうち，上から4番目までの変数がプロビット・モデルに固有な説明変数である。たとえば，公立病院特例債発行可能額の大きさは，起債するか否かの決定には影響するが，実質的な資金不足額の改善幅とは無関係であると考えられる。発行可能額が大きい場合，起債してそのメリットを享受しようとする判断はごく自然なものである。

逆に，実質公債費比率については，集計対象となるのは一般会計の公債費と公営企業債償還費のうちの一般会計負担額であるから，公立病院特例債を起債するか否かの決定に直接は影響しないはずである。しかし，一般会計からの地方債の発行と償還に関する決定が，一般会計内の資金繰りの問題にとどまって，公立病院特例債の発行および償還と無関係に行われるとは考えにくい。一般会計における地方債発行が実質公債費比率の水準を見ながら決定されているとすれば，公立病院特例債を起債するか否かの決定にも実質公債費比率は間接的に影響を及ぼす可能性がある。それでも，公立病院経営の結果としての資金不足額縮減に実質公債費比率が影響を及ぼすことはないはずである。

また，一般会計から病院特別会計への繰出が行われる以上，実質収支比率で表される一般会計の資金繰りの状況は，病院特別会計から発行される地方債とその償還に影響を与えるはずである。表3-3で示された「実繰入額」と「繰入基準額（基準内繰入金）」の差額として把握可能な（一般会計から病院特別会計へ任意で行う）「基準外繰入金」も無視しえない規模であり，一般会計の資金繰りの状況が公立病院特例債を起債するか否かの決定に影響する可能性がある。

同様に，公立病院の医師数は，公立病院事業の経営全般と資金不足額に直結した要因であり[19]，資金不足額が生じやすい構造があるか否かは，公立病院特例債を必要とするか否かに密接に影響するはずである。

回帰モデルとプロビット・モデルの両方に説明変数としても採用するのが住

---

19) 医師数を確保するためには，健全な病院経営ができていて，資金も潤沢にあることが求められるとすれば，逆の因果関係が成り立つ可能性もある。

表 3-10 利用データの出所

データ	利用統計・資料
2007年度の連結実質赤字比率，実質公債費比率，実質収支比率，標準財政規模	総務省「健全化判断比率・資金不足比率カード」
2007年度の人口，面積，住民の課税対象所得，当該病院の医師数，域内の民間病院を含む病院総数，2008～13年度の地方交付税・臨時財政対策債発行可能額	総務省「市町村別決算状況調」「市町村税課税状況等の調」ほか
2007年度および2013年度の病院事業の流動資産，流動負債，翌年度繰越財源，再建債（特例債含む）残高，他会計からの繰入基準額（2008～13年度の各年度）	総務省「地方公営企業年鑑」個票，「病院事業決算状況・病院経営分析比較表」
2013年度における流動資産，流動負債，移行前地方債償還債務の明細，地方公共団体等からの財源措置の明細	地方独立行政法人りんくう総合医療センター，地方独立行政法人川崎町立病院等の財務諸表

民1人当たり課税所得と人口密度である。これらが起債するか否かの決定に及ぼす影響の方向性は，公立病院の資金不足額縮減に及ぼす影響と同方向である可能性と逆方向である可能性の両方がある。

　以上の変数に関するデータの出所は，表3-10にまとめた。
　また，主要変数の記述統計量は，表3-11に示すとおりである。

3.3　推定結果とその解釈

　モデルの推定結果は，表3-12に示すとおりである。
　第1段階で推定したプロビット・モデルの有意な係数は，公立病院特例債発行可能額が「正」，2007年度実質公債費比率が「正」，2007年度実質収支比率が「負」，住民1万人当たり当該病院医師数が「負」，住民1人当たり課税所得が「負」，人口密度の対数値が「正」である。
　最も解釈が容易なのは，公立病院特例債発行可能額である。発行可能額が大きければ，起債に伴うメリットが大きくなるから，起債は促進されることになる。実質収支比率に関しても，実質収支比率で測られる一般会計の資金繰りに余裕があれば，公立病院特例債を発行しなくても，一般会計から病院特別会計への「基準外繰出」によって，資金不足額を縮減できるため，係数が「負」であるのは妥当な結果である。
　実質公債費比率に関しては，公立病院特例債の元利償還金を一般会計が負担

表 3-11　主要変数の記述統計量

変数名	変数の定義	平均値	中位値	最大値	最小値	標準偏差
実質的な資金不足変化額	(2007〜13 年度の資金不足変化額＋2013 年度公立病院特例債残高)/2007 年度標準財政規模×100（%）	−9.948	−8.222	4.216	−63.23	9.924
2007 年度連結実質赤字比率のうち早期健全化基準未満の部分	2007 年度早期健全化基準以上団体ダミー×(2007 年度早期健全化基準−2007 年度連結実質赤字比率)＋2007 年度連結実質赤字比率（%）	2.033	0.655	20.00	−18.57	10.51
2007 年度連結実質赤字比率のうち早期健全化基準以上の部分	2007 年度早期健全化基準以上団体ダミー×(2007 年度連結実質赤字比率−2007 年度早期健全化基準)（%）	1.835	0.000	48.76	0.000	7.249
2007 年度連結実質赤字比率	2007 年度連結実質赤字比率（%）	3.867	0.655	68.76	−18.57	15.05
2008〜13 年度地方交付税総額	2008〜13 年度の地方交付税総額から下記財源措置額を控除し, 臨時財政対策債発行可能額を合算した額の合計値/2007 年度標準財政規模×100（%）	356.7	386.4	583.9	29.54	146.01
2008〜13 年度の公立病院事業に対する交付税措置額	2008〜13 年度の病院事業収益勘定に対する国の交付税措置額合計値/2007 年度標準財政規模×100（%）	22.13	20.75	63.12	2.781	12.469
人口の対数値	人口（人）の対数値	10.77	10.94	13.04	8.706	1.089
人口密度の対数値	人口密度（人/km^2）の対数値	5.535	5.483	8.703	2.095	1.587
住民 1 人当たり課税所得	課税所得総額/人口（万円）	108.5	105.0	191.8	60.59	25.48
住民 1 万人当たり域内病院数	域内病院数/人口×10000	0.923	0.865	2.004	0.191	0.460
住民 1 万人当たり当該病院医師数	当該病院の医師数/人口×10000	4.250	3.550	12.100	0.219	2.620
公立病院特例債発行可能額	公立病院特例債発行可能額/2007 年度標準財政規模×100（%）	7.396	5.782	25.388	0.000	5.935
2007 年度実質公債費比率	2007 年度実質公債費比率（%）	16.08	16.30	27.50	5.400	4.927
2007 年度実質収支比率	2007 年度実質収支比率（%）	2.121	2.000	9.900	−7.700	2.612

（注）　早期健全化基準は連結実質赤字比率に関する早期健全化基準を指す。

するのでなければ，この指標は公立病院特例債とは直接の関係を持たない。しかし，実質公債費比率が高ければ，一般会計から発行する地方債の金額を極力抑制する必要があり，それに伴う影響を考慮しなければならない。この場合にとりうる方法としては，公共事業の実施のための資金として，建設地方債を制度上の起債充当率の上限まで発行するのではなく，一般財源を多めに充当する

表 3-12　推定結果

説明変数	回帰モデル 実質的な資金不足変化額（標準財政規模比）		プロビット・モデル 公立病院特例債起債団体ダミー	
	推定係数	標準誤差	推定係数	標準誤差
定数項	20.086	19.611	4.719	2.573*
2007年度連結実質赤字比率のうち早期健全化基準未満の部分	0.155	0.163		
2007年度連結実質赤字比率のうち早期健全化基準以上の部分	−0.830	0.144***		
2007年度連結実質赤字比率×（1−早期健全化基準以上団体ダミー）×公立病院特例債起債団体ダミー推定値	−0.365	0.207*		
公立病院特例債起債団体ダミー推定値	−6.921	3.584*		
2008〜13年度地方交付税総額合計値（標準財政規模比）	−0.025	0.013**		
2008〜13年度の公立病院事業に対する交付税措置額合計（標準財政規模比）	−0.271	0.088***		
人口の対数値	1.130	1.287		
住民1万人当たり域内病院数	−2.208	2.115		
住民1人当たり課税所得	−0.124	0.072*	−0.075	0.025***
人口密度の対数値	−0.932	0.962	1.049	0.421**
住民1万人当たり当該病院医師数			−0.331	0.147**
公立病院特例債発行可能額（標準財政規模比）			0.259	0.105**
2007年度実質公債費比率			0.279	0.149*
2007年度実質収支比率			−0.112	0.068*
修正済決定係数	0.635		—	
McFaddenの決定係数	—		0.501	
対数尤度	−189.8		−16.40	
標本総数	61		61	
被説明変数が0の標本数	—		14	
被説明変数が1の標本数	—		47	

　（注）　＊＊＊は1％水準，＊＊は5％水準，＊は10％水準で有意であることを示す。

方法が考えられ，そのためには，一般会計から他会計へ任意で繰り入れる基準外繰入金を抑制する必要がある。他方，公立病院特例債を起債すれば，見かけ上の資金不足額はいったん大幅に縮減されるため，一般会計からの基準外繰入金に依存しなくてもすむ。実質公債費比率が高いほど，公立病院特例債発行確

率が高まる関係が観察されたのは，このような背景によるものと考えられる。

　住民1万人当たり当該病院の医師数の係数が「負」である理由は，この値が低ければ，今後も経営悪化や資金不足額拡大が起きやすく，公立病院特例債の利用が促進されるが，この値が高ければ，公立病院特例債を利用しなくても，資金不足額圧縮ができるという判断につながりやすいからである。

　同様に，住民1人当たり課税所得の係数が「負」である理由は，回帰モデルにおいても係数が「負」であることを含めて考えると，住民の所得水準が高ければ自治体が経営する公立病院の財政状況に対する関心が低くなり，自治体による公立病院の経営改革に対するコミットメントを求めなくなり，結果として，公立病院特例債発行に抑制効果を及ぼしたと解釈できる。

　人口密度の係数が「正」である理由に関しては，人口密度が高い方が交付税措置額は小さくなると考えられ，その分，自律的に資金不足額を改善する必要があり，資金不足額縮減を確実なものにするために，公立病院特例債の利用につながったと考えることができる。

　第2段階で推定した回帰モデルにおける有意な変数は，公立病院特例債起債団体ダミー推定値，これと2007年度連結実質赤字比率および「1－早期健全化基準以上団体ダミー」との積，2007年度連結実質赤字比率のうち早期健全化基準以上の部分，2008〜13年度の公立病院事業に対する国の財源措置額，2008〜13年度地方交付税総額，住民1人当たり課税所得である。

　これらのうち「2007年度連結実質赤字比率のうち早期健全化基準以上の部分」の推定係数は「負」であり，2007年度時点でこれが大きい団体ほど，その後の資金不足額圧縮が進んだことを示している。つまり，連結実質赤字比率によって財政健全化団体になることを回避することが，結果的に病院特別会計の資金不足額の縮減を実現する大きな力となったことを裏づけるものであり，仮説1が成り立つ。従前の制度には存在しなかった連結実質赤字比率とその早期健全化基準が公立病院事業の経営健全化を促したという意味で地方財政健全化法のガバナンス効果が現れているといえる。

　処置効果を表す公立病院特例債起債団体ダミー推定値の係数は－6.921であるから，起債団体の方が標準財政規模6.921％ポイント多く実質的な資金不足額が減少していることを示している。より重要なのは，交差項である「2007年度連結実質赤字比率×(1－早期健全化基準以上団体ダミー)×公立病院特例債起債団体ダミー推定値」の係数が「負」に計測されていることである。この

変数は，起債団体において，その後の資金不足額圧縮に与えた効果を見るために採用したものであり，2007年度に連結実質赤字比率が早期健全化基準以上であった団体はすべて起債団体であったため，対象を早期健全化基準に達していなかった団体に限定したものである。したがって，起債しなかった団体も含めた「2007年度連結実質赤字比率の早期健全化基準未満の部分」は影響力を持たないが，起債団体に限れば，病院特別会計における実質的な資金不足額の圧縮に貢献しており，仮説2の成立を裏づけるものであるといえよう[20]。

また，公立病院事業経営にとっての外生的条件を表す変数のうち財源措置に関する変数については，2008～13年度の公立病院事業に対する国の交付税措置額の係数が－0.271，同期間の地方交付税総額の係数が－0.025である。同じ財源措置であっても，公立病院事業に対する交付税措置額（「繰入基準額」）の係数の絶対値の方が大きいのは妥当な結果である。地方交付税総額も説明力を持つことから，公立病院事業に対する措置以外の部分が公立病院事業への「基準外繰入」を行う際の財源として使われていることを示唆している。

他の変数に関しては，住民1人当たり課税所得の係数が「負」であり，住民の所得水準が高い方が，資金不足額縮減に抑制的に作用したことを示している。すなわち，「域内域外を問わず，公立病院と競合する民間病院が選好されて，公立病院利用が抑制される」方のメカニズムが働いたものと考えられる。

人口の対数値，人口密度の対数値，住民1万人当たり域内病院数などの変数が有意ではない理由は，これらの状況を反映して，地方交付税制度を通じた財源措置額が算定されているため，財源措置額を表す変数に反映されているものと考えられる。

まとめ

本章では，地方財政健全化法施行に伴う連結実質赤字比率の導入に際して，激変緩和措置として早期健全化基準本則の一時的緩和に加え，連結実質赤字の主因でもある公立病院事業に対して時限的に許可された公立病院特例債に着目した。そして，その発行団体における病院特別会計の資金不足額縮減と，連結

---

20) ただし，起債団体には連結実質赤字がマイナス（連結実質収支が黒字）の団体も含まれているため，赤字の場合にはそれを解消する方向で資金不足額縮減を加速させる一方，黒字で資金繰りに余裕があると，むしろ資金不足額縮減を減速させたことになる。

実質赤字改善に対する連結実質赤字比率のガバナンス効果を検証した。公立病院事業における早期の経営改善を促した重要な点は，公立病院特例債の償還年限が 7 年であり，連結実質赤字の集計対象から除外される効果は毎年の定時償還とともに失われ，償還満了時には完全に消失することである。その意味において，改革の期限とペースがコミットされていたと評価することができる。このガバナンス効果の検証に際しては，公立病院特例債発行によって病院特別会計の見かけ上の資金不足額が減る効果も考慮したうえで，2007 年度末から 2013 年度末にかけての病院特別会計における資金不足額の真の変化額（実質的な改善幅）を算定し，その標準財政規模に対する割合を被説明変数とするモデル（処置効果モデル）を推定した。

その結果，2007 年時点の連結実質赤字比率のうち早期健全化基準を超える部分の係数が有意に負に計測され，財政再生団体や財政健全化団体となることを回避するために連結実質赤字を改善すべき幅が大きいほど，病院特別会計における現実の資金不足額縮減幅も大きいことが確認された。連結実質赤字比率のうち早期健全化基準未満の部分は，全体としては影響力を持たないが，起債団体に限れば，赤字の場合に病院特別会計における資金不足額圧縮を加速させているという意味で処置効果が裏づけられた。

これらの結果からは，7 年で償還が満了する公立病院特例債の起債が，償還時までの連結実質赤字改善目標値を掲げ，それを域内外の住民に知らしめる効果を伴うという意味において，公立病院経営，広くは財政運営における改革期限のコミットメント・ツールとして機能していたと解釈することができる。

以上のとおり，病院特別会計におけるこれまでの資金不足額縮減は，主として，自治体が自らの努力で実現したものである。それを後押しした地方財政健全化法のポイントを整理すれば，第 1 に，連結実質赤字比率の導入に伴い，会計間取引によって特定の会計を見かけ上改善させることの意味が失われたことをあげることができる。第 2 に，連結実質赤字比率が早期健全化基準を上回れば，その後の財政的選択が大きく制約されることをあげることができる。いずれも，地方財政健全化法のガバナンス効果を支える基本的な仕組みである。公立病院特例債に関しては，起債によって連結実質赤字比率を押し下げる効果を 7 年間という時限的なものにとどめたことが，重要である。

以上から，公立病院特例債は，病院特別会計における資金不足額解消の改革期限に対する自治体のコミットメントを引き出す一方，連結実質赤字比率が経

営改革のインセンティブを自治体に与え，期限内に着実な資金不足額縮減を促すガバナンス効果を発揮していることが確認された。その意味では，公立病院特例債の意義は大きかったといえよう。

付論　健全化判断比率相互の関係
——トレードオフは回避できるのか？

　地方財政健全化法によって定められている4種類の健全化判断比率のうち，連結実質赤字比率と将来負担比率の2つは新規に導入された指標である（詳細は，第1章の補章を参照）。連結実質赤字比率は一般会計を中心にして算定される実質赤字比率の概念を全会計ベースに拡張した指標であり，将来負担比率は実質公債費比率の分子を構成するフローの項目をすべてストック概念に変換した後，設立法人等の負債額等のうち一般会計等負担見込額や職員の退職手当支給予定額のうち一般会計等負担見込額など独自の項目を加えることで算定される指標である。

　本付論では，決算見込み段階で一般会計における実質収支の悪化や赤字が確実視されるときに実質収支の変化をそのまま決算に反映させるケースと，補正予算を編成して財政調整基金の取崩しによって決算時の赤字を回避したり，縮減したりするケースとの比較，逆に，収支の改善や黒字が確実視されるときに実質収支の変化をそのまま決算に反映させるケースと，財政調整基金の積増しを行ったり，繰上償還を行ったりした後に決算を迎えるケースとの比較を通じて，決算剰余金処理の違いが4種類の健全化判断比率に与える効果の違いについて検討する。

1　健全化判断比率相互の補完性と競合性

　実質赤字比率が全会計の中心にある一般会計とそれに準ずる会計に焦点を当てることで，自治体本体の資金繰りが逼迫していないかチェックする一方，公営企業も含めた広義の自治体としての資金繰りの状況は連結実質赤字比率がカバーしている。このような役割分担はあるものの，ともに資金繰りを測る指標であることは共通しており，他の条件が変わらなければ，実質収支が改善すれば，連結実質収支も必ず改善する。

　同様に，実質公債費比率はフローの観点から負担を評価する，あるいは，現在の負担に重きを置くのに対して，将来負担比率はストックの観点から負担を評価する，あるいは，将来の負担に重きを置くというように，相互補完する関係にあり，債務負担の重さを測ることは共通している。捉えるべきリスクの対象が同一ではない以上，算定された値が完全に連動することはありえないが，実質公債費比率を改善させる方策は，通常，将来負担比率を改善させる方策になる。

　それでは，実質赤字比率と連結実質赤字比率を改善させる方策によって，実質公債費

比率と将来負担比率を改善することになるのであろうか，それとも悪化することになるのであろうか。議論を進めやすくするため，赤字の場合にしか定義されない実質赤字比率ではなく，正の値も負の値もありうる実質収支比率と実質公債費比率との関係を最初に考えてみよう。

結論からいえば，実質収支比率と実質公債費比率の間には，強いトレードオフ関係が存在する。一般会計（普通会計）においては，歳入が歳出を上回れば，その差額が最終的な形式収支となって，翌年度にそのまま繰り越されるか（翌年度の歳入項目である「繰越金」として扱われるか），剰余金としての処分が行われるかのいずれかである。そして，剰余金処分の具体的な方法は，剰余金が見込まれる段階で補正予算が組まれて，財政調整基金の積増しに充てられるか，繰上償還に充てられるかのいずれかである[21]。

定義式から考える限り，形式収支，財政調整基金積増し，繰上償還の3者は，完全に競合する。しかも，その形式収支から翌年度の繰越財源を除外した概念が実質収支なのである。つまり，実質収支，財政調整基金積増し，繰上償還の3者も完全に競合する。

4種類の健全化判断比率もこのような競合関係の影響を受けている。逆にいえば，一般会計の決算見込額が判明した段階で補正予算を編成し，財政調整基金の取崩しによって実質赤字や連結実質赤字を回避したり，繰上償還によって実質公債費比率や将来負担比率の引下げを行ったりすることが図られているはずである。そのときには，健全化判断比率相互のトレードオフ関係も考慮に入れたうえで，適切な決算対応，とくに決算剰余金の処理が行われていることになる。

2　実質収支悪化が確実視される状況での対応——財政調整基金取崩しの効果

まず，実質赤字や連結実質赤字を回避する目的で補正予算を編成したうえで基金の取崩しを行うケースを想定し，算定される健全化判断比率への影響について，補正予算を編成せずに取崩しを行わないケースと比較してみよう。これは，自然体の歳入見込額のもとでは自然体の歳出額を賄えきれず，そのまま決算を迎えれば，確実に実質赤字や連結実質赤字が計上されることが決算見込段階で判明しているというような状況下で，補正予算での対応をする選択とまったく対応しない選択とを比較することでもある[22]。

補正予算を編成して財政調整基金の取崩しを行った場合の4種類の健全化判断比率への効果について，補正予算を編成せずに自然体の決算を迎えた場合との比較結果をまとめたものが，表3-13である。効果は，自然体の決算を迎えた場合に，一般会計におい

---

21)　地方財政法第7条によって，剰余金の2分の1以上を基金積増しか繰上償還に充てるべきことが定められている。

22)　ただし，財政調整基金の取崩しの目的は，実質赤字を避けることと仮定し，取崩し額を繰上償還に充当することで実質公債費比率を引き下げる状況は排除する。実質収支と連結実質収支への効果に限れば，自然体の歳出ではなく，歳出を大幅に増やすために基金の取崩しを行うことも，赤字回避のための基金取崩しを行った場合と異ならないが，この状況も想定しない。

第3章　連結実質赤字比率のガバナンス効果　153

表3-13　財政調整基金取崩しの効果（基金取崩しをしない場合との比較）

想定	財政調整基金の取崩しをしないで決算を迎えた場合の状況	実質収支が赤字	実質収支が赤字	実質収支が黒字	実質収支が黒字
		連結実質収支が赤字	連結実質収支が黒字	連結実質収支が赤字	連結実質収支が黒字
健全化判断比率への効果（基金取崩しをしない場合との比較）	実質赤字比率	改善	改善	影響なし	影響なし
	連結実質赤字比率	改善	影響なし	改善	影響なし
	実質公債費比率	中立的	中立的	中立的	中立的
	将来負担比率	中立的	悪化	中立的	悪化

(注)　1. 財政調整基金の取崩しをしない場合とは、補正予算を組まずに一般会計の収支悪化をそのまま決算に反映させた場合を表す。
　　　2. 基金取崩しをしない場合の連結実質収支が黒字のとき、「基金積増し額≦当該黒字額」を仮定。
　　　3. 基金取崩しをしない場合の実質収支が黒字のとき、「基金積増し額≦当該黒字額」を仮定。
　　　4. 「影響なし」は「健全化判断比率が算定されない状況」が変わらないことを表す。
　　　5. 「中立的」は基金取崩しした場合としない場合で算定値に差がないことを表す。

て実質赤字が計上されるのか否か、また、連結実質赤字が計上されるのか否かによって、4種類の健全化判断比率への効果の現れ方は異なるため、これらの実質収支と連結実質収支の状況に応じて想定した4ケースに分けて、比較を行っている。

　財政調整基金取崩しは、しなかった場合と比べて、必ず歳入総額を増やすことになるため、実質収支と連結実質収支に対して、必ず、改善方向・黒字増大方向へと作用する。実質赤字や連結実質赤字があれば、これらを必ず縮小させる（表3-13において「改善」と表示された欄を参照）。しかし、収支が黒字の場合は、実質赤字比率と連結実質赤字比率は定義されないため、黒字額が増えても、定義されない状況に変化は生じない（表3-13において「影響なし」と表示された欄を参照）。

　一方、財政調整基金取崩しは実質公債費比率にまったく影響しない。正確にいえば、補正予算を編成したうえで財政調整基金の取崩しをした場合と、補正予算を組まずにそのまま決算を迎えた場合とを比較しても、実質公債費比率に違いは生じない（表3-13において「中立的」と表示された実質公債費比率の行を参照）。

　影響が複雑なのは、将来負担比率である。財政調整基金の積立残高は将来負担比率の分子において、減算項目として計上されている。したがって、基金の取崩しを行って、歳出に用いた場合には、将来負担比率は悪化する。しかし、想定しているのは、実質赤字比率や連結実質赤字比率を回避したり、改善させたりする目的で、財政調整基金が取り崩された状況である。影響をケースごとに見ていけば、次のとおりである。

　実質収支と連結実質収支がともに黒字の場合は、将来負担比率は悪化する（表3-13において「悪化」と表示された欄を参照）。実質収支のみが赤字で連結実質収支が黒字の場合も同様である。

　しかし、連結実質赤字が存在する場合には、将来負担比率は変化しない（表3-13に

おいて「中立的」と表示された欄を参照)。将来負担比率の分子において，減算項目である充当可能基金残高に含まれる財政調整基金残高が縮小する一方，加算項目である連結実質赤字の縮小も起こり，両者が同額で完全に相殺されるためである。これは，実質収支と連結実質収支がともに赤字の場合と，実質収支が黒字で連結実質収支のみが赤字の場合とに共通する。

3 実質収支改善が確実視される状況での対応 (1)——財政調整基金積増しの効果

今度は，決算見込段階で一般会計における実質収支の大幅な改善，もしくは大幅な黒字が確実視される状況を考えてみよう。自治体は，地方財政法の定めに従って，財政調整基金の積増しか繰上償還をするために補正予算を編成し，自然体のままで決算を迎えることで巨額の実質黒字が生じることを避けるはずである。実質公債費比率が高い自治体の場合は，実質公債費比率に対する影響力を持たない財政調整基金の積増しではなく，繰上償還を選択するはずである。

一方，実質公債費比率が低く，実質黒字自体もすでに高水準にある自治体の場合は，財政調整基金の積増しを選択するはずである。そのときの4種類の健全化判断比率への効果は，当然ながら，基金取崩しの場合の効果とちょうど正反対となる。表3-13を逆に読み替えられたい。

4 実質収支改善が確実視される状況での対応(2)——繰上償還の効果

次に，補正予算を編成して，期待される黒字相当額の一部を繰上償還の原資に充てるケースを考えてみよう[23]。すなわち，想定する繰上償還原資は，1年間の財政運営の結果として生ずる単年度収支の黒字，もしくは前年度以前からの繰越額を含む実質収支の黒字である。

補正予算を編成せずに決算を迎える場合と比べれば，繰上償還によって，実質公債費比率を低下させることができる。将来負担比率に関しては，ケースによって異なる。一般に，高金利時に発行された地方債を繰上償還して，低金利下で同額の借換債を発行するような方法が想像されがちであるが，ここでは，償還額が借換債発行額を上回る「ネットの繰上償還額」を想定している。ちなみに，繰上償還額と借換債発行額が同額の場合，実質公債費比率を引き下げることはできるが[24]，将来負担比率を引き下げることは

---

[23] 本付論の関心は，一般会計における実質収支の改善や悪化が見込まれるときの対応(決算剰余金処理)とその効果にあり，さまざまな状況下での繰上償還の効果に関心があるわけではないため，繰上償還の原資として，財政調整基金や定時償還方式地方債のための減債基金を取り崩すことは想定しない。

[24] 現行金利のもとで繰上償還対象地方債の残存期間に等しい償還年限の借換債を発行した場合の元利金の割引現在価値と，繰上償還しなかった場合の元利金を発行時の金利で現在価値に割引いた額との差額を超える補償金を繰上償還の対価として求められるケースは除く。

第3章　連結実質赤字比率のガバナンス効果

表 3-14　繰上償還の効果（繰上償還しない場合との比較）

想定	繰上償還をしないで決算を迎えた場合の状況	実質収支が赤字	実質収支が赤字	実質収支が黒字	実質収支が黒字
		連結実質収支が赤字	連結実質収支が黒字	連結実質収支が赤字	連結実質収支が黒字
健全化判断比率への効果（繰上償還しない場合との比較）	実質赤字比率	悪化	悪化	影響なし	影響なし
	連結実質赤字比率	悪化	影響なし	悪化	影響なし
	実質公債費比率	改善	改善	改善	改善
	将来負担比率	中立的	改善	中立的	改善

(注)　1. 繰上償還しない場合とは，補正予算を組まずに一般会計の収支改善をそのまま決算に反映させた場合を表す。
　　　2. 繰上償還しない場合の連結実質収支が黒字のとき，「繰上償還額≦黒字額」を仮定。
　　　3. 繰上償還しない場合の実質収支が黒字のとき，「繰上償還額≦黒字額」を仮定。
　　　4. 「影響なし」は「健全化判断比率が算定されない状況」が変わらないことを表す。
　　　5. 「中立的」は繰上償還をした場合としない場合で算定値に差がないことを表す。

できない。将来負担比率を低下させるためには，少なくとも，地方債残高の減少を伴うこと，すなわち，償還額が借換債発行額を上回ることが必要である。本付論では，とくに断りがない場合は，両者の差額部分である「ネットの繰上償還額」を単に「繰上償還額」と表記する。

　4種類の健全化判断比率に対する繰上償還の効果を，補正予算を編成せずに決算を迎えるケースとの比較を通じてまとめたものが，表3-14である。

　繰上償還を行った（補正予算を編成した）ケースは，繰上償還を行わなかった（補正予算を編成しなかった）ケースと比べて，実質収支や連結実質収支を悪化させる要因となることは避けられない。それは，実質収支が赤字であるか，黒字であるかを問わない。逆に，実質赤字がある場合に，それを改善する目的で単年度収支の黒字を増やすことを優先させれば，補正予算のもとで繰上償還を行うことはできなくなって，実質公債費比率と将来負担比率を改善させることもできなくなる。

　補正予算を編成せずにそのまま決算を迎えた場合に実質収支と連結実質収支のいずれかが赤字の場合に，あえて繰上償還を行えば，その赤字幅は拡大することになる（表3-14において「悪化」と表示された欄を参照）。また，補正予算を編成せずにそのまま決算を迎えた場合の実質収支や連結実質収支が黒字であるならば，補正予算を編成して繰上償還を行うときの繰上償還額が当該黒字額を上回らない限り，健全化判断比率としての実質赤字比率や連結実質赤字比率が算定されない状況に変わりはない（表3-14において「影響なし」と表示された欄を参照）。

　一方，実質公債費比率は，繰上償還が行われれば，改善する（表3-14において「改善」と表示されている実質公債費比率の行を参照）。

　状況によって効果が異なるのは，将来負担比率である。補正予算を編成せずにそのま

ま決算を迎えた場合に連結実質赤字額が計上される状況下では，繰上償還が行われても，将来負担比率は改善も悪化もしない（表3-14において「中立的」と表示された欄を参照）。将来負担比率の分子には連結実質赤字が計上され，一般会計等地方債残高の減額分に等しい連結実質赤字額の増加額によって，両者は相殺されるからである。

補正予算を編成せずにそのまま決算を迎えた場合に連結実質赤字額が計上されない状況下では，繰上償還によって将来負担比率は改善する（表3-14において「改善」と表示された欄を参照）。

もし，将来負担比率に計上されるのが連結実質収支であれば（連結実質黒字の場合にそれが減算されるのであれば），繰上償還が将来負担比率に与える効果は常にゼロである。しかし，連結実質収支が赤字のときだけ，その符号を反転させて将来負担比率の分子に加算される一方，黒字の場合には集計対象とはしない（減算はしない）仕組みが採用されている。

そのため，自然体の決算を迎えた場合に連結実質赤字がなければ，繰上償還によって，実質公債費比率と将来負担比率の両方を改善させることができるが，連結実質赤字があれば，実質公債費比率しか改善させることはできない。さらに，連結実質赤字がない場合については，繰上償還によって，実質収支や連結実質収支が赤字化することのないように注意さえすれば，健全化判断比率としての実質赤字比率や連結実質赤字比率の悪化は起きない。実質赤字比率も連結実質赤字比率も赤字のときのみ算定される指標であって，黒字額の変化（縮小）は問われないからである。

以上のように，健全化判断比率相互の間にトレードオフ関係が生じたり，生じなかったりする理由は，第1に，実質赤字比率と連結実質赤字比率は収支が赤字のときだけ定義される指標であること，第2に，その連結実質赤字が将来負担比率に算入されていること，である。

このような複雑さが問題視されないのは，現在では，実質赤字や連結実質赤字が存在する自治体はほとんどないからであろう。

第4章

将来負担比率のガバナンス効果

土地開発公社問題の解決を促すことはできるのか？

本章のねらい

- 将来負担比率と実質公債費比率の差異と共通点について解説し，それらが持つ意味を踏まえたうえで，将来負担比率が自治体に財政健全化を促すガバナンス効果を2つの側面から検討する。
- 将来負担比率と実質公債費比率が一般会計等地方債残高の繰上償還を促すガバナンス効果についての実証分析結果を紹介する。
- 土地開発公社の債務に対する自治体の債務保証・損失補償の一部が将来負担比率に算入される仕組みとその意義について解説する。
- 自治体による設立法人としての土地開発公社の重要性とその特殊性を解説するとともに，これまでの清算・解散の実態を明らかにする。
- 土地開発公社の改革が母体自治体の財政健全化と一体のものであることに着目し，清算・改革を促す将来負担比率のガバナンス効果を実証的に明らかにする。

はじめに

　将来負担比率には，次の2つの側面がある。第1の側面は，実質公債費比率の分子を構成する項目すべてについて，それらのストック概念に相当する項目を集計対象とすることである。また，第2の側面は，地方公社や第三セクター法人に対する債務保証・損失補償に由来する一般会計等の負担見込額など他の3種類の健全化判断比率がカバーできない要素を集計対象とすることである。前者は一般会計の地方債を中心とした確定債務に，後者は主として外郭団体に由来する未確定債務に対応するものである。また，2つの側面の違いは，将来負担比率が自治体に財政健全化を促すガバナンス効果の違いにも現れている。第1の側面に関するガバナンス効果は実質公債費比率を補完する役割であるの

に対して，第2の側面に関するガバナンス効果は，他の健全化判断比率が果たしえない将来負担比率だけの役割であるということができる。

将来負担比率が持つガバナンス効果に関する実証研究事例は少ないものの，石川・赤井（2015a）および石川・赤井（2015b）がある。石川・赤井（2015a）においては，第1の側面に関するガバナンス効果を分析対象とし，一般会計等地方債残高の縮減に即効性のある方策として「ネットの繰上償還」に着目し，自治体は将来負担比率の水準が高い場合にそれを改善させるべく「ネットの繰上償還」を積極的に行うことを明らかにしている。また，石川・赤井（2015b）においては，第2の側面に関するガバナンス効果を分析対象とし，土地開発公社の清算・解散を母体自治体の財政健全化という文脈で捉え，土地開発公社清算のための「第三セクター等改革推進債」に焦点を当てて，将来負担比率が高いほど第三セクター等改革推進債の発行確率が高まるという計量分析結果を得ている。

自治体の自発的な財政健全化行動を地方財政健全化法によって定められた4種類の健全化判断比率との関係において網羅的に分析・検討するという本書全体の意図に従って，本章では，将来負担比率のみが持つ効果，すなわち第2の側面に関するガバナンス効果を掘り下げて分析する。具体的には，石川・赤井（2015b）の枠組みを拡張して，土地開発公社を存続させて経営改革を行うのか，土地開発公社を清算・解散するのか，解散する場合には第三セクター等改革推進債を利用するのか否かという選択行動を分析対象に据え，将来負担比率や実質赤字比率がどのように関わっているのかを解明する。計量分析に際しては，入れ子型ロジット・モデル（nested logit model）を推定する。

本章の構成は次のとおりである。

第1節では，将来負担比率と実質公債費比率の関係，両者を構成する項目から読み取れる情報，およびそのガバナンス効果について説明する。第2節では，自治体本体による債務保証が将来負担比率に大きな影響を与える土地開発公社の重要性・特殊性，これまでの清算・解散の実態について説明する。第3節では，土地開発公社の清算・解散を含む問題解決の選択行動に関する計量分析の枠組みを示した後，入れ子型ロジット・モデルを推定し，結果の解釈を行う。最後に，本章の内容をまとめる。

1 将来負担比率から何を読み取れるのか？

1.1 将来負担比率と実質公債費比率の関係から読み取れる財政構造

　第 1 章の補章における表 1-16（61 頁）に示した将来負担比率と実質公債費比率の定義式の細目から明らかなとおり，将来負担比率の基本的な性格は，実質公債費比率のストック指標であるといえる。それぞれの分母には，共通の「標準財政規模－算入公債費」が採用されているうえ，実質公債費比率の分子における加算項目と減算項目を構成する各項目のストック概念に相当する項目は，すべて将来負担比率の分子における加算項目と減算項目に含まれているからである。

　したがって，将来負担比率のみに採用されている独自項目（表 1-16 における $B_5 \sim B_{10}$ と F）の値がゼロの場合には，将来負担比率全体の値を実質公債費比率全体の値で除せば，基本的には，「一般会計等地方債残高」の償還満了までの実効的な平均残存年数が得られる[1]こととなる。市町村の場合，この実効的な平均残存年数は，標準的な自治体が定時償還方式で地方債を発行する際の平均的な償還年数の 2 分の 1 程度となるはずである。

　たとえば，据置期間なしの償還年限 t 年の定時償還（元金均等償還）方式地方債を毎年定額発行し続けた場合，定常状態（毎年の発行額，償還額，残高のすべてがそれぞれ一定水準に保たれる状態）における総残高は毎年の発行額の $(t+1)/2$ 倍，毎年の元金償還総額は毎年の発行額に等しくなるため，総残高を元金償還総額で除すことで得られる平均残存年数は $(t+1)/2$ 年となる。より正確な実効残存年数は $(2\sum_{i=1}^{t} i^2)/[t(t+1)]$ である。後述のとおり，このような元金償還額と総残高の関係は，実質公債費比率の早期健全化基準と将来負担比率の早期健全化基準の関係を考える際にきわめて重要な意味を持つ。

　一方，償還年限 t 年の満期一括償還方式の地方債を毎年定額発行し続けた場合は，定常状態のグロスの地方債総残高は発行額の t 倍となるが，毎年発行額の $1/t$ ずつ減債基金に積み立てていけば元金均等償還による定時償還方式と実態的には同じであり，減債基金積立残高は毎年の発行額の $(t-1)/2$ 倍，グロ

　1）　正確には，「実質公債費比率に算入される元利償還金のうちの元金部分」で除した場合である。

スの地方債総残高から減債基金積立残高を控除したネットの地方債総残高は毎年の発行額の $(t+1)/2$ 倍となる。実質公債費比率算定上の元金償還額には，現実の償還年数，および（普通会計決算上は元金償還額として扱われる）現実の積立額にかかわりなく，発行残高の30分の1が計上されるため，グロスの総残高を実質公債費比率算定上の元金償還額で除すことで得られる値は30（年），将来負担比率の分子に計上されるネットの総残高を元金償還額で除すことで得られる値は $15(t+1)/t$ 年となる[2]。真の実効残存年数は $(t+1)/2$ 年である。

実際には，独自項目（$B_5 \sim B_{10}$ と F）の値はゼロではなく，また，償還満了までの平均残存年数も自治体によって異なることから，「実質公債費比率に対する将来負担比率の倍率」は幅を持った数値となっている。こうした**実質公債費比率と将来負担比率の関係**については，以下のようにまとめられる。なお，章末の「付論1 実質公債費比率と将来負担比率の関係」において，定義式に基づいて解析的な分析を行っており，ここでは主要な分析結果のみを記すこととする。

第1に，償還満了までの平均残存年数，元利償還金に係る交付税措置（地方交付税算定過程における基準財政需要額に算入されることによって償還費の一部が地方交付税増額というかたちで補塡されること）の平均残存年数，特定財源を充当できる平均残存年数がすべて同じであって，充当可能基金残高と設立法人等に対する債務保証・損失補償等に由来する一般会計等負担見込額の差が無視できるほどに小さければ，「実質公債費比率に対する将来負担比率の倍率」は，元利償還金に係る交付税措置の残存年数にほぼ等しくなる。

第2に，「起債時点での償還年限」（表1-16における $B_1/(A_1+A_2)$ に相当）を，外生的に決まる「元利償還金に係る交付税措置年数」（H/D に相当）と比べて著しく長い年数に設定していたり，「特定財源を現在のレベルで充当し続けられる年数」（G/C に相当）と比べて著しく長い年数に設定していたり，「設立法人等の負債額等のうち一般会計等負担見込額（設立法人等に対する債務保証・損失補償等に由来する一般会計等負担見込額）」（B_6）が「充当可能基金額」（F）に比して

---

[2] 現実の償還年数にかかわらず，実質公債費比率算定上の「年度割相当額」（発行額の30分の1）に等しい減債基金への積立を毎年行って，満期が到来した銘柄に対しては減債基金から t 年間の積立分を取り崩す一方，残額を一般財源から賄うこととする場合は，減債基金残高は毎年の発行額の $t(t-1)/60$ 倍，ネットの地方債総残高は毎年の発行額の $t(61-t)/60$ 倍，ネットの総残高を実質公債費比率算定上の元金償還額で除した値は $(61-t)/2$ 年となる。

著しく大きかったりするなど，債務返済や負担に対する自治体のこれまでの選択結果次第では，「実質公債費比率に対する将来負担比率の倍率」は，「元利償還金に係る交付税措置年数」（H/D に相当）よりも大きな数値となる。

　地方債発行時の償還年限は，今後の歳入，歳出，金利の見通しに基づいて選択されるはずであるが，仮に，今後も現在の歳入，歳出（必要な歳出），金利水準が続くことが見込まれているとしよう。このとき，従来は地方交付税として交付されていた額の一部が臨時財政対策債発行可能額の割当へと実質的に振り替わったとすれば，歳入・歳出に変化が生ずるのは，後年度である。償還満了まで，臨時財政対策債の償還費分だけ，従前よりも毎年の歳出額が押し上げられるが，元利償還金の全額が地方交付税算定過程で基準財政需要額に算入されるため，その措置額分の地方交付税の増加が歳入面でも生ずる。自治体が住民の便益を最優先に考えるのであれば，起債に際して設定する償還年数は元利償還金に係る交付税措置の年数に合わせることが想定される。臨時財政対策債の償還費がこれに対する交付税措置額によって完全に相殺され，他の歳出の水準も，それに充当する歳入も平準化することができるからである[3]。地域社会資本ストック整備のための普通建設事業費を賄うための建設地方債に関しても，社会資本ストックから便益が生み出される期間に合わせて費用負担を平準化させるようなかたちで償還年限が選ばれるはずであるから，普通建設事業費，建設地方債発行額，その後の償還費を除外して考えれば，他の歳出の水準とそれに充当する歳入の平準化が行われているはずである[4]。

　同様に考えれば，現在の金額で特定財源を充当する年数もその償還年限に合わせることが想定される。そして，自治体が堅実な財政運営に努めていれば，「設立法人等の負債額等のうち一般会計等負担見込額（設立法人等に対する債務保証・損失補償等に由来する一般会計等負担見込額）」が生じる事態を招かないはずである。つまり，すべての自治体がきわめて堅実な財政運営を行っていれば，「実質公債費比率に対する将来負担比率全体の倍率」は，元利償還金に係る交付税措置の残存年数に収斂することが想像される。

　しかし，財政運営の堅実さの度合いは自治体によって異なるから，「実質公

---

3)　本章付論 2 で採用するモデルと同様に，住民の選好が危険回避的であることを仮定する。住民の効用を通時的に最大化するためには，毎年の償還費以外の歳出を平準化することが必要である。
4)　この事例に関しては，考察を単純化するため，便宜的に元利償還金に対する交付税措置がないケースを想定している。

図4-1 将来負担比率の実質公債費比率に対する倍率（2007年度，一般市町村）

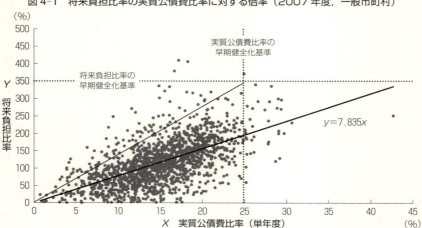

(注) 対象は2007年度の将来負担比率算定上の分子が負でない市町村。当該時点の政令市と夕張市は除く。
(出所) 総務省「平成19年度決算に基づく健全化判断比率・資金不足比率の概要」。

図4-2 将来負担比率の実質公債費比率に対する倍率（2007年度，都道府県・政令市）

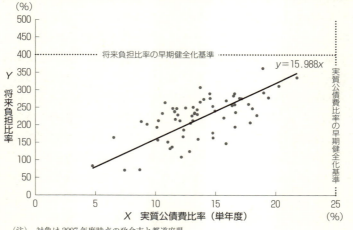

(注) 対象は2007年度時点の政令市と都道府県。
(出所) 図4-1と同じ。

債費比率に対する将来負担比率の倍率」は，その度合いに応じて一定の値を中心に，ある程度のばらつきを持った分布をすることになる。将来負担比率が初めて算定された2007年度決算分のデータを用いて，それを示したのが図4-1（集計対象は政令市以外の市町村）と図4-2（集計対象は都道府県と政令市）であり，

起債時点で償還年限を元利償還金に係る交付税措置年数と比べて著しく長い年数に設定した自治体，特定財源を現在のレベルで充当し続けられる年数と比べて著しく長い年数に設定した自治体，設立法人等の負担額等のうち一般会計等負担見込額が著しく大きい自治体が存在することを示唆している。

2007年度データを用いた第1の理由は，将来負担比率が財政構造を健全なものに改めることを促すガバナンス効果がまだ十分に発現していない状況下で自治体間のばらつきが観測されやすいと考えられるからである。第2の理由は，将来負担比率算定上の分子における減算項目である充当可能基金に算入される財政調整基金の残高が本格的に拡大する前の時期であるため，一般会計等地方債残高（グロスの地方債残高）と充当可能基金を構成する減債基金の残高との差額，すなわち，ネットの地方債残高が将来負担比率の主要要素として反映されやすいことである。それにより，将来負担比率対実質公債費比率の関係をストック対フローの関係として捉えやすくなる。

図4-1を見ると，一般市町村（政令市以外の市町村）における平均的な「実質公債費比率（単年度）に対する将来負担比率の倍率」は7.8倍程度であり，仮に実質公債費に算入される元利償還金のうちの85％が元金部分[5]だとすると，将来負担比率のみに採用されている独自項目（表1-16における$B_5 \sim B_{10}$とF）の値がゼロの場合には，地方債のネットの平均残高は元金償還額の9.2倍程度ということになる。

全地方債が元金均等償還による定時償還方式で発行されるという想定が実態に近いものであって，この図4-1が定常状態を反映したものと見なせるならば，ネットの地方債残高は発行額の$(t+1)/2$倍となるから，個別銘柄の発行時の平均償還年数は17.4（$=9.2 \times 2 - 1$）年程度と推測される。一般市町村においては，発行される地方債の多くは定時償還方式[6]だと考えられることから，この想定は現実性を欠いたものではないはずである。

また，実質公債費比率がその早期健全化基準を超えている市町村の方が，将来負担比率がその早期健全化基準を超えている市町村よりも多いだけでなく，両指標ともに早期健全化基準を下回っている市町村に関しても，実質公債費比

---

5) この仮定に関して，一般市町村85％，後述の都道府県および政令市80％という割合は，平嶋（2010）にならった。
6) 小規模市町村の発行する地方債は公的資金引受への依存度が高いことから，厳密には，元利均等償還による定時償還方式が採用されているケースも多いと見られる。

率の早期健全化基準からの乖離幅の方が将来負担比率の早期健全化基準からの乖離幅よりも小さい市町村が圧倒的に多い。図 4-1 中で実質公債費比率 25%，将来負担比率 350% を表す点と原点を直線で結べば，当該線分よりも下方に位置する点が非常に多いことから判断できる。

図 4-2 は，都道府県および政令市を集計対象として，図 4-1 と同様の散布図を描いたものである。平均的な「実質公債費比率に対する将来負担比率の倍率」は 16.0 倍程度であり，仮に実質公債費に算入される元利償還金のうちの 80% が元金償還額だとすると，将来負担比率のみに採用されている独自項目（B_5～B_{10} と F）の値がゼロの場合には，地方債のネットの平均残高は元金償還額の 20.0 倍ということになる。

都道府県と政令市がすべての地方債[7]を満期一括償還方式で毎年同額発行し，実際の償還年限 t 年にかかわりなく，実質公債費比率算定上の「年度割相当額」に等しい金額，すなわち，発行額の 30 分の 1 ずつを減債基金へ毎年積み立て，満期が到来した銘柄に対しては減債基金から t 年間の積立分を取り崩す一方，残額を一般財源から賄う状況を想定する。その定常状態がこの図 4-2 に反映されていると見なせるならば，減債基金残高は毎年の発行額の $t(t-1)/60$ 倍，ネットの地方債総残高は毎年の発行額の $t(61-t)/60$ 倍，ネットの総残高を元金償還額で除した値は $(61-t)/2$ 年となるから，個別銘柄の発行時の平均償還年数は 21.0（= 61.0 − 20.0 × 2）年ということになる。導出された数値（21.0）は，都道府県や政令市が発行する地方債の発行時の償還年限の実勢にほぼ等しいことから，定常状態が図 4-2 に反映されていると見なせる。

一方，図 4-2 中で実質公債費比率 25%，将来負担比率 400% を表す点と原点を直線で結んだ線分は，各都道府県・各政令市の実質公債費比率（単年度）と将来負担比率の実績値による散布図のほぼ中央に位置している。各点の近似直線も当該線分にほぼ重なることから明らかなように，実質公債費比率の早期健全化基準からの乖離幅の方が小さい団体と将来負担比率の早期健全化基準からの乖離幅よりも小さい団体がほぼ同数になっている。一般市町村とは対照的な関係を示すことになった原因は，多くの地方債が一般市町村においては定時

---

[7] 都道府県と政令市の普通会計地方債残高に占める財政融資資金引受分および地方公共団体金融機構引受分は 2007 年度末時点では 33%，2017 年度末時点では 19% であり，これらの地方債には定時償還方式が採用されているから，ここでの仮定は厳密には成り立たない。しかし，現実をモデル的に描写するうえでは，妥当な仮定になっていると思われる。

第 4 章 将来負担比率のガバナンス効果　165

表 4-1　将来負担比率と実質公債費比率の関係（2007～16 年度）

	年度	2007	2008	2009	2010	2011	2012	2013	2014	2015	2016	2017
都道府県	将来負担比率	222.3	219.3	229.2	220.8	217.5	210.5	200.7	187.0	175.6	173.4	173.1
	実質公債費比率	13.5	12.8	13.0	13.5	13.9	13.7	13.5	13.1	12.7	11.9	11.4
	将来負担比率÷実質公債費比率	16.5	17.1	17.6	16.4	15.6	15.4	14.9	14.3	13.8	14.6	15.2
市町村	将来負担比率	110.4	130.9	92.8	79.7	69.2	60.0	51.0	45.8	38.9	34.5	33.7
	実質公債費比率	12.3	11.8	11.2	10.5	9.9	9.2	8.6	8.0	7.4	6.9	6.4
	将来負担比率÷実質公債費比率	9.0	8.6	8.3	7.6	7.0	6.5	5.9	5.7	5.3	5.0	5.3

（注）　都道府県全体，市町村全体の数値。実質公債費比率は単年度の数値ではなく，公式数値（3 年度平均値）。
（出所）　総務省「（平成 19～29 年度）決算に基づく健全化判断比率・資金不足比率の概要」。

償還方式で発行されるのに対して，都道府県と政令市においては，満期一括償還方式が中心的な償還方式として選択されているという償還方式の違いに求めることができる。

　さらに，都道府県と市町村に分けて，2007 年度以降の実質公債費比率と将来負担比率の推移を見たものが，表 4-1 である。

　都道府県については，将来負担比率が低下トレンドに転じたのは 2010 年度，実質公債費比率が低下トレンドに転じたのは 2012 年度であるのに対して，市町村については，将来負担比率と実質公債費比率がともに 2007 年度決算分を起点に単調減少を続けており，都道府県と市町村とでは，将来負担比率と実質公債費比率の推移に大きな違いが見られる。市町村の多くが公共事業とそれに伴う地方債発行のピークを 1990 年代末に迎えているのに対して，都道府県では 2000 年代に入ってからも高水準の公共投資と起債を続けていたことがこのような違いをもたらしたものと考えられる。

　それでも，2012 年度以降に限れば，程度の差こそあれ，将来負担比率と実質公債費比率がともに低下趨勢を続けることは都道府県と市町村に共通している。本章付論 1 の「3　約定スケジュールに従った債務償還の効果」で数理的な分析結果について述べるが，当年度に償還が満了する地方債がない場合であっても，新たな起債を控えていれば，約定スケジュールに従って償還を続けるだけで，将来負担比率は着実に低下する。しかし，短い期間で将来負担比率だけでなく実質公債費も低下させるためには，既存地方債の一部で償還が満了するか，積極的な引下げ策が行われなければならない。

1.2 財政健全化策としての繰上償還

　将来負担比率と実質公債費比率をともに短期間に引き下げることのできる数少ない方策としてあげられるのは（ネットの）繰上償還である。一般に，繰上償還時には借換債発行も行われることが多いため，地方債残高を低下させる効果を持った繰上償還が毎年度行われている事実，言い換えると，借換債発行額を上回る金額の繰上償還，ネットの繰上償還が毎年度行われている事実は，意外にも，あまり広くは認識されていないようである。しかし，決算時の歳計剰余金処分のあり方として，剰余金の2分の1以上の金額を翌々年度までに基金に積み立てるか，繰上償還に充てなければならないことは地方財政法第7条に定められている。その場合の繰上償還がネット概念のものであることは，文脈から明白である。つまり，歳入増加か歳出削減によって創出された実質収支の黒字の一部を，ネットの繰上償還を通じて地方債残高の圧縮に用いることが，制度上も強く勧奨されている。自治体ごとのネットの繰上償還実績額は，普通会計決算データがとりまとめられた「都道府県決算状況調」，「市町村別決算状況調」，「決算カード」上の「繰上償還金」として，把握することができる。

　財政調整基金や定時償還方式地方債のために積み立てられた減債基金[8]を取り崩すことで繰上償還を行えば，グロスの地方債残高を縮減することはできる。しかし，それは，両建てで積上がった金融資産と負債を同額圧縮することに等しく，ネットの債務残高は変化せず，将来負担比率も変化しない。本格的に財政健全化を進めるには，将来負担比率の低下をもたらす繰上償還，言い換えると歳出削減などを通じて新たに生じた実質黒字の一部を原資とするネットの繰上償還が必要である。金融的な観点を重視するならば，今後の歳入・歳出の見通しや金利の見通し次第では，ネットの繰上償還をするよりも実質収支の黒字として残しておく方が好ましい状況も考えられるものの，過去には自治体が深刻な財政危機に陥ったり，財政破綻に至ったりした事例がいくつもある。そうした事態を招かないことを重視するならば，財政法の定めはきわめて妥当なものである。

　なお，ネットの繰上償還額がゼロ，すなわち，グロスの繰上償還額と借換債

---

[8]　定時償還方式地方債のための減債基金に限定したのは，第2章で述べたように，満期一括償還方式地方債に関する減債基金への積立額は元金償還として扱う普通会計決算上のルールがあるためである。

発行額が同額であっても，高金利下で発行された地方債が低金利下で借り換えられるならば，利払費の軽減を通じて，実質公債費比率を低下させることは可能である。他方，地方債の引受機関にとっては，借換えを伴う「グロスの繰上償還」であれ，「ネットの繰上償還」であれ，それらに無条件で応じることは，当初のスケジュールどおりに元利償還が行われた場合に得られたはずの利益を失うことを意味する可能性が高い。

そのため，たとえば，引受当初からの合意事項として繰上償還を認めないルールとしたり（例：市場公募資金），逸失する利得に見合う補償金の支払いを求める規定を設けたり（例：公的資金）している。2007～12年度に承認された「公的資金補償金免除繰上償還」は広く知られているが，実は，自治体や公営企業の金利負担を軽減するという政策判断のもとで講じられた例外的な措置である。ただし，このときのグロスの繰上償還額の内訳は，借換償還のみは85％にとどまり，ネットの繰上償還が15％もあった。また，ネットの繰上償還額は，2007～12年度の「公的資金補償金免除繰上償還」による額よりも，銀行等引受債など民間資金引受による地方債や補償金を要する公的資金引受による地方債に対して同期間に行われた繰上償還額の方がはるかに大きかった（第2章参照）。

つまり，グロス，ネットを問わず，繰上償還は，地方債資金の出し手からは好まれないなかで行われており，補償金（公的資金引受債の場合）や対価[9]（銀行等引受債の場合）を支払ってでも繰上償還を実施するだけの強いインセンティブが自治体にあることを示している。それは，将来負担比率や実質公債費比率を引き下げることである。また，繰上償還額は実質公債費比率には算入されないルールがそのインセンティブを支えている。実際，将来負担比率や実質公債費を引き下げる方策として自治体があげる頻度が最も高い方策が繰上償還である（第2章参照）。

これらを踏まえて，本書では，特段の断りなしに「繰上償還」と表記する場合は，「グロスの繰上償還」の金額から「繰上償還と同時に行われた借換債発

---

9) 繰上償還を行う可能性がある自治体に対して，その可能性に応じたプレミアムが発行金利に上乗せされるケースを含む。銀行等引受債の金利決定要因について実証分析した石田（2014）は，競争入札を伴わずに単独引受された場合は，引受機関間の競争を経た場合と比べて高金利が設定されていることを明らかにしている。これを踏まえれば，自治体の発行する地方債（銀行等引受債）引受に際して独占的な立場を得ている地域金融機関は，高金利設定と引き換えに，繰上償還要請にも事前に応じる想定をし，実際に応じている可能性がある。

行」による金額を控除した「ネットの繰上償還」の金額を指すものとする。

なお，充当可能基金の積増しは，将来負担比率を低下させることはできるが，一般的には，実質公債費比率を低下させることはできない[10]。

繰上償還が将来負担比率と実質公債費比率を押し下げる効果は，次のように考えることができる。

まず，議論を単純化するため，地方債はすべて定時償還方式，将来負担比率および実質公債費比率の詳細な定義式における $A_2〜A_7$, F, $B_2〜B_{10}$（表1-16参照）の金額をゼロ，元利償還金に占める利子の割合もゼロと仮定する。このとき，将来負担比率を X_1, 単年度の実質公債費比率を X_2, 当該地方債が繰上償還されなかった場合の残存償還年数を m と置けば，$X_1 = mX_2$ の関係が成り立つ。

また，（繰上償還額／将来負担比率の分母）×100 を P, 繰上償還による実質公債費比率押下げ幅を ΔX_2, 将来負担比率押下げ幅を ΔX_1 とすれば，$\Delta X_1 = -P$, $\Delta X_2 = -P/m$ が成立し，$\Delta X_1/X_1 = \Delta X_2/X_2$ を得る。

すなわち，繰上償還による実質公債費比率押下げ幅（ΔX_2）は，将来負担比率押下げ幅（ΔX_1）の $1/m$ にすぎないが，実質公債費比率 X_2 の水準も将来負担比率 X_1 の水準の $1/m$ しかないため，実質公債費比率と将来負担比率の変化率は何ら違わない。

それでも，早期健全化基準に到達することを回避する方策として見た場合，繰上償還が実質公債費比率に及ぼす効果と繰上償還が将来負担比率に及ぼす効果は，設定された早期健全化基準の水準に依存するため，両者は等しくない。一般市町村に対する早期健全化基準は，将来負担比率が350％（都道府県と政令市は400％），実質公債費比率が25％（全自治体に共通）であるから，一般市町村において，将来負担比率と実質公債費比率がそれぞれの早期健全化基準に達するまでどれだけの余裕度があるかを示す乖離率と繰上償還に伴う乖離率の拡大幅は次のように表すことができる。

将来負担比率の早期健全化基準からの乖離率：$\dfrac{350 - X_1}{350}$

---

[10] 満期一括償還方式に関する減債基金の積立不足がある自治体において，積立不足を残したまま満期を迎える前に，その不足額を縮減・解消するかたちで減債基金（充当可能基金に算入される）の積増しを行う場合は，実質公債費比率を低下させる効果は繰上償還による効果を上回ると考えられる。

実質公債費比率の早期健全化基準からの乖離率：$\dfrac{25-X_2}{25}$

将来負担比率乖離率の拡大幅：$\dfrac{P}{350}$

実質公債費比率乖離率の拡大幅：$\dfrac{P/m}{25}$

350/25＝14であることから，これらの関係式を変形すると，以下の関係が成り立つ．

$m>14$ のとき，将来負担比率乖離率の拡大幅＞実質公債費比率乖離率の拡大幅
$m=14$ のとき，将来負担比率乖離率の拡大幅＝実質公債費比率乖離率の拡大幅
$m<14$ のとき，将来負担比率乖離率の拡大幅＜実質公債費比率乖離率の拡大幅

つまり，「財政健全化団体となることを回避する方策」としての繰上償還の実効的な影響力の大きさは，将来負担比率と実質公債費比率とでは異なり，どちらが大きいかは残存償還年数 m と 14（＝350/25）の大小関係に依存する．

前述のとおり，「実質公債費比率に対する将来負担比率の倍率」の水準が高ければ，堅実な財政運営を行っていない可能性，具体的には，起債時点での償還年限が元利償還金に係る交付税措置年数と比べて長い年数に設定されている可能性，特定財源を現在のレベルで充当し続けられる年数と比べて長い年数に設定されている可能性，設立法人等の負債額等のうち一般会計等負担見込額がきわめて大きい可能性を示唆している．それだけでなく，高すぎる将来負担比率を繰上償還によって是正する場合の潜在的な効果が大きいことを示すシグナルとなっている．次の1.3項では，この効果について検討する．

1.3 実質公債費比率が将来上昇するリスクと将来負担比率のガバナンス効果

　一般会計における地方債発行時点で償還年限を元利償還金に係る交付税措置年数と比べて著しく長い年数に設定していた自治体では，実質公債費比率の水準に比して将来負担比率の水準が高く，地方債残高は大きな金額となっているはずである．長めの償還年限を設定するのは，今後の歳入・歳出の見通しを踏まえたうえで，おそらくは公債費の水準と実質公債費比率を当面低く抑えることを目的としたものであろう．しかし，交付税措置期間よりも現実の償還年限の方が長いにもかかわらず，将来に備えた資金確保などの対策を何ら講じないままま交付税措置期間が終わってしまえば，その後に起きるのは，自主財源で

賄うべき公債費の増加と実質公債費比率の上昇である。元利償還金に係る交付税措置が終わった後の状況を実質公債費の定義式に即して考えると，分子と分母から控除される金額（表1-16におけるD）がゼロとなってしまうのが究極のケースである。こうした状況は，満期一括償還方式と定時償還方式とにかかわりなく，生じうるものである。

このうち，満期一括償還方式地方債に対しては，実質公債費比率に積立不足額[11]に基づく加算計上が行われるルールがその償還不足・積立不足（償還財源先食い）を解消させる行動を自治体に促していることは，第2章で確認したとおりである。しかし，定時償還方式に対しては，元利償還金に係る交付税措置年数と比べて長い償還年数を起債時に設定するという意図的な償還先送りがあった場合に，実質公債費比率がそれを警告することはできない。これを補う機能を発揮する可能性があるのが将来負担比率である。

その役割を考えるうえで重要なのは，たとえ，実質公債費比率が低くても，将来負担比率が早期健全化基準を上回ってしまえば，「財政健全化団体」となって，その後の財政的選択が大きく制約されてしまうことである。財政健全化計画を策定・実施すること以外の義務を課されたり，規制を受けたりすることはないが，計画期間の満了後には確実に財政健全化を実現している内容の計画を策定・実施しなければならないため，堅実な歳入・歳出の想定のもとで，財政的選択に自ら制限を課すことになる。自然体での予算編成が可能な状況と比べると，住民の便益が下がる財政運営とならざるをえないという意味において，財政的選択が大きく制約されるのである。

自治体はそうした事態を未然に防ぐよう行動するはずであり，その具体的方策，短期間に成果をあげることのできる実効性の高い方策が繰上償還である。つまり，一般会計の地方債残高が原因で将来負担比率が高い自治体，とりわけ，将来負担比率の水準が早期健全化基準に近い自治体は，繰上償還を行って，将来負担比率を引き下げると考えられる。

言い換えると，一般会計の地方債残高が原因で将来負担比率が高い自治体に

---

11) ストックの積立不足残高が単純に計上されるわけではなく，当年度に満期を迎える地方債に限定して，前年度末におけるストック・ベースの積立不足率を該当地方債発行額に乗じることで得られる額（正式呼称は「減債基金の積立不足を考慮して算定した額」）が加算計上される。しかも，借換償還額が控除されるため，計上される額はストックの積立不足残高の10～30％の金額にとどまる。この問題は，第6章で詳述する。

対して，繰上償還を通じてそれを引き下げるように促す機能が将来負担比率には備わっている。これが将来負担比率が持つガバナンス効果（第1の側面に関するガバナンス効果）である。繰上償還は将来負担比率と実質公債費の両方の引下げ策であるから，当然ながら，将来負担比率のみが高い自治体に対してだけではなく，将来負担比率と実質公債費比率がともに高い自治体に対しても繰上償還を促すインセンティブが働く。このガバナンス効果に関する実証研究に先駆的に取り組んだ石川・赤井（2015a）では，地方債の繰上償還を実施するか否かと繰上償還額の決定に影響を与える要因とその強さが異なることを容認するサンプル・セレクション・モデルを推定し，次の4つの仮説を検証している。

仮説1：将来負担比率や実質公債費比率の早期健全化基準からの乖離率が小さいほど，自治体は繰上償還を積極的に行う。

仮説2：自治体は財政健全化に際して，集計値としての将来負担比率を改善するだけではなく，将来負担比率を構成する各項目に潜むリスクを個別に考慮して，それを是正する財政運営を行っている。

仮説3：満期一括償還方式地方債に実質公債費比率算定上の積立不足がある自治体は，将来負担比率や実質公債費比率の改善に際して，繰上償還よりも積立不足解消を優先する。

仮説4：将来負担比率や実質公債費比率の改善策と実質赤字比率の改善策はトレードオフ関係にある。

仮説検証に際しては，必要な変数を採用したうえで，推定モデルに以下の構造を仮定して，Heckmanの2段階推定法に基づく推定を実施している[12]。

$$y_i = x_i \beta' + \varepsilon_i$$
$$z_i^* = w_i \alpha' + u_i$$
$$\varepsilon_i, \ u_i \sim N[0, \ 0, \ \sigma_\varepsilon^2, \ \sigma_u^2, \ \rho]$$

$$z_i = 1 \quad \text{if} \quad z_i^* > 0, \quad \text{Probability}(z_i = 1) = \Phi(\alpha', \ w_i)$$
$$z_i = 0 \quad \text{if} \quad z_i^* \leq 0, \quad \text{Probability}(z_i = 0) = 1 - \Phi(\alpha', \ w_i)$$

---

[12] 当初は，繰上償還を実施するか否か（確率）と繰上償還額の決定を一体のものと考え，Type 1 Tobitモデルの推定を試みた。しかし，推定係数の尤度比検定によって，確率と金額に影響を与える要因とその強さが同じだとする仮説が棄却されたため，サンプル・セレクション・モデル（Type 2 Tobitモデル）の推定へと切り替えた。その際，最尤法による同時推定では収束しなかったため，Heckmanの2段階推定法に拠ることとした。

被説明変数のうち，y_i は繰上償還額の「標準財政規模−算入公債費」に対する割合，z_i が繰上償還あり＝1，繰上償還なし＝0 のダミー変数である。また，z_i^* は観測不能な変数であり，これが0を超えれば $z_i=1$，0以下ならば $z_i=0$ と仮定して，説明変数ベクトル w_i によって決定されるプロビット・モデル（selection equation）を最尤法で推定した。また，$z_i=1$ の標本を対象に，y_i は説明変数ベクトル x_i と第1ステップで得られる逆ミルズ比によって決定される回帰モデル（regression equation）として最小二乗法により推定した。

被説明変数に利用したデータは 785 都市の 2008〜11 年度における繰上償還合計額であり，また，説明変数用データはすべて 2007 年度データである。そのなかで最も重要な説明変数は「将来負担比率の早期健全化基準からの乖離率と実質公債費比率の早期健全化基準からの乖離率のうちの小さい方（表 4-2 における変数 Index）」であり，ネットの繰上償還が将来負担比率の引下げ策と実質公債費比率の引下げ策を兼ねること，自治体は両指標が早期健全化基準に近ければ近いほど積極的な引下げ策を講じることを想定して採用したものである。他には，満期一括償還方式地方債に関する積立不足率（「積立不足を考慮して算定された額」÷「標準財政規模−算入公債費」で定義），地方債残高に占める公的資金の割合，実質収支比率，地方債の実効平均金利，財政力指数 1 未満ダミーと将来負担比率の分子を構成する各項目を採用した。

モデルの推定結果は，表 4-2 に示すとおりである。

主要変数の推定係数は 4 つの仮説の成立を裏づけるものである。

仮説 1 に関しては，変数 Index はネットの繰上償還を実施するか否かの決定に対しても，繰上償還額の決定に対しても，負の影響力を持ち，推定係数をもとに算出した限界効果が負であることから，将来負担比率が高い自治体ほど繰上償還を積極的に行うと結論づけられる。

一方，仮説 2 に関しては，将来負担比率を構成する分子の加算項目，減算項目のうち説明力を持つ変数は限られており，その推定結果からは，将来負担比率が高い原因が一般会計等地方債残高以外にある場合には，集計値・合計値として算出される将来負担比率の改善を目的として繰上償還が行われるものではないことも確認できる。他の要因に問題を抱えている場合も，指標としての将来負担比率自体は繰上償還によって改善することができるが，そのような選択はしていないからである。

また，仮説 3 に関しては，満期一括償還方式地方債に関する積立不足率の係

第4章 将来負担比率のガバナンス効果　173

表 4-2　繰上償還を促す将来負担比率のガバナンス効果に関するモデルの推定結果

説明変数 \ モデル（被説明変数）	プロビット・モデル 繰上償還あり=1, なし=0		回帰モデル 繰上償還額/(標準財政規模－算入公債費)×100	
	推定係数	標準誤差	推定係数	標準誤差
定数項	1.1709	0.6843 *	−11.0495	3.6505 ***
Index：将来負担比率と実質公債費比率の早期健全化基準からの乖離率の小さい方	−0.0158	0.0059 ***	−0.0420	0.0248 *
将来負担比率の構成項目1：一般会計等地方債残高	−0.0008	0.0024	0.0275	0.0088 ***
将来負担比率の構成項目2：債務負担行為に基づく支出予定額	−0.0064	0.0032 **	−0.0446	0.0148 ***
将来負担比率の構成項目3：公営企業債への一般会計繰出見込額	−0.0051	0.0027 *	−0.0073	0.0098
将来負担比率の構成項目4：一部事務組合債への一般会計繰出見込額	−0.0052	0.0045	0.0196	0.0160
将来負担比率の構成項目5：退職手当に係る一般会計等負担見込額	−0.0037	0.0052	0.0118	0.0214
将来負担比率の構成項目6：設立法人等の負債に係る一般会計等負担見込額	−0.0074	0.0050	−0.0603	0.0219 ***
将来負担比率の構成項目7：連結実質赤字額	−0.0197	0.0118 *	0.0467	0.0575
将来負担比率の構成項目8：一部事務組合連結実質赤字の負担見込額	0.0200	0.0512	−0.0945	0.1412
将来負担比率の構成項目9（減算項目）：充当可能基金残高	−0.0028	0.0026	−0.0699	0.0108 ***
将来負担比率の構成項目10（減算項目）：充当可能特定歳入	0.0001	0.0031	0.0261	0.0121 **
将来負担比率の構成項目11（減算項目）：理論償還費の基準財政需要額算入見込額	−0.0074	0.0032 **	−0.0318	0.0123 **
満期一括償還地方債の積立不足率	0.0027	0.0627	−0.7950	0.2146 ***
普通会計地方債残高に占める公的資金割合	−0.0104	0.0052 **	−0.0600	0.0220
財政力指数1未満団体ダミー	0.7792	0.1815 ***		
一般会計等実質収支比率			0.1876	0.0908 **
地方債の実効平均金利			2.1420	1.0498 **
逆ミルズ比			6.0684	1.5381 ***
	標本数　785 対数尤度　−302.01		標本数　636 修正済 R^2　0.2573	

（注）　***，**，*はそれぞれ1％，5％，10％の水準で有意であることを示す。
（出所）　石川・赤井 (2015a) 176頁。

数が繰上償還額の決定に対して負であることから,積立不足がある場合には,その解消が繰上償還より優先されることを支持している。

仮説4に関しても,実質収支比率の係数が繰上償還額の決定に対して正である（実質黒字が繰上償還の促進要因として働く）ことから,実質赤字が繰上償還に抑制要因として働くこと,すなわち,将来負担比率・実質公債費比率の改善と実質赤字比率の改善とが両立しないことを示している。

とりわけ重要なのは,将来負担比率の水準が高く,一般会計の地方債残高が大きい自治体に対して,繰上償還を通じて,そうした状況の是正を促すガバナンス効果（第1の側面に関するガバナンス効果）を将来負担比率が持っていることである。

しかし,大変残念なことに,将来負担比率の早期健全化基準は,実質公債費比率の早期健全化基準と比べて相対的に高い水準に設定されていること,そのために将来負担比率が元来持っているガバナンス効果が発現する機会が狭められていることも指摘できる。

1.1項で述べたように,市町村（政令市を除く）が元金均等償還による定時償還方式の地方債を毎年同じ償還年限,同じ金額で発行している場合には,発行時の平均償還年限を t 年とすれば,定常状態における地方債残高の元金償還額に対する倍率は $(t+1)/2$ 倍となる。したがって,将来負担比率の早期健全化基準が実質公債費比率の早期健全化基準の 14（=350÷25）倍に設定されていることは,地方財政健全化制度が実質的には発行時の平均償還年限を 32（14÷0.85×2−1≒31.9）年程度に想定しているようなものである（元利償還金に占める元金部分の割合は 85% と仮定）。そのような長い償還年限での起債が行われていなければ,実質公債費比率に対して働く早期健全化基準の効果と将来負担比率に対して働く早期健全化基準の効果は同等の強さにはならない。

実際に,繰上償還が実質公債費比率に及ぼす効果と将来負担比率に及ぼす効果が等しくないことに関して,多数の市町村における実際の「将来負担比率の早期健全化基準からの乖離率と実質公債費比率の早期健全化基準からの乖離率のうちの小さい方」は後者であることが図4-1（162頁）からも確認できる。多くの場合,実質公債費比率がその早期健全化基準より低ければ,将来負担比率はその早期健全化基準よりさらに低いことがほぼ自動的に満たされてしまうのである。これは,実態として,将来負担比率に対する早期健全化基準が実質公債費比率に対する早期健全化基準と比べて相対的に高い水準に設定されたこと

を意味するものである。

　繰上償還は，現在時点での歳出のかなりの割合が公債費で占められてしまう事態を是正する方策であるだけでなく，将来そのような事態が生ずることを未然に防ぐ方策でもある。しかし，実質公債費比率を補完する機能を担っている将来負担比率に関しては，高い早期健全化基準の設定によって，その機能が発揮しにくい状況にあるといえるのである。

　このような実態は，市町村（政令市を除く）のみに当てはまることであり，都道府県と政令市については，必ずしも当てはまらない。都道府県と政令市については，「満期一括償還方式地方債を毎年同じ償還年限，同じ金額で発行し，発行額の 30 分の 1 ずつを減債基金へ毎年積み立て，満期が到来した銘柄に対しては減債基金から t 年間の積立額を取り崩す一方，残額を一般財源から賄う状況」を想定することができる。このとき，発行時の平均償還年限を t 年とすれば，定常状態における地方債残高の元金償還額に対する倍率は $(61-t)/2$ 年となる。したがって，将来負担比率の早期健全化基準が実質公債費比率の早期健全化基準の 16 （＝400÷25）倍に設定していることは，地方財政健全化制度が発行時の平均償還年限を 21 （＝61－16÷0.8×2）年程度に想定しているようなものである（元利償還金に占める元金部分の割合は 80％ と仮定）。この年数は，1.1 項において図 4-2（162 頁）に基づいて推定した平均償還年限に一致する。

　つまり，都道府県と政令市を対象にして将来負担比率に設定された早期健全化基準は，実質公債費比率に設定された早期健全化基準との対応関係から判断する限りは，きわめて妥当な水準ということができる。

1.4 実質赤字比率が将来上昇するリスクと将来負担比率のガバナンス効果

　もちろん，将来負担比率の機能は実質公債費比率を補完する機能に限定されるものではない。実質公債費比率にはない将来負担比率固有の集計項目として，職員の退職手当支給予定額のうち一般会計等負担見込額（表 1-16 における B_5），設立法人等の負債額等のうち（設立法人等に対する債務保証・損失補償等に由来する）一般会計等負担見込額（B_6），自治体本体の全会計の連結実質赤字額（B_7），一部事務組合等の連結実質赤字額相当額のうち一般会計等負担見込額（B_8），受益権を有する信託に係る負債額のうち一般会計等負担見込額（B_9），設立法人以外の者に対する特定短期貸付金等のうち一般会計等負担見込額（B_{10}）がある。

実質公債費比率にはない将来負担比率固有の集計項目のうち，最後の4つ（B_7, B_8, B_9, B_{10}）は実際にはゼロである自治体が大多数であり，職員の退職手当も給与に連動しているため，職員数に応じて，退職手当支給予定額のうち一般会計等負担見込額（B_5）は一定範囲の金額に収斂する。実質公債費比率にはない将来負担比率固有の集計項目のうち，自治体間で大きな差異が生ずるのは，設立法人等の負債額等のうち一般会計等負担見込額（B_6）である。言い換えると，「実質公債費比率に対する将来負担比率の倍率」が高い場合，それが地方債元利償還金に係る交付税措置年数と比べて長い年数に設定された償還年限によってもたらされたものではないとしたら（一般会計等の地方債残高が現在の公債費と比べて大きすぎるとはいえないのだとしたら），原因は設立法人等に対する債務保証・損失補償に由来するものだといっても過言ではない。

　そして，設立法人等の負債額等のうち一般会計等負担見込額が大きい自治体が何らの対応もしないままの状況で，債務保証契約や損失補償契約が履行されれば，一般会計による代位弁済に伴って大幅な実質赤字が実現する可能性が高い。債務保証契約や損失補償契約が履行されることで一般会計等から資金流出する事態を未然に防ぐために，当該法人の抜本的な経営改革を断行したり清算・解散を進めたりする行動が，将来負担比率に算入される一般会計等負担見込額の高い自治体で顕著に観察されるならば，それもまた，将来負担比率が持つガバナンス効果（第2の側面に関するガバナンス効果）といえるものである。

　将来負担比率が持つガバナンス効果のうち，1.3項で紹介した実証研究が明らかにしたのは，繰上償還によって縮減されるのは一般会計等地方債に由来する財政リスクであること，すなわち，確定債務に対して将来負担比率のガバナンス効果（第1の側面に関するガバナンス効果）が発揮されていること，それは，実質公債費比率が将来上昇するリスクを減じる側面があることである。これに対して，第2節以降で取り扱うのは，設立法人等に由来する未確定債務に対しても将来負担比率のガバナンス効果（第2の側面に関するガバナンス効果）が発揮されていること，その効果には，実質赤字比率が将来上昇するリスクを減じる側面があることである。

　実質赤字比率に関しては，都道府県は5％に，市町村は20％に達すれば，財政再生団体化するという意味で，財政再生基準がきわめて厳しい水準，すなわち低い水準に設定されている。そのため，設立法人等に対する債務保証・損失補償等に由来する一般会計等負担見込額が一般会計等地方債残高と比べて低

い水準にあったとしても，ひとたび事が起これば，財政健全化団体や財政再生団体となって財政的選択が大幅に制約されてしまうという意味で，抱えているリスクは決して無視できるものではない。こうしたリスクを金額というかたちで可視化し，将来負担比率に算入していることの意義は大きい。

石川・赤井（2015b）は，設立法人等に由来するリスクの解消を促す将来負担比率のガバナンス効果の検証を試みた先行研究であり，土地開発公社の清算・解散を母体自治体の財政健全化という文脈で捉え，土地開発公社清算のための第三セクター等改革推進債に焦点を当てた。

その際，土地開発公社清算と母体による代位弁済が必要な自治体について3期間の理論モデルに基づく検討を行い，公社の金融機関からの借入れが更新拒否されるリスクまで考慮した場合には，「第三セクター等改革推進債を発行して先に清算を終えた後，平準化された債務償還を行う」ことが住民の効用最大化条件に合致することを示している（「付論2　土地開発公社清算と第三セクター等改革推進債利用に関する理論モデル」を参照）。それを踏まえた計量分析では，土地開発公社の清算資金調達のための第三セクター等改革推進債（2009～13年度の5年間に限定）を発行するか否かの選択を問うプロビット・モデルを推定している[13]。その結果から，「『将来負担比率の早期健全化基準からの乖離（余裕度）』が小さいほど第三セクター等改革推進債発行確率が高まる」という結論を得ている。

次節では，設立法人等に由来する財政リスクをカバーする健全化判断比率が将来負担比率のみである点を重視し，石川・赤井（2015b）の枠組みを発展させた計量分析を行う。具体的には，土地開発公社の解散・清算を行うための第三セクター等改革推進債を発行するか否かを問うだけでなく，第三セクター等改革推進債の発行を伴わない公社解散・清算，土地開発公社を存続させたうえでの経営改革の断行という選択肢も考慮に入れて，選択肢の階層構造と整合的な入れ子型ロジット・モデルを推定する。それに先立って，設立法人等に由来する財政リスクの問題として，なぜ土地開発公社に焦点を当てなければならな

---

[13] 分析対象は，2008年度末に土地開発公社を保有していた全市町村から，①公社債務がないために第三セクター等改革推進債発行資格のない市町村，②通常の自治体とは行動が異なる財政再生団体・財政健全化団体，③その後に併合された市町村を除外した705市町村である。被説明変数は，2009～13年度の5年間において，第三セクター等改革推進債を発行したか否かを表すダミー変数である。

いのか，また，地方財政健全化法制定前は，経営破綻した地方公社の事後処理策として，どのような方策が講じられていたのか，それが債務超過状態の地方公社の存続とどのように関係していたのかも掘り下げて検討する。

2 自治体の財政健全化における土地開発公社の重要性

2.1 土地開発公社の自治体にとっての重要性と設立法人としての特殊性

2.1.1 設立法人等の債務に対する自治体の債務保証・損失補償

本節では，4種類の健全化判断比率のうち将来負担比率だけが持つガバナンス効果に焦点を当て，経営難にある土地開発公社の問題解決を促す効果を詳細に分析・検討する。

土地開発公社に関連する項目で将来負担比率に算入されるのは，「債務負担行為による支出予定額」（B_2）に含まれる「依頼土地の買戻し予定額」と「設立法人等の負債額等のうち一般会計等負担見込額」（B_6）に含まれる「土地開発公社債務（金融機関からの借入金）に対する自治体による債務保証・損失補償の残高」である。これらは自治体にとっては未確定の債務ながら，ひとたび実現すれば，一般会計に対して巨額の資金流出圧力を生じさせるのに，地方財政健全化法が制定されるまでは，そうしたリスクが財政指標に反映されることはなく，また，自治体の潜在的な負担の重さを住民が広く知ることのできるツールも存在しなかった。実際に算入されたそれらの金額が標準財政規模を上回るケースもあり，単なる外郭団体の問題にとどまらないことは明らかである。その意味で，地方財政健全化法によって将来負担比率が導入されたことは，画期的であった。

自治体への影響を考える際に，とりわけ重要なのが，実質的な債務超過状態にあって，設立母体である自治体の責任において本来は解散することが望まれるのに，それが先送りされているような法人がないかどうかである。

とくに，母体の財政運営，意思決定と密接な関係があり，また，経営の失敗が金額面で母体に大きな負担をもたらす可能性があるのが土地開発公社である。旧再建法のもとでの自治体の財政破綻事例は第5章で扱うが，土地の先行取得や土地開発公社の運営失敗によって母体自身が財政危機に陥り，実質的には強制力の発動を伴うかたちで財政再建団体としての再建に取り組まざるをえなか

った事例がいくつか存在する。将来負担比率が導入される前は，任意の情報開示が行われない限り，土地開発公社に由来する大きな負担があるか否かすらも把握することが困難であり，危機が顕在化して，初めて実態が発覚することも珍しくなかった。しかし，将来負担比率が導入された現在は，土地開発公社の債務に対する債務保証・損失補償残高に基づいて算定される一般会計等負担見込額と，先行取得を依頼した土地の買戻し予定額を見れば，それと自治体の標準財政規模とを比較するだけで，誰もが事態の深刻度を知ることができる。

　では，なぜ，土地開発公社が特別なのか。

　まず，地方財政健全化法上の「設立法人」とは，厳密には，土地開発公社，地方道路公社，地方独立行政法人のみを指し，住宅供給公社や第三セクター法人も含める場合には，「設立法人等」と表記される。これらのうち，土地開発公社・地方道路公社・住宅供給公社という「地方三公社」に対する自治体の出資割合は100％である。自治体の出資割合が100％であることに限れば，それは地方公営企業にも当てはまる。重要なのは，地方公営企業の予算は自治体の特別会計予算として位置づけられ，地方議会での審議・議決の対象となるのに対して，地方三公社の予算は議会での議決を要しないことである。もちろん，地方三公社をはじめとする自治体による出資法人の予算・決算については，議会報告義務があり[14]，議会報告が行われれば，何らかの審議が行われるのが通常である。また，地方三公社自体の予算が議決されるわけではなくても，地方三公社による金融機関からの借入れに対して，母体自治体が債務保証や損失補償を行えば，母体の予算の一部として付議対象となるから，議会・住民によるコントロールが可能な仕組みは存在する。

　しかし，後述のように，巨額の債務超過を抱える深刻な経営破綻状態に陥った土地開発公社や住宅供給公社の事例が存在する。また，第5章で扱う自治体の財政破綻事例の約半分が無計画な土地取得と宅地造成など関連事業の失敗に起因している。これらを踏まえれば，現実には，予算・決算に関するルールのみでは議会・住民によるコントロールが十分に働かずに，結果として，公社の経営破綻や自治体の財政破綻にまで発展する危険性を排除できないことになる。

---

14) 地方自治法第221条に予算執行に対する首長の調査権が定められている一方，同法第243条の3には自治体の財政状況の公表義務についての定めがあり，毎事業年度，出資法人の経営状況を説明する書類を作成し，議会に提出しなければならないとしている。対象となる出資法人については，地方自治法施行令第152条に定められている。

表 4-3　第三セクター等法人に対する

		年度	2002	2003	2004	2005	2006	2007
法人数	全体		10,111	9,947	9,609	9,200	8,980	8,861
	地方三公社		1,654 (16%)	1,590 (16%)	1,392 (14%)	1,227 (13%)	1,205 (13%)	1,175 (13%)
	土地開発公社		1,554 (15%)	1,490 (15%)	1,292 (13%)	1,128 (12%)	1,106 (12%)	1,074 (12%)
自治体による債務保証・損失補償残高（億円）	全体		103,850	104,229	101,278	93,853	86,321	79,886
	地方三公社		79,902 (77%)	80,853 (78%)	77,411 (76%)	70,745 (75%)	65,556 (76%)	60,469 (76%)
	土地開発公社		51,568 (50%)	50,318 (48%)	46,806 (46%)	41,861 (45%)	36,229 (42%)	32,559 (41%)

（注）　全体は地方三公社，第三セクター法人，地方独立行政法人の計。（　）内は全体に占める割合。
（出所）　総務省「第三セクター等の状況に関する調査結果」（2003～18年度調査）に基づいて筆者作成。

　その意味では，地方三公社は母体と密な関係にありながら，議会・住民による予算コントロールが緩やかにしか行われないという二面性を持った存在だといえよう。とくに，母体自治体に代わって，機動的に公有地を先行取得するという土地開発公社の基本事業がこの二面性に依拠していることは否定できない[15]。

　自治体が直接決定を下す各種の公共事業に直結する土地の先行取得を基本業務とする土地開発公社や道路の敷設・改修・維持に関わる業務を担っている地方道路公社と，同一分野で民間企業による事業も行われていて，自治体の行財政運営には直結しない事業も多い住宅供給公社とでは，母体自治体との一体性という点で実質的な差が出てくる。

　とくに，資金面での土地開発公社と母体自治体との関係の深さは，出資割合にとどまらない。第三セクター等法人が金融機関から借入れを行うにあたって，自治体による債務保証契約や損失補償契約が付されてきたが[16]，表4-3に示す

---

15)　土地開発公社の業務範囲と設立要件を定めた「公有地の拡大の推進に関する法律」が制定されたのが列島改造ブームに沸く1972年であったことも大きく関わっているものと思われる。当時は，予算の議会承認や取得用地の決定に時間を要せば，その間にも地価上昇や乱開発が進み，自治体が事業用地を確保することが困難になる可能性があり，土地開発公社には機動的に公有地を先行取得することが要請されたものと考えられる。

16)　2003年に総務省（自治財政局長）によって自治体に通知された文書「第三セクターに関する指針の改定について」においては，「将来の新たな支出負担リスクを回避する観点から，第三セクターの資金調達に関する損失補償は，原則行わないこと」という方針が示されている。ただし，「真にやむを得ず損失補償を行う」ことも条件付きで容認された。また，この方針を継承して，

自治体の債務保証・損失補償の残高

2008	2009	2010	2011	2012	2013	2014	2015	2016	2017
8,685	8,556	8,401	8,214	7,952	7,634	7,484	7,410	7,372	7,364
1,150 (13%)	1,117 (13%)	1,084 (13%)	1,033 (13%)	981 (12%)	904 (12%)	821 (11%)	795 (11%)	764 (10%)	745 (10%)
1,051 (12%)	1,021 (12%)	971 (12%)	931 (11%)	865 (11%)	766 (10%)	732 (10%)	710 (10%)	682 (9%)	672 (9%)
74,784	69,415	62,670	57,126	49,635	40,784	37,420	35,328	32,241	30,015
56,478 (76%)	51,597 (74%)	46,475 (74%)	42,879 (75%)	37,119 (75%)	30,047 (74%)	28,290 (76%)	26,746 (76%)	24,342 (76%)	22,796 (76%)
29,435 (39%)	25,520 (37%)	21,849 (35%)	19,358 (34%)	15,686 (32%)	9,890 (24%)	8,929 (24%)	8,279 (23%)	6,917 (21%)	7,219 (24%)

とおり，総残高の４分の３が地方三公社によって占められている。債務保証・損失補償残高に占める割合がとりわけ高かったのが土地開発公社であり，公社の清算・解散の進捗に伴ってその割合は緩やかに低下していったものの，地方財政健全化法が公布された2007年度時点では，総残高の41％を占めていた。清算・解散が一挙に進んで，債務保証・損失補償残高が急減したのは，「『第三セクター等の抜本的改革』への集中取組期間とされた2009〜13年度」の最終年度である2013年度である。

この期間は，地方財政健全化法の本格施行が始まった最初の５年間であり，また，後述する第三セクター等改革推進債が時限的に許可された５年間でもある。そして，「抜本的改革」とは，良好な経営が望めない場合，実質的には，清算・解散を行うというものである。逆にいえば，この期間が到来するまでは，土地開発公社の清算・解散ペースは緩やかなものであった。一見すると，2003〜05年度においても土地開発公社総数が大きく減少しているが，市町村合併に伴って，土地開発公社の統廃合が行われた側面が強く，両年度における債務

2009年に総務省（自治財政局長）によって自治体へ通知された文書「第三セクター等の抜本的改革の推進等について」においても，「既存の損失補償債務で他の方策による公的支援に移行することが困難であり，かつ，当該債務の借換えに際し，損失補償の更新が不可欠と認められるときなど特別な理由があるとき以外は，第三セクター等の資金調達に関する損失補償は行うべきではなく，他の手段による方法を検討するべきである」とされている。

保証・損失補償残高の変化は他の年度とさほど異ならなかった。

　土地開発公社が債務保証や損失補償を伴った巨額の借入れを実現し，それを維持できたのは，自治体との密接な関係から金融機関の信用を得やすかったことに加え，土地開発公社設立の法的根拠が定められた「公有地の拡大の推進に関する法律」（以下，「公拡法」と表記）第25条において，自治体による債務保証を可とすることが明示されているためである。同様に，地方道路公社も「地方道路公社法」第28条において，債務保証を可とする旨が定められているが，他の法人に対しては，自治体による債務保証は「法人に対する政府の財政援助の制限に関する法律」（以下，「財政援助制限法」と表記）で禁じられている。

　なお，第三セクター法人に対する「損失補償」については，1954年の行政実例「昭和29年5月12日自丁行発第65号行政課長から大分県総務部長あて回答」以来，「損失補償については，財政援助制限法第3条の規制するところではないもの」という解釈がなされている。損失補償が実質的には債務保証に相当するものか否かについては，事例によって異なった解釈を示した判例（地裁判決，高裁判決）が出ていたが[17]，最終的には，安曇野市出資の第三セクター法人安曇野菜園（旧三郷ベジタブル）に対する最高裁判決（2011年10月27日）によって，損失補償は財政援助制限法の規制するところではないとの判断が確定した。

2.1.2　地方三公社における特定調停の事例

　このように，地方三公社が金融機関から円滑に借入れを行えたことと，当該事業が直面する経営上のリスクの大きさや事業運営の健全度の高さとは，無関係である。それでも，貸手から見れば，自治体という後ろ盾のある地方三公社は，最も危険度の低い融資先として認識されていたと思われるが，その認識は必ずしも正しいものとは限らなかった。その象徴ともいえるのが，債務返済と

---

17)　大牟田市ネイブルランドをめぐる訴訟では，福岡地裁判決（2002年3月25日）において「損失補償契約と債務保証契約とはその内容及び効果の点において異なるもの」との解釈が示されたほか，荒尾市アジアパークをめぐる訴訟では，熊本地裁判決（2004年10月8日）において「損失補償契約と債務保証契約は，法的にはその内容及び効果の点において異なる別個の契約類型」との解釈が示された。他方，横浜地裁判決（2006年11月15日）では，かわさき港コンテナターミナル（川崎市）に対する損失補償契約も債務保証契約と同様の機能・実質を有するため，財政援助制限法第3条による規制対象となるとの解釈が示されたほか，東京高裁判決（2010年8月30日）でも安曇野菜園に対する損失補償契約は「債務保証契約と同様の機能を果たすもの」との解釈が示された。

金融機関との交渉に行き詰まった北海道住宅供給公社が2003年に行った「特定調停」の申立てである。

特定調停とは，債務超過となる恐れのある法人などが経済的再生を図るために，申立てを受けた裁判所の仲介で金融機関などと話し合って，債務を整理する手続きのことである。この申請を皮切りに，翌2004年には長崎県住宅供給公社と千葉県住宅供給公社が特定調停を申請した。これら3事例においては，いずれも最終合意の結果として，金融機関は貸付額の多くを債権放棄し，また，公社による残金の弁済のため，設立母体が公社に新規融資を行うこととなった。金利減免も，本質的には債務減免と変わらない。つまり，デフォルトが起きたのである。

自治体に関しては，旧再建法のもとでの財政再建団体と地方財政健全化法のもとでの財政再生団体とを問わず，発行した地方債に対する債務減免を受けたことは，これまで一度もない[18]。しかし，自治体による出資割合が100%の地方三公社において，デフォルトが現実に起きたのである。

土地開発公社においても，実は，北海道住宅供給公社の申請と同じ2003年に和歌山県土地開発公社が特定調停の申請を行い，前述の事例に先立って，いち早く「調停に代わる決定」が下された。

表4-4は，これらの特定調停（申請）事例の概要をまとめたものである。この4事例のうち，北海道住宅供給公社以外の事例では，債務保証・損失補償がゼロか，借入額と比べてきわめて少額にとどまっているが，債権放棄は行われている。自治体から見れば，損失補償契約が付されないことは，契約を交わした場合と比べて，損失補償の可能性を反映したコストの分だけプロジェクトの実質的なコストが低くなるため，プロジェクト自体も安易に実行される面が強かったと考えられる。一方，貸手の側には，明示的な損失補償契約を交わさな

[18) 大正期までに遡れば，1925（大正14）年4月1日に留萌町債のデフォルトが起きており，これが戦前戦後を通じた唯一の事例とされる。小川（1995）によれば，最終的には，一括償還の遅延発生後から10年目に，土地（町有地）による代物返済が債権者に対して行われた。起債決定に至るまでの過程では，大蔵省の北海道庁に対する通牒において，税は投入しない契約とすべきことが明示されており，米国のレベニュー債のような契約形態となっていたと見られる。結局，「税外収入で償還できなかった場合は債務免除とする」条項は盛り込まれなかったものの，損失補償契約も交わされておらず，地方債引受に際して政治家の仲介があったことで，貸手は上位団体に相当する北海道や国による暗黙の保証があるものと期待していた。その結果，償還遅延後は紛争に発展したが，損失補償契約がないために特定調停した2000年代における住宅供給公社の事例と同様の紆余曲折を経た後，代物返済というかたちで和解に至った。

表 4-4　地方三公社の特定調停(申請)事例

	北海道住宅供給公社	長崎県住宅供給公社	千葉県住宅供給公社	和歌山県土地開発公社
特定調停の申立て日	2003年6月10日	2004年1月19日	2004年2月4日	2003年7月23日
特定調停(注)の成立日	2004年2月27日	2005年3月1日	2005年1月21日	2003年11月25日
特定調停にかかる債務額 (標準財政規模比, %)	1,251億円 (9.53)	308億円 (8.55)	928億円 (11.53)	438億円 (15.88)
前年度末公社負債額 (標準財政規模比, %)	1,391億円 (10.60)	384億円 (10.66)	1,103億円 (13.70)	705億円 (25.55)
前年度末債務保証・ 損失補償額 (標準財政規模比, %)	326.6億円 (2.49)	なし	なし	3,230万円 (0.01)
決定の概要	・公庫債務全額を30年間元金均等返済(利率0.15%) ・民間金融機関は約6割の債権放棄を行い, 残金は一括弁済 ・北海道は民間金融機関の債権放棄額の約半分を損失補償, 弁済資金の新規融資	・公庫債務について10年間金利を1%に減免 ・民間金融機関は約40%の債権放棄を行い, 残金は一括弁済 ・長崎県は既存融資の約52%の債権放棄, 弁済資金の新規融資	・公庫債務全額を40年間元金均等返済(利率0.15%) ・民間金融機関は約45%の債権放棄を行い, 残金は2005年度中に弁済 ・千葉県は公社の弁済資金の新規融資, 土地区画整理事業の引継ぎ	・債務全額を30年間で返済(利率0.6%, 5年ごとの見直し。ただし2007年までは無利子) ・65億円分は県が借り上げ, 賃料を財源に20年間で分割弁済 ・金融機関は108億円を極度額とする根抵当権を公社土地に設定。公社は後に土地売却で返済 ・残り265億円分は和歌山県が債務保証

(注)　和歌山県は「調停に代わる決定」。
(出所)　総務省「地方住宅供給公社の概要及び最近の状況」(2008年9月24日),「第三セクター等の状況に関する調査結果」(2003~05年度), 和歌山県「和歌山県土地開発公社にかかる『調停に代わる決定』について」(2003年11月25日), 北海道「北海道住宅供給公社が申し立てた特定調停について」, 長崎県「長崎県住宅供給公社の再建に向けて」(2013年7月25日), 千葉県「千葉県住宅供給公社の再建に向けて」(2014年11月13日)に基づいて筆者作成。

くても, 自治体による暗黙的な損失補償が行われるという期待があって, 自治体とのすれ違いが, 裁判所の介在(調停等)を必要とするまで事態を紛糾させる原因になったものと思われる。

　いずれにしても, 2003年度当時は景気も悪く, 第三セクター等法人の倒産や解散が相次いだ時期でもあったが, 特定調停に至った地方三公社があったことは, 自治体全体の信認を損なう一因となった可能性がある。

　和歌山県土地開発公社の事例で特筆されることは, 公社の事業規模, 負債総額が県の標準財政規模の4分の1に相当する大規模なものであることと, 「調停に代わる決定」後の県の負担が大きいことである。しかも, 他の3事例とは異なり, 貸手側よりも母体自治体である和歌山県の負担が大きくなるようなか

たちで和解が成立したように映る。たとえば，もともと稼働率の低かった土地を借り上げたうえで，賃貸して弁済用の収入を得ることは，和歌山県の信用力を最大限に活用したとしても，容易なことではないからである。また，新たに債務保証を付したことが妥当かどうかも，2033年度を迎えなければ，判断することができない。これらには，同じ地方三公社といっても，土地開発公社は住宅供給公社よりも母体自治体との一体性がはるかに高いものと見なしうることが影響しているであろう。

1ついえることは，2003年度時点で地方財政健全化法が存在し，また，第三セクター等改革推進債というスキームが利用できていたならば，県が将来の長期間にわたって多額の負担をしなければならないかたちではなく，実質的な清算を早期に行うようなかたちで問題解決が図られたと考えられることである。

2.2　土地開発公社の清算・解散が遅れた理由

2.2.1　地価下落と土地開発公社の財務状況悪化

裁判所に債権者との調整を委ねる特定調停の申立てをしなければならなかった事例が特殊事例だとしても，自力での問題解決が困難な状況に陥っていた土地開発公社が長期間にわたって存在したことは，疑うことのできない事実であろう。2000年代初頭においては，1990年代初頭から始まった地価の下落と低迷の長期化によって，いわゆる「塩漬け」と称される遊休土地を長期間にわたって抱え，債務の増大に見舞われた土地開発公社が多かった。

前述のとおり，土地開発公社は，母体自治体に代わって，公共用地の先行取得を主目的として設立された特別法人である。列島改造ブームを追うかたちで1972年に制定された公拡法が，その設立根拠法であり，多くの土地開発公社は1970年代に設立されている。2度のオイルショックを経て，再び地価が高騰した1980年代末には，ディベロッパー業務を業務範囲に加える法改正がなされ，土地取得金額も増加した。しかし，その後の地価下落とともに新規土地取得の大幅減少が永らく続き，2015年度に底打ちした後も微増にとどまっている。

それでも，1990年代は数次にわたる国の景気対策のなかで土地先行取得が勧奨されたこともあって，地価下落が趨勢的に続くようになってからも，土地開発公社総数は1999年度まで増加を続けた。「塩漬け土地」の問題が，広く社会的に認識されるようになったのも，ちょうどその頃からであり，長期間保有

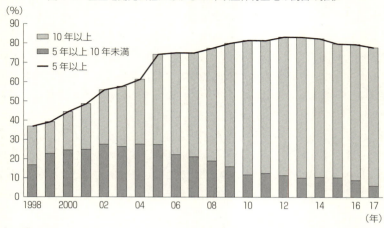

図 4-3　全土地開発公社における 5 年以上保有土地の割合の推移

（注）　面積ベース。
（出所）　総務省「土地開発公社事業実績調査結果概要」（各年度）に基づいて筆者作成。

する土地の割合は，2000 年代に入ってからも上昇が持続した。それを示したのが図 4-3 である。2005 年度以降は上昇ペースこそ鈍化したものの，上昇傾向自体は 2013 年度末まで続いた。その後も低下は緩やかであり，2017 年度末における保有期間 5 年以上土地の割合は 77.5%，10 年以上土地の割合は 71.6% と高い水準にとどまっている。

2.2.2　土地開発公社経営健全化対策

　土地開発公社を保有する自治体に対して，実質的にその業容を縮小すべきという方針を国が最初に示したのは，2000 年 7 月の「第 1 次土地開発公社経営健全化対策」においてであり，遊休土地と債務保証・損失補償債務残高の縮減が経営課題として掲げられた。その後も，2004 年 12 月に「第 2 次土地開発公社経営健全化対策」が，2013 年 2 月に「第 3 次土地開発公社経営健全化対策」が提示された。これらの「土地開発公社経営健全化対策」の本質は，いわば，好ましくない状況や改善されるべき状況の条件に合致した土地開発公社を保有する自治体が申請した場合に限って，財源面や資金調達面で国が自治体を補助するという支援制度であり，自治体や土地開発公社に対して，強制力を伴うかたちで改善を迫るものではなかった。

　たとえば，「第 1 次土地開発公社経営健全化対策」においては，債務保証・

損失補償付きの土地の簿価が標準財政規模比 50% 以上，保有期間 5 年以上の債務保証・損失補償付きの土地の簿価が同 20% 以上の状況が，とりわけ「改善されるべき状況」とされた。元来，土地開発公社の基本業務は自治体の行う公共事業に際して，用地の取得を先行的に行う「公有地取得事業」にあるが，土地の造成開発と民間部門の売却を行う「土地造成事業」も行っている。標準財政規模の 50% 以上も公共事業のうちの用地費に充てることは考えにくいから，そのような規模の金額の債務保証契約・損失補償契約が付された借入れによって取得されるのは工業団地造成など「土地造成事業」による土地だと考えられる。標準財政規模比 50% 以上という基準は，「第 2 次土地開発公社経営健全化対策」から 40% 以上へと改められたが，土地開発公社が返済不能状態に陥ったときに代位弁済するのが母体自治体であるという債務保証契約・損失補償契約の基本部分に立ち返れば，甘すぎるであろう。この背景には，支援措置としての特別交付税の交付対象団体を拡大することへの抵抗もあったことが考えられ，国の立場としても，本格的に改革させるべきという機運が十分高まっていなかったともいえる。とくに，1990 年代に景気低迷が長期化した折に数次にわたって策定された経済対策においては，土地開発公社を活用した土地の先行取得や公的な土地需要の創出が盛り込まれており，土地開発公社の経営悪化の責任が自治体にのみあったとはいえないことも関係しているであろう。

「土地開発公社経営健全化対策」において，保有期間 5 年以上の「塩漬け土地」が問題視された理由は，貸手が債務保証契約や損失補償契約に即して，自治体に代位弁済が求められる可能性がいっそう高くなるからであったと考えられる。実質収支が均衡している状況で，標準財政規模の 20% に当たる金額の弁済を一般会計が行えば，実質赤字比率も 20% となり，旧再建法のもとでは財政再建団体に，地方財政健全化法のもとでは財政再生団体に転落してしまう。したがって，「保有期間 5 年以上の債務保証・損失補償付きの土地の簿価が標準財政規模比 20% 以上」という基準も当たり前のリスクを再確認したにすぎない。

それでも，土地開発公社の経営状況や財務状況の健全度を測る指標を示し，それが単に土地開発公社だけの問題としてだけでなく，母体自治体の問題でもあると位置づけたうえで，健全化対策にまで踏み込んだのは，「第 1 次土地開発公社経営健全化対策」が初めてである。それ以前は，地方公営企業や地方公社の適否が母体自治体の財政に重大な影響を及ぼすことや，それらの財政状況

を全体として把握すべきことが認識され，地方公社等の業務運営について適切な指導監督等を徹底する勧告を行っていた[19]としても，具体的な指標と数値を伴うかたちで健全化対策が明らかにされたことは一度もなかった。土地バブル崩壊以降，日本経済は長い調整過程にあったが，2000年代に入り，民間部門では過去の負の遺産の清算が足かせとなる状況から脱却しつつあり，「第1次土地開発公社経営健全化対策」が示されたのは，地方公営企業や地方公社においても改革の機運が高まり始めた時期だといえよう。その意味では，「土地開発公社経営健全化対策」において，好ましくない状況の基準が数値として明示されたことは，きわめて意義の大きいことであったといえる。

また，悪しき慣行として，「供用済土地」や「未収金」の存在も公に指摘され，これを早期に解消するよう勧奨も行われた。「供用済土地」とは，土地開発公社から自治体へ土地の所有権が正式に移転登記される前に自治体による利用が行われている土地を指し，「未収金」とは，土地開発公社から土地所有権の移転を受けた自治体がその対価を払っていない状況を表す。いずれも，土地開発公社の問題というより，自治体の問題としての側面が色濃く現れている。

裏返していえば，土地開発公社の保有する土地に対しては，公社と母体自治体のいずれもが，適切に対応せず，結果的に遊休土地を抱える公社の経営改革や抜本処理が進まないままに長期間が経過していたことを物語っている。

2.2.3 清算・解散が遅れた4つの理由

このように，地価の持続的下落が始まってから10年以上が経過した後も，土地開発公社の清算・解散の動きが緩慢であった理由としては，次の4つが考えられる。第1は，土地開発公社の「経理基準の特殊性」，第2は，「予算過程におけるガバナンスの弱さ」，第3は，「自治体が自発的に土地開発公社の清算・解散を進めるインセンティブの乏しさ」，あるいは，「清算・解散を後押しする国の施策の弱さ」，第4は，「解散に際しての障害」の大きさである。

(1) 経理基準の特殊性

第1の「経理基準の特殊性」は，2つからなる。まず1つは，資産評価において，取得価額に基づく簿価表示が支配的であったこと，もう1つは，母体自

---

19) 平嶋（2010）の13頁を参照。

治体からの依頼に基づいて土地を先行取得してから買戻しを受けるまでの期間，取得のための借入金から生ずる利子が費用には計上されずに，取得価額の一部と見なされて資産に直接計上されることである。つまり，地価下落によって時価評価すれば資産価値が目減りしている土地であっても，それが反映されないどころか，簿価表示額は支払利子の累増によって膨らんでしまう。公表されるバランスシート上の資産額と実勢の間には大きな乖離が生じ，利払費分も再借入れするなどして債務が増大していけば，その乖離額は拡大していく。一方，実態としては生じているはずの利払費も損益計算書上で見ることができない。

　取得原価主義自体は，伝統的な企業会計原則として採用されてきたものである。しかし，その企業会計原則においても，販売用不動産，すなわち棚卸資産に該当する不動産の「時価が取得原価より著しく下落したときは，回復する見込みがあると認められる場合を除き，時価をもって貸借対照表価額としなければならない」と定められている。また，商法においても，1963年度以降は取得原価主義を原則として採用しつつも，「強制評価減」の特則が定められている[20]。1年以上遊休状態にある不動産の評価損を計上することは，法人税法施行令で認められており，企業財務の健全性を保つ観点からすれば，著しい評価損を抱えた不動産を評価替えもせずに放置しておくことはあってはならないことといえる。

　他方，バブル崩壊後の民間不動産業の一部が，恒久的で著しい時価下落かどうかの判断が困難なことを理由に，販売用不動産に対する「強制評価減」を免れてきたことも事実である。企業会計基準委員会が「棚卸資産の評価に関する会計基準」によって，原価法と低価法の選択適用に代わって，2008年度からは低価法を強制適用することとしたのは，経済社会の実勢に合わせた会計基準の見直しや国際的な会計基準との調和を図ることが第一義的な目的であったと考えられる。同時に，「強制評価減」を免れてきた不動産業の特殊な状況へ対処することも目的に含まれていたものと見られる。

---

20) 当時の商法では第34条および第285条に規定があった。現在の規定としては，商法施行規則第5条第3項と会社計算規則（平成18年法務省令第13号）第5条による規定がある。太田（1996c）は，制定当時の土地開発公社の経理基準においても，完成土地には強制低価主義の適用を求めていると説明したうえで，「時価が原価より著しく低下し，原価に回復する見込みがないときは，あくまでも原則として時価評価になるが，例外的には原価のまま据え置くことも可能である。ゆえに，企業会計原則・第3貸借対照表原則・五AおよびB，商法第285条の2Ⅰ但書のように必ずしも強制的に評価減しなければならないわけではない」と指摘している。

顕著な違いとしてあげられるのは，不動産業以外の棚卸資産については支払利子を取得価額に含めないこととなっているのに対して，不動産開発には長期間を要し，膨大な資金を必要とするという理由で，一定の条件を満たす場合には支払利子を取得価額に算入することが妥当と取り扱われることである。しかし，実務上は要件の判定の煩雑性や保守主義の観点から，実際に利子を原価算入しているケースは多くなかったといわれている[21]。

　したがって，土地開発公社の経理基準は，その当時，決して固有のものではなく，民間不動産業における会計慣行や会計原則に準拠したものと見ることができる。それでも，自治体における財務上の健全性を保つことの重要性に照らし合わせれば，特殊な経理基準が長期にわたって維持されてきたのは事実である。

　土地開発公社の業務は，公拡法第17条に従って，中心業務である母体自治体からの依頼に基づく土地の先行取得を柱とする「公有地取得事業」と，土地の造成開発と民間部門への売却を行う「土地造成事業」に大別される。取得された土地もこの区分に従って，前者に対応する土地が「1号土地」ないしは「依頼土地」，土地開発公社に対応する土地が「2号土地」ないしは「プロパー土地」と呼ばれる。土地開発公社の会計原則を定めた「土地開発公社経理基準要綱」においては，さらに事業の細目に従って，取得土地を細分類しているが，「低価法に基づく時価表示」が例外的に適用されたのは，ながらく「2号土地」のなかの「完成土地」，すなわち，販売可能な土地や開発着工や買収から一定期間経過した土地のみであった。言い換えると，他の土地には「原価法に基づく簿価表示」が適用されてきた。

　この「土地開発公社経理基準要綱」は2005年1月改正によって，「1号土地」のなかの「公有用地」（公社が所有権を取得した土地），「代行用地」（公社が自治体に所有権を取得させた土地）のほかは，「代替地」（公共用地としての土地買収に応じた者に当該土地に代わる土地として公社が取得した土地）の一部のみが原価法に従い，他の土地は低価法に従うように改められた。逆にいえば，それまでは「土地開発公社経理基準要綱」で大きな変更が施されなかった。しかも，2005年1月改正は，2009年3月31日までの経過措置期間・猶予期間を伴っていたため，実質的な改正が施行されたのは2009年度以降であった。

---

21)　三橋・山本（2009）参照。

(2) 予算過程におけるガバナンスの弱さ

第2の「予算過程におけるガバナンスの弱さ」とは，土地開発公社の予算が地方議会における議決を要さないことである。そもそも，土地開発公社が母体自治体に代わって機動的に土地を先行できるのは，予算過程におけるガバナンスの弱さと裏表の関係にある。公社の業務は自治体の財政運営との一体性がきわめて高く，自治体の別働隊といえる存在ながら，他方では，独立した別の法人格を有しており，その二面性は土地開発公社という存在の本質から切り離すことができない。予算過程で議会や住民の目が十分に届いていないことが，時として首長の暴走を許す結果となった。旧再建法下で準用財政再建団体となった1976年の米沢市（山形県）では，土地開発公社が巨額の売れ残り土地を抱えていること，大幅な債務超過状態にあること，適正な会計処理，会計記録を怠っていたことが，首長交代時に初めて発覚したほどであった[22]。

(3) 自治体が自発的に清算・解散を進めるインセンティブの乏しさ

第3の「自治体が自発的に土地開発公社の清算・解散を進めるインセンティブの乏しさ」や「清算・解散を後押しする国の施策の弱さ」とは，2001年に「土地開発公社経営健全化対策」が提示されるまでは，土地開発公社の業容縮小が望ましいという方針さえ示されなかったこと，その「土地開発公社経営健全化対策」さえも，改革意欲のある自治体のみへの支援制度にとどまっていたことである。つまり，真に改革が必要であるがその意欲のない自治体を動かす仕組みにはなっていなかったのである。この背景には，この制度を利用せず抜本改革や清算に着手しなくても，何らの「ペナルティー」も科されないことがある。「ペナルティー」とは，必ずしも直接的な罰則規定を意味するものではない。抜本改革や清算に着手しないことが住民に損失拡大をもたらすことを住民が広く把握できるような仕組みがあれば，自治体は前向きな行動をとるはずである。後ろ向きな選択をして，住民からの信認・信頼を失うことが自治体にとっての大きな「ペナルティー」といえるからである。

---

22) 米沢市については，高槻（1977）に拠る。また，2000年度に自主再建団体となった泉崎村（福島県）では，泉崎中核工業団地特別会計と宅地造成事業特別会計で同様のことが起こった。その経緯については，河北新報社（2000a, b, c），日本経済新聞社（2000a），毎日新聞社（2000a），読売新聞社（2000a, b, c, e）を参照。

図4-4　土地開発公社解散時のイメージ

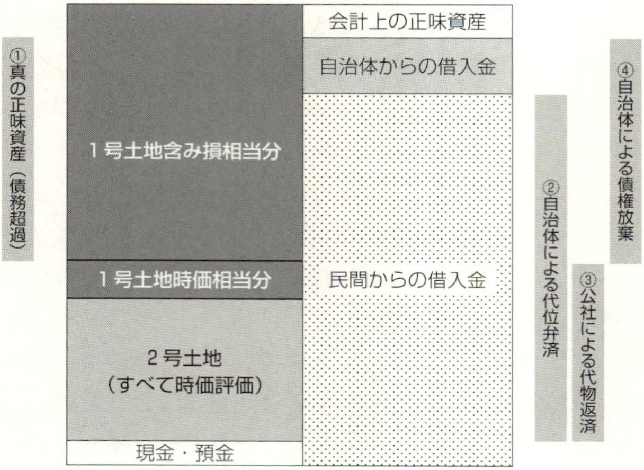

```
┌─────────────────────┬─────────────────────┐
│                     │    会計上の正味資産    │
│                     ├─────────────────────┤
│                     │   自治体からの借入金   │
│   1号土地含み損相当分   │                     │
│                     │                     │
│                     │                     │
├─────────────────────┤                     │
│   1号土地時価相当分    │    民間からの借入金    │
├─────────────────────┤                     │
│                     │                     │
│      2 号土地        │                     │
│   (すべて時価評価)    │                     │
│                     │                     │
├─────────────────────┤                     │
│     現金・預金       │                     │
└─────────────────────┴─────────────────────┘
```

①真の正味資産（債務超過）
②自治体による代位弁済
③公社による代物返済
④自治体による債権放棄

（出所）　筆者作成。

(4) 解散に際しての障害

　第4の「解散に際しての障害」とは，土地開発公社は債務超過状態では解散できないこと，そのため解散に先立って，母体が代位弁済を行ったうえで，土地開発公社に対して債権放棄することが必要なこと，自治体の債権放棄には首長の決断と議会の承認が必要なこと，代位弁済に要する金額は，ネットの負債（負債と資産〔時価〕の差額）を大きく上回る金額であり，グロスの負債額に相当する清算資金が必要なことである。

　図4-4は，土地開発公社の解散前時のバランスシートを想定して，清算に必要な土地開発公社と母体自治体の行動を対応づけたものである。公社解散の判断がなされ，母体による代位弁済がなされた後，公社から自治体へ代物弁済された土地が売却できれば，公社清算に伴う自治体の最終的な費用負担は，清算前公社の実質的な債務超過額，すなわち母体の債権放棄額にほぼ一致するであろう。しかし，即座に土地が売却できるならば，すでに実施されているはずであるから，金融機関への返済に際して重要なのは，公社の資産と負債の差額ではなく，グロスの負債額となるはずである。つまり，自治体が債務保証額か，借入額全額を代位弁済できなければ，清算は進捗しない。通常，土地開発公社に対する債務保証額は巨額であるから，自己資金でこれを賄うことのできない自治体は少なくなかったはずである。

2.3　土地開発公社の清算・解散が 2009 年度以降に加速した理由

　土地開発公社の清算・解散が 2009 年度以降に加速したのは，それを阻害していた要因が緩和，ないしは解消されたと考えるべきであろう．

　まず，土地開発公社の清算・解散を遅らせる要因となっていた第 1 の「経理基準の特殊性」に関しては，2005 年に改正された経理基準の経過措置期間が終了して，2009 年度からは，「2 号土地（プロパー土地）」を中心に時価表示適用が始まった．ただし，公社保有土地の大部分は，主要業務である土地先行取得に対応する「公有用地」や「代行用地」が占めており，これらについては，引き続き，取得価額に基づく簿価表示が適用されるため，借入金から発生する支払利子を取得価額の一部と見なして資産計上する特殊経理も，多くの保有土地に対して継続されたと見られる．したがって，経理基準改正による効果は，土地造成事業のウエイトが高い自治体に限られた可能性がある．

　第 2 の「予算過程におけるガバナンスの弱さ」に関しては，大きな変化があったといえる．地方財政健全化法のもとで，依頼土地の買戻し予定額や土地開発公社の債務保証・損失補償の一部が将来負担比率へ算入され，土地開発公社と連結したベースで母体の財政状況が問われることになったことは，議会や住民によるガバナンスが決算段階で回復されたことを意味するからである．全自治体への将来負担比率が国民・住民向けに公表されるようになっただけでなく，表 1-16（61 頁）に示した将来負担比率には，一般会計等地方債残高や公営企業債の元金償還費に充てる一般会計等からの繰入見込額・一部事務組合等が起こした地方債の元金償還費に充てる自治体負担等見込額のほか，債務負担行為に基づく支出予定額，職員の退職手当支給予定額のうち一般会計等負担見込額，設立法人等の債務に付された債務保証契約・損失補償契約等に由来する一般会計等負担見込額（設立法人等の負債額等のうち一般会計等負担見込額）などの未確定債務も幅広く算入対象となっている．そのなかで，依頼土地の買戻し予定額や土地開発公社に対する債務保証・損失補償の一部など土地開発公社に由来する自治体の負担の重さについても，将来負担比率算入対象として金額が把握される．それが「健全化判断比率・資金不足比率カード」や「財政状況資料集」に掲載されるようになった．その結果として，絶対額の公表のみならず，その額の地域間比較などを通じて，住民によるモニタリングが機能しやすくなった点が重要である．

第3の「自治体が自発的に土地開発公社の清算・解散を進めるインセンティブの乏しさ」については，自治体による債務保証・損失補償が行われている土地の「塩漬け」状態を解消せず，公社債務の増大を放置しておけば，将来負担比率が上昇する状況となった。万一，将来負担比率が早期健全化基準以上の水準となれば，自治体は財政健全化団体に転落する。そうなれば，首長と議会の関与と責任において，「財政健全化計画」の策定と実施が求められるため，その後の財政的選択は大きく制約され，住民の便益低下は免れない。将来負担比率には余裕があっても，債務保証契約や損失補償契約が履行されれば，実質収支が大幅な赤字となって，財政健全化団体や財政再生団体に転ずる可能性がある。

したがって，土地開発公社に大きな問題を抱える自治体は，もはや，何の対処もしないという選択はしないはずである。言い換えると，自治体は，こうした事態を回避するという強いインセンティブを持ったことになる。その自発的な選択の結果として，清算・解散が促された可能性が高い。つまり，自治体の自発的行動を促すのは，健全化判断比率と早期健全化基準にほかならない。そのルールを定めた地方財政健全化法が本格施行されたのが2009年度である。

また，2009年6月に国から通知された「第三セクター等の抜本的改革の推進等について」においては，存廃を含めた抜本的改革の検討に際して，「債務保証・損失補償を伴う借入金によって取得した，保有期間5年間以上の土地を有する場合」と「保有資産を時価評価した場合に実質的な債務超過状態にある場合」を原則的に「採算性のない土地開発公社」と判断して，清算を進めるべきだという基準も示された。

第4の「解散に際しての障害」のうち，資金面での障害に関しては，これをほとんど解消するスキームが登場した。それが第三セクター等改革推進債である。発行可能額は，債務保証・損失補償の対象である金融機関からの借入金と自治体から土地開発公社への短期貸付金の総合計を上限とするものである。つまり，グロスの負債額に基づいた起債によって，清算に必要な資金が調達可能になったのである。

しかも，第三セクター等改革推進債を発行すれば，利子の一部に対して特別交付税が措置される。しかし，より重要なのは，公社の清算を先行させ，その後に時間をかけて清算費用を捻出する時間的猶予が得られることである。つまり，この地方債の本質的な利点は，償還期間を通じて清算費用を平準化できる

ことにある。また，償還財源は起債後の行財政改革や財政健全化を通じて実現する実質収支の黒字要素である。

すでに述べたとおり，この第三セクター等改革推進債が許可された期間は，「第三セクター等の抜本的改革への集中取組期間」とされた2009〜13年度に限定されている[23]。時限措置であったことも，期間内の利用を促す効果を高めたはずである。

なお，第三セクター等改革推進債を発行して，償還が始まると，実質公債費比率の押上げ要因となる。しかし，最長30年の償還年限が許可されたため，起債に伴う実質公債費比率への影響は小幅にとどめられることとなった[24]。実際に許可された第三セクター等改革推進債の発行条件を見ると，実質公債費比率の高い自治体では長めの償還年限となっており，第三セクター等改革推進債発行に伴うデメリットは最小限に抑えられたといえる。

このように，2009年度から2013年度にかけての期間は，自治体が自発的に土地開発公社の清算・解散を行う素地が最も整っていた期間だということができる。しかし，すべて可能性の域を出ない。これらによって，本当に土地開発公社の清算・解散が促進されたか否かは，すぐれて実証的な問題であり，検証は計量分析に委ねられなければならないであろう。

3 将来負担比率による土地開発公社解散促進効果の計量分析

3.1 予備的検討

本節の関心は，存続の必要性の乏しい土地開発公社の清算に際して，設立母体である自治体の財政状況や公社の経営状況・財務状況のうち，どのような要因が影響を及ぼすか，とくに将来負担比率が自発的な清算を促すガバナンス効果を持っているか否かを調べることにある。したがって，清算の必要性がまっ

[23) ただし，2014年4月1日施行の制度改正によって，経過措置対象団体は2016年度まで起債可能（実質的に期間延長）となった。
24) 30年の償還年限を前提に，すべての自治体が土地開発公社の清算に第三セクター等改革推進債を発行する状況を想定して，起債後の実質公債費比率を試算したところ，早期健全化基準を上回ってしまう自治体は，2008年度を起点とした場合には2団体のみであり（もともと上回っていたケースを除く），その後の年度では皆無という試算結果となった。

たくない土地開発公社を分析の対象から除外することができれば，分析の精度が高まると考えられる。清算の必要性がない土地開発公社も，清算が望まれるのに何らかの阻害要因によって存続している土地開発公社も，清算したのか否かという現象面だけ見れば，「清算しなかった土地開発公社」に分類されるため，分析する標本のなかに清算の必要性がまったくない土地開発公社が含まれていれば，どのような要因が清算促進要因として機能したかを見極める際の障害となりうるからである。

そこで，財務諸表からの情報などの単純な外形的基準によって，清算の必要性がない土地開発公社を抽出することができるかどうかを最初に検討する。具体的には，経営状況が良好で清算の必要性がない土地開発公社に求められる条件として，以下の6条件を想定する。

1. 2013年度時点で存続していること
2. 保有期間5年以上の土地がないこと
3. 販売用不動産がゼロではないこと
4. 土地先行取得事業用土地を保有していること
5. 負債がゼロではないこと
6. 母体自治体に「土地開発公社に係る一般会計等負担見込額」が計上されていないこと

考察の対象は，市町村が設立した土地開発公社のうち，2008年度末時点で存在していた990公社である。6条件に基づいて分類した結果を示したものが，表4-5である。

全条件を満たすのは全990公社中の33公社のみであり，これらのなかに真の「清算の必要性がまったくなかった土地開発公社」が含まれていると考えられる。ただちに，「残りの957公社は，清算が必要だった公社，存続の必要性がなかった公社である」と結論づけることはできないが，少なくともいえることは，経営状況，財務状況を単純な外形的な基準に基づいて判断した場合，「まったく問題がない」と見なせる公社がきわめて限定されてしまうことである。したがって，外形的な基準に基づいて判断した場合には，まったく問題のない土地開発公社よりも，「何らかの問題点はあるが，母体による総合判断の結果として，存続が必要，ないしは存続が妥当とされて，今日まで存続している土地開発公社」の方が圧倒的に多いといえるであろう。

これらの結果は，計量分析に際して，外形的基準によって清算の必要性がな

表4-5 2008年度末時点で正常な経営状態にある土地開発公社の見極め

2013年度までに清算完了，もしくは清算途上	268
第三セクター等改革推進債を発行して清算を完了，もしくは清算途上	118
第三セクター等改革推進債を発行せずに清算を完了	150
2013年度時点で清算完了・清算途上に該当しない	722
保有期間5年以上の土地がある	549
保有期間5年以上の土地がない	173
販売用土地がない	112
販売用土地がある	61
土地先行取得事業用土地がない	21
土地先行取得事業用土地がある	40
負債がない	0
負債がある	40
「土地開発公社に係る一般会計等負担見込額」が計上されている	7
「土地開発公社に係る一般会計等負担見込額」が計上されていない	33

(出所) 総務省「第三セクター等の状況に関する調査結果」「土地開発公社事業実績調査結果概要」「第三セクター等改革推進債の発行状況」，各市町村「財政状況資料集」に基づいて筆者作成。

い公社を除外することはできないこと，すなわち，全標本を分析対象とすべきことを意味している。

3.2 土地開発公社問題の解決に向けた選択肢の考え方

　必要性が乏しい土地開発公社に対して，自治体には，次の3つの選択肢があると考えられる。

　第1の選択（図4-5における選択肢A）は，第三セクター等改革推進債を起債せず，また，土地開発公社の解散を行わないというものである。土地開発公社の解散は，首長が決断し，さらに議会が承認しなければ，実現しない。業務上の必要性のない土地開発公社を解散することが住民に対しての負の純便益をもたらすとは思えないが，政治力を持つ団体の反対などから，解散が行われないことも考えられる。そのため，解散しないという選択をしたケースには，事業の必要性や意義があって，土地開発公社が実際に存続しているケースだけでなく，事業の必要性は乏しいが土地開発公社が存続しているケースも含まれている可能性がある。

　第2，第3の選択は，土地開発公社を清算・解散するという選択である。

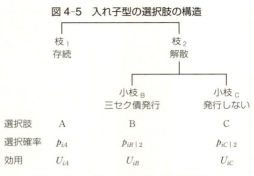

図4-5 入れ子型の選択肢の構造

(注) 三セク債とは，第三セクター等改革推進債の略記。

そのうちの**第2の選択**（図4-5における選択肢B）は，第三セクター等改革推進債発行による調達資金で清算・解散を進めることである。この方法は，土地開発公社の借入規模が大きい場合など，新たな資金調達を行わずに代位弁済をすれば，母体の実質収支が赤字化したり，実質赤字比率が早期健全化基準や財政再生基準を超えてしまったりする場合に選択されるであろう。

また，**第3の選択**（図4-5における選択肢C）は，第三セクター等改革推進債を発行せずに土地開発公社を解散することである。土地開発公社の負債自体の規模が小さい場合や，設立した自治体による買戻しが進んでいて，解散によって顕在化する処理費用が大きくない場合や，財政調整基金が潤沢であるなど母体自治体の財政状況が良好な場合に選択されるものと思われる。

第2，第3の選択をした自治体についていえることは，「清算・解散をした土地開発公社は，それが妥当であると判断した」から，言い換えると，「当該公社の必要性が乏しいから清算・解散をした」というところまでである。しかし，それでも，どのような属性を持った公社，どのような財政状況にあった市町村が清算という選択をしたのかを明らかにすることには，十分な意義があるであろう。

3.3　分析対象と具体的な計量分析の方法

以上を踏まえたうえで，計量分析の対象とした団体は，2008年度末に土地開発公社を保有していた990市町村である。財政再生団体だった夕張市，財政健全化団体だった泉佐野市のほか，その後に他の市町村と併合された市町村は除外した。そして，これらのうち，「第三セクター等の抜本的改革への集中取

組期間」である 2009〜13 年度において清算・解散したか否かで，最初に標本を二分した．2013 年度末時点で清算が完了していなくても，第三セクター等改革推進債を発行している団体は，「清算途上」にあるという意味で図 4-5 における「選択肢 B」に従った団体に含めた[25]．

990 市町村を選択肢 A（公社存続）に従ったグループ，選択肢 B（第三セクター等改革推進債を利用して公社解散）に従ったグループ，選択肢 C（第三セクター等改革推進債を利用しないで公社解散）に従ったグループに分類し，A, B, C のそれぞれに該当するか否かを 3 つのダミー変数を用いて表現することとした．具体的には，市町村 i の選択を $Y_i=j$, $j=A, B, C$ で表し，これに対応するダミー変数 y_{ij} は市町村 i が選択肢 j を選んだときに 1，それ以外を選んだときは 0 をとる変数として定義した．

それぞれの選択に対応する市町村の効用[26] U_{ij} ($j=A, B, C$) については，k 種類の説明変数からなるベクトルを x_{ij} として，次の関係を想定した．

$$U_{ij} = x_{ij}\beta_j + \varepsilon_{ij}$$

3 つの選択肢のなかから j ($j=A, B, C$) が選択される確率を p_{ij} とすれば，j が選択されたならば，対応する効用 U_{ij} は他の選択肢に対応する効用より大きくなければならないから，選択確率 p_{ij} には以下の関係が成り立たなければならない．

$p_{ij} = \text{Probability}(U_{ij} > U_{il}, \text{ for all other } l \neq j)$
ただし，$\Sigma_j p_{ij} = 1$

ダミー変数 y_{ij} はこれらの性質を満たす選択確率を反映して実現したものとして捉え，これを x_{ij} で説明するモデルを推定する．

市町村の選好を反映した選択の構造については，以下の入れ子型の階層構造を想定する．土地開発公社に由来する財政リスクを解消するにあたって，公社

---

[25] 第三セクター等改革推進債を利用しない清算・解散は，それが完了して初めて「第三セクター等の状況に関する調査結果」から判明するのに対して，第三セクター等改革推進債を利用した清算・解散は，清算・解散が完了していなくても，発行実績から清算の途上にあることが自動的に判別できるという違いがあり，起債の 1 年程度後に清算が完了することが確実に見込まれるため，起債したという事実のみで清算に含める取扱いとした．

[26] 直接の選択主体は市町村だが，地域住民の効用を最大化するために行動することを仮定している．

を存続したうえで経営改革に取り組むのか，公社を解散するのかという選択があり，解散する場合に，第三セクター等改革推進債を発行するのか，しないのかという選択に向き合うという考え方である。すなわち，推定するのは入れ子型ロジット・モデルである。

ただし，選択の構造に関しては，特殊ケースとして，2つの選択肢間のオッズが他（3つめ）の選択肢からは影響を受けないこと（IIA：independence of irrelevant alternatives）もありうる。その構造に対応するモデルは多項ロジット・モデル（multinomial logit model）であり，入れ子型ロジット・モデルを採用するためには，IIAが成立するという帰無仮説が棄却される必要がある[27]。

入れ子型ロジット・モデルの前提となる選択の階層構造において，市町村iが枝$_1$（A）および枝$_2$を選択する確率は，McFadden (1981)，Train (2009)，松浦・マッケンジー (2009) に準拠して，以下のとおりとする。

$$\text{Probability}(Y_i = A) = p_{iA} = \frac{1}{1 + \{\exp(x\beta_B/\rho) + \exp(x\beta_C/\rho)\}^\rho}$$

$$p_{i枝2} = \frac{\{\exp(x\beta_B/\rho) + \exp(x\beta_C/\rho)\}^\rho}{1 + \{\exp(x\beta_B/\rho) + \exp(x\beta_C/\rho)\}^\rho}$$

ここで，ρは選択肢Bが選ばれたときの誤差項と選択肢Cが選ばれたときの誤差項の相関に類する未知のパラメーターである。

また，市町村iが枝$_2$を条件に，BおよびCを選択する確率は，次のように表現できる。

$$\text{Probability}(Y_i = B) = p_{iB|2} = \frac{\exp(x\beta_B/\rho)}{\exp(x\beta_B/\rho) + \exp(x\beta_C/\rho)}$$

$$\text{Probability}(Y_i = C) = p_{iC|2} = \frac{\exp(x\beta_C/\rho)}{\exp(x\beta_B/\rho) + \exp(x\beta_C/\rho)}$$

したがって，市町村iが全選択肢のなかから小枝$_B$および小枝$_C$を選択する確率p_{iB2}とp_{iC2}は，次のように表される。

---

27) 検定方法は2つあり，1つめの方法は，入れ子型ロジット・モデルを推定し，$\rho = 1$のt検定を行うというものである。このとき，帰無仮説が棄却されれば，誤差項ε_{iB}と誤差項ε_{iC}は独立ではないことになる。
　もう1つの方法は，入れ子型ロジット・モデルと多項ロジット・モデルの両方を推定し，$\rho = 1$の尤度比検定を行うというものである。

$$p_{iB2} = p_{i枝2} \times p_{iB|2} = \frac{\exp(x\beta_B/\rho)\{\exp(x\beta_B/\rho) + \exp(x\beta_C/\rho)\}^{\rho-1}}{1 + \{\exp(x\beta_B/\rho) + \exp(x\beta_C/\rho)\}^\rho}$$

$$p_{iC2} = p_{i枝2} \times p_{iB|2} = \frac{\exp(x\beta_C/\rho)\{\exp(x\beta_B/\rho) + \exp(x\beta_C/\rho)\}^{\rho-1}}{1 + \{\exp(x\beta_B/\rho) + \exp(x\beta_C/\rho)\}^\rho}$$

3.4 モデルの推定と結果の解釈

定数項を含めて k 種類の説明変数を用いると，入れ子型ロジット・モデルの推定係数の数は $2k+1$ 個となるため，説明変数ベクトル x_{ij} を構成する変数はとくに重要と考えられる次の7変数に限定した．

x_1：定数項

x_2：将来負担比率の早期健全化基準からの乖離率

x_3：債務保証・損失補償残高／標準財政規模

x_4：（財政調整基金残高＋実質収支）／標準財政規模

x_5：5年以上保有土地の割合

x_6：債務超過の土地開発公社ダミー

x_7：経常損益赤字の土地開発公社ダミー

利用データは，総務省「第三セクター等の状況に関する調査結果」の個票と「土地開発公社事業実績調査結果概要」の個票データである．被説明変数は2009～13年度の選択行動の結果として得られるものである．説明変数についても，内生性を考慮して，その選択行動が始まる前年度，すなわち2008年度の実績データを用いた．

入れ子型ロジット・モデルの推定結果は，表4-6に示すとおりである．

また，IIAを検定した結果は，入れ子型ロジット・モデルにおける $\rho=1$ のWald検定においても，入れ子型ロジット・モデルと多項ロジット・モデルの尤度比検定においても，IIAが成立するという帰無仮説は棄却されたため[28]，入れ子型ロジット・モデルを採択した．

結果の解釈に際して，推定された入れ子型ロジット・モデルの係数の符号は，2項選択モデルとは異なり，必ずしも当該変数の影響の方向性と一致しない

---

[28] $\rho=1$ のWald検定においては，自由度1の χ^2 乗検定統計量は29.68であった．また，入れ子型ロジット・モデルの対数尤度を $\log LU$，多項ロジット・モデルの対数尤度を $\log LR$，尤度比検定統計量を LR とすれば，$LR=13.25$ となり，いずれの方法でも，IIAが成立するという帰無仮説は棄却された．

表 4-6　入れ子型ロジット・モデルの推定結果

	推定係数	標準誤差	p 値		推定係数	標準誤差	p 値
β_{1B}	−1.684	0.688	0.014	β_{1C}	−0.053	0.417	0.899
β_{2B}	−0.018	0.007	0.012	β_{2C}	−0.021	0.006	0.001
β_{3B}	0.031	0.006	0.000	β_{3C}	−0.108	0.037	0.004
β_{4B}	−0.039	0.016	0.016	β_{4C}	0.010	0.008	0.200
β_{5B}	0.017	0.006	0.004	β_{5C}	0.003	0.002	0.133
β_{6B}	0.296	0.394	0.452	β_{6C}	0.780	0.505	0.123
β_{7B}	0.347	0.244	0.154	β_{7C}	0.271	0.194	0.162
ρ	0.522	0.088	0.000	対数尤度		−589.28	

め，全推定係数を用いて，全標本の限界効果を計算した後に，平均値を求めて判断することとした。具体的には，x_{ik} がダミー変数以外の場合，各変数の限界効果は次式で表される[29]。

$$\frac{\partial p_{iA}}{\partial x_{ik}} = -\hat{p}_{iA}\bar{\beta}_k, \quad \frac{\partial p_{iB}}{\partial x_{ik}} = -\hat{p}_{iB}(\beta_{kB}-\bar{\beta}_k), \quad \frac{\partial p_{iC}}{\partial x_{ik}} = -\hat{p}_{iC}(\beta_{kC}-\bar{\beta}_k)$$

ただし，$\bar{\beta}_k = \hat{p}_{iB}\beta_{kB} + \hat{p}_{iC}\beta_{kC}$

$\hat{p}_{iA}$, $\hat{p}_{iB}$, $\hat{p}_{iC}$ は全係数推定値と各変数から算出する。このとき，各標本レベルでは，$\partial p_{iA}/\partial x_{ik} + \partial p_{iB}/\partial x_{ik} + \partial p_{iC}/\partial x_{ik} = 0$ が成り立つ。

全標本に基づいて算定した各変数の限界効果は，表 4-7 に示すとおりである。

結果的には，すべての変数に関して，限界効果の標本平均値の符号は推定係数の符号に一致している。将来負担比率のガバナンス効果を考えるうえで最も重要な「将来負担比率の早期健全化基準からの乖離率」の選択Bと選択Cに対する限界効果は，標本平均値がいずれも負であるだけでなく，全標本の限界効果が負であり，期待される符号条件を満たしている。つまり，「将来負担比率の早期健全化基準からの乖離率」が小さい自治体ほど，第三セクター等改革推進債を発行して，土地開発公社の解散・清算を行うか，起債しないで公社の解散・清算を行うかのいずれかであったことが裏づけられている。

また，限界効果を示した表 4-7 における標本平均値の符号が選択Bと選択

---

[29] ダミー変数の場合は，「限界効果を求める変数以外は実績値を，ダミー変数のみ $x_{ik}=1$ を代入した $\hat{p}_{ij}|x_{ik}=1$」と，「限界効果を求める変数以外は実績値を，ダミー変数のみ $x_{ik}=0$ を代入した $\hat{p}_{ij}|x_{ik}=0$」の差として，限界効果を計算すればよい。

表4-7　全標本に基づく各変数の限界効果の平均値

	選択A 存続	選択B 三セク債発行して解散	選択C 三セク債なしで解散
β_2　将来負担比率の早期健全化基準からの乖離率	0.00341	−0.00116	−0.00225
β_3　債務保証・損失補償残高/標準財政規模	0.00958	0.00294	−0.01252
β_4　(財政調整基金残高＋実質収支)/標準財政規模	0.00151	−0.00295	0.00144
β_5　5年以上保有土地の割合	−0.00147	0.00119	0.00028
β_6　債務超過の土地開発公社ダミー	−0.11784	0.00342	0.11442
β_7　経常損益赤字の土地開発公社ダミー	−0.05312	0.02595	0.02717

(注)　三セク債とは，第三セクター等改革推進債の略記。

Cで異なるのは，「債務保証・損失補償残高/標準財政規模」と「(財政調整基金残高＋実質収支)/標準財政規模」である。前者に関しては，規模が大きくなればなるほど，自己資金のみで返済するのは難しくなることから，第三セクター等改革推進債発行にプラス，第三セクター等改革推進債を利用しない解散にはマイナスという結果は妥当である。後者に関しても，手元に十分な現金があれば，自己資金のみでの解散の可能性が高まると考えられることから，第三セクター等改革推進債発行にマイナス，第三セクター等改革推進債を利用しない解散にはプラスという結果は妥当である。

ただし，「債務保証・損失補償残高/標準財政規模」が存続に対してもプラスであることは，合理的な行動を前提にする場合は説明がつかない。第三セクター等改革推進債があるにもかかわらず，処理を先送りする行動が一部の自治体で見られるが，処理費用がきわめて大きいことが政治的に忌避されているのであろう。

まとめ

本章では，まず，定義式の細目についての実質公債費比率との比較を通じて，将来負担比率が実質公債費比率のストック概念に相当する項目を集計対象とするという第1の側面と，他の3種類の健全化判断比率がカバーできない要素を集計対象とするという第2の側面に分けて，将来負担比率の持つ意味を明らかにした後，自治体に財政健全化を促すガバナンス効果についての整理と分析を行った。

第1の側面に関するガバナンス効果は実質公債費比率を補完する役割であり，

一般会計の地方債残高が原因で将来負担比率が高い自治体に対して，繰上償還を通じてそれを引き下げるように促す機能が将来負担比率には備わっていることを示した。ただし，償還方法・平均償還年限の実勢を踏まえると，一般市町村（政令市を除く）の将来負担比率に設定された早期健全化基準が，実質公債費比率に設定された早期健全化基準と比べて，相対的に高い水準であるために，ガバナンス効果が発揮されにくいことも指摘した。

第2の側面に関するガバナンス効果は将来負担比率のみが持っている機能である。各種の未確定債務のうち，設立法人等の債務に対する債務保証・損失補償は，ひとたび履行されれば，母体自治体に実質赤字が生じて財政再生団体化するリスクを伴っていること，それが一般会計等負担見込額として将来負担比率に算入されていることで，当該法人の抜本的な経営改革や清算・解散を促すことを示した。

石川・赤井（2015b）および本章の分析から明らかになったことのうち，とくに重要なことは，第1に，土地開発公社に対する債務保証・損失補償に由来する一般会計等負担見込額が算入される将来負担比率と将来負担比率に設定された早期健全化基準が，ガバナンス効果を発揮したことである。第2に，改革を促進するために創設され，許可された第三セクター等改革推進債を拠り所として，土地開発公社の解散・清算を中心とする改革が促進されたことである。

将来負担比率の分子としての将来負担額が問われるのは，将来のことであり，不確定要素も存在することは事実である。確定債務に加え，この不確定要素も客観的な基準に従って取り込む新たな指標としての将来負担比率を導入したことは，チャレンジングな試みであったが，実際に，将来の不確定な債務発生リスクを早期に解決し，健全な財政運営を促す仕組みとしてのガバナンス効果を果たしているといえよう。

付論1　実質公債費比率と将来負担比率の関係

1 実質公債費比率に対する将来負担比率の倍率を決める要因

まず，実質公債費比率と将来負担比率の構成項目を簡略化すれば，定義式は以下のように表すことができる。

$$y_{1,t} = \frac{a_1 - b_1 - c_1}{s - b_1}$$

$$y_{2,t} = \frac{a_2 - b_2 - c_2 - d_2 + e_2}{s - b_1}$$

$$Ratio_t = \frac{y_{2,t}}{y_{1,t}} = \frac{a_2 - b_2 - c_2 - d_2 + e_2}{a_1 - b_1 - c_1}$$

$s - b_1 > 0$

$a_1 - b_1 - c_1 > 0$

$a_2 - b_2 - c_2 - d_2 + e_2 > 0$

ただし，y_1：実質公債費比率，a_1：元利償還金・準元利償還金，b_1：基準財政需要額への算入公債費，c_1：特定財源，y_2：将来負担比率，a_2：一般会計等地方債残高，公営企業債の元金償還費に充てる一般会計等からの繰入見込額・一部事務組合等が起こした地方債の元金償還費に充てる自治体負担等見込額，b_2：今後の基準財政需要額への公債費算入見込額，c_2：今後の特定財源充当見込額，d_2：充当可能基金残高，e_2：設立法人等に対する債務保証・損失補償等に由来する一般会計等負担見込額等（将来負担比率固有の集計項目すべて），s：標準財政規模，$Ratio$：実公債費比率に対する将来負担比率の倍率

添字の1はフローの変数，添字の2はストックの変数を表す。不等式は，考察対象を実質公債費比率と将来負担比率がともに正であるケースに絞るための仮定である。

次に，議論を単純化するため，新たな地方債は発行しないものと仮定したうえで，地方債の償還満了までの平均残存年数をl，元利償還金に係る交付税措置の平均残存年数をm，元利償還金に対して特定財源を充当できる平均残存年数をnとし，交付税措置額の元利償還金に対する割合をα，充当特定財源の元利償還金に対する割合をβと表現する。さらに，将来負担比率固有の要素である充当可能基金残高と設立法人等に対する債務保証・損失補償等に由来する一般会計等負担見込額については，一般会計等地方債残高に対する割合をそれぞれγとθで表す。すなわち，

$l = a_2/a_1, \quad m = b_2/b_1, \quad n = c_2/c_1$

$b_1 = \alpha a_1, \quad c_1 = \beta a_1$

$d_2 = \gamma a_2, \quad e_2 = \theta a_2$

$\therefore a_1 - b_1 - c_1 = a_1(1 - \alpha - \beta) > 0$

l：償還満了までの平均残存年数，m：元利償還金に係る交付税措置の平均残存年数，n：特定財源を充当できる平均残存年数，α：元利償還金に係る交付税措置額の割合，β：元利償還金に対する充当特定財源の割合，γ：充当可能基金残高の一般会計等地方債残高に対する割合，θ：設立法人等に対する債務保証・損失補償等に由来

する一般会計等負担見込額の一般会計等地方債残高に対する割合

これらの関係を実質公債費比率および将来負担比率の定義式に反映すれば，「実質公債費比率に対する将来負担比率の倍率」 $Ratio$ は次のように表すことができる。

$$Ratio_t = \frac{a_2 - b_2 - c_2 - d_2 + e_2}{a_1 - b_1 - c_1} = \frac{(1-\gamma+\theta)l - \alpha m - \beta n}{1-\alpha-\beta} \quad \cdots ①$$

元利償還金に係る交付税措置の平均残存年数 m，償還満了までの平均残存年数 l と m の差，特定財源を充当できる平均残存年数 n と m の差に着目するならば，①式を以下のように変形することができる。

$$Ratio_t = m + \frac{(1-\beta)(l-m) + l(-\gamma+\theta) + \beta(l-n)}{1-\alpha-\beta} \quad \cdots ②$$

この②式から，起債時点での償還年限が元利償還金に係る交付税措置年数と比べて著しく長い年数に設定されていたり（$l>m$），特定財源を現在のレベルで充当し続けられる年数と比べて著しく長い年数に設定されていたり（$l>n$），設立法人等に対する債務保証・損失補償等に由来する一般会計等負担見込額が充当可能基金残高に比して著しく大きかったりすれば（$-\gamma+\theta>0$），「実質公債費比率に対する将来負担比率の倍率」は，外生的に決まる交付税措置残存年数 m よりも大きな数値となることがわかる。

同時に，償還満了までの平均残存年数，元利償還金に係る交付税措置の平均残存年数，特定財源を充当できる平均残存年数がすべて同じ，すなわち，$l=m=n$ であって，充当可能基金残高と設立法人等に対する債務保証・損失補償等に由来する一般会計等負担見込額の差が無視できるほどに小さければ，「実質公債費比率に対する将来負担比率の倍率」は，元利償還金に係る交付税措置の残存年数 m，そして，償還満了までの残存年数 l にほぼ等しくなる。堅実な財政運営を行っている自治体であれば，起債時の償還年数を元利償還金に係る交付税措置の年数より長めに設定することはせずに，同じ年数を設定し（$l=m$），現在のレベルで特定財源を充当する年数も償還年限に合わせるはずである（$n=l$）。そして，設立法人等に対する債務保証・損失補償等に由来する一般会計等の将来負担も生じないはずであろう（$\theta=0$）。

これらの条件が満たされれば，「実質公債費比率に対する将来負担比率全体の倍率」は，自治体にとって外生変数である元利償還金に係る交付税措置の残存年数 m に収斂する。

しかし，現実には自治体の財政運営の堅実さが異なることを踏まえれば，その度合いに応じて一定の値を中心に分布する可能性が高い。

また，償還満了までの平均残存年数，元利償還金に係る交付税措置の平均残存年数，特定財源を充当できる平均残存年数が同じであっても，設立法人等に係る一般会計等負担見込額が大きい場合は（$-\gamma+\theta>0$），「実質公債費比率に対する将来負担比率の倍率」は償還満了までの残存年数よりも大きな数値となる。

第4章　将来負担比率のガバナンス効果　207

2　将来負担比率の引下げ策と「実質公債費比率に対する倍率」への効果

　地方債はいったん発行してしまうと，約定スケジュールに従って償還義務を果たすこと以外には，できることが限られている。実質公債費比率や将来負担比率を引き下げることのできる即効性のある数少ない手段がネットの繰上償還（借換えを上回る金額の繰上償還）と充当可能基金の積増しである。

　このうち，充当可能基金の積増しには，実質公債費比率算定上の積立不足の解消を含めた減債基金の積増しのほか，財政調整基金の積増しが含まれる。ただし，実質公債費比率算定上の積立不足の解消が実質公債費比率と将来負担比率の両方を引き下げることができるのに対して，財政調整基金の積増しや積立不足がない状況での減債基金の積増しは，将来負担比率しか引き下げることができない。

　これらの手段による効果は，以下のようにまとめることができる。

(1)　繰上償還の効果

　繰上償還は一般会計等地方債残高 a_2 を直接減少させる行為である。したがって，将来負担比率に対する効果は，次のとおりである。

$$-\frac{\partial y_{2,t}}{\partial a_2} = -\frac{1}{s-b_1} \quad \cdots ③$$

同様に，実質公債費比率のうち，繰上償還に伴う地方債残高の減少の影響を受ける項目は，公債費のみである。すなわち，

$$a_1 = a_2/l$$

$$\therefore -\frac{\partial y_{1,t}}{\partial a_2} = \frac{\partial y_{1,t}}{\partial a_1}\frac{\partial a_1}{\partial a_2} = -\frac{1}{l(s-b_1)} \quad \cdots ④$$

つまり，繰上償還に伴う実質公債費比率の押下げ幅は，将来負担比率の押下げ幅を地方債償還満了までの残存数で除した大きさに等しい。

　また，「実質公債費比率に対する将来負担比率の倍率」に対する繰上償還の効果は，以下に示すとおり，地方債の残存償還年数 l と残存交付税措置年数 m の大小関係，残存償還年数 l と特定財源充当年数 n の大小関係，設立法人等に対する一般会計等負担見込額 e_2 と充当可能基金残高 d_2 の大小関係に依存するため，符号条件は定まらない。

$$\frac{\partial Ratio_t}{\partial a_2} = -\frac{\partial y_{2,t}}{\partial a_2}\frac{1}{y_{1,t}} + \frac{y_{2,t}}{y_{1,t}^2}\frac{\partial y_{1,t}}{\partial a_2} = \frac{\{(l-m)b_1 + (l-n)c_1 + e_2 - d_2\}(s-b_1)}{l(a_1-b_1-c_1)^2} \quad \cdots ⑤$$

(2)　充当可能基金の積増しの効果

　定義式に即して考えると，充当可能基金の積増しは d_2 を直接増加させる行為である。よって，将来負担比率と「実質公債費比率に対する将来負担比率の倍率」を押し下げ

るが，実質公債費比率には影響しない。

$$\frac{\partial y_{2,t}}{\partial d_2} = -\frac{1}{s-b_1} \quad \cdots ⑥$$

$$\frac{\partial Ratio_t}{\partial d_2} = -\frac{1}{a_1-b_1-c_1} \quad \cdots ⑦$$

$$\frac{\partial y_{1,t}}{\partial d_2} = 0 \quad \cdots ⑧$$

3 約定スケジュールに従った債務償還の効果

　当年度に償還満了する地方債がなく，元利償還金，それに係る交付税措置額，充当特定財源の値が翌年度も変わらない状況下では，新たな地方債を発行しなければ，実質公債費比率や公債費の水準が不変でも，将来負担額は確実に減少していく。定時償還方式の地方債であれば，元金償還額だけ地方債残高が減少し，満期一括方式地方債であれば，減債基金への積立額だけ充当可能基金残高が増加するからである。

　便宜的に，標準財政規模も不変と仮定すれば，実質公債費比率，将来負担比率の倍率，「実質公債費比率に対する将来負担比率の倍率」への影響は以下のように表せる。

$$a_{1,t+1} = a_{1,t}$$
$$b_{1,t+1} = b_{1,t}$$
$$c_{1,t+1} = c_{1,t}$$
$$s_{t+1} = s_t$$
$$\therefore y_{1,t+1} = y_{1,t} \quad \cdots ⑨$$
$$a_{2,t+1} = a_{2,t} - a_{1,t} = (l-1)a_{1,t}$$
$$b_{2,t+1} = b_{2,t} - b_{1,t} = (m-1)b_{1,t}$$
$$c_{2,t+1} = c_{2,t} - c_{1,t} = (n-1)c_{1,t}$$
$$\therefore y_{2,t+1} = y_{2,t} - y_{1,t} \quad \cdots ⑩$$
$$Ratio_{t+1} = Ratio_t - 1 \quad \cdots ⑪$$

　これらは，新たな地方債を発行せずに，約定スケジュールに従って償還義務を履行していれば，実質公債費比率は低下しないが，将来負担比率も「実質公債費比率に対する将来負担比率の倍率」も低下することを意味しており[30]，現実の一端を捉えている。

---

[30]　当年度に償還満了する地方債がある場合の効果は式の展開が複雑なため，紙幅の関係で割愛したが，実質公債費比率，将来負担比率ともに低下する一方，「実質公債費比率に対する将来負担比率の倍率」の符号条件は定まらないことを示すことができる。興味のある読者は，筆者に問い合わせられたい。

付論 2　土地開発公社清算と第三セクター等改革推進債利用に関する理論モデル

返済資金を調達する目的で，第三セクター等改革推進債以外の地方債を発行することや長期借入れを行うことは制度上許されないため，清算費用を平準化することは，第三セクター等改革推進債にしかできない。以下では，第三セクター等改革推進債の利用は，住民の効用を通時的に最大化するための自治体の最適化行動の結果として説明できることを示す。

前提として，住民は相対的危険回避度一定の効用関数を持ち，自治体はこれを通時的に最大化するよう行動するものと仮定する。便宜的に，自治体は土地開発公社から継承した債務以外の債務は持たず，その債務返済は3期間内に必ず行われるものとする。

1　借入れの更新ができないリスクを考慮しないモデル

$$U = \sum_{t=1}^{3} \frac{X_t^{1-\theta}}{1-\theta} \frac{1}{(1+\rho)^t}$$

$$A_0 + \sum_{t=1}^{3} Y_t \frac{1}{(1+r)^t} = \sum_{t=1}^{3} X_t \frac{1}{(1+r)^t} + D_0$$

U：住民の効用関数，X_t：歳出（償還や積立を除く），θ：異時点間の代替の弾力性の逆数，ρ：割引率，A_0：財政調整基金残高，Y_t：歳入（第三セクター等改革推進債発行額を除く），r：利子率，D_0：土地開発公社の債務残高（全額を母体が債務保証）

当面は，$A_0 = 0$ および $Y_1 = Y_2 = Y_3$ を仮定する。

自治体が第0期末時点で返済方法を選択するとすれば，①第1期に第三セクター等改革推進債を発行して3期間で均等償還，②起債せずに第1期末に全額返済，③第3期末に全額返済，が代表的な方法としてあげられる。

どの返済方法が望ましいかについては，最大効用を実現できるか否かで評価可能であり，効用を最大化する各期の歳出は，一階の条件から求められる。すなわち，

$$X_1 = \left[Y_1 \left\{ \frac{1}{(1+r)} + \frac{1}{(1+r)^2} + \frac{1}{(1+r)^3} \right\} - D_0 \right] \bigg/ \left\{ \frac{1}{(1+r)} + \frac{\alpha}{(1+r)^2} + \frac{\alpha^2}{(1+r)^3} \right\}$$

$$X_2 = X_1 \left(\frac{1+r}{1+\rho} \right)^{\frac{1}{\theta}}$$

$$X_3 = X_2 \left(\frac{1+r}{1+\rho} \right)^{\frac{1}{\theta}}$$

ただし，$\alpha = \left(\frac{1+r}{1+\rho} \right)^{\frac{1}{\theta}}$，$\beta = \frac{1}{(1+r)} + \frac{1}{(1+r)^2} + \frac{1}{(1+r)^3} = \frac{r^2+3r+3}{(1+r)^3}$

以後の議論を単純化するため，$\rho = r$ を仮定すれば，次式が成り立つ。

$$X_1 = X_2 = X_3 = Y_1 - \frac{D_0}{\beta}$$

これらの $X_1 = X_2 = X_3$ が最大効用 U^* を実現する最適な歳出額の通時的な組合せという意味で，$X_1^* = X_2^* = X_3^*$ と表記する。返済方法①，②，③の効用水準と最大効用 U^* との関係は，以下に述べるとおりである。

第三セクター等改革推進債を発行する①においては，終価ベースでの均等償還を想定すれば，期末償還額 R と歳出額 X_t は次のように表すことができる。

$$X_t = Y_t - R$$

$$D_0 = \sum_{t=1}^{3} R \left(\frac{1}{1+r} \right)^t = \beta R$$

$$\therefore R = \frac{D_0}{\beta}, \quad X_1 = Y_1 - \frac{D_0}{\beta} = X_1^*$$

つまり，このケースでは，均等償還額 R を各期の歳入から控除した残余をすべて歳出に充てれば，自動的に効用最大化が実現する。また，第 1 期末に D_0 を全額返済する②の場合，各期の歳出額は，次のように表現できる。

$$X_1 = Y_1 - D_0(1+r)$$
$$X_2 = X_3 = Y_1$$

第 1 期の歳出額は①と比べて $D_0 (1+r-1/\beta)$ だけ小さく，第 2 期と第 3 期は D_0/β だけ大きいため，通時的な効用 U は最大効用 U^* を下回る。

第 3 期に全額返済する③の場合，第 1，2 期において，歳入の一部を財政調整基金に積み立てた後，残余を歳出に充てる方式となる。毎期の積立額を D_0/β とすれば，毎期の歳出額は①と同額となり，第 3 期末における D_0 の終価相当額を一括返済することが可能になる。

このように，方法①と③においては，効用最大化が実現可能である。

2　借入れの更新ができないリスクを考慮するモデル

第 3 期末に債務を全額返済する方法でも最大効用を実現できるという上記③の結果は，貸手が契約更新を拒否しないことを前提としている。代替的方法である①の第三セクター等改革推進債の償還年限は 10〜30 年であることから，同じ期間の借入資金を調達するとしたら，通常は期ごとに金融機関との契約更新を繰り返す方式となる。このとき，更新が拒否されたり，債務保証契約履行が求められたりする可能性がないと見なすことは現実的ではない。

そこで，通算 3 期の借入れに関しては，第 1 期経過後に第 2 期末までの全額返済を迫られる確率が p，第 3 期末まで借入れが継続する確率が $1-p$ であると仮定する。つまり，

方法③をとる場合の期待効用は，確率 p で実現する効用 U_1 と確率 $1-p$ で実現する効用 U_2 に基づく期待値として表現することができる。すなわち，$E(U) = pU_1 + (1-p)U_2$ である。

しかし，以下に述べる理由から，$U_1 < U^*$ と $E(U) < U^*$ となることは明白である。

まず，途中で全額返済を求められるリスクをまったく考慮せずに各期の歳出と積立を決定している場合，本当に第3期末まで借入れが更新されれば，最大効用 $U_2 = U^*$ が実現できる。

他方，第1期終了後に第2期末までの返済を迫られた場合は，第1期に積み立てた額では返済資金として不足する分を，すべて第2期の歳入から捻出して，返済に充てなければならない。第2期末における D_0 の終価は $D_0(1+r)^2$，第1期積立額の第2期末における終価は $(1+r)D_0/\beta$ である。したがって，$X_2 = Y_1 - \{D_0(1+r)^2 - (1+r)D_0/\beta\}$ である。

また，第三セクター等改革推進債を利用した場合の最大効用をもたらす第2期の歳出は $X_2^* = Y_1 - D_0/\beta$ であるから，両者の差は $D_0(1+r)^2 - (1+r)D_0/\beta - D_0/\beta$ である。これを0期末の現在価値に換算すれば，$D_0/(r^2+3r+3)$ である。

一方，返済が終わっている第3期の歳出額は，$X_3 = Y_1$ となり，最大効用をもたらす第3期の歳出額 $X_3^* = Y_1 - D_0/\beta$ と比べて，終価ベースで D_0/β だけ大きい。この D_0/β を0期末の現在価値に換算すれば，$D_0/(r^2+3r+3)$ である。

このように，最大効用 U^* を実現する各期における最適な歳出額 $X_1^* = X_2^* = X_3^*$ からは乖離するため，$U_1 < U^*$ は明らかである。

また，第1期の選択を行う段階から第3期の借入れが拒否される可能性も明示的に考慮する場合は，第2期末に全額返済するケースの効用を確率 p で，第3期末に全額返済するケースの効用を確率 $1-p$ で加重平均し，この期待効用を最大化する第1期の積立額を選ぶことになる。第2期以降は，第3期の借入れが拒否されれば，第2期での返済額に応じて自動的に第2期と第3期の歳出額が決まり，拒否されなければ，第2期と第3期の積立額・歳出額を平準化する選択を行えばよい。この方法で借入拒否の可能性があるなかでの最適化は実現するが，$X_1 = X_2 = X_3$ とはならないため，最大効用 U^* を実現することはできない。

なお，最初の仮定 $A_0 = 0$ を $A_0 > 0$ に替えた場合は，最大効用 U^* を実現する X_1^* は $X_1^* = Y_1 + (A_0 - D_0)/\beta$ に改められるが，議論の本質は変わらない。また，$A_0 \geq D_0$ が満たされない限り，言い換えると，財政調整基金残高が土地開発公社の債務以上にある場合でしか，第三セクター等改革推進債を発行せずに即時返済する方法では最大効用は実現できない。

以上のとおり，自治体による金融機関からの借入れの更新ができないリスクを考慮しないモデルにおいても，借入れの更新ができないリスクを考慮するモデルにおいても，第三セクター等改革推進債を発行すれば，最大効用が実現できる。

第5章

実質赤字比率のガバナンス効果
旧再建法の抜け穴はどこにあったのか？

本章のねらい

- 旧再建法下で中心的な管理指標として採用されていた実質赤字比率について，地方財政健全化法における実質赤字比率の集計対象と大きな違いはないことも含めて，その特徴を解説する。
- 旧再建法下で生じた財政破綻（準用財政再建）事例から，会計操作に対する実質赤字比率の脆弱性とルールに内在する自発的な健全化を促すインセンティブの弱さを明らかにする。
- 最大規模の財政破綻事例である夕張市の事例を取り上げ，実質赤字比率と他の指標の推移を参照しながら，破綻の背後にあった会計操作と一時借入金の不正利用の実態を明らかにする。
- 現行法である地方財政健全化法に基づく制度において，旧再建法下の制度の弱点のうち，どのような点が補強されているのかを整理し，現行法の意義を確認するとともに，いまだに残る問題点を指摘する。

はじめに

　実質赤字比率は，健全化判断比率として採用されること，自治体が財政状況を自己点検する際の指標として活用されることを通じて，自治体の実質収支，すなわち歳入と歳出の差額に反映された資金繰りの悪化を一定水準以下に抑制するという目的がある。また，地方財政健全化法が導入される以前，旧再建法の時代から設定されていた中心的な指標であり，新たに地方財政健全化法施行後に導入された指標ではない。その意味では，実質赤字比率が自治体に財政健全化を促すガバナンス効果は，以前から発揮されていることになる。しかし，現実には，夕張市に見られるような会計操作と，それと表裏一体の関係にある

財政破綻が起きており，これらを抑止する効果が十分ではなかったということになる。

このような視点から，実質赤字比率が持つガバナンス効果に関する分析を行った研究は，意外にも存在していない。本章では，実質赤字比率だけが管理指標として用いられた旧再建法に着目し，現行法である地方財政健全化法との違いに迫るとともに，旧再建法下での準用財政再建事例から，その制度の脆弱性と自発的な健全化を促すインセンティブの弱さを明らかにする。また，具体的事例として，夕張市の財政破綻を取り上げ，会計操作に焦点を当てて制度の抜け穴を詳しく検討する。

本章の構成は次のとおりである。第1節では，旧再建法で中心的な管理指標として採用されていた実質赤字比率の特徴について，地方財政健全化法と比較しながら説明する。第2節では，旧再建法下での準用財政再建事例から，会計操作に対する実質赤字比率の脆弱性とルールに内在する自発的な健全化を促すインセンティブの弱さを指摘する。第3節では，最大規模の財政破綻事例である夕張市の事例を取り上げ，実質赤字比率と他の指標の推移を参照しながら，破綻の背後にあった会計操作と一時借入金の不正利用の実態を明らかにする。最後に，本章の内容をまとめるとともに，地方財政健全化法の意義と改善余地を指摘する。

1 実質赤字比率だけが用いられた旧再建法下の制度
——地方財政健全化法との比較から

第1章の1.2項でも触れたが，地方財政健全化法が多面的に財政状況をチェックするのに対して，旧再建法においては（地方債許可制度を通じて，公債費負担の重さを測る起債制限比率〔地方債協議制度移行後は実質公債費比率〕による管理も行われていたものの），財政再建申請に関わる直接の管理指標として採用されていたのは実質赤字比率のみである。管理指標としての実質赤字比率[1]にのみ着目

---

1) 第1章の補章で述べたとおり，旧再建法下の実質赤字比率は普通会計よりもやや広範囲の会計を対象に集計されているのに対して，地方財政健全化法下の健全化判断比率としての実質赤字比率は，普通会計と同範囲の一般会計等ベースで集計されている（両者の違いについても，第1章の補章を参照）。現在でも，普通会計ベースの実質収支比率は集計・公表されており，厳密には旧再建法下の実質赤字比率の概念とは一致しないものの，実質収支比率が負の場合に，符号を反転させれば，実質赤字比率に近いものとなる。

してみれば，地方財政健全化法下と旧再建法下の共通点として，財政再生団体，もしくは財政再建団体に対応する実質赤字比率の水準が，都道府県は5％以上，市町村は20％以上に設定されていることがあげられる。すなわち，深刻な財政危機と見なされる水準自体は同じである。しかしながら，現行法下と旧再建法下とでは，2つの異なる点がある。

第1は，地方財政健全化法下では，「財政再生基準」に達したら，例外なく財政再生団体に対するルールが適用されるのに対して，旧再建法下では，国による管理を受ける準用財政再建団体となるか否かは，当該自治体が申請するか否かにかかっており，最終的には申請するにしても，そのタイミングについては，先延ばしすることも可能であったことである。

すなわち，旧再建法では，同法によらない自主再建も可能であった。しかし，それは地方財政健全化法には当てはまらない。まず，第8条において，実質赤字比率，連結実質赤字比率，実質公債費比率のいずれかが財政再生基準以上である場合には財政再生計画を策定しなければならないことが定められている。また，第9条において，首長が議会の議決を経て当該計画を策定しなければならないこと，財政再生計画を策定している団体を財政再生団体と呼ぶことも定められている。したがって，3指標のいずれかが財政再生基準以上となったら，財政再生団体にはならないという選択肢は存在しない[2]。

第2は，地方財政健全化法のもとでは，最も深刻なレベルにまで財政悪化が進んだ状態として「財政再生基準」（レッド・ゾーン）が設定されているだけでなく，財政再生団体に転落する前にそれを回避するための仕組みとして，「早期健全化基準」（イエロー・ゾーン）も設定されていることである。

また，一般会計等ベースの実質赤字比率の概念を全会計ベースに拡張した連結実質赤字比率と，地方債残高に加えて地方公社・第三セクター法人等に対する債務保証・損失補償の結果として一般会計等が負担すると見込まれる金額や職員の退職手当支給予定額に対する一般会計等の負担見込額までも算入する将

---

[2] なお，同法第10条では，財政再生計画は総務大臣に協議し，同意を求めることができることが定められており，総務大臣の同意を得ないで財政再生計画を策定することも論理的には可能である。しかし，第11条に定められているように，同意を得ていないときは，災害復旧事業費の財源とする場合を除き，起債が認められないことから，同意を得ずに財政運営を行うことはきわめて困難であり，財政再生計画に対する同意を得ない財政再生団体が現れることは現実にはないであろう。

来負担比率の2指標が，地方財政健全化法によって導入された新たな指標である。これらの新設2指標と，旧再建法のもとでも採用されていた実質赤字比率と実質公債費比率の2指標を合わせた4指標が健全化判断比率として採用されているのである。

そして，4種類の健全化判断比率のどれか1つでも早期健全化基準に達したら，財政健全化団体として従うべきルールが定められている。また，財政再生基準が設定されていない将来負担比率を除く3種類の健全化判断比率のどれか1つでも財政再生基準に達したら，財政再生団体として従うべきルールが定められている。

財政再生団体や財政健全化団体になれば，本来は自由に行えるはずの財政的選択に大きな制約が課され，予算の編成や執行において，財政再建や財政健全化を優先しなければならない。自治体は，そうした事態に陥らないように，早期健全化基準や財政再生化基準に到達することを回避するための財政健全化策を講じる。また，多面的に財政状況を測る4種類の健全化判断比率を採用したことによって，会計操作によってすべての指標を見かけ上だけでも改善するというようなことが困難であるため，会計操作自体を自制させる効果を持つこととなった。つまり，自発的な財政健全化行動を促す仕組みが内在しているのが地方財政健全化法である。

しかし，旧再建法下では，財政状況が深刻なレベルまで悪化する前にそれを抑止し，財政健全化への取組みを促す，これらの仕組みが採用されていなかった。そのため，軽度の悪化にとどまらずに，本格的な財政再建が必要なレベルにまで至ってしまったケースが少なくなかったと考えられる。夕張市の事例はまさに，会計操作と再建の先延ばしが問題を悪化させた事例といえよう。

本章では，旧再建法の時代から管理指標として採用され，果たしている役割やルールについての比較が可能な実質赤字比率に着目し，その比較を通じて，地方財政健全化法が旧再建法のどのような点を改善したのか，また，自治体に財政健全化を促すガバナンス効果を強化できているのか否かを議論する。

2 旧再建法下の財政再建事例の分析——会計操作に対する脆弱性と自発的な財政健全化を促すインセンティブの弱さ

2.1 分析のねらい

　第2節では,旧再建法のもとでの財政再建団体の事例研究を通じて,どのような経緯で破綻に至ったのか,財政指標の推移にはどのような特徴があるのか,そこにはどのような問題があったのかを明らかにする。そのうえで,何が原因だったのかを探り,地方財政健全化法のもとでそうした事態に陥らない仕組みが内在しているのかどうかを検討する。

　以下では,1975年度以降の財政再建事例に着目する[3]。具体的には,旧再建法のもとで実質赤字比率が20%に達し,財政再建団体となることを申請した市町村を対象にして,財政再建への取組みの5年前から5年経過時までの実質赤字比率の動きを追跡する。旧再建法が自治体に財政健全化を促すガバナンス効果は十分であったのかどうかを探るため,財政再建団体化する前後の実質赤字比率の推移から,申請前の実質赤字比率が真に正しいものであったとはいえないこと,言い換えると,会計操作によって実質赤字比率を見かけ上,低く抑えることが常態的に行われていた可能性について検討する。そして,旧再建法下でガバナンス機能を担っていた実質赤字比率が会計操作に脆弱であったことが,自治体の財政健全化に向けた自発的な取組みを阻害していたことを示す。

2.2 旧再建法における財政再建の仕組みと財政破綻・財政再建の実例

　自治体の財政運営に対するセーフティネットの役割を,地方財政健全化法が制定されるまで50余年の長きにわたって担うことになった旧再建法は,もともと,全自治体の3分の1が実質収支の赤字を計上した1954年度決算への対処として,1955年度に制定されたものである。当時は,資金繰りがつかずに職員の給与支払いまで遅延させる自治体が続出し,また,赤字額は民間金融機

---

[3] 個別自治体の決算指標が網羅された統計のかたちで公表されているのは,1970年度以降である。事例研究にあたっては,準用財政再建団体として再建に着手する5年前に遡って分析を行う関係上,1975年度以降に財政再建団体化した事例に限定した。

関からの一時借入金によって賄われていたため，借入金に対する高額の金利負担もしなければならなかった[4]。財政再建債の発行などによって赤字額を長期債務へと振り替え，時間をかけてこれを償還・返済する一方，その間に財政構造の見直し・強化を図る財政再建の仕組みを定めたのが旧再建法である。

1954年度決算に対しての再建は，「本再建」と呼ばれ，その該当団体は，「財政再建団体」と呼称された。これに対して，1955年度以降の決算における赤字団体の再建に対しては，あくまで，この仕組みを準用するという位置づけで「準用再建」と呼ばれ，その該当団体は「準用財政再建団体（準用団体）」と呼称された。つまり，1955年度以降の決算における新規の財政再建団体は，すべて準用財政再建団体に分類される。

図5-1は，財政再建団体数の推移を示したものである。1954年度決算に対する本再建団体が588団体[5]あったのに対して，準用財政再建団体に関しては，1959年度決算に対して129団体が申請を行ったのが新規申請数のピークであった。また，前年度までの準用財政再建取組み中の団体数に，新規申請団体数を加えて，再建完了団体数を控除した準用財政再建団体総数については，1961年度における127団体がピークであった。

その後は，新規申請団体数と準用財政再建団体総数のいずれも経済成長と地方財政制度の整備の過程で急減した。とりわけ，1973, 74年度の2年間は新規の準用財政再建申請団体数がいったんゼロになり，準用財政再建団体総数も一桁まで下がった。1975～79年度には総計12市町村が新たな準用財政再建申請を行ったものの（図5-1参照），1980年代は4団体，1990年代は1団体にとどまった。財政再建に取組み中の自治体の数に関しては，本再建については，全団体が1970年度までに再建を完了させた。一方，準用財政再建に取り組み中の団体の総数も，ピーク時の1961年度には127団体あったが，その10年後の1971年度には37団体にまで減少し，20年後の1981年度は7団体に，30年後の1991年度は2団体になった。そして，福岡県の赤池町が再建を完了させた2001年度には，すべての準用財政再建団体が解消した。

なお，準用財政再建団体になったことがあるのは市町村のみであり，都道府

---

4) 旧再建法制定の背景と経緯，1953, 54年度における自治体の財政状況を解説した論文には，石原（1955a, b）松村（1955），近藤（1955），長野（1956）などがある。
5) 本再建団体の財政再建計画の具体的な内容については，平井（1957）が詳しい。

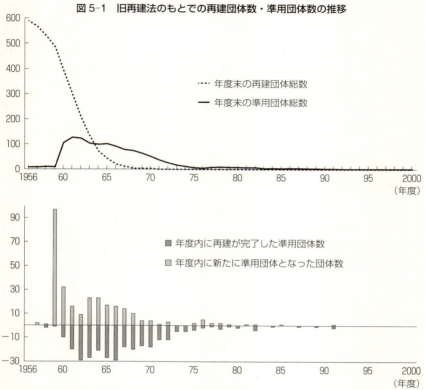

図 5-1 旧再建法のもとでの再建団体数・準用団体数の推移

(注) 2001～06 年度は全再建団体がゼロとなったため，2000 年度までを表示。
(出所) 自治省『地方財政の状況（地方財政白書）』（各年度版）に基づいて筆者作成。

県が準用財政再建団体化した事例はない。表 5-1 は，1975 年度以降のすべての準用財政再建団体を示したものである。

　とりわけ，1980 年代末から 1990 年代初頭までの期間は，1991 年の赤池町を例外とすれば，バブル景気による後押しを受けたことで，財政危機が顕在化しなかったといえるが，バブル崩壊によって景気低迷が長期化した後も，2006 年度までは準用財政再建団体は現れなかった。そのため，自治体が財政危機に陥るリスクはあたかもなくなったかのように見えたが，実際には火種は消えておらず，バブル崩壊後にその火種を再燃させることになったのが夕張市の事例である。言い換えると，2006 年度に財政破綻が発覚するまで，巧みな会計操

表 5-1　旧再建法のもとでの準用財政再建団体の一覧（1975 年度以降）

市町村名	所在都道府県	再建期間	市町村名	所在都道府県	再建期間
豊前市	福岡県	1975〜78	紀伊長島町*	三重県	1978〜82
竹田市	大分県	1975〜78	小田町*	愛媛県	1978〜84
米沢市	山形県	1976〜80	広川町	和歌山県	1979〜89
下松市	山口県	1976〜82	金田町*	福岡県	1981〜87
行橋市	福岡県	1976〜79	方城町*	福岡県	1982〜91
中条町*	新潟県	1976〜78	香春町*	福岡県	1985〜91
犀川町*	福岡県	1976〜82	赤池町*	福岡県	1991〜2000
上野市*	三重県	1977〜82			
高野口町*	和歌山県	1977〜81	夕張市	北海道	2006〜(26)

(注)　1. 夕張市の財政再建終了年度は財政再生計画における終了予定年度を表示。同市は旧再建法のもとで準用財政再建を開始したが，同法が廃止されて地方財政健全化法が完全施行された 2009 年度に，改めて財政再生計画を策定した。
　　　2. 表掲の準用財政再建団体のうち，財政力指数が 1 を超えていたのは，下松市のみである。
　　　3. *は合併などによって現在は存在しない。
(出所)　自治省『地方財政白書』（各年版）。

作によって火種が隠されていたのである。

2.3　再建申請で初めて発覚する財政破綻
　　──申請年度に急上昇する実質赤字比率の不自然さ

　今一度，1975 年度以降の準用財政再建事例を対象に，財政破綻に至る背景とその後の状況を振り返ることとしたい。

　まず，1976 年版，1977 年版，1978 年版，1979 年版，1980 年版『地方財政の状況』によれば，財政破綻の原因は，「ワタリ」[6] 運用など不当に高い給与水準を適用したことによる人件費の膨張，開発公社を通じた許可外債の発行，債務負担行為を利用した事業の過大執行，一時借入金による予算外支出などにあったとされている。これらの事例においては，財政状況が悪化したときにすぐに再建に取り組めば，傷は深くならなかったと思われるが，実際は，会計操作によって，その財政悪化が隠されていたものと思われる。

　会計操作が行われていた事実を直接確認することは困難であるが，準用財政

---

[6]　給与決定に際して，職務給の原則に反する給料表を適用したり，任用を行ったりすることにより，本来よりも高額の給与を支給すること。

表 5-2 財政再建期間とその前後の実質収支比率の推移

	再建初年度	経過年度				申請年度（再建初年度の前年度）	経過年度				
		−4	−3	−2	−1		1	2	3	4	5
豊前市	1975	0.3	1.1	0.3	▲4.3	▲33.2	▲29.4	▲8.2	▲2.4	2.6	4.1
竹田市	1975	2.0	0.8	0.0	1.8	▲4.1	▲17.2	▲4.3	▲0.3	2.2	3.0
米沢市	1976	0.3	0.3	0.3	0.1	▲70.9	▲59.6	▲41.2	▲24.7	▲11.6	1.9
下松市**	1976	▲8.3	▲6.2	▲7.8	▲8.7	▲83.4	▲75.8	▲60.6	▲41.0	▲29.9	▲10.5
行橋市	1976	6.2	4.1	▲3.8	▲19.8	▲20.6	▲19.0	▲11.1	▲3.3	6.9	8.1
中条町	1976	0.3	1.4	1.1	1.9	▲53.5	▲33.8	▲15.6	4.3	5.8	2.8
犀川町	1976	15.5	1.1	0.8	▲11.3	▲80.8	▲80.7	▲56.1	▲37.6	▲25.7	▲13.4
上野市	1977	0.3	2.1	0.1	0.2	▲55.1	▲41.8	▲29.1	▲18.5	▲8.6	▲0.4
高野口町	1977	1.1	0.5	0.2	▲10.5	▲56.4	▲44.9	▲30.8	▲20.2	▲10.5	0.6
紀伊長島町	1978	0.2	0.1	0.0	3.3	▲79.5	▲53.3	▲40.2	▲30.0	▲13.1	4.0
小田町	1978	8.6	3.3	4.6	1.0	▲141.9	▲113.3	▲95.1	▲64.4	▲35.7	▲22.0
広川町	1979	▲5.7	0.1	0.8	▲6.4	▲117.8	▲100.7	▲83.1	▲66.6	▲51.0	▲41.9
金田町	1981	10.0	9.4	10.1	0.1	▲29.2	▲95.9	▲75.0	▲49.3	▲20.7	▲8.6
方城町**	1982	▲12.4	▲11.0	▲12.3	▲13.2	▲38.7	▲13.3	▲127.5	▲114.9	▲95.7	▲79.1
香春町**	1985	▲5.1	▲18.4	▲15.3	▲18.7	▲49.8	▲77.8	▲71.8	▲66.6	▲54.2	▲27.4
赤池町**	1991	▲15.1	▲11.3	▲15.2	▲15.9	▲15.7	▲127.7	▲121.8	▲123.0	▲123.9	▲112.9
夕張市	2006	0.0	0.0	0.0	0.0	▲37.8	▲791.1	▲730.6	▲703.6	9.1	10.1

(注) 網かけ欄は，再建取組み中の期間を示す（5年経過時までを表示）。**は，準用財政再建申請の前から実質赤字が続いていた団体。
(出所) 自治省「市町村別決算状況調」，総務省「市町村別決算状況調」に基づいて筆者作成。

再建が承認される前後の実質収支比率（申請時に用いられる正式な実質赤字比率は，普通会計ベースの実質収支が赤字の場合に，実質収支比率の符号を反転させたものにほぼ等しい）の推移（表5-2）を見ると，申請前の実質収支比率が人為的に操作されていたことが容易に推察される。なぜなら，実質赤字は徐々に拡大したのではなく，ある時点で急拡大するという不自然な動きが共通して観察されるからである。その時点とは，準用再建の申請年度であり，実質収支比率の赤字幅が前年度と比べて大幅に拡大していることがわかる[7]。通常，このような悪化が1年で起きることは考えにくく，たとえば，自力では埋め合わせることのでき

---

[7] 夕張市に関しては，表示目盛との関係で後掲の図5-2に掲載していないが，グループAに分類される。具体的には，申請翌年度に実質赤字比率が791.1％まで上昇したが，これは，国の勧告に従って，他会計の赤字を一般会計に集約させて管理しやすくしたためである。準用財政再建申請を行った2006年度においては，一般会計の実質赤字比率自体は前年度から37.8％も拡大しており，申請年度における急上昇というパターンから外れるものではない。

ない赤字のある特別会計や公社に対して，本来は申請年度よりも以前に普通会計が繰出しを行うなどしていれば，もっと早く普通会計が赤字化していた可能性や，普通会計自体も赤字であったが，「単コロ」（一般会計からの次年度の短期貸付金を財源とする第三セクター等法人からの返還金を，出納整理期間中に一般会計の当該年度の歳入とすること）や趣旨を逸脱した一時借入金の利用によって，赤字を隠蔽していた可能性が疑われる。その意味では，前年度までの実質収支比率の値が，実勢を反映していなかった（つまり，人為的に操作された値であった）と考えることができる。

さらに，準用財政再建の申請年度を境にした実質収支比率の推移を細かく見ると，2つのグループに大別することができる。そのグループごとに，申請年度前後の実質収支比率の動きをグラフ化したのが，図5-2と図5-3である。

1つめのグループA（図5-2）は，「申請年度まで実質収支が黒字，もしくは赤字が小さく，申請時に巨大な赤字が顕在化した団体」である。

2つめのグループB（図5-3）は，「低水準ながら申請前から恒常的に赤字が存在するなかで，申請時に巨大な赤字が顕在化し，その後も赤字の解消に時間がかかった団体」である。

旧再建法下の準用財政再建団体に関しては，財政危機に陥った過程についての分析資料等は現存していないため，これらの2グループの違いがどのような要因から生まれたのかについては定かではない。それでも，申請前から恒常的に赤字が存在していて"赤字に慣れている"自治体では，申請後も早期再建を促すガバナンス効果が十分働かない傾向にあったことが示唆される。

グループBに分類された4市町村のうちの3市町村は，福岡県内の旧炭鉱の町であったこと，1980年以降に準用財政再建団体化したことが共通している。人口減少もあって産業構造転換が円滑に進まず，宅地造成事業や工場誘致による地域振興策の失敗などが共通して見られることも指摘できるが，そうした現象は他の市町村でも起きている。むしろ，財政危機には至らなかった市町村が多数派であることを踏まえれば，福岡県内の3市町村には，行財政運営におけるガバナンスに問題があったことが強く示唆される[8]。

このように，グループAとBとでは，準用再建への取り組み開始後の推移

---

[8] 赤池町再建の歩みを追跡した戸野本（1999），相良（1999），安武（2001）は，再建団体化するまでは，議会も住民も十分な危機意識を持っていなかったことを指摘している。

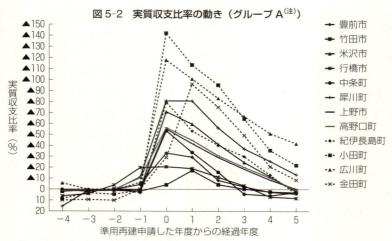

図 5-2　実質収支比率の動き（グループ A（注））

（注）　グループ A とは，申請年度まで実質収支が黒字，もしくは赤字が小さく，申請時に巨大な赤字が顕在化した団体。
（出所）　表 5-2 と同じ。

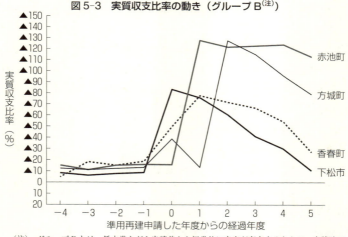

図 5-3　実質収支比率の動き（グループ B（注））

（注）　グループ B とは，低水準ながら申請前から恒常的に赤字が存在するなかで，申請時に巨大な赤字が顕在化し，その後も赤字の解消に時間がかかった団体。
（出所）　表 5-2 と同じ。

には違いがある一方で，準用財政再建申請年度，もしくはその翌年度に，実質赤字比率が大幅に上昇していることは共通している。大きな変化が共通のタイミングで起こるとは到底考えにくく，何らかの会計操作を通じて行ってきた財政問題の隠蔽が持ち堪えられなくなり，自力での再建を断念し，準用財政再建

申請を行った結果，真の実質赤字比率が公表された可能性が高いと考えられる[9]。

2.4　実質赤字比率の強みと弱み――財政危機進行に対する指標性と会計操作に対する脆弱性（経常収支比率との比較）

　自治体の財政状況，とくに，財政運営の結果としての歳入と歳出が整合的な関係にあるか否かを問うことができる指標，1970年代から今日に至るまで継続的に利用されてきた数少ない指標として，実質収支比率のほかに，経常収支比率をあげることができる（財政指標としての経常収支比率の詳細は，本章付論を参照）。この経常収支比率と実質収支比率とを比べると，実績値から判断する限り，会計操作によって算定数値を見かけ上，低く抑えるようなことがさほど行われてはいなかったと考えられるのは，経常収支比率の方である。言い換えると，会計操作に対して脆弱なのは，実質収支比率の方である。その理由は，以下に述べるとおり，一般会計の実質収支が自治体の総合的な財政状況を象徴的に表す指標であること，および，実質赤字比率が準用財政再建団体申請に関わる指標として採用されていたことと裏腹の関係にある。

　まず，実質収支比率は，予算を構成する歳入・歳出のあらゆる項目が集計対象であり，翌年度の歳出に充てられることが決まっている繰越額だけを除外して，歳入総額と歳出総額の差額を求め，標準財政規模で除すことで得られる。そこには，一般会計固有の歳出だけでなく，公営企業会計など特別会計への繰出額や，地方公社や第三セクター法人に対する財政的支援に伴う歳出も反映される。財政的支援には，補助金のように返済されない資金だけでなく，貸付金のように返済される資金も含まれる。

　したがって，実質収支が大きな赤字を計上しているとしたら，一般会計固有の歳出か，他会計への繰出額，地方公社や第三セクター法人に対する財政的支援が，歳入との対比において過大であることになる。逆にいえば，特別会計や公営企業，設立法人等も含めた自治体の総合的な財政状況に問題があれば，一

---

[9]　実質収支には財政調整基金への積立額が赤字要因として，財政調整基金の取崩し額が黒字要因として反映されるため，財政調整基金残高の取崩しが行われた場合には，真の資金繰りの逼迫度合いを表していないことになる。そこで，財政調整基金の状況を調べたところ，都市については，再建団体化するかなり前から基金の積立残高が枯渇していることが明らかとなった。他方，町村に関しては，財政調整基金残高のデータが十分には得られなかったため，定かではない。

般会計の実質赤字となって現れる可能性が高い。財政危機の兆候に対するシグナルを発する指標，中心指標として，実質赤字比率が使われてきた理由はここにある。もちろん，会計操作が行われていないことが前提である。

注意しなければならないのは，同様のことが，実質収支の黒字ないしは黒字要因にも当てはまることである。とくに重要なのは，一般会計固有の歳入だけでなく，特別会計からの繰入金や地方公社や第三セクター法人など貸付先からの回収金，資産運用収入も黒字要因となることである。つまり，一般会計固有の歳入を増加させることができなくても，他会計からの繰入金や回収金，資産運用収入を増やすことができれば，黒字を増やしたり，赤字要因の増加圧力を相殺したりすることが可能である。実際，後述する手法によって，出納整理期間を利用して，年度内に貸付先からの回収金があたかも存在したかのように経理処理して，一般会計の実質赤字を表面化させなかったのが夕張市の事例である。

すべての歳入・歳出項目を網羅した指標であるがゆえに，正しい会計処理がなされているならば，高い危機察知能力を示す指標である一方で，すべての歳入・歳出項目を算入できるがゆえに会計操作の対象になりやすい指標であるのが，実質収支比率（実質赤字比率）である。

これに対して，同じ「収支比率」という呼称を伴う指標ながら，収支，歳入と歳出の差は計算せず，歳入と歳出の比率，割合として算定されるのが経常収支比率である。しかも，経常収支比率は，一般会計のすべての歳入と歳出を集計対象とするわけではなく，経常的な歳入と経常的な歳出の比率を，より正確にいえば，「経常的に収入される一般財源が，人件費・扶助費・公債費のように毎年度経常的に支出される経費に，どれくらい充当されているのか」を問う指標である。したがって，**自治体の財政状況の悪化を捉えられる範囲は，実質収支比率（実質赤字比率）と比べて狭いが，それゆえに会計操作がされにくい指標が経常収支比率である**[10]。

これを確認するため，表5-2の「財政再建期間とその前後の実質収支比率の推移」における実質収支比率を経常収支比率に置き換えたのが，表5-3である。

経常収支比率も，準用財政再建申請年度に前後の年度と比べて最も高い値を

---

10) 経常収支比率が再建団体申請に関わる指標として採用されていれば，操作が行われていた可能性も否定できないが，実質赤字比率や実質収支比率の方が操作可能な項目が多くあったものといえる。

第5章　実質赤字比率のガバナンス効果　225

表5-3　財政再建期間とその前後の経常収支比率の推移

	再建初年度	経過年度				申請年度（再建初年度の前年度）	経過年度				
		−4	−3	−2	−1		1	2	3	4	5
豊前市#	1975	73.8	76.4	88.9	95.3	105.8	96.9	81.4	85.1	75.6	77.3
竹田市	1975	91.7	80.9	84.8	84.0	91.0	85.4	81.9	82.9	81.6	80.1
米沢市	1976	69.6	79.9	76.3	78.6	102.3	92.8	88.3	79.4	77.1	76.3
下松市#	1976	84.4	88.5	91.8	99.4	108.2	96.6	76.1	80.7	76.5	64.9
行橋市#	1976	76.3	87.3	94.6	107.6	109.0	91.5	79.4	78.0	74.4	74.7
中条町	1976	76.3	77.5	80.0	79.5	89.5	81.2	76.0	64.3	68.3	67.5
犀川町#	1976	83.3	88.8	103.5	112.7	119.1	100.1	87.2	80.6	80.3	81.7
上野市	1977	67.7	71.4	76.6	80.4	90.9	84.5	80.0	74.0	70.3	66.0
高野口町	1977	83.4	87.3	96.7	92.5	80.6	75.2	70.6	70.9	71.3
紀伊長島町#	1978	73.0	78.6	82.5	87.4	103.0	82.3	78.0	73.1	68.7	67.5
小田町	1978	77.0	76.7	83.3	82.2	75.0	69.4	70.4	66.9	62.7
広川町	1979	88.8	89.3	92.3	94.9	97.7	86.8	89.5	89.5	90.7	91.8
金田町##	1981	98.7	98.1	96.6	102.8	119.6	112.4	84.6	75.6	78.0	74.3
方城町##	1982	99.9	98.4	101.5	113.8	107.5	91.9	90.3	90.0	82.7	72.4
香春町##	1985	101.4	96.1	97.6	98.2	99.8	98.2	88.2	89.6	77.5	74.6
赤池町	1991	93.7	97.2	102.0	84.4	88.2	99.3	84.6	79.7	81.8	76.5
夕張市##	2006	116.7	108.3	109.8	116.3	125.6	120.3	84.3	82.9	72.9	77.2

(注)　網かけ欄は、再建取組み中の期間を示す（5年経過時までを表示）。#は、準用財政再建時まで上昇を続け、申請時には大幅上昇した団体。##は、準用財政再建申請前から恒常的に95%を超えていた団体。
(出所)　自治省「市町村別決算状況調」、総務省「市町村別決算状況調」に基づいて筆者作成。

示すケースが多いが、100%を超えているのは、17団体中の9団体にとどまっており、単年度の経常収支比率の水準だけを見た場合には、再建を要するほどの財政危機状態にあると判断できるとは限らない。しかし、推移に着目すれば、財政状況の悪化が進行していることを把握できる事例がいくつかある。

1つは、経常収支比率が準用財政再建申請年度まで単調増加を続け、4年間に20〜30%ポイントも上昇した結果、申請時には100%を超えているというグループである（図5-4）。このグループに該当するのは、豊前市、下松市、行橋市、犀川町、紀伊長島町である。実質収支が赤字を回避していても、実質収支比率の趨勢的な悪化が観察されなくても、同じ期間に経常収支比率は顕著に上昇しており、異常事態が起きていることのシグナルを発している。

もう1つは、財政再建に着手するまで、経常収支比率が恒常的に95%を超えているというグループである（図5-5）。該当するのは、金田町、方城町、香春町、夕張市である。このうち、夕張市は申請の4年前から継続して100%を

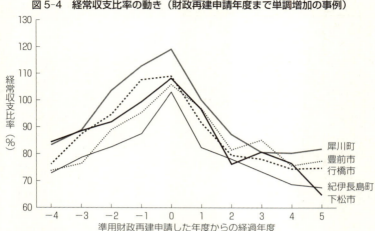

図5-4 経常収支比率の動き（財政再建申請年度まで単調増加の事例）

（出所）　表5-3と同じ。

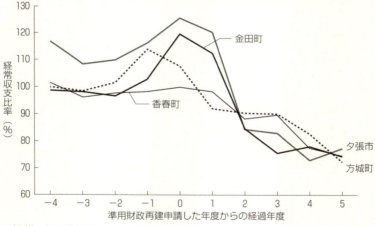

図5-5　経常収支比率の動き（準用財政再建申請年度前から95％超の事例）

（出所）　表5-3と同じ。

大きく超えており，同期間の実質収支比率がゼロであったこととは対照的である。

　このように，2つのグループにおける経常収支比率は，会計操作による指標の人為的な抑制を免れている可能性が高い。経常収支比率は人件費・扶助費・公債費に対して充当された経常一般財源の割合であるから，それが恒常的に

第5章 実質赤字比率のガバナンス効果　227

表5-4　市町村平均値との差で見た準用財政再建団体の経常収支比率の推移

	再建初年度	経過年度				申請年度（再建初年度の前年）	経過年度				
		−4	−3	−2	−1		1	2	3	4	5
豊前市*	1975	4.0	5.9	16.6	21.6	29.0	13.5	1.0	4.3	▲3.2	▲0.4
竹田市*	1975	21.9	10.4	12.5	10.3	14.2	2.0	1.5	2.1	2.8	2.4
米沢市*	1976	▲0.9	7.6	2.6	1.8	18.9	12.4	7.5	0.6	▲0.6	▲1.4
下松市*	1976	13.9	16.2	18.1	22.6	24.8	16.2	▲4.7	1.9	▲1.2	▲12.8
行橋市*	1976	5.8	15.0	20.9	30.8	25.6	11.1	▲1.4	▲0.8	▲3.3	▲3.0
中条町	1976	5.8	5.2	6.3	2.7	6.1	0.8	▲4.8	▲14.5	▲9.4	▲10.2
犀川町*	1976	12.8	16.5	29.8	35.9	35.7	19.7	6.4	1.8	2.6	4.0
上野市*	1977	▲4.6	▲2.3	▲0.2	▲3.0	10.5	3.7	1.2	▲3.7	▲7.4	▲12.0
高野口町*	1977	11.1	13.6	19.9	16.0	12.1	▲0.2	▲3.6	▲7.1	▲6.8	▲6.7
紀伊長島町*	1978	▲0.7	1.8	▲0.9	7.0	22.2	3.5	0.3	▲4.6	▲9.3	▲10.1
小田町	1978	3.3	▲0.1	▲0.1	2.2	0.9	▲3.8	▲8.3	▲7.3	▲11.1	▲14.9
広川町*	1979	12.0	5.9	11.9	14.1	18.9	9.1	11.8	11.5	13.1	13.7
金田町*	1981	18.3	17.3	17.8	25.1	41.9	34.4	7.0	▲2.5	▲1.4	▲4.4
方城町*	1982	19.1	19.6	23.8	36.1	29.5	14.3	12.2	10.6	4.0	▲7.1
香春町*	1985	23.7	18.1	20.0	20.1	20.4	19.5	8.7	12.9	3.8	5.1
赤池町*	1991	14.2	20.5	28.3	14.9	18.5	28.3	12.3	3.5	0.6	▲5.0
夕張市*	2006	32.1	20.9	22.4	25.8	35.4	30.0	▲7.7	▲8.9	▲18.9	▲12.0

（注）　網かけ欄は，再建取組み中の期間を示す（5年経過時までを表示）。数値は，当該団体の経常収支比率の同年度における市町村平均値からの乖離幅。*は，準用財政再建申請に至るまでの間に10%以上の乖離幅を示した団体。
（出所）　表5-3と同じ。

95%を超えているグループは，職員の過剰採用やワタリ運用などによって人件費が膨張していたこと，過去における過大な起債によって公債費負担が高水準になっていたことが推測される。また，経常収支比率が短期間に大幅上昇したグループにおいては，赤字補填や予算外支出のために利用した一時借入金の利子支払いが累積的に増えていったものと推測される。

また，再建申請前において，財政状況の恒常的な悪さや急激な悪化が経常収支比率からは読み取れるのに，実質収支比率からはそれが判別できない事例では，会計操作によって，実質赤字比率が人為的に操作されていたと考えられる。

なお，経常収支比率は時代によって全自治体における平均的な水準が異なり，最も高かった年度と最も低かった年度の差は20%も差があるため，準用財政再建団体の経常収支比率に関して，同一年度における市町村平均値からの乖離幅を見たものが，表5-4である。再建が始まるまでの経常収支比率の相対的な

高さは明瞭であり，17団体中の15団体において，準用財政再建申請に至るまでの間に乖離幅が10%を上回った年度があり，しかも，そのうちの11団体においては乖離幅が20%を上回った年度がある。再建取組み後は乖離幅が縮小し，13団体では市町村平均値を下回る水準まで経常収支比率の低下が見られる。これは，再建過程で歳出削減の対象として人件費を選び，職員数の削減や賃金カット等を行ったことを反映している。

2.5　旧再建法下の財政破綻の原因

これまでに公表された財政破綻した市町村の首長や財政課長へのインタビュー記事などで明らかにされているように，1975年度以降の準用財政再建団体における破綻の主たる原因の1つが無計画な土地取得と関連事業の失敗である。

たとえば，実質赤字拡大や財政破綻の原因が土地取得や宅地造成にある準用財政再建団体の事例としては，米沢市[11]，下松市[12]，紀伊長島町[13]，小田町[14]，香春町[15]，方城町[16]，赤池町[17]，夕張市[18]がある。また，同様の要因で実質赤字が拡大した後に自主再建した事例としては，泉崎村（福島県）[19]がある。

このうち，泉崎村が自主再建にとどめることができた背景として，不正経理は工業団地特別会計と宅地造成事業特別会計における一時借入金の不正利用に限定され，会計間取引を操作するような広範な赤字隠しは行われていなかったことが最初に指摘できる。また，経常収支比率が70%台であったことに象徴されるように，公債費や人件費などの義務的経費が一般会計の大半を占めるような硬直的な歳出の構造にはなってはおらず，行政改革を通じた歳出削減の実効性が十分に期待できた。さらに，不正な一時借入金利用を解消するために県から10年超の貸付金が供与され，それが現行制度の再生振替特例債のような

---

11)　高槻（1977）を参照。
12)　井川（2012）を参照。
13)　自治省編（1979）「(5) 財政再建の状況」『昭和54年版 地方財政の状況』を参照。
14)　自治省編（1979）「(5) 財政再建の状況」『昭和54年版 地方財政の状況』を参照。
15)　橋本（2007）を参照。
16)　橋本（2007）を参照。
17)　安武（2001）を参照。
18)　北海道新聞取材班（2009），読売新聞東京本社北海道支社夕張支局編（2008）が詳しい。
19)　朝日新聞社（2001a, b），河北新報社（2000a, b, c, d），同（2001a, b），同（2005），日本経済新聞社（2000a, b），同（2001），毎日新聞社（2000a, b, c, d），同（2001），読売新聞社（2000a, b, c, d, e, f），同（2001a, b）を参照。

機能を果たしたといえる。

　土地取得や宅地造成に起因する財政破綻の背景にあるのは，1972年の公拡法（公有地の拡大の推進に関する法律）の制定によって自治体が100％出資する「土地開発公社」が各地で設立されたことである。土地開発公社は，土地を機動的に先行取得するバッファー役を果たすことで，母体自治体の一般会計における収支の変動を緩和するとともに，将来の地域開発政策の実現性を高めた反面，土地開発公社の暴走，すなわち議会による予算統制を受けない土地取得が行われるなどのガバナンスの欠陥が起きた可能性が高い。自治体の予算は，一般会計，特別会計を問わず，地方議会での議決対象となるが，外郭団体である土地開発公社の予算は議決対象とはならないからである。

　もちろん，第4章で述べたように，地方三公社をはじめとする自治体の出資法人の予算・決算等については，議会報告義務があり，何らかの議会審議が行われる仕組みは整っている。また，地方三公社による金融機関からの借入れに対して，母体自治体が債務保証や損失補償を行えば，母体の予算の一部として付議対象となるから，議会・住民によるコントロールが可能な仕組み自体は存在する。

　しかし，後述するように，過去においては巨額の債務超過を抱える深刻な経営破綻状態に陥った土地開発公社や住宅供給公社の事例や，土地取得や宅地造成に関わる事業の失敗で自治体の財政破綻にまで発展した事例が存在する。これらの事例では，現実には議会・住民によるコントロールが十分に働かなかったといえる。とくに，母体自治体に代わって，機動的に公有地を先行取得するという土地開発公社の基本事業が，母体と密な関係にありながら，議会・住民による予算コントロールが緩やかにしか行われないという二面性に依拠しているところは大きいであろう。

　そのため，計画的な借入れが行われなかったり，返済が先延ばしされたりすることへの抑止力が働かず，多くの土地開発公社において赤字はさらに膨らむ結果となったと見られる[20]。とりわけ問題視される状況は，そうした土地開発公社の真の経営状況が議会にも住民にも正しく知らされず，いわば赤字隠しによって赤字がさらに膨張するという事態が生じていたことにある。

　しかし，持ち堪えられなくなれば，再度，母体自治体がそれを引き取るかた

---

[20] 公拡法制定以来の土地開発公社の動向をまとめた分析事例には，石川（2015a）がある。

ちで，一般会計（普通会計）の実質収支において，膨大な赤字が一気に表面化することになる。多くの準用財政再建団体申請は，そのような状況下で行われたものと考えられる。実は，予算外支出のような正当な裏づけを伴わない歳出による赤字や債務が申請時に表面化する可能性については，1955年に旧再建法が制定された直後から，関係者による指摘がされていた[21]。国としては，そうした赤字であっても存在を明確にして，早期に清算するように，再建申請を受けた時点で指導を行っていたものと推測される。

　赤字隠しと不正経理の悪質な事例としては，夕張市の事例が取り上げられることが多いが，他にも，類似事例は存在する。たとえば，小林（1978）は，「放漫財政の域を超えた悪質な事例」として，「104人の隠し職員を抱えていた」という上野市の事例と，「二重帳簿によって，県税収入，国庫補助金，地方交付税を詐取した」という高野口町の事例をあげている。また，高槻（1977）は，1970年代前半の米沢市において，「土地開発公社を通じたヤミ起債」や「公社による一般会計歳出の肩代わり」などの「粉飾決算」が，市長が交替するまで行われていたとしている。

　このように，数は少ないが，夕張市以前にも，住民を欺いた悪質な会計操作やヤミ起債[22]は行われてきており，旧再建法の弱点が存在していたことは確かである。小林（1978）は，「現実にはこのような事例は例外中の例外であるといってもよいかもしれないが，このような事例が存在すること自体，財政再建に対する本質的認識の問題を提起していると考えられる」とも指摘している。その他の事例を含めて，準用財政再建申請しなければならない水準にまで実質赤字が拡大した背景としては，小林（1978）にまとめられているように，人件費の膨張，過大な施設整備・事業執行，公債費の増大などが共通してあげられる。

---

21) 自治省調査課・行政課，全国市長会事務局，全国町村会事務局の担当者による座談会録である今吉ほか（1956）において，「わけのわからぬ債務」「外へ持ち出せんような債務」「予算に上がっていない場合もある」と指摘されている。

22) 詳しくは，本章第3節の3.1および3.2項を参照。

3 夕張市の財政破綻に見る制度の抜け穴
── 会計操作はどのようにして行われたのか？

3.1 何が夕張市の財政破綻をもたらしたのか？

　夕張市の財政破綻に関しては，数多くの論文および記事が発表されており，それらから破綻するに至った経緯を知ることができる。本節では，地方財政健全化法のもとでのガバナンス制度を評価するに際しての論点を得る観点から，夕張市の財政破綻の究極的な原因は旧再建法下のガバナンス制度にあるという立場をとり，得られるさまざまな事実に基づいて，数多くある旧炭鉱都市（市町村）のなかで夕張市のみが大きな財政破綻に至った原因をその背後にある制度的要因と関連づけて検討する。

　炭鉱都市夕張の誕生から，夕張市の財政破綻までの経済の動きは，人口の動きを見ることで，実態をおおまかに捉えることができる。人口の動きと，その当時の状況は，図5-6のようにまとめられる。

　この図からわかるように，時代の変化とともに，炭鉱都市の役割は急速に収縮していった。とくに，人口減少が顕著になったのが1970年代である。これに伴って，財政も打撃を受けたが，そのとき，夕張市は炭鉱都市から観光都市への道を選んだ。栄えた街が急速に斜陽化する状況に際し，地域振興策をとることが地域からも望まれていたことは，容易に推察できる。また，社会的にもそれが賞賛された時代が確実に存在した。1979年4月に中田鉄治市長が誕生し，公営企業や第三セクター法人を通じて，観光施設を続々と建設した。中田市政は6期24年間続くことになり，その間，観光投資に依存する財政運営が行われ続けた。夕張市には中田市長のマインドが定着しており，後を引き継いだ後藤健二市長による市政のもとでも，観光開発路線がすぐに変更されることはなかった。しかし，結局，このようなやり方は成功を収めなかった。

　一方で，他の炭鉱都市は，夕張市と同じ道をたどることはなかった。炭鉱閉山後には，インフラ整備に活路を見出そうとしたが，極端な地域振興策には走らなかった。1970年代末期は，夕張市周辺の空知地域内の炭鉱で栄えた市町村の一部は，夕張市と同様に高水準の公共投資を行っており，そのために発行した地方債から生ずる公債費は多くの自治体において何らかの起債制限を受ける水準に達していった。しかし，そのとき，夕張市以外の市町村は，行財政改

232

図 5-6 炭鉱都市夕張の誕生から財政破綻までの人口の動きと出来事

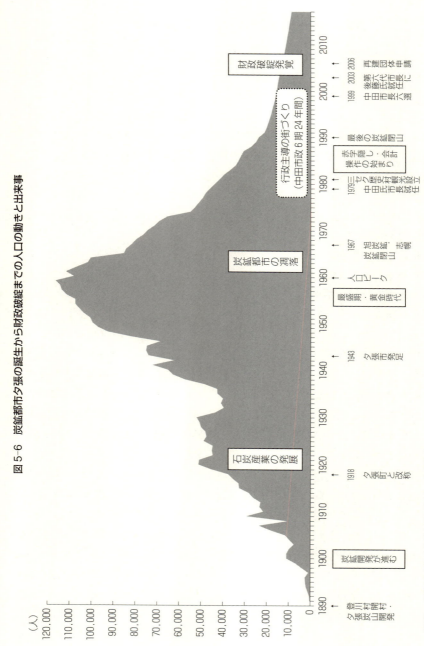

(出所) 夕張市に関わる各種文献資料より、筆者作成。

革で債務を返済する道，背伸びをしない街づくりをすることを選択した。閉山後の人口減少と地域社会の縮小という問題に直面したとき，夕張市と他の市町村との間で，対応を分けたものは何だったのであろうか。

夕張市に対しても，他の市町村に対しても，実質公債費比率の前身に当たる起債制限比率や，さらにその前身の公債費比率によって起債制限するというガバナンス制度がまったく機能していなかったとはいえない。これらの指標が何らかの起債制限を受ける水準に達することで，起債額とそれを資金源とする投資額は抑制されたはずだからである。異なるのは，投資の部分的な抑制にとどまって，債務返済が進まず，また，恒常的に資金繰りが逼迫するような状況に陥っていたか，いないかである。それをチェックするのが実質赤字比率であり，実質赤字比率が20％以上になれば，準用財政再建申請を行い，財政再建を行うというのが流れであった。

ただ，旧再建法においては，自主性を考慮し，当該団体が自ら申請しなければ，準用財政再建団体とはならないという選択肢が残されていた。論理的には，実質赤字比率がどれほど高くても，国の助言を受け入れずに，自主再建を選択することも可能だった。もちろん，実質赤字比率が20％以上で自主再建の道を選んだ場合には，準用財政再建団体より厳しい起債制限を受けるため，財政的選択がいっそう制限されることも事実である。

夕張市と同じ空知地域にある旧炭鉱の町は，財政悪化が本格的に進む前に，財政健全化に取り組み，背伸びをしない街づくりをすることを選択した。その結果，実質収支が赤字化する事態を避けることができ，このような制約にとらわれるには至らなかった。

夕張市では，公営企業や第三セクター法人を使い，観光業を中心とする地域振興策にこだわり続けたことで，資金繰りの逼迫が恒常化し，図5-7に見られるように，全会計ベースの実質収支は長期にわたって赤字を続けることになった。しかしながら，夕張市の中田市長は，「準用財政再建団体」はもちろん，「より厳しい起債制限を伴う自主再建」も避ける方法を探り出した。すなわち，普通会計の実質赤字を顕在化させないという方法である。本質的には，その方法は持続可能ではないにもかかわらず，以下で述べる要因によって，夕張の選択は間違った方向に進んだのである。会計操作によって赤字を隠すこと，債務返済を先送りすることによって，それらが破綻するまでその方法を続ける以外に道がなくなってしまったのである。

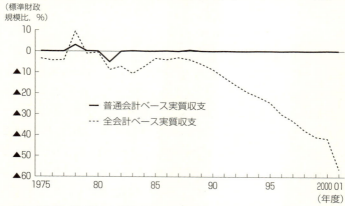

図5-7　夕張市の全会計ベースの実質赤字比率（1975〜2001年度）

（注）　翌年度へ繰り越すべき財源の額がなければ，形式収支は実質収支に一致するため，データが利用可能な形式収支について全会計の合計額を集計した（連結実質収支比率に相当）。ここでは，会計操作の可能性についてはまったく考慮に入れていない。
（出所）　夕張市「夕張市の統計書」，総務省「市町村別決算状況調」に基づいて筆者作成。

(1) 市長の強い主張に揺らぐ制度の厳格性

　第1の理由は，観光行政への強力なリーダーシップと交渉力を持つ市長の存在である。国から懸念を表明されたものの，「夕張は国の石炭転換政策の犠牲になったのだから，国が責任を持つべきだ」[23]という強い主張を市長は押し通し，国からの補助金を引き出した。逆にいえば，国庫支出金という地方財政制度に裏打ちされるはずの予算措置が交渉によって揺らいでしまったことは，客観的に見て，ガバナンス制度としての厳格性を欠くものだったともいえよう。

(2) ダムの補償金を背景にした開発路線の継続

　第2の理由は，ダムの補償金などによって，一時的に資金繰りが好転したことが，長期的には災いしたといえる。夕張シューパロダムの建設に伴う補償金が支給されることが決まったのは，1996年度である。この補償金は2000年度までに64.5億円に上ったが，一時的に資金繰りを改善したにすぎなかった。しかし，資金を債務返済に充てず，開発路線を継続したために，債務が拡大し，後の財政再建時に課せられるハードルをいっそう高いものにしてしまったのである。この2000年度時点に準用財政再建を申請していれば，その後，財政破

---

23)　北海道新聞取材班（2009）122頁より引用。

綻が明るみに出た際の実際の金額と比較して，債務残高は小さなものですんだはずである[24]。

(3) 「赤字隠し」以外の不正経理（「ヤミ起債」）

　第3の理由は，「赤字隠し」以外にも「ヤミ起債」（自治体が国の許可を得ずに実質的な長期の借入契約を締結すること）などの不正経理や会計操作が行われていたことである。「ヤミ起債」も不正経理・予算外取引の一種であり，無許可の起債を行うに等しい行為である。具体的には，地方債発行額が起債制限に達した自治体が，当時は地方債許可制度下にありながら，「北海道産炭地域振興センター」が管理・運用する「空知産炭地域総合発展基金」から実質的な長期資金を借り入れたというものである。空知地域では，夕張市以外にも，5市1町（赤平市，芦別市，歌志内市，美唄市，三笠市，上砂川町）がこのヤミ起債を行っていた[25]。

　「ヤミ起債」を行うこと自体は，現行制度下でも可能だと思われるが，公営企業や第三セクター法人の赤字や債務が一覧性のある資料（「財政状況資料集」）として開示されているため，会計間の不正な取引や不正経理に対して，抑止力が働く。しかし，旧再建法下では，公営企業や第三セクター法人の債務の一部を算入する将来負担比率のような指標は採用されていなかったこと，公営企業や第三セクター法人の財政状況も含めた情報開示が十分には行われていなかったことも，「ヤミ起債」を可能にしたといえる。

　なお，赤字隠しは，決算に際しての出納整理期間を利用した「単コロ」と本来の趣旨を逸脱した一時借入金の利用を組み合わせることで行われていた。詳細は，3.2項および3.3項で説明する。

(4) ガバナンス制度の限界

　第4の理由は，会計操作に対して，住民によるモニタリング効果が働かない

---

24) 1990年代においても，読売新聞東京本社北海道支社夕張支局編（2008）129頁によれば，赤池町が1991年に財政再建申請をした折，町長は自治省担当者から「赤池町さんだけじゃない。夕張市さんも一緒です」といわれたという。
25) 朝日新聞社（2006），日本経済新聞社（2006），北海道新聞社（2006），毎日新聞社（2006），読売新聞社（2006）などによれば，この点について，北海道が黙認していたことや知事が認めていたことがわかる。その後，北海道内に設置された対策チームの勧告を受けて，全市町が一括返済した。また，資金繰りへの配慮から基金の取崩しが認められることとなった。

情報開示の仕組みと不適切な財政運営を強制的には是正できないガバナンス制度の限界である。

会計操作により生み出された収入は，「諸収入」「財産収入」「繰入金」「寄付金」など，さまざまな項目に巧みに紛れさせるかたちで計上されていたものの，これらの項目の決算数値自体を公表しないですませることはできない。一時借入金に関する情報は一般には公表されていなかったものの，「単コロ」見合いで計上される歳入は，決算統計上，「諸収入」の異常な動きというかたちで確認可能であり，専門家であれば，問題視される会計処理が行われていることはチェックできる状況にあった（3.4項参照）。

しかし，住民が簡単にチェックできるような形式での情報開示は行われていなかった。現在の健全化判断比率の算定基礎資料ともいえる「財政状況資料集」においても，「諸収入」は掲載されていないものの，財政状況を多面的に捉える観点から4種類の健全化判断比率が採用されているうえ，それらを算定する際の基礎データとなる公営企業や第三セクター法人の赤字や債務が網羅されている。そのため，何らかの異常があれば，住民自身が気づく可能性が高い。住民が簡単にチェックできる状況にあることこそ，住民によるモニタリングが行われる必須の条件である。当時はその条件が満たされていなかった。

さらにいえば，夕張市を監視，監督する立場にある北海道や総務省は，もちろん，この異常な動きに気づいていたと報道されている[26]。しかしながら，これに対して，強制的な是正措置が発動されることはなかった。自治の原則のもと，不適切な財政運営を是正することに国は消極的な行動をとり，黙認をするにとどまっていたといわれる[27]。

現在の地方財政健全化制度下と同様に，夕張市の自主性にすべてが委ねられている状況であったが，旧再建法下のガバナンス制度は，自治体の行動インセンティブを十分考慮してはおらず，自発的に財政状況を改善する行動を促すメカニズムが働かなかったのである。このような構造が，破滅的なレベルまで財政危機を深刻化させたといえよう。

---

26) たとえば，読売新聞東京本社北海道支社夕張支局編（2008）194～200頁に「国と道は知らなかったのか」と題された一節がある。

27) 前掲注を参照。また，北海道新聞取材班（2009）83～85頁に「道も一枚噛んでいた」という一節がある。

言い換えると，国による強制的な是正措置が講じられることの実効性の低さを考えれば，制度やルールによるガバナンスのもとで，自治体が自らを律し，自発的に財政運営を改める仕組みにすることが最も重要である。本書が全章を通じて重視しているのは，制度やルールが自治体の行動を誘導するという意味でのガバナンス効果である。夕張市が財政破綻へと至ったのは，そのようなメカニズムが働かなかったからだといっても過言ではない。

3.2 ヤミ起債と一時借入金の不正利用

ヤミ起債や趣旨を逸脱した一時借入金の利用は，不正経理をしていた当時の夕張市のみが行ったことではなく，1970 年代初頭から広く認識されていた方法であった。

たとえば，研究会の主要メンバーが旧大蔵省の理財局関係者と見られる地方資金研究会編（1972）は，「最近においては明らかに法令に違反した『やみ起債』はほとんど見受けられなくなったが，その反面，脱法的な措置によって目的を達している例がある。その典型的なものとしては，年度内の歳入金をもって償還するめどがないにもかかわらず一時借入金をもって事業を施行し，当該借入金を事業の財源として決算し，この一時借入金を長期にわたりころがして行くという事例がある。これは一時借入金の形式をとった実質的な『やみ起債』にほかならない」と記述している。

また，中島（1970）は，「やみ起債」とは「脱法的な方法によって目的事業を施行すること」としたうえで，その具体的な手法を以下の 4 つに分類している。

(1) 地方公共団体がその全部または一部を出資して設立した開発公社等に目的事業を施行させ，所要経費を債務負担行為等により何年度かにわたって分割返済するもの
(2) 学校施設組合等により学校の建設を行うもの（学校施設組合あるいは学校施設協力会などが，地方公共団体の損失補償または債務保証を得て資金を集めて学校施設を建設し，地方公共団体に譲渡するような方法。この場合，地方公共団体は，これらの団体に対して元利償還金に相当する額の補助金を何年度かにわたり交付する）
(3) 一時借入金をもって事業を施行し，当該一時借入金を歳入として決算しているもの（この場合の地方団体の資金操作は，年度末の 3 月 31 日にいったんそ

の全額を返済し，翌4月1日に改めて第1年次の償還額を差し引いた額を一時借入れする）

(4) 債務負担行為にかかるもの（土地建物その他の物件の購入にかかるものについては，長期にわたる分割払い的なものが多い。単に赤字決算になることを避けるために利用しているむきもある）

このうち(3)については，ヤミ起債や趣旨を逸脱した一時借入金の利用というだけでなく，「単コロ」や「オーバーナイト」との組合せを記述しているようにも見える。

ただし，これらの文献において記述対象となった時代は，自治体のための土地取得を機動的に行うことが可能な土地開発公社の業務範囲と設立要件を定める目的で1972年に制定された公拡法が存在しない時期のことと考えられる。自治体との責任関係が明確ではない民法法人としての地方開発公社が，公拡法に基づいて設立された土地開発公社に代わってからは，ヤミ起債を通じた迂回的な資金調達が減り，土地開発公社による正規の借入れが増えていったものと思われる。

それでも，手法自体は公拡法に基づいて設立された土地開発公社にも第三セクター法人や特別会計などにも適用可能であった。そのため，1990年代に入って「土地バブル」が崩壊し，開発ブームも終焉したことで土地開発公社が経営破綻状態に陥った場合や，宅地造成事業特別会計の資金不足が拡大した場合，さらには自治体本体の実質赤字が拡大した場合に，それらを隠蔽するために，1970年代から存在した手法を脱法的に利用したものと推測できる。

2.5項で述べたように，1975年度以降の財政破綻事例において，その原因が土地取得や宅地造成にあった事例が少なくないこと，また，2.3項および2.4項で分析したとおり，準用財政再建申請するまでの時期においては，例外なく，会計操作によって人為的に実質赤字を抑えていたと見られることから，それらの事例でも，ヤミ起債や趣旨を逸脱した一時借入金の利用などが行われていた可能性が高い。

地方財政健全化法のもとでは，会計操作に対する脆弱性が大きく低下した一方，情報開示のツールも格段に向上するなど，ガバナンス制度としての強化が果たされている。しかし，一部では，依然，課題が残されたままである。健全化判断比率には自治体の自発的な行動を誘導する機能が求められる以上，算定値が自治体によって恣意的に変えられる部分があれば，その機能は弱まってし

まう。残された課題については，第6章で詳しく検討する。

3.3 操作された実質赤字比率

以下では，夕張市において，具体的にどのようなことが起きていたのか，どのような会計操作によって実質赤字比率の値が歪められていたのか，残されている資料に基づいて事実を確認してみたい。

まず，北海道企画振興部は，準用財政再建申請前に夕張市から公表されていた実質赤字比率と真の実質赤字比率（北海道企画振興部算定）が大きく乖離していたことを明らかにしている。図5-8は，比較データが公表された2001～05年度の期間と，再建団体化して，そのような乖離が解消した後の期間（2006～11年度）を対象に，実質赤字比率と連結実質赤字比率について，各種の算定値を比較したものである。2005年度までの実質赤字比率を見ると，夕張市から

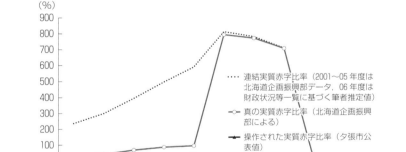

図5-8 夕張市の再建申請前の公表実質赤字比率と真の実質赤字比率（2001年度以降）

（注）1．財政再建初年度の2006年度は，一般会計に全会計の赤字を集約させただけでなく，債務保証・損失補償契約の履行・代位弁済，地方公社・第三セクター法人の清算・解散に伴う権利放棄，債務負担行為による支払繰延べなどの清算を一般会計が行ったため，赤字額が急拡大した。
2．「操作された実質赤字比率（2001～05年度）」は会計操作が行われていた時期の公表実質赤字比率。
3．「真の実質赤字比率」に関しては，会計操作が行われていた時期は北海道企画振興部データによる推定値，会計操作が行われていない時期（2006年度以降）は公表実質赤字比率。
4．連結実質赤字比率は2007年度以降のみしか公表されていないため，2006年度以前は，全会計の実質収支集計による筆者推定値（推定に際して，2001～05年度は北海道企画振興部データを，2006年度は財政状況等一覧データを利用）。

（出所）北海道企画振興部（2006c）「夕張市の財政運営に関する調査」（平成18年9月11日），総務省「財政状況等一覧表」「財政状況資料集」，夕張市「夕張市の統計書」に基づいて筆者作成。

公表されていた実質赤字比率はゼロを続けていたが、真の実質赤字比率は上昇していることがわかる。また、連結実質赤字比率(推定値)は、2001～05年度の期間において非常に高い水準にあり、しかも急速に拡大していたことがわかる。

3.4 会計操作の手法と決算データにおける痕跡

以下では、会計操作がどのように行われていたのかに関して、簡単に解説する。イメージは、図5-9のようにまとめられる。

自治体には、決算実務を行うための猶予期間として、3月31日に会計年度が終了した直後に「出納整理期間」(4～5月)が設けられている。本来の趣旨は、4～5月に生じた資金の出し入れのうち、実態的に前年度に帰属する過年度収入・過年度支出については、出納上の便宜から前年度に計上させることを認めたものである。しかし、会計記録上は、この期間中に本来の趣旨を逸脱した次年度からの資金の借入れを行うことが可能である。

すなわち、本来は翌年度に帰属する財源を用いて、前年度末までに返済したとして処理すること(「単コロ」)も会計処理のうえでは可能である。

この方法を利用した夕張市は、一般会計と他会計や設立法人等との間で見かけ上の借入れと返済を会計上で行っていた。つまり、実質的には、長期の貸付を一般会計が行っていたのと同じである。また、本来は禁止されているが、年

図5-9 会計操作のイメージ図

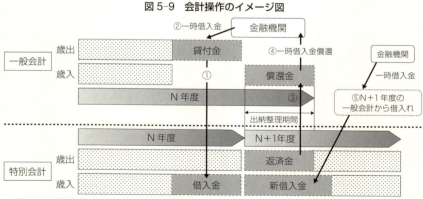

(注) この手法が繰り返されると、特別会計の赤字が毎年度同額とすれば、その額だけ一般会計の特別会計に対する貸付金が増加するとともに、その資金手当となっている一時借入金額もその分だけ毎年度増加することになる。
(出所) 新しい地方財政再生制度研究会(2006c)「地方債と一時借入金について」『第2回研究会配布資料』参考資料2。

度をまたがった一時借入金を指定金融機関などの金融機関から利用し[28]，この仕組みと併用することで，毎年の調整額を拡大させることができた。その場合，他会計や設立法人等で赤字が恒常的に発生していたとしても，形式上は資金不足を計上させることなく，その穴埋めが可能となる。夕張市で用いられたこのような手法，すなわち「単コロ」は，当時は「ジャンプ方式」と呼ばれ，まさしく夕張市が用いていた。

　たとえ，恒常的に赤字が発生していなくても，このような会計手法は，会計年度独立の原則を形骸化させ，他会計の赤字を隠蔽・先延ばしにする不透明な仕組みである。2016年度に改正されるまでの地方財政健全化法のもとでも，この方法が利用されたことを健全化判断比率が捕捉することはできなかった。しかし，法改正後は「単コロ」による実質的な債務を将来負担比率に算入することで，自治体に是正を促すように誘導している（第6章参照）。

　それでも，行為自体が明確に禁止されているわけではない。そのため，この手法に手を染める自治体は残っており，朝日新聞社（2016a）は，「岡山県で約411億円，北海道で約279億円の調整が行われていた」と報道している。ただし，この金額を標準財政規模に対する割合で見れば，岡山県が9.3％，北海道が1.9％である。その後は，2018年3月に公表された「財政状況資料集」によれば，2016年度決算時点で，岡山県は121億円，北海道は134億円まで「単コロ」を縮小させている。

　2016年度の「単コロ」相当額と比較して，夕張市が隠蔽していた赤字の相対的な規模は桁外れに大きかった。図5-8に示したとおり，公表された2005年度の実質赤字の標準財政規模に対する割合は普通会計ベースが37.8％，全会計ベース（連結実質赤字に相当）が362.2％であったが，不正経理発覚後の「夕張市の財政運営に関する調査」を担当した北海道企画振興部が推計した真の実質赤字額を用いれば，それぞれ92.9％と588.5％だったからである。

　しかも，これらの数字には，地方公社や第三セクター法人に対する債務保証・損失補償に伴う一般会計の負担や債務負担行為による一般会計の支払繰延べなどは含まれておらず，すべてを清算した2007年度決算時には，一般会計の実質赤字比率は791.1％にも達した。

---

[28] 2000年度に実質赤字比率が20％を超え，自主再建に取り組んだ泉崎村においても，利用されていた。その新聞報道については，注19を参照。

夕張市は，このような会計操作によって，歳入と歳出の差額である収支については，巧みに真実を隠蔽してきた。しかし，グロスの歳入・歳出に対しては，会計操作の痕跡が一部に残っていた。なぜなら，一般会計・他会計（公営企業）・第三セクター法人のいずれにも赤字を顕在化させないようなジャンプ方式による先送りを行うとすれば，一般会計においては，他会計・第三セクター法人に対する短期の貸付金が歳出に計上され，形式的には当該貸付金が年度内に返済されるかたちとなる。そのため，歳入には貸付金回収金が「諸収入」の一部として計上されるはずだからである。しかも，決算で赤字が顕在化しないため，翌年の予算編成に際しては，赤字縮減・解消に向けた強制力はまったく働かずに，隠された真の赤字は膨張していく。その結果は，一般会計による短期貸付金や貸付金回収金の異常なペースでの拡大に反映される。

つまり，会計操作によって実質赤字を人為的に抑えられても，不自然な辻褄合わせの痕跡は決算データの一部に残ることになる。夕張市の財政破綻と不正経理が発覚して，事後的な検証の結果として把握できたことでもあるが，公表されている統計でいえば，会計操作の影響は，歳入における「諸収入」の規模に最も色濃く反映されるのである。

図5-10は，決算データにおける貸付金回収金を構成要素として含む「諸収入」に着目し，その標準財政規模に対する割合について，1975年度から2017年度までの推移を市町村全体と比較したものである。時期による水準の違いは

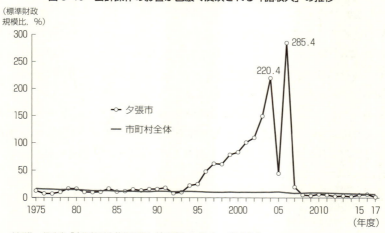

図5-10　会計操作の影響が色濃く反映される「諸収入」の推移

（出所）　総務省「市町村別決算状況調」（各年度）に基づいて筆者作成。

あるものの，市町村全体の数値は7〜17%の間で変動しており，夕張市についても，1993年度まではこの範囲にとどまっていた。しかし，1994年度に20%台に上昇した後は，1996年度40%超，1997年度60%超，2000年度80%超，2001年度100%超，2003年度150%超というように，夕張市における諸収入拡大のペースは加速していった。そして，準用財政再建申請の前年度（2005年度）に会計処理された2004年度決算分の数値は220.4%にまで達していた。

しかし，各会計における真の赤字が明るみに出され，すべての赤字が一般会計に集約されて2006年度から財政再建への取組みが始まり，翌2007年度の数字は20%にまで急落した。さらに，2008年度以降は常に市町村全体の平均値を下回るようになって，7%を超えることはなくなった。

また，表5-5に示すとおり，「諸収入」が異常な水準を示し始めた時期は，北海道企画振興部（2006c）の調査によって明らかになった「夕張市がジャンプ方式による不正経理を始めた時期」とおおむね一致している。

もっとも，夕張市議会における議事録を1970年代に遡って調べた西村・平岡・堀部（2010）は「広義のヤミ起債的手法は，1980年代半ばから公然と行われており」と指摘しており，この時期から夕張市の財政破綻が始まったのではなく，すでに悪化が進んでいた財政状況が実質収支の数字に表れないように，「赤字隠しに奔走していた」としている。

実際，夕張市の経常収支比率が恒常的に100%を上回るようになったのも1993年度以降であり，不正経理を本格化する前の時期において，公債費と人

表5-5 夕張市の普通会計と各会計の間で"ジャンプ方式"による経理が行われた時期

会計区分			不正処理の時期
公営企業会計	法適用	水道事業	2004年度以降
		病院事業	2005年度以降
	法非適	公共下水道事業	1992年度以降
		市場事業	—
		観光事業	2003年度以降
		宅地造成事業	1995年度以降
非公営企業事業会計		国民健康保険事業	—
		老人保健医療事業	1994年度以降
		介護保険事業	2002年度以降

（出所）北海道企画振興部（2006c）「夕張市の財政運営に関する調査（平成18年9月11日）」。

件費の負担が重くのしかかり，すでに資金繰りが逼迫していたことが推察される。

3.5 会計操作の抑止力としての地方財政健全化法

　なぜ，旧再建法は，夕張市の会計操作の暴走と未曾有の規模の財政破綻を止められなかったのであろうか。また，会計操作の抑止という意味で，夕張市の財政破綻からの教訓は，現在の地方財政健全化法にどのように活かされているのであろうか。ガバナンス・システムとしての強化のポイントは，住民によるモニタリング・コストの低下と自治体が自発的に財政健全化を進めるインセンティブの強化に集約される。

　まず，住民によるモニタリング・コストという観点では，その実態を表すさまざまな指標が容易に住民の手に入りやすく，また，わかりやすいかたちで住民に示されていれば，住民が自治体をモニタリングするためのコストは小さいといえる。すなわち，透明性が確保されていることが，コスト縮小のためには必要である。また，自治体が自発的に財政健全化を進めるインセンティブという観点からは，財政健全化をせずに放置することが結果として大きなコストを生み，逆に財政健全化を積極的に進めることが大きな便益をもたらす仕組みが必要となる。

　地方財政健全化法のもとでは，住民によるモニタリング・コストの低下と財政健全化に向けた自治体の行動インセンティブの強化が果たされている。具体的に，地方財政健全化法と旧再建法の最も大きな違いをあげれば，それは，「財政状況を管理・判断し，危機を知らせる指標」の数である。旧再建法が1指標[29]であるのに対し，地方財政健全化法には財政状況を管理する指標が4指標あり，多面的に状況を判断できることである。さらに，「財政状況資料集」など開示資料の充実によって，透明性が確保され，住民が自治体をモニタリングするコストを下げることにつながっている。

　また，その結果，財政健全化団体や財政再生団体となることを避けるため，辻褄合わせとしての会計操作を行おうとすれば，求められる会計操作は複雑で

---

29) 実質公債費比率（従前は起債制限比率や公債費比率）を通じて，地方債制度における起債制限が課されることを含めれば，2指標。ただし，この起債制限は地方財政法によって定められているため，狭義に解釈すれば旧再建法としては，1指標。

規模が大きなものになるなど，大きな"コスト"が発生する。すなわち，会計操作・不正経理を続けること自体の破綻がより早期に訪れやすくなる。予算外での一時借入金利用をするにしても，指定金融機関などの金融機関が応じる額には限度があるため，赤字の原因を解消しない限り，不正経理を続けても，資金が回らなくなる状況へ必ず達する。すなわち，不正経理による資金確保という手法の破綻が旧再建法下よりも早期に起こりやすいことは，自治体関係者には容易に想像できるため，不正経理という分の悪い選択自体がなされにくくなる。これは，財政健全化をせずに隠蔽する選択を忌避させ，財政状況が決算数値や財政指標に正確に反映されることを通じて，自治体に自発的な財政健全化を促すことにつながる。

　このように，現行の財政健全化法は，上記の2つの観点から，会計操作の抑止力を通じて財政健全化を促すガバナンスの仕組みを備えているといえよう。裏返していえば，旧再建法下の2000年代に財政状況が著しく悪化した自治体のなかには，現行制度下ならば"レッド・カード"のルールにより問題解決が促されていたであろう自治体も存在する。たとえば，2000年度に実質赤字比率が20％を超えた泉崎村は自主再建を選択したが，準用再建が例外なく適用されるルールであったならば，より早期に財政健全化が実現した可能性がある。

　泉崎村における当初の自主再建計画の期間は2000～04年度の5年間であったが，分譲宅地の売却が計画どおりには進まなかったこともあって，2010年度までの第2次自主再建計画の策定・実施が必要となった。しかも，2000年度時点で赤字と一時借入金解消のために福島県が市町村振興基金を通じて泉崎村へ供与した貸付金の返済については，当初は10年間の償還期限とされていたが，実際の完済は2013年5月までの年月を要したのである。また，この貸付金自体も，現行制度下の再生振替特例債，旧再建法下の財政再建債の機能を果たしたと考えられることから，純粋な自主再建であったとは言い難い。旧再建法下の財政再建債の償還年限は基本的には7年間であるから，準用財政再建申請していれば，7年間で財政再建が完了するような再建策が講じられたものと考えられる。

　地方財政健全化法導入時に残されていた課題などの一部（「単コロ」や「オーバーナイト」の捕捉・算入）についても，2016年度の法改正で対応されている（第6章参照）。それでも，現行の地方財政健全化制度は，いまだ万全とはいえ

ない。夕張市の財政危機拡大の一因となった一時借入金利用に関しては，その限度額が予算上の項目として地方議会で決定されることと，当該会計年度の歳入をもって返済しなければならないことのみが定められているにすぎない。これらを除けば，健全化判断比率のように詳細な統一ルールが存在するわけではなく，上限値さえも法定されていない[30]。実際の金額についての開示義務も定かではない。

　一時借入金が趣旨を逸脱することなく利用されていれば，実質赤字比率，資金不足比率，連結実質赤字比率に反映されるはずであるが，一時借入金の利用実態を明らかにするルールがなければ，趣旨を逸脱することなく利用されることを完全には担保できない。言い換えると，実質的に年度をまたがって利用したり，当該会計年度の歳入による返済を行わなかったり，趣旨を逸脱した一時借入金の利用があったりしても[31]，詳細なルールが定められていないために，「適切ではないが，違法ではない」という言い逃れが現在でも可能だと思われる。踏み込んでいえば，一時借入金を原資とするような「単コロ」が行われた場合，「単コロ」自体は将来負担比率の算入対象とはなっても，「単コロ」という行為が禁止されたり，何らかの罰則が適用されたりすることもない。その意味で，**地方財政健全化法の本格施行後も，一時借入金に関するルールには，抜け穴が残っている**。このように，現行制度には改善余地がある。

ま と め

　本章では，地方財政健全化法導入前の旧再建法下において，1975年以降に準用財政再建団体になった自治体の事例研究を通じて，準用財政再建申請時に実質赤字比率の急激な上昇を伴っていたことを確認した。これに対して，経常収支比率は，申請年度に向かって持続的な上昇（悪化）を示したり，もともと

---

30) 地方自治法第235条の3にきわめて簡素な規定が定められている。
31) 夕張市の不正経理が発覚した直後，総務省は全自治体を対象に一時借入金を利用した「赤字隠し」がないかを点検した「市町村の一時借入金等についての点検」を実施している。2006年8月3日の公表資料では「9団体以外で一時借入金を利用した不適正な運用による『赤字隠し』を行ったと見受けられる市町村はなかった」とする一方，「9団体については，さらに精査中である」とした。また，8月30日の公表資料では，会計名と金額に関する表を伴うかたちで，小樽市，室蘭市，釧路市，北見市，苫小牧市，滝川市，伊達市，むかわ町の8団体において「単コロ」相当の経理がなされていたこと，北海道から8団体に対して改善に対する助言を行った結果，8団体から適正な会計処理へと改める旨の報告があったことを明らかにしている。

高水準だった場合は，再建取組み後に低下（改善）したりするなど，申請前後の自然な動きが観察された。実質赤字比率が申請年度に急激に上昇（悪化）するという不自然な動きが共通して観察されることから，それまでに公表されていた数値が操作されていたことは明らかである。このように，制度としてのガバナンスが十分に機能しなかったこと，とくに不正な会計処理が行われても，チェック機能が働かなかったことが，財政破綻に至るまで危機を拡大させてしまったということができる。それが最も顕著なかたちで現れたのが，夕張市の事例である。

　しかしながら，この苦い経験は，新しいガバナンス制度としての地方財政健全化法の制定に際して，不正経理を抑止するチェック機能の強化と指標の拡充（4種類の健全化判断比率の採用）を重点的に行うきっかけとなったことは間違いない。その結果，公布された地方財政健全化法においては，4種類の健全化判断比率によって，より多面的かつ網羅的に自治体の財政状況を測ることが可能になっている。これを広く開示することを義務づけたこと，また，その算定基礎資料ともいえる財政状況資料の公表を伴うことで，公営企業や設立法人等も含め，自治体の財政的責任が及ぶ範囲について，住民が状況を把握し，監視することが従前に比べて容易になっている。さらに，財政再生基準（レッド・ゾーン）に加えて，早期健全化基準（イエロー・ゾーン）を設定し，健全化判断比率がこれらの水準に達したときの首長と議会の責務（財政再生計画，もしくは財政健全化計画の策定・実施・公表）を明確にしたことで，これらの水準に到達しないよう，自発的に財政健全化策を講じることで，健全化判断比率を引き下げるインセンティブを自治体に与えている。

　それでも，一時借入金に関しては，緩やかなルールが定められるにとどまっているため，趣旨を逸脱することなく利用されることを完全には担保できない。とくに，一時借入金を原資とするような「単コロ」が行われた場合，「単コロ」自体は将来負担比率の算入対象とはなっても，「単コロ」という行為が禁止されてはおらず，現行の地方財政健全化制度もいまだ万全とはいえない。

付論　経常収支比率が捉える財政リスク

　経常収支比率は，実質収支比率や財政力指数に次いで長い歴史を持っている指標であり，1970年代から算定が始まり，現在でも，自治体が財政状況を自己点検する際に使われたり，予算編成時の参照用指標として活用されたりしている。2016年度の地方財政健全化法改正に先立って，総務省が個別自治体における財政指標の活用状況についてのアンケート調査を実施した折も，4種類の健全化判断比率と並んで高い頻度で使われていることが判明したほどである。また，研究者の間でも「財政構造の弾力性を測る指標」として，計量的にモデルの推定を行う際の説明変数に採用されることは少なくないが，意外にも経常収支比率の意味するところが正しく理解されているとは言い難い。

　その経常収支比率は，「経常一般財源等」の金額に対する「経常経費充当一般財源等」の金額の百分比として定義される。分母・分子における「等」という表現は，「形式的には特定財源に分類されるが，一般財源にきわめて近い性質を有する財源」も含むことを意味している。分子の「経常経費充当一般財源等」とは，人件費・扶助費・公債費のように毎年度経常的に支出される経費に充当された一般財源等の額を指す。一方，分母の「経常一般財源等」とは「経常的に収入される一般財源等」であり，一般財源等の総額から臨時一般財源を除外している。

　とくに，注意が必要なのは分母の「経常一般財源等」の方である。その中心項目は，地方税の基本部分と普通交付税であるが，前者に関して，都道府県と市町村とでは集計対象が若干異なる。都道府県においては，地方税収（市町村に対する税交付金[32]を控除した都道府県の実質的な取り分）から法定外普通税，法定外目的税と適用期限のある超過課税収入を除外した残余がそれに相当する。

　一方，市町村においては，地方税収から都市計画税，法定外普通税，法定外目的税と適用期限のある超過課税収入を除外した残余がそれに相当する。超過課税分については，それが恒久的なものと位置づけられているか否かで「経常一般財源等」に算入するか否かが決まり，多くの道府県がまったく算入せず，東京都のほかはいくつかの府県が超過課税収入の一部を算入するにとどまっている。これに対して，超過課税を行っている政令市では，14市が全額算入，6市が全額除外というように，都道府県とは逆に多数派は算入する取扱いをしている。このように，超過課税収入に関するルールは公平性を欠く面がある。もっとも，算入による経常収支比率押下げ幅は最大でも2.1%ポイントにとどまっている。

---

32) 利子割交付金＋配当割交付金＋株式等譲渡所得割交付金＋地方消費税交付金＋ゴルフ場利用税交付金＋特別地方消費税交付金＋自動車取得税交付金＋軽油引取税交付金＋特別区調整交付金。

また，臨時財政対策債については，発行可能額ではなく，実際の起債額が「経常一般財源等」に算入される。そのため，歳出を抑制し，臨時財政対策債の発行可能枠を全額使いきるのではなく，起債しない分を残した場合には，分母に算入される額が減って，経常収支比率を押し上げてしまう。起債額を用いる理由は，「現実に収入されて，充当された」という実績面を重視することにあると思われるが，臨時財政対策債発行可能額の割当が相対的に大きい道府県（ただし，交付団体）においては，まったく起債しなかった場合の影響は小さくないため，経常収支比率の都道府県間比較を行う際には，とくに注意が必要である。

　この経常収支比率が「財政構造の弾力性を測る指標」といわれてきたのは，値が高ければ，臨時一般財源を除いた経常一般財源を充当する必要度が高いという意味において，財源配分における硬直度の高さを示すからである。経常収支比率が100%を超える状態は，「経常一般財源だけでは，経常経費を賄うことはできず，超過課税や目的税による収入など臨時一般財源を充当しなければならない状況」を示しており，資金繰りの逼迫ももたらす。重要なことは，そうした状況を長期にわたって続けることは不可能だという点である。とくに，超過課税，目的税，都市計画税による収入のない自治体においては，経常経費と経常一般財源の差額を賄うための「臨時一般財源」はほとんど持たないことから，（財政調整基金取崩しによる一般会計への繰入れが可能でなければ，）事態はきわめて深刻である。

　表5-6に示されるように，現実の経常収支比率が最も低かったのは，税収に恵まれた

表5-6　経常収支比率の長期的な推移

年度	市町村平均	都道府県平均	全体平均
1975～79	80.2	84.5	82.5
1980～84	78.2	80.5	79.4
1985～89	75.6	77.6	75.8
1990～94	74.1	78.0	76.6
1995～99	83.4	90.5	86.8
2000～04	86.7	91.3	88.9
2005～09	91.2	93.9	92.6
2010～14	90.3	93.5	91.9
2015	90.0	93.4	91.7
2016	92.5	94.3	93.4
2017	92.8	94.2	93.5

（出所）　総務省「市町村別決算状況調」「都道府県決算状況調」（各年度）等に基づいて筆者作成。

バブル期であり，以後は2000年代前半まで趨勢的な上昇が続き，それ以後は横ばい圏のなかでの変動にとどまっている。かつては，「経常収支比率は，都市にあっては80％，町村にあっては75％を超えると，財政構造の弾力性が失われている」といわれたが，市町村全体の平均値が80％を下回っていた時期は1978～93年度の間だけであり，それより前と1994～2003年度は80％台，2004年度以降は今日に至るまで90％台である。

その原因として考えられるのは，第1に，バブル崩壊後の税収の低迷に加えて，高齢化の進行に伴う扶助費（社会保障関連歳出）の増大や人件費の投入を要する地方公共サービスの拡大が背景にあることである。第2に，1990年代半ば以降に拡大した「地方財源不足額」の解消策として，投資的経費を財源対策債の発行で賄う財源措置が講じられており，地方債充当率の引上げと財源対策債発行がセットで実施された反面，一般財源の増加は低位であったために，経常収支比率の分母がさほど増えなかったこと，既往財源対策債の償還費が経常収支比率の分子を押し上げる要因となったことである。

このような変化があった経常収支比率の分母・分子に反映されている項目を顧みることなく，1980年代と同じような捉え方をする議論がいまだに見られるが，当時妥当とされた水準を現在に当てはめようとするのは適切ではない。

むしろ，経常収支比率が100％を超える状態は持続可能ではないことに重きをおくべきであろう。すなわち，経常収支比率を100％以下の水準にとどめることは，財政運営・予算編成の適切さを担保するうえで，最低限求められる条件といってよい。

第6章

地方財政健全化法に残された課題
現行法のルールに抜け穴はないのか？

本章のねらい

- 2016年度に地方財政健全化法と地方財政法の改正を伴うかたちで実施された制度改正および自治体の財政状況に関する開示資料の拡大について、具体的な内容とその意義を解説する。
- 4つの健全化判断比率のそれぞれについて、法改正後の地方財政健全化制度において残る課題を指摘する。
- 自治体の財政状況の多様な実態を正確に捉え、健全化判断比率が、より高いレベルでの財政健全化を自治体に促すガバナンス機能を発揮していくため、課題解決の方策を提示する。

はじめに

地方財政健全化法の本格施行が始まってから、今まさに10年が経過したところである。これまでの各章で示したように、地方財政健全化法によって定められた健全化判断比率の4指標は、自治体の自立した財政運営に配慮しながら、健全な運営を促す効果を持つことが明らかとなった。とくに、同法の本格施行が始まった2009年4月1日から2014年3月31日までの5年間は、公営企業、地方公社や第三セクター法人の清算を伴う経営改革へ集中的に取り組む期間としても位置づけられ、時限的に発行が許可された「第三セクター等改革推進債」によって、実質的に経営破綻していた法人の解散が進んだ。これらを財政的に支えてきた母体自治体の健全化においても、この期間に大きな成果があがった[1]。

---

1) 地方財政健全化法導入後の自治体行動を評価したものとしては、鷲見（2015, 2016）および菅原（2013）がある。また、広田・湯之上（2018）は健全化判断比率相互の動きの相関に関する分

その一方で，地方財政健全化法に基づく制度（地方財政健全化制度）自体にも改善が求められる点が明らかになり，2015年12月に報告書を公表した「地方財政の健全化及び地方債制度の見直しに関する研究会」（2014年11月～15年11月開催。事務局は総務省自治財政局地方債課および財務調査課。以下，「研究会」と表記）では，地方財政健全化制度の機能強化に向けた活発な議論が行われた。そして，2016年4月には，研究会による提言を踏まえるかたちで地方財政健全化法と地方財政法が一部改正されるに至った。地方債の発行に対する協議・許可に関する制度を定める地方財政法の改正内容はただちに施行された一方，改正後の地方財政健全化法が実際に適用されたのは2016年度決算分からであり，健全化判断比率への算入項目の拡充は，2018年3月に公表された「財政状況資料集」のなかで初めて確認できるかたちに結実した。

また，こうした動きと並行して，住民に対して財政状況をわかりやすく伝えることや，自治体の保有資産・施設を有効活用する観点から，企業会計の考え方を取り入れた新しい公会計基準の統一と，それに基づく財務書類の整備も同時期に推進された。その結果として，88.2%の自治体が2018年3月末までに新公会計に基づく財務書類の作成を完了させている。財政状況を住民にわかりやすく説明することに前向きな自治体は，その前年度から新しい公会計基準に基づく財務書類の作成を実施しており，その過程で算定された新しい財政指標も2017年5月公表の「財政状況資料集」に一部掲載されるに至っている。

このように，近年行われた地方財政健全化法の改正や開示資料における掲載項目拡大の多くは，自治体の自発的な財政健全化を促すガバナンス機能が効果的に発揮されやすくするための改正・拡充であったと評価できよう。しかしながら，今後の少子高齢化社会を見据えると，自治体の財政状況の多様な実態を正確に捉えたうえで，住民によるモニタリングが行われることを含めて，より高いレベルでの規律づけを伴った財政運営を促す，きめ細かなガバナンス機能を発揮していくことが制度には求められる。

本章の構成は次のとおりである。

第1節では，地方財政健全化法の改正内容とその意義を概観する。第2節では，4つの健全化判断比率それぞれについて，改正後の地方財政健全化法において残る課題を指摘する。そのうえで，健全化判断比率を通じて自治体の財政

析を行っている。

状況を正確に把握し，より高いレベルでの規律づけを伴った財政運営を促すガバナンス機能を発揮していくため，さらなる改善策を提示する。最後に，総括を行う。

1 改正された地方財政健全化法の概要
── 健全化判断比率のルール見直し

1.1 「単コロ」「オーバーナイト」「公有地信託」の将来負担比率への算入

　研究会での議論は，2016年度の制度改正に向け，地方財政健全化法の機能強化と改善に向けた提言を行うことを目的としたものであり，地方財政健全化制度のあり方に関して，さまざまな観点からなされた議論の内容は，本書における問題意識と多くの共通点がある。

　特筆されるのは，議論と並行して，これまで散発的には事例が把握されながらも，全国的な実態が明らかにされていなかった「単コロ」，「オーバーナイト」や「公有地信託」についての網羅的な調査が行われたことである。その調査は，「地方財政の健全化及び地方債制度に関するアンケート調査」という名称で報告書に収録されている。

　「単コロ」とは，一般会計と第三セクター等法人との間で，次年度の一般会計からの短期貸付金を財源とする資金供与を得た第三セクター等法人が，出納整理期間中に一般会計に返済したかたちをとり，一般会計は当該年度の歳入とすることを繰り返して，実質的な財政支援を行う手法である。実際には，返済のための財源は存在しないにもかかわらず，出納整理期間にのみ許される会計処理ルールを悪用して，4～5月に第三セクター等法人が自治体から調達した資金を，あたかも前年度の3月末までに返済したかのように装うものである。

　この手法の特徴は，借入れと返済が実質的には同時点で行われているため，年度間では資金移動は発生しないこと，第三セクター等法人の赤字を自治体本体が肩代わりし続けているにもかかわらず，一般会計は同一年度内に短期貸付と同額の返済（「諸収入」に分類）を受けた会計記録がなされるため，一般会計の実質収支が影響を受けないことにある。このような会計処理が行われる場合の第三セクター等法人には本当は恒常的に赤字額が残っており，結果として住民を欺く，本来の趣旨から逸脱した会計処理を行っているという意味で，明ら

かな不正経理である。それにもかかわらず，健全化判断比率は赤字や借入れを捕捉できなかったこと，とくに，一般会計による負担見込額として将来負担比率に算入されることがなかったことが従前の算定ルールの弱点といえた。

「オーバーナイト」とは，一般会計から第三セクター等法人に対して貸し付けた短期貸付金について，年度末にいったん全額返済させ，翌年度初に貸し付ける処理手法である。第三セクター等法人は，年度末から年度初にかけての数日間だけは民間金融機関から借り入れるが，再び自治体本体からの借入金を得ると，ただちに民間金融機関への返済を行うため，自治体本体から長期借入れを続けていることと実質的に同じである。それにもかかわらず，年度末の一日だけを記録対象とする貸借対照表上では，貸付者である自治体の関与が表面化しないことに特徴がある。会計処理自体は不正なものとはいえないが，実態を見えなくする点，いわば住民を欺いているという点では，明らかに不適切な経理処理手法である。

図6-1は，「単コロ」と「オーバーナイト」に関するイメージ図である。

健全化判断比率算定との関係において，とりわけ問題視されたのは，「単コロ」および「オーバーナイト」が，反復かつ継続的な短期貸付になっており，実態としては長期貸付化している場合が多いことである。すなわち，地方財政健全化法の改正前は，短期貸付に分類されれば，「短期」の性格上，リスクとしては捉えられず，形式的な分類を尊重した結果，真の実態が反映されていなかったことは健全化判断比率の大きな弱点といえた。また，当該貸付額は，一

図6-1 「単コロ」と「オーバーナイト」

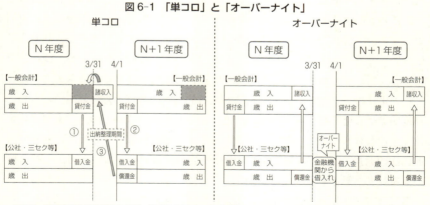

（出所）　総務省自治財政局地方債課・財務調査課（2015）「地方財政の健全化及び地方債制度の見直しに関する研究会報告書参考資料」から抜粋。

般会計にとっても他の歳出に振り向けることのできない資金である。同一年度内には返済が行われていない実態を正確に反映すれば，一般会計の実質収支に対する赤字要因として機能するにもかかわらず，それを免れているという問題点がある。真の実態を表すためには，長期貸付または補助金の交付等により対応すべきものである。

また，「公有地信託」とは，信託法の定める方法により，受託者に，信託目的に従い公有地を管理または処分等を行わせる信託事業のことである。問題視されるのは，「公有地信託」は相手側にすべての事業を任せる一方で，その結果はすべて自治体が負うという点で，非常にリスクが高いことである。事業失敗に伴う損失額の補塡をめぐる係争で，自治体が負担しなければならないとした最高裁での判例（2011年11月17日判決）もある[2]。地価が右肩上がりの時代に作られた金融スキームでもあり，不確実性が増した経済状況下では，自治体財政に関わる事業としては望ましくないものである。しかしながら，改正前の将来負担比率ではこの事業に伴うリスクを捉えられていなかった。地方自治の観点からすれば，そのような事業も各自治体の判断で行えるとしても，リスクの度合いを評価し，将来負担比率に反映させていくことが問われたのである。

「単コロ」，「オーバーナイト」や「公有地信託」について公表された実態調査（総務省自治財政局地方債課・財務調査課による「地方財政の健全化及び地方債制度に関するアンケート調査」）の結果は，以下のとおりである。

- 単コロを行っている（いた）団体：2団体（2014年度末）。
- オーバーナイトを実施している（いた）団体：都道府県24団体，市町村122団体（うち継続的に実施している（いた）団体：都道府県11団体，市町村49団体）
- 公有地信託を行っている（いた）団体：都道府県12団体，市町村14団体（うち，調査時点で契約継続中の団体：都道府県7団体，市町村6団体）

この結果を踏まえて独自調査を行った朝日新聞社（2016b）によれば，2015年度決算（2016年度資金）では，北海道が北海道住宅供給公社の財源不足を「単コロ」で，また，土地開発公社などの資金不足を「オーバーナイト」でつないでいたという。「オーバーナイト」は，北海道や神戸市など84自治体にお

---

[2] 裁判所ウェブサイト（http://www.courts.go.jp/）における「最高裁判例」の「平成22（受）1584 立替金請求事件」（http://www.courts.go.jp/app/hanrei_jp/detail2?id=81771）として，裁判要旨や判決文が記されている。

いて計約 1646 億円行われ,「単コロ」は,岡山県において約 411 億円,北海道において約 279 億円行われていたとされる。北海道は第 5 章で分析した夕張市をはじめとする域内市町村を監督する立場にもあり,長期貸付等への切替えが早期に求められるところであったが,半年後の報道によると,2016 年度補正予算と 2017 年度当初予算によって,20 億円分が適正化されたものの,解消には至らず,北海道住宅供給公社と北海道土地開発公社を合わせた不適切な処理額は 568 億円も残っていたという（朝日新聞社（2017b））。

地方財政健全化法の改正後は,2016 年度決算分から「単コロ」が将来負担比率に算入されることになり,2018 年 3 月に公表された「財政状況資料集」においては,「単コロ」算入額は北海道が 134 億円（北海道住宅供給公社分）,岡山県が 121 億円（おかやまの森整備公社分）まで減っている。これらの金額は,新設された項目「健全化法施行規則附則第 3 条に係る負担見込額」として誰もが目にすることができるものである。「財政状況資料集」を利用して全自治体の掲載状況を調べると,他には宮崎県内の 3 市町村にのみゼロではない金額が見られるものの,15 万円,20 万円,300 万円という標準財政規模の 0.1％にも満たない額であり,地方財政健全化法のルールに従って厳密な算定をしたことで計上されたものと推測される[3]。

先行的に実施された「地方財政の健全化及び地方債制度に関するアンケート調査」は 2014 年度末が調査対象時点であり,不正経理であることが明らかな「単コロ」や,不適切な「オーバーナイト」が少なからず存在することがわかって,それへの対処として将来負担比率へ算入されることが提言され,法改正されたからこそ,「単コロ」や「オーバーナイト」への抑止効果が働いたものと解釈される。「オーバーナイト」の将来負担比率への算入額総計は,2016 年度が 66 自治体・116 億円,2017 年度が 65 自治体・103 億円である。

これらの不適切な会計行動,財務行動を改めさせることに加えて,「老朽施設の除却,更新,維持補修費」や「建設事業以外の債務負担行為」を,自治体が「その他負債として認識すべきもの」としてあげられた。

---

[3] ただし,2019 年 3 月に公表された「財政状況資料集」によると,2017 年度決算でも 3 道県・1 市が「単コロ」を行っている。このうち,前年度も将来負担比率の押上げ効果が 1％（ポイント）を上回っていた北海道と岡山県の算入額は微減にとどまっている。

1.2 「地方財政の健全化及び地方債制度の見直しに関する研究会」の提言

　研究会による提言は，第1に，把握しきれていない財政負担の健全化判断比率への算入，第2に，地方債協議・許可制度における協議不要基準の緩和，第3に，財政指標の拡充に集約される。

　1つめの提言内容である「把握しきれていない財政負担の健全化判断比率への算入」とは，「従前の『地方財政健全化法』では必ずしも把握しきれていない財政負担を客観的に把握するため，第三セクター等に対する短期貸付や公有地信託について健全化判断比率上捕捉する」ことである。提言の結果，改正後の地方財政健全化法において，これらは健全化判断比率（将来負担比率）へ算入されることになった[4]。

　すでに述べたとおり，「単コロ」および「オーバーナイト」は不適切な会計行動であり，第三セクター等法人が経営破綻した場合には，自治体に対する返済が行われなくなるリスクが潜在しているとの判断から，「早期の解消又は必要に応じて長期貸付等への切り替えを促すべき」「実質的に負担することが見込まれる額について，将来負担比率への反映を検討すべき」と提言され，改正法では，「設立法人以外の者に対する特定短期貸付金等のうち一般会計等負担見込額」として将来負担比率に算入されることになった。「特定短期貸付金」とは，年度末における自治体への返済に際して，「オーバーナイト」の相手方である金融機関からの借入金を指し，「等」は「単コロ」を指している[5]。また，算入額は，「単コロ」や「オーバーナイト」に対応する算入率を乗じて得た金額である。

　公有地信託に関しては，リスクが高いことから，「実質的に負担することが

4）　なお，「年度を越えた基金の繰替運用」についても，「見える化」が重要との指摘がなされた。しかし，健全化判断比率への算入は行われなかったため，本章では省略した。
5）　総務省の「健全化判断比率・資金不足比率等の算定様式等データ」のウェブサイトに掲載されている「4 (6) H表」に関する算定様式・記載要領において，「特定短期貸付金」とは，「地方公共団体の財政の健全化に関する法律施行規則第14条第3号に掲げる貸付金（短期貸付金）のうち，その償還財源に，付けの相手方である設立法人以外の者が当該地方公共団体以外の者から借入れを行った借入金が充てられたもの（いわゆる『オーバーナイト』）」と説明されている。また，「地方公共団体の財政の健全化に関する法律施行規則附則第3条の貸付金（いわゆる『単コロ』）」についても，当該貸付金に係る一般会計等負担見込額の算定は「特定短期貸付金に係る一般会計等負担見込額の例によるもの」として同じ様式で算定すること，すなわち「当該貸付金及び特定短期貸付金を合わせて，『特定短期貸付金等』という」ことが示されている。

見込まれる額について，将来負担比率への反映を検討すべき」と提言され，改正法においては，「受益権を有する信託に係る負債額のうち一般会計等負担見込額」として将来負担比率に算入されることになった。

2つめの提言内容である「地方債協議・許可制度における協議不要基準の緩和」は，端的には，実質公債費比率の協議不要基準を従前の16％から18％へと引き上げること，将来負担比率の協議不要基準を都道府県と政令市については従前の300％から400％へ，一般市町村については200％から350％へ引き上げることを提言したものである。これは，地方債協議・許可制度の根拠法である地方財政法の改正を伴うものである。地方財政健全化法の施行後は，4種類の健全化判断比率が共通の管理指標として用いられることで，地方財政健全化制度と地方債協議・許可制度の一体性・整合性が従来に増して高められている。具体的には，財政状況が良好な自治体と悪化が軽度の自治体には地方財政法上のルールが，財政状況が著しく悪化した自治体には地方財政健全化法のルールが適用される仕組みとなっており（詳しくは第1章と付論を参照），両法が同時に改正されることとなった。

3つめの提言内容である「財政指標の拡充」とは，「地方公会計によって把握される新たな財政指標による財政分析，指標の組合せによる財政分析等を行い，よりわかりやすい財政状況の開示，財政運営への活用を促進する」ことである。具体的な内容は，以下のとおりである。

1.2.1 新しい地方公会計基準による指標の追加

資産の老朽化は将来の負担を押し上げるにもかかわらず，健全化判断比率にはその影響は反映されていない。議論の結果，資産の老朽化の度合いを精緻に計測することは困難であるものの，何らかの方法で老朽化の傾向をおおまかに把握することは必要との判断から，「資産老朽化比率（有形固定資産減価償却率）」を算定し，「財政状況資料集」へ追加掲載することが提案された。

また，債務償還に関しても，実質公債費比率がフローの観点から，将来負担比率がストックの観点から捉えた指標であるものの，多面的に評価するため，新たにフローとストックを分母と分子で組み合わせた指標として「債務償還可能年数」の算定結果を「財政状況資料集」へ追加掲載することが提言された。債務償還可能年数は，地方債の発行抑制（分子の縮小）だけでなく，事務事業の見直し（分母の拡大）によっても改善するため，財政健全化のためのより総

合的な財政指標と考えられている。将来負担比率算定過程で分子が負値となって，将来負担比率が算定されない市町村が3分の1を超えるに至っている現状を踏まえれば，元利償還金に係る基準財政需要額算入額を分子から控除したり，同算入見込額を分母から控除したりせずに，償還費に対する措置額分（基準財政需要額算入額）だけ地方交付税が実質的に増額される効果も含めたうえで，「充当可能な財源をすべて充当したときに債務を何年で返済できるか」を表す債務償還可能年数を補助的に活用することは，大きな意義があるはずである。

もともと，債務償還可能年数という概念は，金融機関などによる融資対象先の財務分析に用いられる汎用性の高いものである[6]。財務省理財局においても，財政融資資金の確実な回収という観点から融資（地方債引受）先自治体の財務状況を把握する目的で，2009年度以降，独自の定義式に基づく債務償還可能年数を算定している。

研究会報告書で示された2つの指標は，2015年1月に総務省によってマニュアルが提示された新しい地方公会計基準に沿って，自治体が財務諸表を作成する過程で算定可能になったものである。それぞれの定義式は次のとおりである[7]。

$$\text{資産老朽化比率（有形固定資産減価償却率）} = \frac{\text{減価償却累計額}}{\text{償却資産帳簿価額＋減価償却累計額}}$$

$$\text{債務償還可能年数} = \frac{\text{将来負担額－充当可能基金残高}}{\text{業務収入＋臨時財政対策債発行可能額＋減収補塡債特例分発行額－業務支出}}$$

すでに，「資産老朽化比率（有形固定資産減価償却率）」については195団体（3

---

6) 分母の水準によっては，そのわずかな変化が算定値を大きく変動させるケースもあることは広く知られており，そのような特性が認識されたうえで，有用な指標として利用されている。解説については，たとえば，乾・磯道（2000），土居（2001），財務省理財局（2018）を参照。

7) 2018年6月に発足した「地方公会計の推進に関する研究会」は，債務償還可能年数の算定式に対して，より精緻な算式を追求し，8月開催の第2回研究会で業務収入と業務支出における細目に加算と減算を行う見直し案を提案した後，11月開催の第3回研究会では，分母を完全に差し替えて「経常一般財源等＋減収補塡債特例分発行額＋臨時財政対策債発行額－経常経費充当財源等（元金償還金と準元利償還金を除く）」とする再見直し案を提示し，もはや地方公会計から得られる情報ではないことから，参考指標の位置づけにとどめることを提案した。再見直し案による定義式は，地方財政健全化法の制定に向けた議論を行った「新しい地方財政再生制度研究会」の第2回研究会（2006年9月開催）において示された「ストック指標の検討例」のなかの「将来負担返済年数」と実質的に同じ内容である。これが，2019年3月に公表された最終報告書においても採用されている。

都道府県，5政令市，187一般市町村）が，「債務償還可能年数」については15団体[8]（1政令市，14一般市町村）が研究会報告書による提言から5カ月後の2017年5月に公表された「財政状況資料集」（2015年度決算ベース，改訂版）において掲載した実績がある。さらに，新公会計に基づく財務諸表の整備期限とされた2018年3月末までに88.2%の自治体が財務書類を作成していたこともあって，その後に公表される2016年度決算ベースの「財政状況資料集」において，全自治体の「資産老朽化比率（有形固定資産減価償却率）」と「債務償還可能年数」の掲載が期待されたが，2018年11月末に公表された改訂版の「財政状況資料集」において「資産老朽化比率（有形固定資産減価償却率）」の2016年度実績値を掲載している自治体は8都府県・353市町村にとどまっている[9]。これに先立って，磯道（2018）は，39道府県と20政令市を対象に，財務書類を収集し，「資産老朽化比率（有形固定資産減価償却率）」をはじめとする9指標をいち早く試算している。このように，自治体自身が新公会計基準のもとで算定された新しい財政指標を社会的に浸透させることは今後に持ち越される課題となっている。

1.2.2　指標の組合せによる総合的な財政分析と既存指標の活用促進

「財政分析に活用できる指標」に関しては，健全化判断比率の4指標に加え，新公会計ベースの指標として「資産老朽化比率（有形固定資産減価償却率）」や「債務償還可能年数」のほか，指標の組合せとして，「将来負担比率×実質公債費比率」「将来負担比率×資産老朽化比率」などを「財政状況資料集」へ追加することが提言された。

実際に，2015年度決算に基づく「財政状況資料集」（2017年5月改訂版）において，「将来負担比率と資産老朽化比率の組合せ」についての分析図表を195団体が，「将来負担比率と実質公債費比率の組合せ」についての分析図表を全自治体が掲載した。

また，既存指標をさらに有効に活用するため，経常収支比率（およびその内

---

8)　新潟市，旭川市（北海道），苫小牧市（同），名寄市（同），長万部町（同），置戸町（同），常陸太田市（茨城県），伊那市（長野県），飯島町（同），江南市（愛知県），甲賀市（滋賀県），倉敷市（岡山県），筑後市（福岡県），遠賀町（同），北中城村（沖縄県）。

9)　「債務償還可能年数」の欄には「平成29年度（分）より公表」と記されている。その理由は，2016年度決算に基づく改訂版「財政状況資料集」が公表された時点においても，「地方公会計の推進に関する研究会」で「債務償還可能年数」見直し案の検討が続けられていたためと見られる。

訳）の経年比較や類似団体比較による分析をさらに促進することが提言された。

1.3 「地方財政の健全化及び地方債制度の見直しに関する研究会」の提言の意義

　研究会による提言のうち，健全化判断比率算定に関するルール強化は地方財政健全化法や地方財政法の一部改正として，地方債発行に際しての協議不要基準の緩和は地方財政法の一部改正として，実現された。また，健全化判断比率に関する情報開示資料（「財政状況資料集」）への掲載項目拡充についての提言は，法改正を伴うことはなかったが，総務省から自治体に対する勧奨を通じて，実現した。

　「把握しきれていない財政負担の健全化判断比率への算入」に関する提言においては，これまで，「単コロ」，「オーバーナイト」および「公有地信託」に伴う真のリスクが将来負担比率に反映されていなかったことは，地方財政健全化法の抜け穴ともいえるものであった。このような抜け穴が利用されて，自治体財政の健全度を測るための財政指標が操作されれば，地方財政健全化法が本来備え持っているガバナンス効果が真には発揮されなくなる。旧再建法下の管理指標であった実質赤字比率が会計操作に対して脆弱であったために，自発的な財政健全化を促すメカニズムが十分働かずに，財政破綻へと至った事例については，第5章で明らかにしたとおりである。そのリスクが顕在化した際には，地域住民は，大きな被害を受けるだけでなく，自治体に対して責任を求めるであろう。2016年度に施行された地方財政法の改正は，その抜け穴をふさいだという意味で，大きな意義があるといえよう。

　「財政分析のあり方（財政指標の拡充）」に関する提言における「見える化」にも，大きな意義がある。情報のすべてを公開するのには多大なコストがかかるため，公表される情報の精度（公開された指標や分析内容の意義が大きいかどうか）が問われるが，資産・施設の老朽化がどれだけ進んでいるかについての情報は，これまでまったく開示されてこなかった。これを「資産老朽化比率（有形固定資産減価償却率）」として明示すること[10]は，何をおいても必要と思われ

---

[10] 法改正後に発足した「地方公会計の活用のあり方に関する研究会」によって2016年9月にとりまとめられた報告書においては，「『資産老朽化比率』は，これまでも建替えの必要性や安全性を直接意味するものではなく，耐用年数に対して資産の取得からどの程度経過しているのかを表す指標と位置づけられてきたところである。そこで，上記の趣旨も踏まえ，減価償却費により算

るのに開示されていなかったものを実際に開示させたという点で評価できる。

新しい地方公会計基準の整備によって，この指標の算定が可能となり，すでに2015年度決算分から「財政状況資料集」における公表に踏み切った自治体が195団体あったことは，大きな前進であった。

もちろん，資産老朽化比率の分析においては，数値そのものだけでなく，更新，統廃合，長寿命化等の方針も踏まえることが望まれ，「公共施設等総合管理計画」や個別施設計画の内容も考慮する必要がある。また，組合せ分析に際しても，将来負担比率と資産老朽化比率とでは，それぞれの比率の水準と変化の度合い（たとえば，1%の変化の持つ意味）が同じではないことを念頭に置く必要がある。可能であれば，資産老朽化のリスクを将来必要となる更新費用などのかたちで金銭換算し，将来負担比率に算入することが望ましいが，それを行わないのであれば，それぞれの比率の度合いが持つ意味（両者の経年変化を散布図として描いた場合に右上がりの状況となることは，いうまでもなく問題視されるが，右下がりの状況であっても，どの程度の傾きであれば好ましいと見なすのかなど）を明確にすることが必要であろう。

以上のとおり，「地方財政の健全化及び地方債制度の見直しに関する研究会」により提言され，改正法に反映された内容，開示資料において拡充された内容は，今後の発展可能性も含めて，高く評価すべきであろう。

他方，地方財政健全化法のガバナンス効果の実効性を高めるという意味でも，「見える化」を進める意味でも，明白な課題として存在するのに，それに対する処方箋が制度改正には織り込まれなかったものもいくつか存在する。第2節では，第5章までの分析を踏まえて明らかになった課題，残された課題を整理して提示し，健全化判断比率のいっそうの機能向上に向けた改善策を提案する。

2　制度改正後にも残る健全化判断比率の課題と改善策

本節では，健全化判断比率のガバナンス効果がより効果的に働くことを目的として，改正後の地方財政健全化制度においても，いまだ残る健全化判断比率の問題点と改善策を提示する。以下では，4種類の健全化判断比率それぞれに

出した指標であることをより端的に表現するため，今後は『有形固定資産減価償却率』と呼称していくことが適当である」と提言された。そして，2017年5月公表の「財政状況資料」に初めて計数が掲載された折に「有形固定資産減価償却率（資産老朽化比率）」へと改められている。

ついて，算定方法の細部にわたる検討を個別に行う。

2.1 実質公債費比率

　実質公債費比率は，地方財政健全化法制定（2007年6月）の前年度に導入された指標であり，財政指標としての将来負担比率が存在しない状況下でストックの要素も一部取り入れるという役割も期待されたために，以下で述べる「減債基金の積立不足を考慮して算定した額」など複雑な算定式を採用せざるをえなかった面があると思われる。その意味では，実質公債費比率にストックの要素を反映させることはいったん白紙に戻し，ストックの要素はすべて将来負担比率に担わせるというような方向で算式の見直しに向けた検討を行うことも考えられるが，大きな変更にもなる。

　したがって，本書では，実質公債費比率がこれまで果たしてきた役割を踏まえ，公表されてきた財政指標としての連続性を尊重する。具体的には，今後も大きな改正は加えないという前提のもとで，残された課題について，対応可能な改善策を提案することとする。

　実質公債費比率の課題としてあげられるのは，以下の点である。

2.1.1 課題1：減債基金の積立不足の算定対象

　第1の課題は，実質公債費比率に加算計上される「減債基金の積立不足を考慮して算定した額」の算定対象と算定方法をめぐる問題であり，次の(1)～(4)に分けて考えることができる。

(1)　「減債基金の積立不足を考慮して算定した額」の算定方法

　「減債基金の積立不足を考慮して算定した額」の集計対象が当該年度に満期を迎えた地方債に限定されていることなど，この項目自体の説明がほとんど行われていないことは誤解を招く原因ともなっており，注意が必要である。後述のように，近視眼的な行動をとる自治体を想定した場合，算定方法には適切ではない点もある。

　最初に指摘できることは，この項目はストックの積立不足額そのものではないのに，唯一の開示資料である「財政状況資料集」上では「減債基金積立不足算定額」と省略された表記が用いられているため，ストックの積立不足額と誤解されやすい現実があることである。「減債基金の積立金不足を考慮して算定

した額」がストックの積立不足額の 10〜30% の金額にとどまっている理由は，算定対象が「当該年度に償還（満了）を迎えた満期一括償還方式地方債」に限定されていることと，借換債への依存度の高さに影響を受けていることである。

実質公債費比率は，公債費に一般財源がどの程度充当されているのかという意味での一般財源による負担の重さを把握するための指標であり，具体的には「元利償還金＋準元利償還金－充当特定財源－基準財政需要額への算入公債費」を「標準財政規模－基準財政需要額への算入公債費」で除した値の3年度平均値として算定される。

満期一括償還方式地方債の場合には，普通会計決算上は減債基金へのフローの積立額を公債費に計上する決算ルールがあるが，第2章において述べたように，この決算ルールのために積立が阻害されることのないように，実質公債費比率算定に際して標準的な積立額を「年度割相当額」として定め，これを理論積立額として現実の積立額の代わりに実質公債費比率に算入することとしている。その際，現実の積立額が理論積立額を上回っても，算入される額は変わらないため，積極的な積立が阻害されることはない。

他方，現実の積立残高が理論積立残高を下回った場合には，両者に基づく加算額として「減債基金の積立不足を考慮して算定した額」を計算し，それを実質公債費比率に計上する仕組みが採用されている。したがって，積立不足によって実質公債費比率が押し上げられている自治体は，実質公債費比率が早期健全化基準に近づくにつれて，積立不足を自発的に解消しようとするインセンティブを持つ。財政健全化団体になれば，財政的選択が大きく制約されるため，そうした事態を回避しようとするからであり，高い実質公債費比率の原因が積立不足にある場合には，それを解消することが実質公債費比率引下げに最も効果的だからである。

それでも，この算定方法には，いくつかの問題点がある。

一見しただけでは，平易な算定式が採用されているようにしか見えないが，実はいくつもの要素が複雑に組み合わされ，精巧に組み立てられている。「減債基金の積立金不足を考慮して算定した額」を D とすれば，その計算式は次のとおりである[11]。

11）「地方債に関する省令」（平成18年総務省令第54号）の第3条において定められている。わかりやすい解説としては，地方債制度研究会（2006）があげられる。

「減債基金の積立不足を考慮して算定した額」（D）＝A×｛1－min（B/C, 1）｝
　　ただし，A＝min（A_1, A_2）
　　　　　min（　）は（　）内の小さい方。
A：当該年度に償還期限が満了した満期一括償還地方債に係る「年度割相当額」に当該地方債の償還期間の年数（起債後の経過年数）を乗じて得た額（A_1），もしくは，元金償還額から借換債を財源とする償還額を控除した額（A_2）のいずれか少ない額
B：前年度末における実際の減債基金残高（積立残高）
C：前年度末において償還期限が満了していない満期一括償還地方債に係る「年度割相当額」の前年度末までの累計額（標準積立ルールによる理論積立残高。以下，「理論積立残高」と表記）

　すなわち，ストックの積立不足額（C－B）がそのまま実質公債費比率の分子に加算されるのではなく，上式に従って修正された金額Dが実質公債費比率に算入されている。このような「変換」は，フローの指標である実質公債費比率にストックの要素を反映するという要請に基づいたものと考えられる。そして，Dの算定に用いられるA，B，Cのうち，Aは理論値と実績値の組合せ，Bは実績値，Cは理論値という違いがあり，それぞれが持つ意味は，以下に述べるとおりである。
　まず，理論値であるCは，満期一括償還地方債に対して，実質公債費比率算定上の標準的な積立額，すなわち，発行額の30分の1に当たる「年度割相当額」の積立が毎年行われた場合の理論積立残高の前年度末値を表しており，基本的には，「発行額×1/30×起債後の経過年数」をすべての満期一括償還地方債について集計した額に相当する。
　一方，Aについては，「年度割相当額×経過年数」（A_1）と「満期による元金償還額－借換債発行額」（A_2）のいずれか少ない方の金額である。もっとも，借換債発行前に基金を取り崩して現金償還に充てるという前提のもとでは，積立不足がまったくなければ，両者は完全に一致する。「年度割相当額×経過年数」と同じ金額が現実の積立残高として存在すれば，当初の発行額，すなわち，元金償還額から手元にある積立残高を控除した金額を借換債発行で賄えばすむからである。実質公債費比率算定上の標準的な積立ペースに従って過不足なく積立を行っていれば，10年債の1回目の借換え時には，当初発行額の3分の1

の積立残高が蓄えられるはずであり，借換債発行額は当初発行額の3分の2となる。2回目の借換え時は，積立残高が3分の1，借換債発行額が3分の1という組合せとなる。当初の起債から30年経ったときは借換債発行額がゼロで，元金償還額が3分の1，積立残高も3分の1という組合せとなる。

「いずれか少ない額」という規定があるため，「年度割相当額」を上回る金額の積立を行った場合には，必要となる借換債発行額が相対的に小さな値にとどまることで，「満期による元金償還額−借換債発行額」（A_2）の方が大きな値となり，「年度割相当額×経過年数」（A_1）がAとして採用される。このルールは，「年度割相当額」を上回る金額で現実の積立を行っても，実質公債費比率の分子における準元利償還金には「年度割相当額」のみを算入することで，早期積立や積極的な積立のインセンティブを阻害しないようにすることと，同じ考え方に拠っているものといえる。

他方で，「年度割相当額」を下回る金額でしか，現実の積立を行っていない場合には，借換債の発行ができない30年経過時を除いて，「満期による元金償還額−借換債発行額」（A_2）がAとして採用される。その究極のケースとしては，積立をまったく行わずに，当初発行額の全額を借換債の発行で賄うというケースが考えられる。そのときのAはゼロとなる。

つまり，このルールは長期的な時間視野に立って適切な積立や償還を行うことを前提にしたものである。積極的な積立のインセンティブを阻害しないすぐれた算定方法である反面，近視眼的な判断で積立がまったく進まない「全額借換」のような選択をした場合に算定される「減債基金の積立不足を考慮して算定した額」には積立が進んでいないことが反映されないという矛盾を抱えている。積極的な積立を行った場合は，実質公債費比率算定に際して不利な取扱いを受けることはないが，積立ゼロ・全額借換えというような後ろ向きの選択をしても，短期的には実質公債費比率がいったん下がってしまうという意味で，**借換債依存と消極的積立を誘発する効果がある**。借換債を発行すること自体は問題ないが，標準的な積立を伴わずに，適正な割合を超えた過度の借換債発行がなされているとしたら，大きな問題である。

さらに問題視されるのは，ストックの積立不足を解消しないまま借換償還したとしても，いったん償還が満了したものとして，CやDの算定がリセットされて，「積立不足率」（$1-B/C$）や「積立不足を考慮して算定した額」はゼロとして扱われる点にある。

この問題は，償還年限30年の満期一括償還方式地方債と償還年限10年の2回借換えという2つの状況を想定し，当初発行額の30分の1ずつを毎年積み立てるという標準的な積立ペースに照らし合わせて，10年経過時に必要な積立残高（前者）と第1回借換え時の適切な現金償還（償還金を借換債発行で賄わずに，減債基金からの取崩しや一般財源からの償還財源充当によって償還する）額を比較すると，わかりやすい。

　標準的な積立ペースどおりの積立が行われていれば，10年経過時には，30年債の場合には発行額の3分の1が積立残高として存在する一方，10年債の2回借換えの場合には，当初発行額の3分の1が減債基金からの取崩しによって賄われ，当初発行額の3分の2が借換債発行によって賄われているはずである。両者について，グロスの地方債残高，減債基金積立残高，グロスの残高から減債基金積立残高を控除したネットの地方債残高を比較すると，30年債の場合は，グロスの残高は当初発行額と同額，減債基金積立残高はその3分の1，ネットの残高は3分の2となるのに対して，10年債の2回借換えの場合は，グロスの残高は当初発行額の3分の2，減債基金積立残高はゼロ，ネットの残高は3分の2となる。ネットの残高に着目する限り，30年債と10年債の2回借換えの実態に差はない。ストックの積立不足残高についても，両者ともにゼロである。

　まったく積立を行わないで10年が経過した場合は，30年債においては，グロスの残高は当初発行額と同額，減債基金積立残高はゼロ，ネットの残高は当初発行額と同額であり，10年債の2回借換えにおける第1回借換え後も，グロスの残高は当初発行額と同額，減債基金積立残高はゼロ，ネットの残高は当初発行額と同額であり，30年債と10年債の2回借換えの実態に差はない。

　しかし，ストックの積立不足残高に関しては，30年債は当初発行額の3分の1であるのに対して，10年債の2回借換えにおける第1回借換え後はゼロと見なされる。借換債発行によって，いったんは当初債の償還は完了するため，積立残高や積立不足残高の計算は新たに発行された借換債を対象にして，ゼロから始められるためである。したがって，9年経過時までは「減債基金の積立不足を考慮して算定した額」が加算されていたとしても，借換え直後の「減債基金の積立不足を考慮して算定した額」は文字どおりゼロとなって，実質公債費比率はいったん下がってしまうのである。

　これが，前述の「ストックの積立不足を解消しないまま借換償還したとして

も、いったん償還が満了したものとして、CやDの算定がリセットされて、『積立不足率』や『積立不足を考慮して算定した額』はゼロとして扱われる」ことの一例である。もし、Aが単純に「当初債の発行額×1/30×経過年数」として計算されるルールであれば、10年債の2回借換えにおける第1回借換え後もストックの積立不足残高は発行額の3分の1として把握されるが、そのようなルールは採用されていない。積立不足残高や積立不足率に限れば、「減債基金の積立不足を考慮して算定した額」算定上の現行ルールは、30年債と10年債の2回借換えに対して、中立的ではないのである。

もちろん、これらの問題への対処は行われている。「年度割相当額」算定ルールにおいて、積立不足を解消しないままの状態で借換債を発行すれば、翌年度以降の「年度割相当額」が当初発行額の30分の1ではなく、借換債発行額を「30-借換後の償還年限」で除した金額とする定めがあり、**制度上は過度の借換債依存を抑止する効果が存在する**。しかし、実績データを踏まえた後述の分析のとおり、満期一括償還方式地方債を発行している自治体の多くが高い借換債依存を示していることから、**その抑止効果は十分なものではないと判断できる**。

ただし、この問題は、実質公債費比率という指標が導入されたのが2006年度（決算対象年度は2005年度）であり、実質公債費比率導入によって顕在化したストックの積立不足額を短い期間で解消することは難しく、償還日が到来した満期一括償還方式地方債に対する現実の償還に際して、借換債を利用せざるをえなかった面があることも、考慮する必要があるといえよう。他方、借換債に頼る方法をいつまでも続けることはできないから、まったく積立を行わずに最終償還日を迎えれば、当初発行額の全額を一般財源で賄わなければならなくなることは、明らかである。したがって、実質公債費比率導入から十分に年数を経た状況において、高い借換債への依存が見られるとしたら、やはり、問題視されなければならない。

さらに、「積立不足額」（C-B）や「減債基金の積立不足を考慮して算定した額」（D）の算定方法は、長期的時間視野にたって計画的な積立や償還を行う自治体の積極的な積立のインセンティブを阻害しないことに重きが置かれたものであり、概念自体に問題があるわけではない。しかし、Aの算定における**借換債発行額の控除を満額認めていることで**、近視眼的に目先の実質公債費比率だけを下げることを優先するような自治体に対しては、**過度の借換債依存を**

抑止することができないのも事実である。

(2)「減債基金の積立不足を考慮して算定した額」とストックの積立不足額の関係

このような借換債発行額控除の問題を別にすれば，A_1，すなわち「年度割相当額×起債後の経過年数」に基づく理論積立残高がAの基本的な性格だと見なせる。ただし，その集計対象がすべての満期一括償還方式地方債ではなく，満期を迎えた銘柄に限定されている。これらの点を踏まえて，A_1とCを比較すると，起債後の経過年数に基づく理論積立残高であることは共通しており，A_1が当年度末までの集計値であるのに対して，Cが前年度末までの集計値であるという違いはあるものの，この違いに由来する金額の差は無視しうるものと考えられる。これを踏まえると，AとCの主たる違いは，①Aの集計対象が満期を迎えた銘柄に限定されていること，②Aは借換債発行額控除の影響を強く受けること，の2点に集約される。つまり，実際のデータにおいて，もし，AがCを大きく下回っているとしたら，それは，当該年度に満期を迎える銘柄の割合が低いことと，償還時の借換債依存割合が高いことの，複合効果によるものといえる。

また，Bは前年度末における現実の減債基金積立残高（実績値），Cは理論積立残高であるから，B/Cがストック・ベースの積立達成率を，(1−B/C)が積立不足率を，(C−B)がストック・ベースの積立不足額を表している。ここで，ストック・ベースの積立不足額である(C−B)に対する「減債基金の積立不足を考慮して算定した額」(D)の割合（以下，「算定額積立不足残高比」と表記）を求めれば，A/Cに一致する。すなわち，次式が成り立つ。

$$\frac{D}{C-B} = \frac{A \times (1-B/C)}{C-B} = \frac{A/C \times (C-B)}{C-B} = A/C$$

もし，満期一括償還方式地方債が1銘柄のみで，借換償還額がゼロであれば，A/Cは「起債からの経過年数/(起債からの経過年数−1)」となって1を上回るはずである。しかし，元金償還に伴う資金確保の大部分を借換債に委ねる場合など，元金償還額に対して高い割合で借換債発行が行われていれば，A/Cは1を下回り，「減債基金の積立不足を考慮して算定した額」(D)は，ストック・ベースの積立不足額である(C−B)よりも小さな値にとどまるはずである。つまり，「算定額積立不足残高比」D/(C−B)を計算することができれば，満期を迎えた満期一括償還方式地方債に対して借換債発行が行われている度合

いを知ることができる。

　実質公債費比率をフローの公債費負担の重さを測るための指標と考えれば，その分子に積立不足の度合いを反映させるにあたって，ストック・ベースの積立不足額を何らかの方法でフロー・ベースの金額に変換する必要がある。$D = A \times (1 - B/C)$ という算式における A がすべての満期一括償還方式地方債ではなく，そのうちの満期の到来した銘柄に限定しているのは，ストック変数をフロー変数に変換する際の変換係数と見なすことができる。

　このような変換を行うこと自体は妥当なものといえるが，集計対象を限定することによって，真の積立不足額が見えないものになっているのも事実である。しかも，Aの算定に際して控除された借換債発行額が開示されていないため，それが適正額であったかどうかを判断することはできない。

　したがって，ストックの積立不足額（$C-B$）をフロー相当額に変換するとしても，その元となるストックの理論積立残高（C），現実の積立残高（B），Aと，Aの内訳である元金償還額，借換債発行額，「年度割相当額×経過年数」も別途，明示することが望ましい。

(3) ストックの積立不足額と借換債発行の実態

　以上の問題意識に沿って，限られた資料のなかで，ストックの積立不足額と借換債発行の検証を試みたものが，図6-2である。

　そもそも，ストックの積立不足額である（$C-B$）は，一般には公表されていないため，都道府県と政令市を対象に『日経グローカル』誌が行った調査結果をもとに，ストックの積立不足額を開示した貴重な分析事例である磯道（2017）を利用している。一般に公表されている「減債基金の積立不足を考慮して算定した額」とその金額との比較にあたって，両者の比率である「算定額積立不足残高比」$D/(C-B)$ を求めたところ（図中の③），若干の例外を除いて，10～30％の水準にとどまっている。2010年度末におけるストックの積立不足額を調査した磯道（2012）のデータを用いた場合も，「算定額積立不足残高比」の水準はおおむね10～30％の間に位置している。

　この「算定額積立不足残高比」$D/(C-B)$ は，A/C でもあることから，「減債基金の積立不足を考慮して算定した額」の算定において，当該年度に償還期限が満了した満期一括償還地方債のうち，借換償還された部分が大きいことを示唆している。言い換えると，ストックの積立不足額が存在する自治体の多く

図 6-2 「減債基金の積立不足を考慮して算定した額」と真の積立不足残高の関係

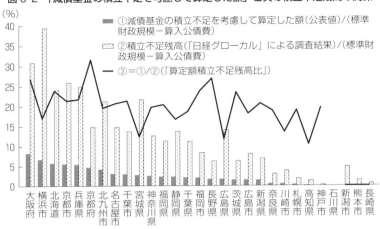

（注）1. 都道府県と政令市のうち，「積立不足を考慮して算定した額」と積立不足残高のいずれかがゼロではない自治体を表示。新潟市，熊本市，長崎県は前者がゼロ，石川県は後者がゼロである。
2. 「標準財政規模－算入公債費」は，実質公債費比率の定義式（単年度）の分母に相当する。
3. 茨城県，横浜市，京都市，福岡市の積立不足残高は 2014 年度実績値。他は 2015 年度実績値。

（出所）「標準財政規模と算入公債費との差」と「減債基金の積立不足を考慮して算定した額」は総務省「財政状況資料集」，積立不足残高は磯道（2017）による。

が，きわめて高い頻度で，それを解消しないまま借換債を発行していることを示すものである。また，「減債基金の積立不足を考慮して算定した額」の計算ルールが，積立不足未解消と裏返しの関係にある借換債発行の除外を無条件で認めているという意味で，きわめて寛容なものであるということもできる。「減債基金の積立不足を考慮して算定した額」がストックの積立不足額そのものになっていないうえ，借換債発行によって，積立不足の捕捉が不十分なものにとどまっている可能性が高いということである。

「減債基金の積立不足を考慮して算定した額」の算定過程で用いられるストックの積立不足（C－B）を公表している自治体はきわめて少ない。そのなかで，大阪府は積立不足残高とその要因に関する資料を公表している稀有な団体である。たとえば，大阪府総務部財政課（2011）「府債残高等の状況について」においては，「（参考）計数表：減債基金の積立不足額の推計」があり，2002～10 年度の B，C が実績値として開示されている。その後は，毎年の当初予算資料のなかで，実質公債費比率算定に際してのストックの積立不足額が公表されている。健全化判断比率だけでなく，その算定過程で把握される項目についても，予算編成に活かし，それをウェブサイトを通じて一般向けに開示するこ

表6-1 大阪府の実質公債費比率算定における「積立不足を考慮して算定した額」の内訳

(単位:億円)

年度	2006	2007	2008	2009	2010	2011	2012	2013	2014	2015	2016
$A = \alpha - \beta$	1,224	1,414	1,426	1,363	1,128	1,312	1,034	2,102	1,883	2,270	2,121
α:満期一括償還方式 地方債償還額	5,595	4,827	5,178	5,068	4,754	4,461	3,305	6,925	7,187	7,409	6,885
β:借換償還額	4,371	3,413	3,752	3,705	3,626	3,149	2,271	4,823	5,304	5,139	4,764
C−B:ストックの積立不足額(積立不足残高)	3,701	3,915	4,358	4,934	5,182	5,812	5,907	5,042	4,486	4,400	4,302
C:理論積立残高	6,216	6,029	6,150	6,352	6,847	7,677	8,724	8,577	8,611	8,261	8,001
B:実際の減債基金積立残高	2,515	2,114	1,792	1,418	1,665	1,865	2,817	3,535	4,125	3,861	3,699
D:積立不足を考慮して算定した額	756	842	926	966	876	993	783	1,423	1,107	1,183	1,130

(単位:%)

	2006	2007	2008	2009	2010	2011	2012	2013	2014	2015	2016
「算定額積立不足残高比」:D/(C−B)	18.5	22.8	23.7	22.2	17.8	19.2	13.5	24.1	22.0	26.4	25.7
「積立不足率」:1−B/C	59.5	64.9	70.9	77.7	75.7	75.7	67.7	58.8	52.1	53.3	53.8

(注) D/(C−B) を計算する際の分子は当年度値,分母は前年度値。
(出所) 大阪府総務部財政課 (2011)「府債残高等の状況について」,「財政状況資料集」等に基づいて筆者作成。ただし,Aは筆者の独自調査による。

とは,健全化判断比率の活用と情報開示のあり方として,模範的ともいえるものである。

表6-1は,大阪府が自発的に公表した資料に基づいて作成したものである。これを見ると,ストックの積立不足を解消するには至っていないが,解消策[12]が講じられてきたことで,2012年度をピークに金額は着実に低下しているこ

---

12) 大阪府独自の積立ルールは,2001年度起債分までは,最終償還時に多額の一般財源が必要となるようなルールであり,それまでの積立ペースはきわめて緩やかなものである。2002~11年度の起債分には,「3年据置後,毎年発行額の3.7%ずつ27年間積立」というルールが適用され,2012年度以降の起債分についてのルールは,実質公債費比率算定上の積立ルールと同様に「据置期間なし,毎年発行額の3.3%ずつ30年間積立」としている。さらに,2013年度以降に新規発行された臨時財政対策債は「据置期間なし,毎年発行額の3.3%ずつ30年間積立と5%ずつ20年間積立を半分ずつ適用」と標準ルールを上回るペースを設定している。それでも,新規発行分の積立ルールのみで対応する方法では,積立不足解消は2011年度発行の30年債が満期を迎える2041年度になってしまう(財政運営基本条例上は,2037年度までに解消)。そこで,これまでの積立不足残高対応額を別途積み立てる措置を講じており(「積立不足の復元」と呼称),積立不足が復元されるのは2024年度の見込みである。

とがわかる．注目されるのは，その一方で，「減債基金の積立不足を考慮して算定した額」（D）が高止まりしていること，ストックの積立不足（C−B）や積立不足率（1−B/C）が低下したからといって，Dが低下するとは限らないことである．

たとえば，大阪府の2007年度における「減債基金の積立不足を考慮して算定した額」（D）は842億円，前年度末における積立不足額（C−B）は3701億円であり，現実の積立不足残高と（実際に計算において使われている）算定額（「減債基金の積立不足を考慮して算定した額」）との間の比率である「算定額積立不足残高比」D/（C−B）は22.8%にとどまっていた．2009年度においては，Dは966億円に，その前年度末における積立不足額（C−B）は4358億円に上昇し，D/（C−B）は22.2%であった．しかし，2012年度においては，Dは783億円に低下したが，前年度末における積立不足額（C−B）は5812億円まで上昇しており，D/（C−B）は期間中で最も低い13.5%となった．逆に，2016年度には，Dは1130億円に上昇した反面，前年度末における積立不足額（C−B）は4400億円へと減額しており，D/（C−B）は再び上昇して25.7%となっている．

Aの算定方法から明らかなように，「算定額積立不足残高比」D/（C−B）と借換償還への依存度は逆の動きをすると考えられることから，2007〜16年度における借換償還への依存度はいったん上昇して，その後は低下したと推測される．借換償還の割合が上昇すれば，積立不足額（C−B）が増加するなかで，「減債基金の積立不足を考慮して算定した額」（D）が低下する事態が起きうるし，借換償還の割合が低下すれば，（C−B）が減少するなかで，Dが上昇することが起きうる．借換償還割合（β/α）は，2007年度の70.7%から2010年度には76.3%にまで上昇した後，2016年度は69.2%に低下しており[13]，推測どおりの推移となっている．

このように，実質公債費比率へ加算される「減債基金の積立不足を考慮して算定した額」とストックの積立不足残高の乖離をもたらしている原因が，集計対象が満期を迎えた銘柄に限定されているだけでなく，借換債発行への高い依

---

[13] 大阪府では，2009年度以降，満期を迎えた満期一括償還方式地方債のすべての銘柄について，当初の発行額，借換え前の発行額と借換債発行額の公表も毎年行っている．ただし，集計対象は全会計債と見られ，実質公債費比率の集計対象とは異なるため，当該資料での借換償還額はAの算定過程での金額とは一致しない．

存度であることは，大阪府の公表資料によって裏づけることができる。

(4) ストックの積立不足額公表の必要性

「減債基金の積立不足を考慮して算定した額」と現実の積立不足残高の間の比率である「算定額積立不足残高比」$D/(C-B)$ は，借換債依存度の変化によって変化してしまうため，安定的ではない。そのため，公表された「減債基金の積立不足を考慮して算定した額」からは現実の積立不足残高の動きを知ることはできない。大阪府の場合，ストックの積立不足残高のピークは2012年度であり，翌年度と翌々年度は大きく減少し，その後も小幅ながら減少を続けている。しかし，「減債基金の積立不足を考慮して算定した額」は，最も金額が小さかったのが2012年度であり，翌年度に大幅増加した後は，再び減少するなど，ストックの積立不足残高の減少トレンドとは異なった動きを示している。

大阪府はストックの積立不足残高を自発的に公表しているので，「減債基金の積立不足を考慮して算定した額」とストックの積立不足残高が同方向に動くとは限らないことを知ることができた。しかし，多くの自治体は「減債基金の積立不足を考慮して算定した額」しか公表していない。図6-2で用いたクロスセクション・データからは，「算定額積立不足残高比」$D/(C-B)$ は10～30％の水準にあることが推測できる反面，同一の自治体において，ストックの積立不足額が時系列的に増加しているのか，減少しているのかは，「減債基金の積立不足を考慮して算定した額」から判断するのには十分ではないことを大阪府の事例は物語っている。

したがって，「減債基金の積立不足を考慮して算定した額」を通じて住民が積立状況について正しく理解できるように配慮するならば，その算定方法は，算定額と現実の積立不足残高との関係が安定的であることが望ましい。また，情報開示の仕方としても，「財政状況資料集」において，「減債基金の積立不足を考慮して算定した額」のみを掲載し，ストックの積立不足額（$C-B$）を明らかにしないことは，大きな問題だといえる。

2.1.2 課題1への対応案

以上の分析結果を踏まえて，以下の改善策を提案する。

提案1-1：算定の仕組み自体は現行の制度の方法を継続しつつ，「減債基金

の積立不足を考慮して算定した額」の算定で用いた実際の積立不足率（1－B/C）とその構成項目B，C，さらにはAとAの算定に用いられる元金償還額，借換債発行額，「年度割相当額×経過年数」をすべて明示する，すなわち，ストック・ベースの積立不足額と満期を迎えた満期一括償還方式地方債の償還に関わる全データの開示義務を課す．

　この提案内容は，大阪府がすでにかなりの部分を実践していることでもある．これにより，実際の不足率の度合いを外部から確認することができ，ガバナンス機能が強化されると考えられる．ストックの積立不足額がどの程度存在するのかは，現在の財政状況を正しく知るうえで，そして，将来の歳出の配分をどれくらい制約することになるかを知るうえで，住民にとっては，きわめて重要度の高い情報である．実質公債費比率の算定においては，ストックの積立不足額をそのまま加算するのではなく，「減債基金の積立不足を考慮して算定した額」に転換したうえで計上する方法が採用されているが，ストックの積立不足額そのものを住民が知ることができれば，ストックの積立不足額を解消させるような予算編成を後押しする圧力となることが期待できる．それが住民によるモニタリングの効果である．

　一方，長期的時間視野に立たずに，借換債に過度に依存（借換時に一般財源から償還資金に充当する金額〔現金償還額〕の割合を下げた状態）したとしても，借換え直後の実質公債費比率はいったん下がってしまうのは，Aの算定における借換債発行額の控除を満額認めていることによるものである．そこで，たとえば，「Aの算定に際して，借換債発行額の控除は，元金償還額と『年度割相当額』に起債後の経過年数を乗じた額との差額を上限とする」というような一文を加えれば，近視眼的に目先の実質公債費比率だけ下がればよしとするような自治体が万一存在したとしても，過度に高い借換割合を選択する行動を抑止できるはずである．

　もちろん，資金繰りの状況によっては，「減債基金の積立不足を考慮して算定した額」が反映された実質公債費比率が上昇することを認識したうえで，高い借換割合を選択することは起きうる．上記の上限額はAを算定するうえでの控除額に関するものであって，借換債発行額自体を制限するものではない．これにより，目先の「積立不足を考慮して算定した額」が小さくなる効果によって，本来は発行なしですませられる借換債までも余分に発行する行動を抑止することが重要である．この上限額の導入は，「Aは『年度割相当額』に起債

後の経過年数を乗じた額とする」という単純なルールに変えることと同じである。

　配慮が必要な部分があるとすれば，満期一括償還方式地方債の償還における借換債への依存度が高い自治体にとっては，この単純ルールの適用は，算定された実質公債費比率の大幅な上昇をもたらす可能性があることに対してである。激変を緩和し，新ルール適用までの猶予期間を設ける観点からは，新ルールに基づく実質公債費比率の算定結果は，当面は参考系列としての開示にとどめ，算定結果の状況とその後の改善状況を踏まえたうえで，数年後に正式なルールとするのが現実的な方法といえよう。提案は次のようにまとめられる。

　提案1-2：「減債基金の積立不足を考慮して算定した額」の算定に際して，Aを「年度割相当額」に起債後の経過年数を乗じた額とした場合の実質公債費比率を参考系列として開示する義務を課す。また，実際の算定結果を踏まえて，将来的には，この方法を正式な算定式として採用する。

　満期一括償還方式地方債に関する積立不足がある自治体のうち，この参考系列が現行方式と同じ算定結果となる自治体は，少なくとも満期を迎えた銘柄に対して，過度な借換えは行わなかったことを示すものでもある。

2.1.3 課題2：積立不足の集計対象外とされる定時償還方式地方債

　第2の課題は，定時償還方式地方債が実質公債費比率における積立不足概念の対象外であることに由来する課題である。

　現在，実質公債費比率に対する「減債基金の積立不足を考慮して算定した額」の加算計上は，満期一括償還地方債のみに適用されているにすぎない。これは，文字どおりの意味での「積立」という概念が，満期一括償還方式地方債にしか当てはまらないためと思われる。

　しかしながら，実質公債費比率において，「年度割相当額」として採用されている標準的な積立額の実体は，「据置期間なしの30年元金均等償還」という定時償還を前提にした理論償還額である。言い換えると，**定時償還方式であっても，据置期間が長ければ，償還年限次第では，この「標準的償還ペース」と比べて現実の償還ペースの方が遅いことは起きうる。**

　一般市町村（政令市を除く）が採用する償還方式は，主として，定時償還方式であり，償還年限も都道府県や政令市のそれと比べて短いのが通常である。したがって，現実の償還ペースの方が「据置期間なしの30年元金均等償還ペ

ース」より遅い事例はさほど多くないと思われるが，もし，遅い事例があったとしたら，それが是正されずにいることは問題である．

2.1.4　課題2への対応案
以下の改善策を提案する．
提案2：定時償還方式地方債に関しては，現行の「年度割相当額」（発行額の30分の1）を標準的な償還額として，これと現実の償還額との差額を経過年数に応じて集計した累計値を，ストック・ベースの償還不足額として明示する．地方債種類ごとの積立不足率・償還不足率の開示義務を課す．

このストック・ベースの償還不足額は，開示義務だけを課すものであり，定時償還方式地方債に対する実質公債費比率自体の算定方法は現行ルールどおりとする．それでも，満期一括償還方式地方債の積立不足同様の定時償還方式地方債の償還不足が明示され，地方債全体の「償還・積立不足」を住民が知ることができるようになれば，「償還・積立不足」を是正する力として働くことが期待できる．また，より厳密な管理を促すため，「地方債種類ごとの積立不足率・償還不足率の開示義務を課す」ことを提案する．さらに，定時償還方式地方債の償還不足がある場合に限って，満期一括償還方式地方債の積立不足に対する算定方法と同様の算定方法に基づいて，「償還不足を考慮して算定した額」を計算し，実質公債費比率に加算計上することも検討に値するであろう．

2.1.5　課題3：交付税措置された償還財源の先食いの検出
第3の課題は，実質公債費比率算定上の積立不足額がゼロであっても，措置された償還財源の先食いが広範に起こっている可能性が高いことである．

第2章では，後年度の地方交付税算定過程で措置される償還財源を積み立てずに使ってしまうという「償還財源の先食い」が起こることを議論した．このような「償還財源の先食い」が広範に起こる背景には，以下の2つの条件が関わっている．

第1の条件は，地方債種類ごとの元利償還金に係る交付税措置額（基準財政需要額への理論償還費算入）の前提となる理論償還年数と，実質公債費比率算定に際して想定されている理論償還年数（30年）との関係である．端的にいえば，前者の方が後者より短いケースが多いという実態がある．実質公債費比率算定に際して，満期一括償還方式地方債の「年度割相当額」として定められた発行

額の30分の1という積立額は，10年債の2回借換え，もしくは30年債における元金均等償還を前提としたものであり，想定されている30年という償還年数は，通常の地方債で考えうる最長の償還年数である。言い換えると，発行額の30分の1ずつを毎年積み立てるというペースは，最も緩慢であり，これを標準ペースとするルールは，きわめて寛容なルールだということができる。したがって，実質公債費比率算定上の「年度割相当額」と同じペースでしか積立を行わない場合には，措置額との間の差額によって，「償還財源の先食い」が可能な状況が生まれる。

第2の条件は，現実の発行条件における償還年数と理論償還年数の関係である。現実の起債における償還年数は，自治体と引受機関の間の合意の結果として決定されるため，理論償還年数よりも長い償還年数が選ばれることも十分にありうる。それが，元利償還金の全額が措置される地方債であれば，発行後の経過年数によっては，毎年の措置額（基準財政需要額への算入額）よりも現実の償還額が小さくなりやすいため，差額を減債基金に積み立てることをしない限り，「償還財源の先食い」が生じてしまう。

つまり，償還年数を長い方からあげれば，実質公債費比率算定時の「年度割相当額」に対応する理論償還年数（30年），現実の起債で選択された償還年数，交付税措置の前提となる理論償還年数という順番となる可能性が高い。言い換えると，前出の2条件が満たされれば，実質公債費比率算定上の積立不足が計上されない程度には積立を行いつつも，交付税措置された償還財源を先食いすること，すなわち，当該差額を償還費以外の歳出に充ててしまうことが可能になる。結果的には，**実質公債費比率算定上の積立不足がゼロであっても，きわめて大きな額の先食いが起きることはありうる**ということである。

しかし，実質公債費比率からは，それを把握することができない。とりわけ，定時償還方式地方債の場合，現行ルールのもとでは，起債時に長い償還年限を選べば，将来負担比率は低下しにくくなるが，実質公債費比率の水準を低位にとどめることができる。一方，将来負担比率の早期健全化基準は都道府県と政令市が400％，一般市町村が350％であるため，ほとんどの市町村の将来負担比率の実績値が早期健全化基準を大きく下回る水準にあり，将来負担比率を引き下げようとするインセンティブを持ちにくい。将来負担比率は，長い償還年限の選択という償還先送りを抑制する機能を持っているにもかかわらず，市町村（政令市を除く）に対する早期健全化基準の設定数値によって，それを発揮

できていないのである。この点は，将来負担比率の問題として後述する。

2.1.6 課題3への対応案

以下の改善策を提案する。

提案3：地方債ごとに元利償還金に係る交付税措置額の累計額と現実の積立額（満期一括償還方式地方債の場合）・償還額（定時償還方式地方債の場合）の累計額についての開示義務を課す。

地方債の元利償還金に係る交付税措置の年限が実際の起債における償還年限より短い場合に，交付税措置された財源が先食いされるリスクについては，40年以上も前に認識されている。1978年に，当時の自治省財政局財政課長・地方債課長から自治体に対する内かんとして通達された文書「減債基金の設置等について」において，将来の公債の償還費に充てるため，措置された額と実際の償還額の差額を減債基金に積み立てておくべきことが明示的に述べられている。

交付税措置された財源（基準財政需要額への算入公債費）が現実の償還額を上回る場合に，当該の差額を減債基金に積み立てることを励行することは，実質公債費比率算定上の積立不足額をゼロにすることと比べて，要求のレベルがきわめて高いものである。したがって，それを義務づけることは，現状では難しいであろう。

しかし，先食いを放置しておけば，元利償還金に対する措置が終わった後の期間において，自主財源から償還費用を捻出する必要があり，将来の資金繰りを悪化させ，歳出における選択の自由度を低下させる懸念がある。

まず，現実的に実行可能な改善策は，このような先食いがどの程度の規模で起きているかを住民が把握できるようにすることである。すべての地方債について，交付税措置額の累計額と現実の積立額（満期一括償還方式地方債の場合）・償還額（定時償還方式地方債の場合）の累計額を開示すれば，交付税措置された財源の先食いに対して，住民によるモニタリングが行われることが期待できる。以上より，これらの開示義務を課すことを提案する。

2.2 実質赤字比率

実質赤字比率に関しては，以下の課題があげられる。

2.2.1 課題4：一般会計による借入金の有無に関する表示

　実質赤字比率に関する課題は，一般会計による減債基金や財政調整基金からの借入金[14]の有無が判別できないことに尽きる。借入金があれば，それらの積立残高から控除された金額が実質公債費比率（減債基金）や将来負担比率（減債基金，財政調整基金，その他特定目的基金）の算定に反映されるのに対して，一般会計の実質赤字比率の算定時はそれらの借入金が控除されることはなく，また，借入金の利用によって実質赤字を回避しているような場合であっても，それを開示する義務は課されていないため，借入金の有無が判別できないというのが現実である。

　一般会計が減債基金や財政調整基金から資金を借り入れると，借入額が歳入項目の1つである繰入金として扱われるため，一般会計では実質収支の赤字を回避することができる。他方，将来負担比率における充当可能基金の算定に際しては，基金残高から一般会計への貸付額は控除される。また，実質公債費比率の算定に際して，満期一括償還方式地方債の減債基金における積立残高の計算においても，減債基金残高から一般会計への貸付額は控除されている。

　ところが，実質赤字比率の算定では，一般会計による減債基金や財政調整基金からの借入金については，それが存在するのか否かがまったくわからないかたちになっている。すなわち，減債基金や財政調整基金の側から見たときに一般会計への貸付にとどめられて，それらの基金自体の取崩しは行わなかった状況（基金残高が一般会計への貸付金として運用されている状況）と，実際に基金が取り崩されて一般会計に繰り入れられた状況と，基金の取崩しも借入れも伴っていない状況のいずれが現実であるのかは，公表された実質赤字（実質収支）や減債基金残高，財政調整基金残高の金額からはまったく判断できない。基金が取り崩されて一般会計に繰り入れられた場合は，一般会計はこれらの基金に対して特段の返済義務は持たないが，一般会計が基金からの借入れを行っている場合には，返済義務を伴うという意味で，実態的な違いがあるにもかかわらず，公表値からは違いを判別できない。

14）　2007～09年度の自治体ごとの「財政状況等一覧表」には，充当可能基金の内訳として，減債基金，財政調整基金，その他特定目的基金の計数が明示されており，「都道府県決算状況調」や「市町村別決算状況調」におけるグロスの基金残高との差額を求めることにより，基金からの貸付残高を推定することができた。現在は，総務省のウェブサイトに掲載されている「健全化判断比率・資金不足比率等の算定様式等データ」（2008年度以降の各年度）において，3分類の基金に関するグロスの基金残高と充当可能基金残高の両方を見ることができる。

つまり，実質公債費比率と将来負担比率の算定時には基金積立残高が他の用途に充当されていれば，基金積立残高としては実質的に機能していないことを踏まえた厳しい算定ルールとなっているのに対して，実質赤字比率の算定に際しては，一般会計が基金から借入れを行って返済義務が残っているケースと，基金が取り崩されて一般会計には返済義務のないケースが同等に扱われているという意味で，実質赤字比率には甘いルールとなっている。一般会計が基金からの借入金を利用した場合には，そのしわ寄せを常に実質公債費比率と将来負担比率が受けることになるため，実質赤字比率，実質公債費比率，将来負担比率の3指標で見れば，これらのルールは整合性がとれていると解釈することはできる。しかし，実質赤字比率単独で見た際の一般会計の真の状況は見えてこない。

問題視されるのは，基金からの借入金がなければ，一般会計における実質収支が赤字になるケースがありうるのに，現行ルール上は，健全化判断比率算定過程の数値として財政状況資料などの上でそれを開示する義務が課されていないために[15]，その事実が隠されてしまっている可能性があることである。とくに，実質公債費比率と将来負担比率の水準が低く，実質赤字も連結実質赤字もないとなれば，当該自治体に問題はないと住民は判断するであろう。しかし，実質赤字も連結実質赤字もない状況が基金からの借入れによって支えられていて，一般会計の資金繰りが本当は逼迫しているのであれば，それが実質赤字比率の上にまったく現れないのは大きな問題である。

一般会計が減債基金や財政調整基金からの借入金によって実質赤字を見かけ上回避するという選択がやむをえないものであれば，その実情を住民には公表すべきであるし，公表される健全化判断比率や算定に際しての基礎数値を通じて，住民が自然に知ることができる仕組みとなっていることが望まれる。

2.2.2 課題4への対応案

以下の改善策を提案する。

提案4：「一般会計が減債基金や財政調整基金から借入れをして，年度内に

---

[15] 総務省が提示した「統一的な基準による地方公会計マニュアル（平成28年5月改訂）」中の「財務書類作成要領」の「第3章 Ⅴ注記」の「5 追加情報」において，「⑬基金借入金（組換運用）の内容」については，貸借対照表に記載することとされており，健全化判断比率算定過程の基礎データとして開示することはただちに実践できるはずである。

返済しない場合」は当該借入金を歳入額から除外した場合の実質赤字比率も計算し，参考系列として公表する。

　歳入額から借入金を除外したうえでの実質赤字比率を求めることで，真の実質収支が明らかとなる。現行系列と参考系列をあわせ見ることで，住民は，これまで同様の判断に加え，基金からの借入金を除外した，真の資金繰りの実態を把握することができるため，自治体には健全な資金繰りと健全な財政運営を促すガバナンス効果が働くと考えられる。

2.3 連結実質赤字比率

連結実質赤字比率に関しては，以下の課題があげられる。

2.3.1 課題5：「解消可能資金不足額」の計上有無に関する表示

　連結実質赤字比率に関する第1の課題は，「解消可能資金不足額」が計上されているか否か，それによって連結実質赤字が回避されているか否かが実質的に示されていないことである。「解消可能資金不足額」が控除されることによって連結実質赤字を免れていることさえも明らかにしていない自治体が多く，「解消可能資金不足額」計上金額や計算根拠，対象会計に至っては開示されていることは稀である。資金不足比率や連結実質赤字比率の計算の際には，「解消可能資金不足額」を計算して控除することが，ルール上可能である。

　しかしながら，「解消可能資金不足額」を控除したか否かを個別自治体がウェブサイト等を通じて広く一般開示する義務は課されていない[16]。また，「解消可能資金不足額」には複数の計算値が適用可能であり，それぞれが将来の想定に応じて計算されるという意味において，その解消可能性は絶対的なものではない。つまり，解消可能と見なす判断の妥当性も採用された前提に依存しているという意味で，算定数値は裁量的判断の影響を受けることになる。

　第1章の補章で述べたとおり，「解消可能資金不足額」という概念には一定の合理性がある一方，現実には資金不足が生じていることで，金融機関からの一時借入金や他会計の基金による貸付など資金繰りに際しての対応が必要なケースもある。それにもかかわらず，「解消可能資金不足額」を適用しているか

---

[16] 総務省のウェブサイト「健全化判断比率・資金不足比率等の算定様式等データ」においては，全自治体分の「健全化判断比率の基礎数値」の公表が始まり，そのなかには「解消可能資金不足額」が掲載されている。第1章（47頁）の注23も参照。

否かについてさえ，一般公表する義務を課していないため，公表された連結実質赤字比率によって実態が把握できているとは限らない。健全化判断比率算定で用いた基礎資料は，自治体の事務所（都道府県庁や市町村庁）に備え付けておくことが義務づけられているが，実態的には，保存されているにとどまり，公表されているというレベルにはほど遠い。

2.3.2　課題5への対応案

　以下の案を提案する。

　提案5：「解消可能資金不足額」を計上しているか否か，計上している場合はその金額や計算根拠，対象会計をウェブサイト等を通じて広く一般開示する義務を課す。また，「解消可能資金不足額」を計上しなかった場合の連結実質赤字比率も参考系列として公表する義務を課す。

　これらの情報開示に際して重要なのは，地域住民の誰もが「解消可能資金不足額」の実態を容易に把握できる状態を実現することである。また，現在は「解消可能資金不足額」が計算対象から除外されているとしても，その不確実性も考慮するならば，解消できなかった場合の連結実質赤字比率を住民が知ることができることが必要である。

　「解消可能資金不足額」の計上によって，見かけ上は，連結実質赤字を回避できていても，現実には資金不足が生じていることで，金融機関から一時借入金を利用している場合など，「解消可能資金不足額」を計上しなくても連結実質収支が赤字にならない状況を望む住民は少なくないであろう。赤字や資金不足額の解消が何年先に実現されるかも重要であろう。住民の意向は，究極的には予算編成に反映されると考えられる。

　「解消可能資金不足額」自体は，健全化判断比率算定に際しての詳細な基礎データの一部として，全自治体分のとりまとめ結果が，総務省のウェブサイトで公表されている。しかし，地方財政健全化法に定められているとおり，健全化判断比率の第一義的な公表義務は個別自治体にある。「解消可能資金不足額」やそれを計上しなかった場合の連結実質赤字比率などの情報が当該自治体のウェブサイト等を通じて明示され，住民が容易に把握することができる状況になれば，連結実質赤字比率が自治体の財政健全化行動を促すガバナンス機能がいっそう効果的に働くと期待される。

2.3.3　課題6：集計対象事業の法人形態が変更された場合の取扱い

連結実質赤字比率に関する第2の課題は，集計対象会計，言い換えると，集計対象事業に関して，公営事業を担っている法人の形態に変更があった場合に連結実質赤字の集計値の連続性が確保されず，自治体間で指標としての不統一性が生じることである。具体的には，公立病院の再編・ネットワーク化（地域内の病院間の機能分担と連携）の流れのなかで，独立した小規模の公立病院が大きな総合病院に統合されて診療所に転じた場合など，分類が「公営企業」から「一部事務組合」へと変更されれば，病院特別会計の資金不足額は連結実質赤字の集計対象から外れてしまう。地方独立行政法人化して分類が「公営企業」から「設立法人等」へと変更された場合も同様である。そのため，連結実質赤字比率という指標の時系列的な整合性や，自治体間の概念上の統一性が阻害される。

2.3.4　課題6への対応案

以下の改善策を提案する。

>提案6：公立病院がネットワーク病院化した場合や，地方独立行政法人化した場合も，病院特別会計の資金不足相当額は連結実質赤字の集計対象に含める。または，将来負担比率の分子項目における「一部事務組合等の連結実質赤字額相当項目」を現在の連結実質赤字比率の分子項目に加算し，「広域連結実質赤字比率」を計算し，参考系列として明示する。

これにより，公立病院がネットワーク病院化して分類が「公営企業」から「一部事務組合」へと変更された場合や，地方独立行政法人化して分類が「公営企業」から「設立法人等」へと変更された場合においても，当該病院の資金不足額は連結実質赤字比率に集計され，時系列的な整合性や，自治体間の概念上の統一性が確保される。

2.4　将来負担比率

将来負担比率に関しては，以下の課題があげられる。

2.4.1　課題7：設定された早期健全化基準と協議不要基準の妥当性

将来負担比率に関する第1の課題は，実質公債費比率と比べて，一般市町村（政令市を除く）に対する早期健全化基準が相対的に高い水準に設定されている

ことである。将来負担比率は実質公債費比率のストック概念としての性格を持っているが，将来負担比率の早期健全化基準が，実質公債費比率の早期健全化基準と比較して相対的に高い水準に設定されていることで，自発的な財政健全化を自治体に促すガバナンス機能が発揮されにくくなっている。

以下に示すとおり，この問題は，一般市町村（政令市を除く）と都道府県・政令市とでは状況が異なっている。また，設定された水準の妥当性は，早期健全化基準だけでなく，協議不要基準についても，検討する必要がある。

(1) 一般市町村の将来負担比率および実質公債費比率の早期健全化基準

まず，一般市町村（政令市を除く市町村）に設定されている将来負担比率の早期健全化基準は350％であり，実質公債費比率の早期健全化基準である25％の14倍となっている。実質公債費比率に算入される元利償還金（準元利償還金を含む）に占める元金部分が85％だと仮定すると，実質公債費比率に設定された早期健全化基準のうち元金部分の16.5倍が将来負担比率の早期健全化基準として設定されていることになる[17]。

もし，地方債残高がゼロの自治体が元金均等償還による定時償還方式で地方債を発行したとしたら（便宜的に据置期間はないと仮定），発行直後の残高に対する元金償還額の倍率はちょうど償還年限に等しくなる。市町村の場合，地方債発行の平均的な償還年限は16年程度といわれており，これらの仮定のもとでは，実質公債費比率の早期健全化基準をベースにした将来負担比率の早期健全化基準の設定値はきわめて妥当な水準だといえる。

しかし，元金均等償還による定時償還方式の地方債が，同じ償還年限 t 年で毎年度同額で発行され続けた場合は，t 年経過後には，毎年の発行額と償還額が一致し，残高がまったく変化しない「定常状態」へと達する。償還方式が元金均等償還による定時償還方式であった場合，その定常状態における残高は元金償還額の t 倍ではなく，$(t+1)/2$ 倍となる。同じ償還方式，同じ償還年限，同じ金額の地方債発行を毎年度続けることは，厳密にはないであろうが，地方債残高がゼロの自治体が初めて地方債を発行する状況と比較すれば，現実は，この仮定のもとでの定常状態に近い状況だと考えられる。政令市を除く市町村

---

[17] 公債費に占める元金部分が85％だと仮定して，実質公債費比率に設定された早期健全化基準のうち元金部分と将来負担比率の早期健全化基準との関係（後者は前者の約16.5倍）を考察する分析手法は，第4章と同様に，平嶋（2010）にならった。

の多くは，主として，元金均等償還か元利均等償還による定時償還方式での起債を行っていると考えられるから，ここでの仮定は決して現実性を欠いたものではない。

裏返していえば，すべての地方債が元金均等償還による定時償還方式で発行され，常に同じ償還年限が選ばれている場合には，残高を元金償還額で除した値の2倍から1を控除した値がその償還年限に一致する。第4章で確認したように，2007年度時点での将来負担比率の実質公債費比率に対する倍率は平均7.8倍程度であるから，実質公債費比率に算入される公債費に占める元金部分が85％だと仮定すると，元金部分に対する倍率は9.2倍，平均償還年限は17.4年ということになる。

しかし，将来負担比率に設定された早期健全化基準は実質公債費比率の早期健全化基準の14（＝350÷25）倍であるから，このルールのもとでは，平均償還年限が31.9（≒14÷0.85×2−1）年のときに，将来負担比率と実質公債費比率に対する早期健全化基準の設定が中立的に機能するということができる。現実はそうではないから，第4章の図4-1（162頁）に示されているように，一般市町村における「将来負担比率の早期健全化基準からの乖離率」は「実質公債費比率の早期健全化基準からの乖離率」と比べて小さい自治体が大多数を占めている。

言い換えると，現実には，ほとんどの市町村において，**実質公債費比率が早期健全化基準を下回っていれば，将来負担比率が早期健全化基準に到達することはほとんどない**。将来負担比率には，実質公債費比率と同様の集計対象である一般会計等地方債残高や公営企業債の元金償還費に充てる一般会計等からの繰入見込額だけでなく，職員の退職手当支給予定額のうち一般会計等負担見込額や，地方公社・第三セクター法人の借入金に対する債務保証・損失補償に由来する一般会計等負担見込額なども算入されている。しかし，将来負担比率固有の集計項目の大きさは相対的に小さく，一般的には，実質公債費比率が早期健全化基準未満であれば将来負担比率が早期健全化基準未満であることがほぼ自動的に達成されてしまう状態にある。

つまり，**各種の将来負担に対する警告を発するはずの将来負担比率においては，実質公債費比率を補完するガバナンス機能が実質的に果たせていない状態にある**。実際には，定時償還方式地方債に関しては，起債時に長い償還年数を選択することで，実質公債費比率を低位に抑えることが可能である一方で，長

い償還年数のもとでは将来負担比率が下がりにくいという性質を伴う。そのため，本来は，実質公債費比率のストック概念に対応する将来負担比率には償還先送りをチェックする機能が備わっていることになる。もし，将来負担比率の早期健全化基準が適正な水準に設定されていれば，「実質公債費比率は低位に抑えられているが，償還先送りがなされている状態」での将来負担比率は早期健全化基準に近い水準に位置するはずである。

このように，将来負担比率は実質公債費比率を補完して，償還先送りを抑制する効果を発揮すること，本来備わっているはずの機能を発揮することが望まれる。そのためには，償還方式と平均償還年限の実勢を踏まえたうえで，将来負担比率の早期健全化基準の見直し，もしくは，一般会計等地方債残高（公営企業債の元金償還費に充てる一般会計等からの繰入見込額や一部事務組合等が起こした地方債の元金償還費に充てる自治体負担等見込額を含む）に限定した新たな早期健全化基準の導入を検討することが必要である。

一般会計等地方債残高に対して，適正な早期健全化基準が設定されていれば，職員の退職手当支給予定額のうち一般会計等負担見込額や，地方公社・第三セクター法人の借入金に対する債務保証・損失補償に由来する一般会計等負担見込額などが原因で将来負担比率が押し上げられているケースも識別されやすくなるはずであり，これらのリスクに対するガバナンス機能の発揮も期待される。

(2) **都道府県・政令市の将来負担比率および実質公債費比率の早期健全化基準**

都道府県および政令市に設定されている将来負担比率の早期健全化基準は400%であり，実質公債費比率の早期健全化基準である25%の16倍となっている。実質公債費比率に算入される元利償還金（準元利償還金を含む）に占める元金部分が80%だと仮定すると，実質公債費比率に設定された早期健全化基準のうち元金部分の20倍が将来負担比率の早期健全化基準として設定されていることになる。地方債残高ゼロの状態から自治体が初めて発行するような状況下では，この倍率が平均的な償還年数に一致しているものと見なすことができる。

しかし，自治体が毎年継続的に地方債を発行している状況下では，地方債の総残高を元金償還総額で除した値と平均的な償還年限とは一致しない。したがって，(1)と同様に，地方債の総残高を元金償還総額で除した値と平均的な償還年限の関係を明らかにしなければ，将来負担比率に設定された早期健全化基

準と実質公債費比率に設定された早期健全化基準の倍率が適切なものか否かは判断することができない。

　そこで，都道府県と政令市におけるすべての地方債[18]が満期一括償還方式で発行され，実際の償還年限にかかわりなく，実質公債費比率算定上の「年度割相当額」に等しい金額，すなわち，発行額の30分の1ずつを減債基金へ毎年積み立てると仮定する。また，満期が到来した銘柄に対しては減債基金から t 年間に積み立てた額を取り崩す一方，残額を一般財源から賄うものと仮定する。定常状態における減債基金残高は毎年の発行額の $t(t-1)/60$ 倍，ネットの地方債総残高は毎年の発行額の $t(61-t)/60$ 倍，ネットの総残高を実質公債費比率算定上の元金償還額で除した値は $(61-t)/2$ 年となるから，現実が定常状態にあるならば，個別銘柄の発行時の平均償還年数は21.0年ということになる。

　一方，都道府県と政令市を対象にして将来負担比率に設定された早期健全化基準は実質公債費比率の早期健全化基準の16（＝400÷25）倍であるから，このルールのもとでは，平均償還年限が21.0（＝61.0－16.0÷0.8×2）年のときに，将来負担比率と実質公債費比率に対する早期健全化基準の設定が中立的に機能するということができる。

　前述の平均償還年限推定値も21.0年であり，図4-2（162頁）に示されているように，実質公債費比率の早期健全化基準からの乖離幅の方が小さい団体と将来負担比率の早期健全化基準からの乖離幅の方が小さい団体がほぼ同数になっている。

　つまり，都道府県と政令市を対象にして将来負担比率に設定された早期健全化基準は，実質公債費比率に設定された早期健全化基準との対応関係から判断する限りは，きわめて妥当な水準ということができる。

　一般市町村（政令市を除く）と都道府県・政令市の結果の違いは，主として，一般市町村が定時償還方式のもとでの償還年限17.4年，都道府県・政令市は満期一括償還方式のもとでの償還年限21.0年という違いに起因している。一般市町村の平均償還年限が都道府県・政令市と同じ21.0年まで伸びたとして

18）　都道府県と政令市の普通会計地方債残高に占める財政融資資金引受分および地方公共団体金融機構引受分は2007年度末時点では33％，2017年度末時点では19％であり，これらの地方債には定時償還方式が採用されているから，ここでの仮定は厳密には成り立たない。しかし，現実をモデル的に描写するうえでは，妥当な仮定になっていると思われる。

も，定時償還方式（元金均等償還）が続く限り，定常状態での地方債残高の元金償還額に対する倍率は11倍にしかならない。単純に，この倍率に基づいて，対応する早期健全化基準を試算すると，233.8%（≒11×0.85×25%）となる。2017年度決算に基づく将来負担比率に関して，市町村のなかでこの値を上回るのは，夕張市（516.2%）のみである。

(3) 将来負担比率に関する協議不要基準

地方財政健全化法の改正と同時に実施された2016年度の地方債制度改正では，起債手続きにおける「協議不要基準」の変更が行われた。この変更は，研究会による提言を踏まえたものであり，具体的な変更の内容は以下のとおりである。

- 実質公債費比率：16% ⇒ 18%，
- 将来負担比率（都道府県と政令市）：300% ⇒ 400%
  　　　　　　　（一般市町村）：200% ⇒ 350%

改正前のルールでは，「許可は不要だが，協議が必要」とされる範囲は，実質公債費比率においては，「16%以上18%未満」であった一方，将来負担比率においては，都道府県と政令市は「300%以上400%未満」，一般市町村は「200%以上350%未満」であった。協議不要，すなわち事前届出制が適用されるためには，実質公債費比率は16%未満，将来負担比率は，都道府県と政令市については300%，一般市町村については200%未満であることが必要であった。

つまり，2016年度に実施されたルール変更は，かつては協議が必要とされていた範囲を，協議不要として拡大するものであった。実質公債費比率における18%という水準は，公債費負担適正化計画の策定・実施を義務づけるレベルである一方で，将来負担比率において，都道府県と政令市に対する400%，一般市町村に対する350%という水準は，財政健全化計画の策定・実施を義務づける，より重いレベルのものである（詳細については，第1章の「付論　起債管理指標としての健全化判断比率とそのルール改正」を参照）。

(1)で述べたように，将来負担比率は，実質公債費比率を補完するガバナンス機能が発揮しにくい水準，すなわち相対的に高い水準に，早期健全化基準（財政健全化計画の策定と実施を義務づけるレベル）が設定されている。

実質公債費比率の協議不要基準である18%をベースに，(1)および(2)で推

定した平均償還年限を単純に当てはめれば，対応する将来負担比率の協議不要基準は，都道府県と政令市288％，一般市町村144％である。この数字については，試算の域を出ないが，少なくとも，協議不要基準は早期健全化基準よりもずっと低いものでなければならない。2016年度改正前に採用されていた値（都道府県・政令市300％，政令市除く市町村200％）は，実質公債費比率の早期健全化基準との関係，将来負担比率の早期健全化基準との関係において，現行の協議不要基準よりも妥当なものといえる。

地方財政健全化制度と地方債制度がともに健全化判断比率を管理指標として用いる一体性の高い制度として運用されている現実を踏まえれば，地方債協議・許可制度における将来負担比率の協議不要基準を，都道府県と政令市に対しては400％，一般市町村に対しては350％にまで引き上げたことは，妥当ではない可能性が高い。

以上の(1)(2)(3)を踏まえたうえでの課題7への対応策については，次の課題8への対応策とセットで考えることとする。

2.4.2　課題8：確定債務と未確定債務の区分

将来負担比率に関する第2の課題は，将来負担額には確定債務と未確定債務が区分なく一括して集計されていることである。

将来負担比率には，将来の公債費負担の増大につながる要因だけではなく，将来の実質収支悪化につながる要因（職員の退職手当支給予定額のうち一般会計等負担見込額や，地方公社・第三セクター法人の借入金に対する債務保証・損失補償に由来する一般会計等負担見込額など）がすべて捕捉されている。単一の指標で計測できるというメリットがある一方で，さまざまなリスク要因を反映した金額が合算されているために，集計値としての評価が難しいというデメリットもある。市町村の早期健全化基準が実勢との対比において相対的に高い値に設定されているのは，その困難性に起因するものと考えられる。

しかし，一般会計等地方債残高のほか，公営企業債の元金償還費に充てる一般会計等からの繰入見込額と一部事務組合等が起こした地方債の元金償還費に充てる自治体負担等見込額は，自治体にとっての「確定債務」といえるものであり，そのフロー概念ともいえる実質公債費比率の早期健全化基準との対応関係を踏まえれば，これらの債務に限定した早期健全化基準を導入することは望

ましいと思われる。

　第4章で議論したように，将来負担比率にはさまざまなリスクに応じて算定された項目が集計されているため，それぞれの項目のリスクの何に起因しているのかは，集計値である将来負担比率の水準からは見えにくい状態になっている。実際，将来負担比率を下げることが求められる状況において，自治体は原因となるリスクを解消させる行動をとる可能性と，短期的に数値を改善しやすい項目についてのみ改善策を実施する可能性の両方がある。第4章の1.3項に示した計量分析結果からは「一般会計等地方債残高が原因で将来負担比率が高い自治体は，将来負担比率を引き下げるため，繰上償還を通じた残高縮減を行い，他の項目の改善によって将来負担比率の引下げを図る行動はとらない」ことが示唆されたが，一般会計等地方債残高以外の項目に問題がある場合にも同じことが当てはまるとは限らない。

　集計値としての将来負担比率の水準が低い場合でも，償還財源先食いや土地開発公社からの土地買戻しの遅延，第三セクター等法人清算の先送りなどがあれば，将来の財政運営を大きく制限しかねない。このようなリスクが解消されない理由は，地域住民が項目ごとの状況を容易に把握することは難しいために，自治体に自発的な問題解決を促すガバナンス機能が働いていないからである。

2.4.3　課題7および課題8への対応案

　そこで，以下の改善策を提案する。

　提案7：将来負担額の内訳に関して，確定債務と未確定債務に分けて，それぞれについての将来負担比率を算定し，確定債務部分に関して，全体の基準値よりも低いレベルで適当なレベルを定め，新たな早期健全化基準を設定する（なお，現行の将来負担比率全体の早期健全化基準〔都道府県・政令市400％，政令市を除く市町村350％〕は変更しない）。また，確定債務部分に対する協議不要基準として，2016年度改正前に将来負担比率全体の協議不要基準として採用されていた値（都道府県・政令市300％，政令市を除く市町村200％）を設定する。

　ここで，確定債務とは，一般会計等地方債残高，公営企業債の元金償還費に充てる一般会計等からの繰入見込額および一部事務組合等が起こした地方債の元金償還費に充てる自治体負担等見込額，連結実質赤字額，一部事務組合等の連結実質赤字額相当額のうち一般会計等負担見込額とする。また，未確定債務

とは，地方公社や第三セクター法人の借入金に対する債務保証・損失補償に由来する一般会計等負担見込額や職員の退職手当支給予定額のうち一般会計等負担見込額などとする[19]。

確定債務部分に設定するレベルとしては，2016年度改正前に将来負担比率全体の協議不要基準として採用されていた値（都道府県・政令市300%，政令市を除く市町村200%）と現在の将来負担比率全体の早期健全化基準（都道府県・政令市400%，政令市を除く市町村350%）の間に位置する値を提案する。

確定債務と未確定債務の将来負担比率が分離されることで，確定している将来債務の水準が明確になり，その自発的な縮減を自治体に促すガバナンス機能が発揮されるとともに，それぞれのリスクに対応した債務の水準も明確になることで，リスク軽減に向けた自発的な対応を促すガバナンス機能が発揮されると考えられる。なお，この提案は，石川・赤井（2015a）で提言されたものである。

また，確定債務に対する妥当な早期健全化基準は，償還方式と平均償還年限も考慮し，検討することが望ましい。

一方，協議不要基準は早期健全化基準よりもずっと低いものでなければならない。地方財政健全化制度と地方債制度がともに健全化判断比率を管理指標として用いる一体性の高い制度として運用されている現実を踏まえれば，きめ細かな数値設定が望まれる。確定債務部分の協議不要基準として，2016年度改正前まで将来負担比率全体の協議不要基準として採用されていた値（都道府県・政令市300%，政令市を除く市町村200%）を採用すれば，確定債務部分の早期健全化基準との整合性も確保できる。

ま と め

本章では，2016年度に実施された地方財政健全化法自体の改正や公表資料の拡充を伴う制度改正のうち，とくに「把握しきれていない財政負担の健全化判断比率への算入」と「財政指標の拡充」の意義を確認した。これらは地方財政健全化制度のガバナンス効果の機能を強化するために必要であり，また，有益であるものの，改正後の地方財政健全化制度においても，なおルール上の課

---

[19] 確定債務と未確定債務は，一般会計による負担が確定しているか否かではなく，自治体のいずれかの会計における債務として，その金額が確定しているか否かで区分した。

題や算定方法の問題点が残っている。そこで，それらを8つの課題として整理し，それぞれに対する改善策を提示した。提案した改善策を総括すれば，①すでに現行ルールのもとで健全化判断比率算定（実質赤字比率，連結実質赤字比率，実質公債費比率，将来負担比率の4指標）に用いられているが，開示はされていない項目，あるいは健全化判断比率の定義式を構成する項目や算定過程における中間的指標に対して開示を求めるもの，②健全化判断比率（うち，実質赤字比率，連結実質赤字比率，実質公債費比率の3指標）の算定方法に調整を施した代替的な算定方法による結果を参考系列として明示することを求めるもの，③将来負担比率に関して，内数として確定債務部分と未確定債務部分に分けた数値の算定を求めるとともに，確定債務部分の将来負担比率に対する早期健全化基準と協議不要基準の新設を求めるものである。

　これらの改善策を実施することで，現行の地方財政健全化制度が自治体に自発的な財政健全化を促すガバナンス機能を発揮するうえでの弱点は克服され，ガバナンス機能が飛躍的に高まると期待される。しかも，すべて，これまで算定され，公表され，活用されてきた健全化判断比率の理念の延長線上にあるものであり，改善策としての実効性も高い。なお，この改善策の具体的な実施ステップに関しては，他の改革プランとあわせて，改めて終章で提示する。

付論　見えにくい積立不足額の実態
——定常状態のシミュレーションからわかること

　満期一括償還方式地方債に関して，自治体が年々の公債費負担を平準化して，着実な償還に取り組むように，経過年数に応じて算定される標準的な金額を積立金として持っているかどうかも問う仕組みが，実質公債費比率においては採用されている。具体的には，もし，現実の積立残高がその金額を下回っていれば，積立不足額と特殊な算式に基づく「積立不足を考慮して算定した額」が計算されて，分子に加算されるルールがある。

　この項目は，満期を迎えた銘柄の理論積立残高（後掲の表6-4中のA_1），償還額と借換債発行額（両者の差額がA_2），全銘柄の実際の積立残高（B）と理論積立残高（C）によって算定されるが，それらのデータがまったく公表されていないため，「積立不足を考慮して算定した額」の実態がどのようなものか，また，真の積立不足額や積立不足率がどれくらいの水準にあるのかを知ることができないのが現実である。

　そこで，以下では，満期一括償還方式地方債の発行，積立，償還について，4つのモ

表 6-2　4 モデルの発行・

	①毎年の起債額			②毎年の積立額		
	①a 第1～10年度 (当初債)	①b 第11～20年度 (第1回借換債)	①c 第21～30年度 (第2回借換債)	②a 第1～10年度	②b 第11～20年度	②c 第21～30年度
ケース1	1	2/3	1/3	1/30	1/30	1/30
ケース2	1	2/3	1/3	0	0	0
ケース3	1	1	1	1/30	1/30	1/30
ケース4	1	1	1	0	0	0
他の項目 との関係	仮定	仮定	仮定	仮定	仮定	仮定

デルケースを想定し，毎年の当初債発行額，借換債発行額，積立額，償還額，残高のすべてが常に一定水準に保たれる状態，すなわち，定常状態に達したときの「積立不足額」と「積立不足を考慮して算定した額」をシミュレーションし，ケースごとにこれらを数量的に把握すること，相互に比較することで理解を深めたい。

　まず，4 ケースすべてにおいて，10 年債の 2 回借換えを想定する。当初債の発行額はすべて 1 である。第 1 回目の（元金）償還と借換えが行われるのは当初の起債から 10 年後，第 2 回目の償還と借換えは 20 年後であり，30 年後には借換えのない最終償還が行われるものとする。起債・借換えから次の借換え・償還までの 10 年間は，毎年，一定額の積立が行われる。これらが共通の基本設定である。

　そのうえで，ケース別の想定が表 6-2 にまとめられている。まず，借換債の発行額については，ケース 1 とケース 2 では，第 1 回借換債が当初債の 2/3，第 2 回借換債が当初債の 1/3 の金額とし，ケース 3 とケース 4 では，第 1 回目，第 2 回目ともに全額借換えとする（表 6-2 における①）。毎年の積立額に関しては，ケース 1 とケース 3 が当初債の 1/30，ケース 2 とケース 4 では，ゼロと想定する（同②）。

　この 2 つの想定は，満期到来・借換え時の元金償還額と借換償還（借換債発行）以外の方法による償還額，すなわち現金償還額を必然的に決める。たとえば，第 1 回借換え時の元金償還額は当初債の金額にほかならず，それと借換債発行額（同③）との差額が現金償還額（同④）となる。ケース 1 とケース 2 では 1/3，ケース 3 とケース 4 ではゼロである。このとき，ケース 1 では毎年の積立によって蓄えられた基金残高が 1/3 あるから，それを取り崩して償還に充てられるが，ケース 2 ではその資金を一般財源から確保しなければならない。また，ケース 3 ではケース 4 と同様に，現金償還は不要だから，基金の取崩しは生じない。

　毎年の積立額は同額ながら，最終償還までは基金の取崩しが生じないケース 3 と，借

積立の想定と借換え・現金償還

③借換え/満期時の借換償還額			④借換え/満期時の現金償還額		
③a 第1回借換え (第10年度末)	③b 第2回借換え (第20年度末)	③c 最終償還時 (第30年度末)	④a 第1回借換え (第10年度末)	④b 第2回借換え (第20年度末)	④c 最終償還時 (第30年度末)
2/3	1/3	0	1/3 (基金取崩し)	1/3 (基金取崩し)	1/3 (基金取崩し)
2/3	1/3	0	1/3 (一般財源充当)	1/3 (一般財源充当)	1/3 (一般財源充当)
1	1	0	0 (取崩しなし)	0 (取崩しなし)	1/3 (基金取崩し)
1	1	0	0	0	1/3 (一般財源充当)
=①b	=①c	=0	=①a−③a	=①b−③b	=①c−③c

換えのたびに全額を取り崩して現金償還に充てるケース1の違いが端的に現れるのが基金残高である。再度ゼロから積立を再開するケース1では，第2回借換え時も，最終償還時も残高は1/3にしか到達しないが，ケース3では，第2回借換え時に2/3に，最終償還時には1に達する（表6-3における⑦）。このケース1は，制度上想定された最も標準的な発行・積立・償還のパターンである。他方，ケース3は，30年債を1回発行する場合の最も標準的な積立のパターンと同じである。ケース1とケース3の違いは，基金取崩しが10年おきか，30年後かという取崩しの頻度の違いともいえる。

しかし，毎年の積立額が30年間同じでも，借換額の違いは，借換え後の「年度割相当額」，すなわち必要積立額の違いをもたらす。第1回借換え後は「借換債発行額÷(30−借換債の償還年数)」が適用されるため，ケース1とケース2の「年度割相当額」は当初債と同じ1/30にとどまるが，ケース3とケース4の「年度割相当額」は1/20へと上昇する（同⑤）。第2回借換え後は「借換債発行額÷(20−借換債の償還年数)」が適用されるため，ケース1とケース2には1/30，ケース3とケース4には1/10が適用される。

この「年度割相当額」の違いが，さらに，次の満期・借換時における理論（必要）積立残高の違いを生む。第1回借換時は全ケースの理論積立残高が1/3であるが，第2回借換え時にはケース1とケース2が1/3，ケース3とケース4が1/2となり，最終償還時にはケース1とケース2が1/3，ケース3とケース4は1となる（同⑥）。

そして，この理論積立残高（⑥）と現実の基金残高（⑦）との差が，ストック・ベースの積立不足額（⑧）となる。借換えによって，積立不足はリセットされるから，借換えや最終償還が行われる直前の積立不足額というべきかもしれない。

以上は，1つの銘柄が発行されてから，最終償還されるまでの30年間における10年経過時，20年経過時，30年経過時について述べたものである。最初の起債の翌年度か

表 6-3 4 モデルの年度割相当額，理論

	⑤年度割相当額			⑥借換え/満期時の理論積立残高		
	⑤a 第1〜10年度	⑤b 第11〜20年度	⑤c 第21〜30年度	⑥a 第1回借換え(第10年度末)	⑥b 第2回借換え(第20年度末)	⑥c 最終償還時(第30年度末)
ケース1	1/30	1/30	1/30	1/3	1/3	1/3
ケース2	1/30	1/30	1/30	1/3	1/3	1/3
ケース3	1/30	1/20	1/10	1/3	1/2	1
ケース4	1/30	1/20	1/10	1/3	1/2	1
他の項目との関係	=①a/30	=①b/20	=①c/10	=⑤a×10	=⑤b×10	=⑤c×10

ら，同じ条件で，2回借換えを伴う10年債を発行し続けるとしよう。その場合，30年後には，毎年の当初債発行額，借換債発行額，積立額，償還額，残高のすべてが常に一定水準に保たれる状態，すなわち，定常状態へと至る。

その定常状態においては，最終償還までの残存年数が1年ずつ異なる30の銘柄が存在し，また，10年経過時，20年経過時，30年経過時に当たる銘柄が必ず存在する。満期を迎え，償還が行われる銘柄は，その3銘柄のみである。発行年次と最終償還までの残存年数が異なる銘柄が多数存在し，そのなかの一部だけが満期を迎えるという構造は，まさしく，現実の縮図である。この定常状態において，満期を迎えた銘柄の償還額，借換額と標準積立残高を求めた後，全銘柄の理論積立残高（C）と実際の積立残高（B）を集計すれば，公表されていない積立不足額を「積立不足を考慮して算定した額」と一緒に計算できるのである。

その際，満期を迎えた銘柄の集計値は，すでに計算されているのも同然である。一方，全銘柄の理論積立残高と実際の積立残高については，次のように考えればよい。

まず，「年度割相当額」が，当初債，第1回借換債，第2回借換債によって異なるから（ケース3とケース4），当初債，第1回借換債，第2回借換債に分けたうえで，それぞれ経過年数の違いを反映した銘柄ごとの理論積立残高を積算すればよい。「年度割相当額」を P_i（$i=0,1,2$；0は当初債，1は第1回借換債，2は第2回借換債を表す）とすれば，次式で表せる。

$$\sum_{i=0}^{2}\sum_{t=1}^{10} P_i \times t = 55 \sum_{i=0}^{2} P_i$$

P_i に関しては，ケース1とケース2では，$P_0=P_1=P_2=1/30$ であり，また，ケース3とケース4では，$P_0=1/30$，$P_1=1/20$，$P_2=1/10$ である。

積立残高, 実際の積立残高と積立不足額

⑦借換え/満期時の実際の積立残高			⑧借換え/満期時の積立不足		
⑦a 第1回借換え (第10年度末)	⑦b 第2回借換え (第20年度末)	⑦c 最終償還時 (第30年度末)	⑧a 第1回借換え (第10年度末)	⑧b 第2回借換え (第20年度末)	⑧c 最終償還時 (第30年度末)
1/3	1/3	1/3	0	0	0
0	0	0	1/3	1/3	1/3
1/3	2/3	1	0	−1/6	0
0	0	0	1/3	1/2	1
=②a×10	=②b×10 もしくは ②b×10+⑦a	=②c×10 もしくは ②c×10+⑦b	=⑥a−⑦a	=⑥b−⑦b	=⑥c−⑦c

よって，理論積立残高（C）は，ケース1とケース2では，11/2であり，また，ケース3とケース4では，121/12である。

一方，全銘柄の実際の積立残高（B）は，ケース2とケース4ではゼロ，ケース1では理論積立残高と同額である。また，ケース3は，毎年1/30ずつ積立を行う30年債に関して，経過年数の異なる30銘柄が存在するのと同じである。すなわち，次式で求められる。

$$\frac{1}{30} \times \sum_{t=1}^{30} t = \frac{31}{2}$$

これらをまとめて，「減債基金の積立不足を考慮して算定した額」の構成項目を把握し，計算式（D＝A×(1−B/C)）に当てはめた結果が，表6-4である。

興味深いのは，すべてのケースでA（理論積立残高総計（A_1）と満期を迎えた銘柄の現金償還額総計（A_2）のうち小さい額）が1となることである。最終償還では借換債は発行できないから，借換債で負担を先送りしてきても，最後には現金償還しなければならないこと，計画的な積立を行った場合と同額の資金調達がどこかの段階で必要なことを示している。

結局，まったく積立をしないケース2とケース4の「減債基金の積立不足を考慮して算定した額」（D）は当初債の発行額に等しい1となる一方，ストックの積立不足額（C−B）は，ケース2が11/2，ケース4が121/12と算定される。このとき，Dを（C−B）で除すことで得られる値（2/11と12/121）は，まさしく，2.1項で報告した10～30％という観測値の間に収まっている。

以上の検討結果から，「減債基金の積立不足を考慮して算定した額」が計上された自治体が必要な積立をほとんど行っていないとまではいわない。しかし，そのようなケー

表 6-4 定常状態における「積立不足を考慮して算定した額」の構成項目

	A_1 (該当銘柄を集計)	A_2 (該当銘柄を集計)	A (A_1とA_2の小さい方)	B (全銘柄を集計)	C (全銘柄を集計)	D =A×(1−B/C)
ケース1	1	1	1	11/2	11/2	0
ケース2	1	1	1	0	11/2	1
ケース3	11/6	1	1	31/2	121/12	0
ケース4	11/6	1	1	0	121/12	1
他の項目との関係	=⑥a+⑥b+⑥c	=④a+④b+④c	—	本文中で説明	本文中で説明	—

スが含まれることを強く裏づけるものである。「減債基金の積立不足を考慮して算定した額」だけでなく，真の積立不足額と積立不足率も開示すれば，実態が見えない不安は払拭されるはずである。

第7章

マクロの地方財政健全化に向けて
ミクロ合計額との乖離の意識づけと解消策

本章のねらい

- 地方財政健全化法のもとで将来負担比率によって測られるミクロの地方債等残高合計額（ミクロ合計額）が，地方全体で将来負担しなければならない現実のマクロの地方債等残高からは乖離している実態，その乖離が拡大している実態を明らかにする。
- マクロの地方債等残高とミクロの地方債等残高合計額との乖離額のうち，臨時財政対策債残高に係る今後の基準財政需要額算入見込額は，交付税特会借入残高と同様に，将来の償還財源が確保されておらず，先送りが続いている債務の総額であること，それにより地方財政の持続可能性が本当に問題ないのか否かを判断できなくなっていることを指摘する。
- 臨時財政対策債残高に係る今後の基準財政需要額算入見込額（非公表）を元金ベースで試算し，2018年度末現在で57.7兆円に達していること，この金額と交付税特会借入残高をミクロの地方債等残高合計額に合算した金額（修正ミクロ合計額）は年々増大を続けていることを示す。
- 乖離額の具体的な解消策を提示し，個別自治体が，結果として，新たに負担することになる金額を，都道府県（各都道府県）と市町村（都道府県ごとの市町村合計値）に分けて試算する。

はじめに

　第2〜5章で明らかにしたとおり，地方財政健全化法によって定められた4種類の健全化判断比率は，自治体に自発的な財政健全化を促す効果を持っている。その地方財政健全化法の枠組みで評価する限り，実際に，個別自治体における財政健全化，すなわち，ミクロ的に見た財政健全化は大きな成果をあげて

いる。

　ただし，それは，グロスの地方債残高の3分の1を占める臨時財政対策債を実質債務から除外する効果を持つ算定方法に依存している。ミクロ的には，臨時財政対策債は，後年度の地方交付税算定過程における元利償還金の基準財政需要額算入を前提に，自治体には将来の償還負担を感じさせないかたちで発行されている。マクロ的には，当面の歳出を賄ううえで足りない資金，すなわち地方財政計画策定で生ずる「地方財源不足額[1]」のうち，後述の折半ルールに従って国と地方で折半される「折半対象財源不足額」のうちの国負担分を除いた部分の大半を，起債によって得られる資金で埋め合わせることで形式的には財源保障を成り立たせている。臨時財政対策債の発行によって埋め合わせしているのは，「折半対象財源不足額のうちの地方負担分」の全額と「折半対象前財源不足額」のうちの既往臨時財政対策債の償還費部分である。

　そもそも，何ら施策を講じなければ「地方財源不足額」が生じてしまうこと自体が，現行の地方交付税財源が十分ではないことを示しているのに，「地方財政対策」における中心的施策である臨時財政対策債の償還財源が将来の交付税措置を前提としていることに，矛盾が集約されている。

　地方財政健全化法は臨時財政対策債を除外して自治体の実質的な債務を測っており，同法のもとでミクロ的に見た財政健全化が進んだとしても，マクロ的に見た財政健全化が進んだとはいえない。言い換えると，健全化判断比率，とくに将来負担比率で測られた個別自治体の財政状況を集計値で捉えても，地方財政の持続可能性が危ぶまれる状態に陥っているのか否かは明らかではないのである。財政の持続可能性を考えるうえでとくに問題視すべき事実は，次の3点である。

　第1に，**地方全体の債務**（とくに，一般会計等地方債残高，公営企業債に係る一般会計等負担見込額，交付税特会借入残高の合計額。以下では，「マクロの地方債等残高」と呼ぶ）と地方財政健全化法で問われる個別自治体における債務の積上げ（以下では，「ミクロの地方債等残高合計額」と呼ぶ）との間には大きな乖離が生じ

---

[1] 個別自治体の普通交付税額決定に際して，基準財政需要額と基準財政収入額の差として算定される交付基準額も「財源不足額」と表現されることがあるが，本文での財源不足額とは，地方財政計画策定過程で生ずるマクロの財源不足額を指す。なお，最終的に決定された地方財政計画上では，「地方財政対策」を通じた当面の資金手当てを行うことによって，この財源不足額は見かけ上，解消されている。個別自治体における財源不足額と峻別する意味で，「地方財源不足額」と呼称されることが多い。

ている。

　第2に，乖離の主因は全地方債の元利償還金に係る将来の基準財政需要額への算入見込額にある。その過半を占める臨時財政対策債については，将来の償還財源が確保されておらず，地方における将来世代の負担として先延ばしされているにすぎない。

　第3に，地方財政計画策定過程では毎年度必ず「地方財源不足額」が生じ，それを解消するために総務省と財務省の協議による「地方財政対策」を通じて，国と地方の負担を先送りするような目先の財源手当てを行うことが毎年度繰り返して行われている。

　この「地方財源不足額」に対して講じられる「地方財政対策」における国負担分と地方負担分の考え方は総務・財務両大臣覚書[2]によって示されており，発行済みの臨時財政対策債の償還費を国負担分に含めることのないように，「既往臨時財政対策債の償還費は新たな『折半対象地方財源』には含めない」ことが明記されている。これは，既往臨時財政対策債が過去の「地方財政対策」における折半の結果として，「地方負担分」を賄うために発行されたものであるため，過去の「地方負担分」が形を変えた「既往臨時財政対策債の償還費」を新たな折半の対象とすることはしないことを確認したものである。すなわち，既往臨時財政対策債の償還に対しては，国からの追加的財源措置は存在せず，地方が責任を持って行わなければならないことを意味している。

　しかも，マクロ的に見た臨時財政対策債残高の縮減をもたらすような償還財源は確保されずに，その理論償還費は「折半対象前財源不足額」を構成するものとして位置づけられ，その財源は新たな臨時財政対策債の新規発行によって賄われている。マクロ的に見れば，既往臨時財政対策債償還費に対応する臨時財政対策債は，実質的な借換債にすぎず，臨時財政対策債の残高に対しては中立的であるが，「折半対象財源不足額（地方負担分）」を賄うための臨時財政対策債が加わるため，残高は趨勢的に増大する結果となっている[3]。

---

[2]　「地方財政対策を講ずるに当たっての総務省と財務省の申し合わせ事項」を総務大臣と財務大臣の名において，具体的に記したものであり，この覚書が交わされることは，地方財政対策の具体的な内容が決定されたことと同義である。地方財政計画本体や地方財政対策の説明資料にも含まれていない詳細な数値も一部含まれている。

[3]　2018年11月20日の経済財政諮問会議に提出された民間議員資料では，既往債対応部分とそれ以外の部分に分けた臨時財政対策債発行額の推移を図示したうえで，「臨時財政対策債の既往債分等を圧縮し，国・地方を合わせたPB黒字化につなげていくべき」という提言がなされてい

これらの事実を念頭に置いて，分析と検討を行う．本章の構成は，以下のとおりである．

第1節では，マクロの地方債等残高とミクロの地方債等残高合計額の乖離の実態を明らかにする．この乖離額は，現状では実質的な負担の帰属が明確ではない債務ともいえる．

第2節では，マクロとミクロ合計額の乖離が地方財政計画策定過程で生ずる「地方財源不足額」に由来するものであること，問題が臨時財政対策債に集約されることを述べる．その臨時財政対策債残高に係る基準財政需要額算入見込額を，推定の方法論を示したうえで，初めて明らかにする．

第3節では，臨時財政対策債から生ずるマクロとミクロ合計額の乖離額の解消は，地方財政制度のなかで目に見える形で行う．その際の個別自治体の負担額の算定に関して，3つの方法を示す．その財政負担額のシミュレーション結果は，都道府県と市町村に分けて提示する．

第4節では，第3節で示した財政負担額を賄うための具体的な方策と，これに関係する地方交付税制度の改革策を示す．

最後に，本章の内容を総括する．

1 マクロの地方債等残高とミクロの地方債等残高合計額との乖離の実態

1.1 地方全体の借入残高の状況

まず，マクロの地方債務の実態として，地方全体の借入残高（「借入金残高」とも表記される）を見てみよう．

図7-1は，総務省の地方財政制度に関するウェブサイト[4]において紹介されている図を決算データに基づいて再現したものである．その「借入残高」は，4種類の項目で表示されている．それらは，「交付税特会借入残高（地方負担分）」，「公営企業債残高（普通会計負担分）」，「臨時財政対策債除く地方債残高」，

る．また，これに先立って，経済財政諮問会議での議論を紹介した日本経済新聞社（2018）では，「将来の負担に懸念がある」との見解が示されている．

[4] 総務省ウェブサイト＜総務省トップ＞政策＞地方行財政＞地方財政制度＞地方財政関係資料に，「地方財政の借入金残高の状況」のPDFファイルのリンクが掲載されている．

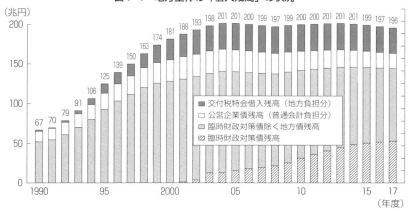

図7-1 地方全体の「借入残高」の状況

(出所) 総務省「地方財政白書」「都道府県決算状況調」「市町村決算状況調」等に基づいて筆者作成。

「臨時財政対策債残高」である。

ここで，「交付税特会借入残高（地方負担分）」とは，交付税特会に存在する借入残高のうち地方が負担する部分の残高である[5]。現在は，地方財政計画策定過程における「地方財源不足額」のうち地方が負担する部分は，臨時財政対策債が発行されて当面の資金が確保されているが，臨時財政対策債が導入される以前は，交付税特会において地方負担分と明示したうえで借入れがなされており，その残高がこれに対応する。「地方財源不足額」を解消するための財源措置として総務省と財務省の協議を通じて決定された結果が「地方財政対策」であり，「地方財源不足額」に対する負担を国と地方が折半するという「折半ルール[6]」が採用されている。その「折半対象財源不足額[7]」が増加すれば，現在では，地方負担分の増加は「臨時財政対策債」の残高[8]の増加に対応する

---

[5] 国負担分については，2007年度に一般会計が全額継承したため，2007年度末以降の交付税特会借入残高はすべて地方負担分となっている。

[6] 「折半ルール」の解説論文としては，鎌田（2010），石原（2016）がある。

[7] 既往臨時財政対策債の元利償還金に由来する財源不足額は「折半対象前財源不足額（折半対象外財源不足額）」と位置づけられ，その財源も新たに発行可能額が割り当てられる臨時財政対策債によって賄われる。本文で後述する。

[8] 第2節で詳述するとおり，厳密には残高ではなく，2001年度以降の臨時財政対策債発行可能額の累計額のうち，いまだ基準財政需要額に算入されていない理論償還費のうち元金部分の金額である。

ことになる。

また,「公営企業債残高(普通会計負担分)」とは,公営企業債のうち,普通会計で負担を行うこととされている部分である。すなわち,個別自治体の将来負担比率の分子に算入される「公営企業債繰入見込額(公営企業債償還費に係る一般会計等負担見込額)」を全自治体について集計した金額に一致する。一方,公営企業会計の独自収入で返済することとされている部分は,「公営企業債残高(普通会計負担分)」には含まれない。

これらの4種類の項目のうち,「交付税特会借入残高(地方負担分)」は,地方全体でマクロ的に負担するものとされるが,地方財政健全化法のもとでミクロの債務としての個別自治体の将来負担(将来負担比率への算入対象)を算定する際には含まれない。

他方,「公営企業債残高(普通会計負担分)」,「臨時財政対策債除く地方債残高」,「臨時財政対策債残高」は,個別自治体の債務としての集計対象であり,将来負担比率の分子における将来負担額に算入されるものである。

したがって,これらの4項目によって構成されるマクロの地方債等残高を,地方財政健全化法のもとでのミクロの地方債等残高合計額と比較する際には,「基準財政需要額算入見込額」の取扱いに注意を払う必要がある。とくに,臨時財政対策債に関しては,普通交付税の決定と同時に個別自治体に割り当てられた発行可能額から生ずる元利償還金の全額が後年度の地方交付税算定過程で措置されることになっているため,将来負担額から「基準財政需要額算入見込額」を控除する計算方法が,ミクロの地方債等残高合計額に対して,特別な意味を持つ。すなわち,起債(正確には,発行可能額の割当)時点では,将来負担比率算定上の分子に加算される「一般会計等地方債残高」の金額と減算される「基準財政需要額算入見込額」の金額が一致するため,臨時財政対策債は,地方財政健全化法のもとでは実質的に債務と見なされない。

しかしながら,マクロの地方債等残高を問う場合,そのような「基準財政需要額算入見込額」の集計値をマクロのものとして,グロスの地方債等残高からの控除を行うことは適切ではない。将来の基準財政需要額に算入される臨時財政対策債の償還費は個別自治体の負担から除外されているように見えていても,今後の償還財源が制度的に確保されているわけではない以上,マクロの視点では,地方全体で負担すべき額といえるからである[9]。それどころか,初めて臨時財政対策債が発行された2001年度の翌年度である2002年度以降,これま

でに既往臨時財政対策債の償還費として確保された資金は常に新たな臨時財政対策債であって，マクロ的には実質的な借換えしか行われていない。

地方財政計画では，マクロ的に，他の歳入項目と合わせて毎年の償還費をはじめとする歳出額に対する財源を確保している。したがって，毎年度策定される地方財政計画上で「地方財源不足額」が生じない状況が続いているのであれば，すべての地方債は，将来も実質的に償還財源が確保されていると見なすことができる。しかしながら，実際には，「地方財源不足額」が毎年度生じている。「地方財源不足額」に対する財源対策（「地方財政対策」）の結果として，全地方債のうち臨時財政対策債の償還費だけは「折半対象前財源不足額」の主要部分を構成するものと位置づけられ，「折半対象財源不足額（地方負担分）」の全額を賄う臨時財政対策債とは別に，地方の負担で賄われなければならないとされている。マクロ的には新たな臨時財政対策債の発行を通じた実質的な借換えが17年間も続けられており，臨時財政対策債の残高を減らすかたちでの償還財源が確保されたことは一度もないのが現実である。

制度のなかで臨時財政対策債の償還を行うことは，本質的には地方全体，全自治体で臨時財政対策債の償還を行うことであり，究極的には，個々の自治体が実質的な負担をしなければならないことを意味している。今後の地方財政計画において，大幅な「地方財源余剰額」が生じて，交付税特会借入金と臨時財政対策債の基準財政需要額算入見込額の両方を完全に解消できる状況にならない限り，臨時財政対策債は地方全体で償還しなければならない。

これまでの地方財政対策を顧みると，折半ルールに従って，地方負担分が赤字地方債である臨時財政対策債で賄われた際には，国負担分は臨時財政対策特例加算という一般会計からの繰入額（の増額），つまり，赤字国債の増発で賄われてきた。「地方財源不足額」に対して，地方交付税の法定率引上げや国の全額負担による地方交付税増額というかたちをとらずに，痛み分けを意味する「折半」をしてきたのは，地方以上に国の財政状況が厳しいという現実があったからであろう。

---

9) 償還財源が確保されているか否かにかかわらず，将来へ先送りされた時点で，個別自治体ではなく，将来地方全体で負担すべきものであるということもできる。しかし，償還財源が確保されていない臨時財政対策債に関しては，将来の基準財政需要額への算入が見込まれているというだけで無条件に個別自治体が将来負担すべき債務から控除してしまうことは，とりわけ問題視されるべきである。

「折半対象財源不足額」の地方負担分への対応として発行された臨時財政対策債からはやがて償還費が発生して，その理論値（理論償還費）が新たな年度における「地方財源不足額」に加わることとなる。それが，もともとは過去の「地方財政対策」における地方負担分が形を変えたものであることを踏まえると，新たな折半対象として国の負担を求めることは難しい。実際，毎年度の「地方財政対策」決着時に総務大臣と財務大臣の間で交わされる覚書[10] においても，「なお，当該地方債の元利償還金については，毎年度の財源不足のうち総務大臣及び財務大臣が協議して定める補塡すべき額の算定の基礎としない」と明確に記されている。

この理論償還費も新たな臨時財政対策債によって賄われている。すなわち，臨時財政対策債発行可能額の総額には，全自治体の「既往臨時財政対策債の理論償還費」を賄う分も含まれている。つまり，マクロ的には，償還財源が現金で交付されることはなく，実質的に自治体全体に借換えをさせているのと同じなのである[11]。そのやり方が，理論償還費の基準財政需要額算入が初めて行われた2002年度以来，17年間にわたって継続されている。臨時財政対策債に関するこの方法は，本質的には，借入残高の累増が続いた交付税特会による借入金と同じである。すなわち，臨時財政対策債の返済のための財源も，交付税特会借入残高と同様に，地方全体で確保しなければならないのである。

1.2　乖離を生む「地方債残高に係る基準財政需要額算入見込額」

地方財政健全化法によって導入された将来負担比率は，個別自治体が責任を負うべきことが明らかな債務に対しては，監視対象に据え，確実な返済を促すガバナンス効果を発揮する。しかし，どの自治体がどれだけ負担するかが曖昧であるために，現時点ではどの自治体にも帰着せず，将来世代に負担が先送りされている債務については，監視対象とはせず，ガバナンス効果も持たない。したがって，個別自治体に帰属させる債務の範囲を見直すことで，ミクロの財政健全化インセンティブをマクロの財政健全化に直結させることも必要となる。

---

10)　注2を参照。
11)　個別自治体レベルでは，既往臨時財政対策債の理論償還費は基準財政需要額に算入された後，（振替前）基準財政需要額の一部が臨時財政対策債発行可能額へと振り替えられる。その理論償還費と臨時財政対策債発行可能額とは必ずしも一致するとは限らないため，自治体によっては，現金交付される地方交付税が実質的に増額される効果が現れるケースがある。

マクロとミクロ合計額の乖離を問題視するのは，このような理由からである。

すでに述べたとおり，マクロとミクロ合計額との間に乖離をもたらしている最大の要因は，マクロの地方債等残高集計の際には「基準財政需要額算入見込額」を控除しないのに，地方財政健全化法に従って将来負担比率を算定する過程では「基準財政需要額算入見込額」を控除することにある。また，交付税特会借入残高は，そもそも，ミクロの集計対象となっていない。そのため，マクロの地方債等残高と地方財政健全化法のもとでのミクロの地方債等残高合計値とは一致しない。

マクロの地方債等残高，地方債等残高合計値，両者の乖離幅は，次の方法で把握することができる。まず，地方財政健全化法のもとでの将来負担比率の算定過程に即して，分子の加算項目である「一般会計等地方債の現在高」および「公営企業債の元金償還費に充てる一般会計等からの繰入見込額」の合計額から，減算項目である「基準財政需要額算入見込額」を差し引いた額を全自治体について集計する。これこそが地方財政健全化法のもとでのミクロの地方債等残高合計額である。

また，これから「基準財政需要額算入見込額」（全自治体集計値）の控除分を元に戻して，「交付税特会借入残高（地方負担分）」を加えれば，図7-1における「地方全体の借入残高」，すなわちマクロの地方債等残高となる。

「基準財政需要額算入見込額」および「交付税特会借入残高（地方負担分）」が将来負担比率の算定において各自治体の将来負担とは位置づけられていない理由は，第1に，前者は将来の地方交付税算定過程で措置（財源補塡）される予定の金額であるからである。第2に，後者は個別自治体に帰属する額が定かではないためである。このような算定ルールがある限りは，これらの2項目を除外した額のみを「実質的に負担しなければならない地方債務」と認識している自治体が多数を占めていると見られる。すなわち，この2つの部分が，マクロの地方債等残高（地方全体の真の債務総額）とミクロの地方債等残高合計額（地方財政健全化法上で問われる個別自治体債務の集計額）の乖離となって現れるのである。

図7-2は「マクロの地方債等残高」，「ミクロの地方債等残高合計額」および両者の乖離幅の経年変化を2001〜17年度について示したものである。2017年度までとした理由は，これらの算定に必要なデータが本書の執筆時点では2017年度決算分までしか利用できないからである。

紙幅の関係で示していないが，将来負担比率自体はミクロの地方債等残高合計額よりもいっそう顕著な低下傾向を続けている。将来負担比率算定に際して問われる対象が，グロスの債務概念ではなく，金融資産に相当する「充当可能基金」を控除した純債務概念で測られているためであり[12]，財政調整基金を中心に「充当可能基金」の残高が拡大していることによるものである。この財政調整基金については，近年，急拡大したことで経済財政諮問会議や財政制度等審議会で議論の対象になっており，国から地方への財源移転との関係も含めて，そのあり方が問われている（付論参照）。

　図7-2を見ると，地方財政健全化法において自治体に実質的に負担が求められる分と見なされるミクロの地方債等残高合計額（ミクロ合計額）と，地方全体で見た場合のマクロの地方債等残高との間には，大きな金額の違いが生じている。また，地方財政健全化法において把握されているミクロの地方債等残高合計額は2007年度末をピークに減少トレンドに入ったのに対し，マクロの地方債等残高は2014年度末までは拡大を続けたことで，両者の乖離幅は，2014年度末まで拡大が続いた。

　この乖離は，地方財政健全化法のもとでは，臨時財政対策債が実質的に除外されるところが大きい。つまり，臨時財政対策債の発行可能額が自治体ごとに割り当てられるたびに乖離は拡大することになり，残高が現在もなお拡大を続けている。2015年度以降は好景気に支えられて，臨時財政対策債の発行を抑制することができたため，地方財政健全化法のもとでのミクロの地方債等残高合計額とマクロの地方債等残高との乖離額が縮小に転じている。しかしながら，地方財政計画策定過程で「地方財源不足額」が生ずる構造が改められずに，臨時財政対策債発行への依存が続く限り，再び，乖離幅は拡大する可能性が高い。

　乖離を生み出す根幹にある，全都道府県と全市町村における「基準財政需要額算入見込額」の集計値の推移は，図7-3に示すとおりである。これを見ると，

[12) 旧来の財政指標においては，負債額のみが着目され，金融資産が考慮されていなかった。しかし，将来負担比率では，その分子において，「充当可能基金」という概念で金融資産相当額を控除する取扱いがなされている。この「充当可能基金」には，満期一括償還方式地方債の減債基金積立残高も含められているため，「一般会計等地方債残高」から「充当可能基金」を控除する取扱いは，普通会計ベースの地方債残高がグロスの地方債残高から満期一括償還方式地方債の減債基金積立残高を控除した純債務概念で表示されていることとの整合性が確保されている。ただし，「充当可能基金」には，定時償還方式地方債の減債基金積立残高や財政調整基金積立残高も含められるため，将来負担比率（の分子）は，ミクロの地方債等残高合計額とは異なる動きとなる。

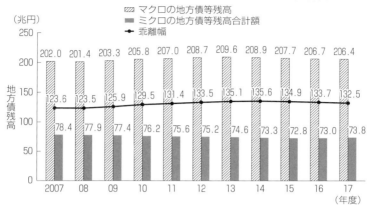

図7-2　マクロの地方債等残高とミクロの地方債等残高合計額

(注)　ミクロの地方債等残高合計額（ミクロ合計額）は，将来負担比率の分子における加算項目である「一般会計等地方債現在高」と「公営企業債の元金償還費に充てる一般会計等からの繰入見込額」の和から，減算項目である「基準財政需要額算入見込額」を控除して求めた。マクロの地方債等残高は，ミクロ合計額に，「基準財政需要額算入見込額」と「交付税特会借入残高（地方負担分）」を合算して求めた。

(出所)　総務省『地方財政白書』（平成21〜30年版），「健全化判断比率の基礎数値」（平成29年度健全化判断比率）に基づいて筆者作成。

「基準財政需要額算入見込額」は2014年度まで拡大が続いていたことがわかる。とくに，都道府県の上昇分が大きい。この背景には，総務省が決定する「臨時財政対策債発行可能額の割当」を，市町村よりも資金調達能力が高い都道府県に傾斜配分させたという経緯がある。臨時財政対策債残高に係る基準財政需要額算入見込額は公表されていないため，第2節で推定を行うが，当面はそれに近い金額だと推測される臨時財政対策債の残高（現在高）をあわせて表示している。

今後も公債費以外の歳出に対する国からの財源移転が減額されることなく，臨時財政対策債の元利償還金に対する交付税措置が行われると信じられるのであれば，ほとんどの自治体は，その返済財源の意識やコストへの負担感を持つことなく，割り当てられた発行可能額の上限まで起債を行うはずである。

1.3　自治体別の「地方債残高に係る基準財政需要額への算入見込額」

マクロの地方債等残高とミクロの地方債等残高合計額の乖離の要因としての「基準財政需要額算入見込額」は，当然ながら，ミクロで見た個別自治体の「基準財政需要額算入見込額」の積上げ額に等しい。臨時財政対策債の実態は

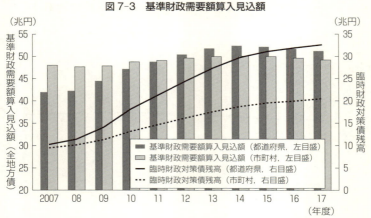

図 7-3 基準財政需要額算入見込額

（出所）　総務省『地方財政白書』（平成 21〜30 年版），「健全化判断比率の基礎数値」（平成 29 年度健全化判断比率）に基づいて筆者作成。

　次節で明らかにするが，この「基準財政需要額算入見込額」の全額を，将来，自治体がまったく負担しなくてもよいわけではない。

　図 7-4 は，都道府県ごとの「基準財政需要額算入見込額」の規模を，自治体のグロスの債務である「一般会計等地方債現在高」との対比で見たものである。2017 年度における 47 都道府県の加重平均値は 53％ であるが，東京都のほか，北海道，埼玉県，新潟県，静岡県，京都府，兵庫県，広島県，福岡県は，40％ 台にとどまっており，都道府県間格差は小さくない。

　なお，沖縄県が 80％ 台に達しているのは，普通建設事業において国庫補助率の高い事業が多く，結果的に建設地方債の発行が抑制されてきたことが原因と考えられる。全額が起債（正確には発行可能額割当）時点で将来の基準財政需要額への算入が見込まれる臨時財政対策債は他の道府県と同じ一律の算定ルールによって割り当てられてきたために，基準財政需要額算入見込額の一般会計等地方債現在高に対する割合が高い数字になるのである。

　また，都道府県ごとに域内の全市町村の金額を集計して，図 7-4 と同様のグラフを描いたものが図 7-5 である。全市町村ベースの加重平均値は 83％ と全都道府県ベースよりも高水準である。また，都道府県ごとの集計値の最高は東京都内市町村の 163％，最低は神奈川県内市町村の 59％ である。

　さらに，2007〜17 年度までの 11 年間における「基準財政需要額算入見込額」の変化を都道府県について見たものが，図 7-6 である。

第 7 章　マクロの地方財政健全化に向けて　311

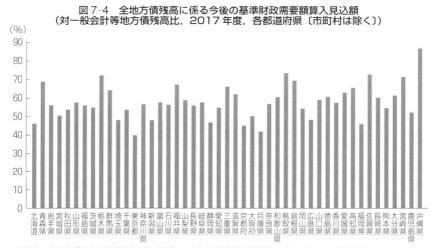

図 7-4　全地方債残高に係る今後の基準財政需要額算入見込額
（対一般会計等地方債残高比，2017 年度，各都道府県〔市町村は除く〕）

（出所）　総務省「健全化判断比率の基礎数値」（平成 29 年度健全化判断比率）に基づいて筆者作成。

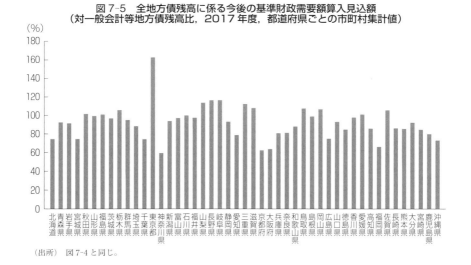

図 7-5　全地方債残高に係る今後の基準財政需要額算入見込額
（対一般会計等地方債残高比，2017 年度，都道府県ごとの市町村集計値）

（出所）　図 7-4 と同じ。

　2007 年度の金額に対する 2017 年度の金額の変化率は，東京都を除く 46 道府県で正となっており，「基準財政需要額算入見込額」は増大していることがわかる。47 都道府県の集計値ベースでは 23％ の増加である。東京都の比率が低下している理由は，臨時財政対策債発行可能額に関して，2009 年度までは全自治体のなかで最大の金額が割り当てられていたのに対して，その後のルー

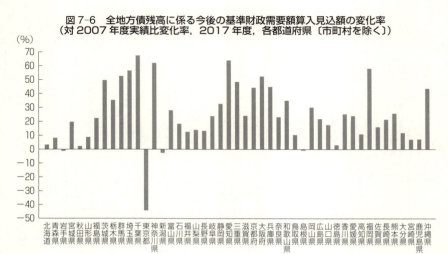

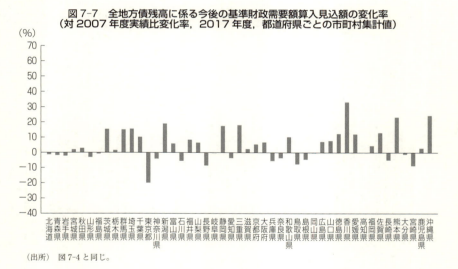

ル変更で割当額が年々縮小し，2013年度以降はゼロになったことによる。臨時財政対策債発行可能額の算定方式が2009年度までは人口基礎方式であったため，不交付団体であっても，人口規模が大きければ，巨額の発行可能額が割り当てられた。しかし，移行期間を経て，2013年度に財源不足額基礎方式へと完全に切り換わったため，不交付団体に発行可能額が割り当てられることは

なくなった。

　同様に，都道府県ごとの市町村集計値について，2007〜17年度の変化率を見たのが，図7-7である。都道府県ごとの集計値の最高は香川県内市町村の33％，最低は東京都内市町村の−20％，全市町村の加重平均値は3％である。

　このように，多くの自治体で「基準財政需要額算入見込額」の増大が続いてきたが，その過半を占めると見られる「臨時財政対策債残高に係る基準財政需要額算入見込額」は，将来の償還財源が確保されていないため，実質的に自治体全体で負担すべき債務は増大しているにもかかわらず，これをミクロの地方債務から除外することには大きな問題がある。次節では，その問題について，検討する。

2　地方財政計画上の財源不足額と臨時財政対策債の問題点

2.1　将来負担比率のガバナンス効果が及ばない債務

　2001年度に創設された臨時財政対策債は，マクロ的には，例年2月に地方財政計画において地方交付税総額が決定されるのとセットで発行可能総額が決定される。同様に，例年7月末に個別自治体に対する地方交付税が決定される[13]のと同時に，個別自治体に対する臨時財政対策債発行可能額の割当も行われる。

　ミクロ的には，臨時財政対策債の元利償還費は，全額が制度によって後年度に措置（財源補塡）されるものと位置づけられており[14]，毎年度の措置額は理論償還費方式で過去の発行可能額に基づいて算定され，基準財政需要額に算入されている。

　しかし，このような措置額を全自治体の集計ベースで捉えると，実際には，

---

13) 例年7月末に決定されるのは，正確には，普通交付税である。地方交付税法第6条の2において，地方交付税の総額のうち，94％を普通交付税，6％を特別交付税とすることが定められている。特別交付税は，災害発生時の財政需要や特殊な歴史的条件，地理的条件のために普通交付税ではカバーできない財政需要に対応するものとして算定され，例年9月，12月，3月に交付される。

14) たとえば，2018年度の地方財政計画（「平成30年度地方団体の歳入歳出総額の見込額」）においては，本文中（「策定方針」）で「臨時財政対策債の元利償還金相当額については，その全額を後年度地方交付税の基準財政需要額に算入する」と明記されている。

理論償還費相当額の臨時財政対策債が新たに発行されるだけであり，臨時財政対策債残高を縮減させる効果は持たず，地方交付税を増額するかたちで現金交付されることもない。すなわち，マクロ的には，既往臨時財政対策債の償還費が新たな臨時財政対策債によって賄われるという実質的な借換えによって，償還財源確保の先送りが2002年度以来続けられている。正しくいえば，その新たな臨時財政対策債の金額を按分するかたちでミクロの臨時財政対策債発行可能額が決定されており，地方交付税と同様に，マクロの決定が先で，ミクロの決定は後に行われている。そのため，個別自治体レベルでは，既往債由来の臨時財政対策債発行可能額と理論償還費とが必ずしも一致することはなく，地方交付税および新たに割り当てられる発行可能額と既往債の償還額の関係次第では，臨時財政対策債残高が減少するケースもある。

このように，臨時財政対策債の発行と償還については，マクロとミクロの違いを常に意識する必要がある。

マクロの償還財源に関しては，新たな臨時財政対策債によって賄われるのは当該年度の理論償還費に相当する部分だけであり，残りの部分は，その時点ではまったく手当てがされない。その結果，臨時財政対策債の残高は2017年度末には53.1兆円に達し，普通会計地方債残高の36.8％を占めるに至っている。

この臨時財政対策債が問題視されるのは，残高が増加を続けているからだけではない。地方財政健全化法によって導入された将来負担比率は，自治体が実質的な償還義務を持つ債務に対しては，確実な返済を促すガバナンス効果を持つが，制度によって償還財源が補塡される位置づけになっている債務は監視対象とはせず，ガバナンス効果も持たないからである。言い換えると，自らの責任において償還費を負担しなければならないと認識していない債務，すなわち臨時財政対策債に対しては，自治体の自発的な財政健全化努力は向けられない可能性が高いことが問題なのである。

本章が着目しているのは，第2章で扱った償還財源（地方交付税算定過程における基準財政需要額への算入を通じた財源補塡額）の先食いがあるか否かではなく，基準財政需要額算入見込額として計上されている額に対して，本当に制度として財源を確保しているか否かという点である。つまり，制度として償還財源を確保していないケースにおいて，確保しているケースと同様に，実質債務からの控除項目として扱うのは不適切だといわざるをえない。それが臨時財政対策債対策である。前述のとおり，その償還財源が現金交付される地方交付税の一

部に含められていたことは一度もなく，常に新しい臨時財政対策債が割り当てられてきただけである。地方交付税制度のなかで元利償還金を措置する前提ながら，実際に行われてきたことは，既往債の実質的な借換えにすぎない。本来の意味での償還を行わずに，借換えが続けられてきた債務は，制度上は理論償還費が基準財政需要額に算入される前提があるといっても，やはり債務でしかない。

ところが，将来負担比率の算定に際しては，そのような臨時財政対策債も，元金部分の基準財政需要額算入見込額と残高が一致していれば，差引きゼロとなり，将来負担比率の監視から実質的に外れてしまう。それこそが，自治体の債務であるにもかかわらず，将来負担比率の監視から外れる債務，すなわち，ガバナンス効果が及ばない債務の総額であり，「問題視されるべきマクロの地方債等残高とミクロの地方債等残高合計額との乖離幅」である。

2.2　地方財政全体の持続可能性と地方財政計画における臨時財政対策債

臨時財政対策債に関して，将来の償還財源がまったく確保されていないことは，地方財政全体の持続可能性を揺るがしかねない。その問題を考えるうえでの論点としては，次の6点をあげることができる。

(1) 地方財政計画の策定過程で恒常的に「地方財源不足額」が生じていること
(2) その解消手段として，臨時財政対策債が用いられていること
(3) 臨時財政対策債は後年度の地方交付税算定過程で償還費の全額が制度的に措置される前提となっているため，自治体自身に起債とそれに対応する歳出の総額を減らすインセンティブが働きにくいこと
(4) 前年度の計画や自治体の歳出の実績を踏まえて策定される地方財政計画にも歳出の総額を減らすメカニズムが働きにくく，「地方財源不足額」が自律的に解消することは期待できないこと
(5) 臨時財政対策債の償還費に関して，実際には，制度による償還財源の確保は行われておらず，実質的な借換えによる財源確保の先送りがされているにすぎないこと
(6) 持続可能性の問題を問うべきであるにもかかわらず，国，自治体，住民のいずれにおいても，財源確保の先送りに対する危機意識が醸成されにくい状況が生み出されていること

以下では、これらの論点の1つひとつについて、詳しく検討することとしたい。

第1の論点である「地方財源不足額」については、これが生じていなければ、全地方債の公債費を含めて、現時点の歳出を賄うのに必要な歳入が地方財政計画上で確保されていることになり、財政の持続可能性の問題を懸念しなくてもよいであろう。しかし、過去何十年にもわたって、「地方財源不足額」は毎年度生じている。

そして、この不足額は、国と地方によって折半され、その「折半対象財源不足額」のうちの地方負担分が臨時財政対策債によって賄われる構造になっている。また、既往臨時財政対策債の償還費は、「折半対象前財源不足額」に計上され、これも新たな臨時財政対策債によって賄われている。地方債の償還費に対する財源保障を国がどのようにして行うかについては、全地方債共通の課題といえるが、当年度の地方財政計画上では実質的には確保されていない部分、**財源確保が先送りされている部分は、すべて臨時財政対策債に集約されている**と見なすことができる。臨時財政対策債以外の地方債の償還費の一部は「折半対象財源不足額」に含まれていると考えれば、既往臨時財政対策債償還費や他の歳出対応分と合わせて、財源確保先送り分は、すべて新たな臨時財政対策債に反映されている。

見方を変えれば、最初に問題にすべきは、恒常的に生ずる「地方財源不足額」だともいえる。この状況は、マクロの地方交付税財源を地方が必要とする地方交付税の総額が恒常的に上回っている状況と言い換えられる。

第2の論点である「地方財源不足額」の解消策として臨時財政対策債を用いることは、総務省と財務省の協議の結果である「地方財政対策」において決定されている。臨時財政対策債が創設される前の中心的方策は交付税特会の新規借入れであった。地方財政計画策定時の限界的な財源不足額に対して、国と地方が折半してそれぞれが財源確保するというルールのもと、地方が負担する「折半対象財源不足額」は、毎年の交付税特会による新たな借入金や臨時財政対策債の発行によって賄われてきたのである。

交付税特会の新規借入額と臨時財政対策債の発行額の推移は、図7-8に示すとおりである。交付税特会が担ってきた役割が、2001年度以降、臨時財政対策債へとシフトしたことがわかる。「地方財源不足額」の解消策として臨時財政対策債が交付税特会による新規借入金と併用されるようになったのは2001

第7章　マクロの地方財政健全化に向けて　317

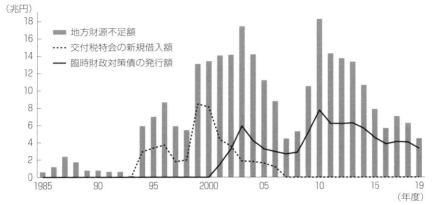

図7-8　地方財政計画策定時の地方財源不足額の推移

(出所)　総務省「地方財政計画の概要」に基づいて筆者作成。

年度からであり，その2年後の2003年度には通常収支分はすべて臨時財政対策債で賄われることとなった。さらに，2007年度には交付税特会による新規借入れは完全に停止され，「地方財源不足額」のうちの地方負担分はほとんど臨時財政対策債によって賄われることとなった。

　もっとも，交付税特会による新規借入れが完全に停止された後も，償還はほとんど進められなかったため，2019年度末において31.1兆円もの借入残高が残る見込みである。

　一方，交付税特会借入金に代わって，「地方財政対策」における主要手段として2001年度に創設された臨時財政対策債は，地方債という形態をとることで，償還義務は直接的には起債した自治体ごとに明確化されたという点で，交付税特会借入れの問題点に対応する方策として期待された。しかし，実際には，地方交付税の代替財源であるという位置づけや，元利償還費の全額が後年度の地方交付税算定過程で措置される前提のため（論点3），起債自治体にとっての実質的なコスト意識は希薄になってしまう。

　しかも，交付税特会借入残高は，毎年改正される地方交付税法のなかに金額が明示されているが，これに対応する臨時財政対策債償還費の基準財政需要額算入見込額はまったく公表されておらず，国民，住民は実態を把握することができない（論点6）。交付税特会借入残高も，臨時財政対策債も，地方の債務であることや償還財源を確保しなければならないことは本質的に変わらないのに，債務の帰属が形式的には明示されたことで，国のコミットメントはむしろ後退

したようにさえ見える（論点6）。

　第3，第4の論点である自治体による歳出削減のインセンティブと「地方財源不足額」の自律的解消の可能性は，地方財政計画策定と地方交付税決定の仕組みに由来する構造的な問題でもある。

　マクロ（地方財政計画上）の歳出額や地方交付税額は，ミクロ（個別自治体）の歳出額や地方交付税額の積上げ額として決定されるのではなく，マクロが先に決まった後に，ミクロの積算額がマクロの金額と一致するようにミクロの算定ルール（費目別基準財政需要額の算定方法）が決定されており[15]，算定ルールの客観性や透明性は明瞭ではない。もちろん，個別自治体の赤字や財源不足を事後的に補填するようなことは行われていないが，国は全自治体の財政需要や費用構造を完全に把握しているわけではないから，ミクロの算定ルールの妥当性を決算結果など歳出の実勢に照らし合わせて検証し，翌年度以降のマクロ（地方財政計画）の算定を調整することがどうしても必要になる。

　その結果として，地方財政計画やその策定途上で生ずる「地方財源不足額」には，個別自治体が選択した歳出額が反映され，自治体の選択が事後的に追認される仕組みとして機能してしまう可能性がある。それが現行制度下で生じていると考えることができる。

　また，自治体にとっての臨時財政対策債は実質的には地方交付税の代替財源，すなわち，実質的には自らの負担はない財源であると位置づけられているため，よほどのことがない限り，臨時財政対策債で調達した資金で歳出の一部を賄うはずである。地方交付税として現金交付される額が臨時財政対策債発行可能額に代わったとしても，歳出総額を減らして，起債額を減らす選択にはなりにくい。自治体における歳出総額の実勢が変わらなければ，地方財政計画上の歳出総額が減額されて，「地方財源不足額」が自律的に解消することも期待できない[16]。

　さらに，地方財政計画における歳出額は，前年度までの自治体の選択による実勢が反映されるだけでなく，規模の大きい補助事業分など国の予算や国の政

---

15) 地方財政計画上で地方交付税総額が決定された後に，個別自治体の地方交付税が決定されることを明示的に説明したものとしては，赤井・佐藤・山下（2003），小西（2012），石川（2017a）などがある。

16) 一般財源総額を過年度と同水準に維持するというような指針が地方財政計画の規模を規定している側面もある。

策に連動して策定される部分があることも自律的な削減につながりにくい要因となっている。

　第5の論点である臨時財政対策債の償還財源確保の問題については，再三述べたとおりである。将来の償還財源がまったく確保されておらず，先送りを続けていることは，毎年の「地方財源不足額」が本質的には解消されていないということでもある。さらに問題視されるのは，既往臨時財政対策債の償還費を新たに発行される臨時財政対策債で賄われることは毎年の「地方財政対策」のなかで当該年度分に対する措置として講じられているにすぎないことである。

　つまり，償還財源確保先送りを正当化する制度上やルール上の根拠はないということである。国は臨時財政対策債発行可能額を個別自治体に割り当てることで，国による財源保障を維持しているが，臨時財政対策債に拠らずに「地方財源不足額」を解消するための財源を将来どのように確保するかに関してさえ，何の言及も行っていない。

　第6の論点である危機意識の問題は，これまであげた問題点が複合的に絡んでいる。臨時財政対策債償還費は，マクロ的には将来の償還財源が確保されていないにもかかわらず，ミクロ的には制度で将来の償還財源が補填されるという位置づけがなされているため，自治体から見れば実質的に返済の負担はないものとして，長期的な歳入・歳出の計画を立てているはずである。形式的ながら，臨時財政対策債の直接の償還義務が発行体である自治体に帰属することで，国の危機意識は以前より低くなっているようにさえ見受けられる。「地方財政対策」時の折半ルールに従って「地方負担分」として発行されるのが臨時財政対策債であるから，本章の「はじめに」および1.1項で述べたとおり，責任は地方に帰属すると考えるのが自然である。「折半対象財源不足額」のうち「国負担分」は，赤字国債の増発によって国で当面の財源が賄われており，本質的には負担を先送りしているものの，自らに帰属する債務とすることで国としての財政負担の責任は果たしたという位置づけとなっている。

　また，交付税特会借入残高とは異なり，「臨時財政対策債残高に係る基準財政需要額算入見込額」の数値は公表されていないから，国民，住民は全容を知ることさえもできない。その結果として，国，自治体，住民のいずれにおいても，危機意識が醸成されにくい状況となっている。

　臨時財政対策債の償還義務が到来した分に対して，新たな臨時財政対策債発行によって実質的には自治体に借換えを行わせているだけで，制度上で将来の

償還財源の確保をしていないのであるから，事実上は，各自治体から構成される地方全体（全自治体）が将来の財源を確保しなければならない。交付税特会借入金が臨時財政対策債に切り替わったからといっても，恒常的に生ずる「地方財源不足額」が解消されていない以上，地方全体の実質債務であったものが，そうでなくなることはありえないともいえるであろう。また，過去の「地方財源不足額」に対して，折半ルールに従って，自治体が臨時財政対策債を発行してきたのと同様に，国は赤字地方債の増発で対処してきたことも忘れてはならない。

このような背景がありながら，臨時財政対策債には，実質的に将来負担比率のガバナンス効果が及ばない。すなわち，マクロとミクロ合計額の乖離額のうち，とくに問題視すべきは，「臨時財政対策債残高に係る今後の基準財政需要額算入見込額」である。しかし，元利償還金に係る基準財政需要額算入見込額（一般会計等地方債現在高や公営企業債に係る一般会計等負担見込額）は全地方債についての合計額が公表されているのみであり，地方債種類ごとの数値や銘柄ごとの数値は公表されていない。そこで，2.3 項では，「臨時財政対策債残高に係る今後の基準財政需要額算入見込額」を都道府県ごとに推定する。市町村については，同一都道府県内市町村の集計額を推定する。

「臨時財政対策債残高に係る基準財政需要額算入見込額」の金額が得られた後に初めて判明することであるが，実は，この推定額と交付税特会借入残高を「ミクロ合計額」に合算した額は，2007 年度以来，単調増加を続けている。マクロの地方債等残高やミクロ合計額はすでに緩やかな減少が始まっているのとは対照的である。つまり，公表されたマクロの金額やミクロ合計値を見ているだけでは，地方財政の持続可能性を揺るがしかねない実質債務の継続的増大には気づかないということである。

2.3 臨時財政対策債残高に係る基準財政需要額算入見込額の推定

2.3.1 臨時財政対策債の理論元利償還費

2017 年度末における臨時財政対策債残高に係る今後の基準財政需要額算入見込額を得るには，2002 年度以降の毎年の地方交付税算定過程で基準財政需要額に算入された臨時財政対策債の理論償還費のうちの元金部分を抽出する必要がある。そのうえで，元金償還費累計額を 2017 年度まで求めて，基準財政需要額算入済額とした後，2001〜17 年度の臨時財政対策債発行可能額合計か

らこれを控除すればよい。この算定における毎年の臨時財政対策債理論償還費（元利償還費）の推定方法は，第2章において，都道府県を対象に行った際の方法と同じである[17]。ただし，本章では，全自治体の臨時財政対策債償還費の基準財政需要額算入見込額を得る必要があり，都道府県だけでなく，市町村も試算対象とする。

　まず，基本的な考え方は，以下に述べるとおりである。

　個別自治体の地方交付税算定過程において，「基準財政需要額」に算入される臨時財政対策債の理論償還費は，他の費目と同様に，「単位費用×補正係数×測定単位」として求められた金額の積算値として算定される。その理論償還費は元金償還費と利払費を両方含むものであり，既往債の年度（発行可能額の割当年度）ごとに「3年据置の定時償還方式」による「元金均等償還」が仮想されている。仮想される償還年数が複数の場合は，それぞれの理論償還費の加重平均値として算定される。具体的には，t 年度における理論償還費 $Redemption_t$ は次の算式で表現することができる。

$$Redemption_t = \sum_{i=2001}^{t-1} Issuable\ amount_i \times Unit\ Price_t \times Coefficient_{i,t} \quad \cdots ①$$

　ただし，$Redemption_t$：t 年度における理論償還費，$Issuable\ amount_i$：2001年度以降の i 年度既往臨時財政対策債の発行可能額（1000円単位，2001年度から算定前年度までが集計対象），$Unit\ Price_t$：t 年度における単位費用（測定単位当たりの償還費算入額），$Coefficient_{i,t}$：i 年度既往臨時財政対策債の発行可能額に対して適用される t 年度における補正係数。

　単位費用 $Unit\ Price_t$ に関しては，基準財政需要額算定の各年度（t 年度）において，都道府県と市町村のそれぞれに単一の数値が設定されている。過去の各年度（i 年度）に発行された既往臨時財政対策債に対して適用される t 年度の補正係数 $Coefficient_{i,t}$ に関しては，都道府県については，基準財政需要額算定の各年度において単一の数値が設定されているが，市町村については，市場公募債発行市町村（政令市と東京特別区）とその他の市町村とで異なった数値が設定されている。単位費用 $Unit\ Price_t$ は，毎年改正される「地方交付税法」の

---

[17]　第2章では，個別自治体に措置された償還財源の先食い問題に焦点を当てているため，起債額ベースで理論償還値を推定しているのに対して，本章では，制度としての措置予定額を明らかにするのが目的であるため，発行可能額ベースで理論償還費を推定している。

表7-1 都道府県における臨時財政対策債の理論元利償還費算入額

年度債＼年度	2001	2002	2003	2004	2005	2006	2007	2008	2009	2010	2011	2012	2013	2014	2015	2016	2017
2001	—																
2002	14.00	—															
2003	14.00	8.40	—														
2004	14.00	8.40	15.50	—													
2005	72.00	8.42	14.83	14.98	—												
2006	71.00	66.53	14.77	14.98	17.89	—											
2007	71.00	66.03	71.92	14.98	17.89	19.10	—										
2008	70.00	65.59	71.19	73.57	17.92	19.11	17.99	—									
2009	69.00	65.21	70.52	72.73	63.69	19.11	18.01	16.01	—								
2010	68.00	64.80	69.77	71.81	62.97	66.03	18.02	15.98	13.87	—							
2011	68.00	64.40	69.22	70.92	62.29	65.21	64.19	15.98	13.87	12.51	—						
2012	67.00	63.99	68.47	70.08	61.57	64.32	63.38	66.80	13.87	12.53	10.12	—					
2013	66.00	63.29	67.78	69.17	60.63	63.43	62.57	65.87	58.28	12.47	10.10	7.33	—				
2014	65.00	62.92	66.43	68.32	60.19	62.53	61.69	65.13	57.79	60.39	10.08	7.28	7.22	—			
2015	65.00	62.53	65.72	67.41	59.48	61.62	60.91	64.29	61.49	60.00	57.92	7.28	7.22	5.53	—		
2016	64.00	62.08	65.02	66.50	49.98	60.67	60.03	63.49	60.99	59.52	57.60	54.98	7.23	5.50	3.07	—	
2017	63.00	61.68	64.39	65.58	49.90	48.51	59.21	62.69	60.48	59.03	57.20	54.68	56.07	5.48	3.09	1.70	—
2018	62.00	61.32	63.67	64.79	49.72	48.42	47.80	61.81	60.02	58.59	56.79	54.50	55.80	53.51	3.10	1.67	1.67

(注) 1. 測定単位当たり（1000円当たり）の基準財政需要額算入額（円）。
2. 便宜的に，単位費用×補正係数を小数点第4位に四捨五入した数値を表示。
3. 網かけは理論利払費のみの期間。

(出所) 各年度7月末時点の地方交付税法「別表第一（第12条第4項関係）」，普通交付税に関する省令「別表第一 法第13条に規定する補正係数の算定に用いる補正率等の表」に基づいて筆者作成。

「別表第一（第12条第4項関係）」に掲載される一方，補正係数 $Coefficient_{i,t}$ は毎年改正される「普通交付税に関する省令」の「別表第一 法第13条に規定する補正係数の算定に用いる補正率等の表」に掲載される。

これらを踏まえ，t 年度における i 年度債 1000 円当たりの理論元利償還費 $Repayment_{i,t}$ を，$Repayment_{i,t} = Unit\ Price_i \times Coefficient_{i,t}$ として定義すれば，都道府県，市場公募債発行市町村，他の市町村の2002年度以降2018年度までの各年度における $Repayment_{i,t}$ は，表7-1，表7-2，表7-3のようにまとめることができる。

これらを①式に当てはめて積算を行えば，都道府県についても，市町村（同一都道府県内集計値）についても，総務省「地方交付税等関係計数資料」に掲載されている臨時財政対策債の理論償還費をほぼ誤差なく再現することができる。

なお，市場公募債発行団体以外の市町村の 1000 円当たり理論元利償還費算

表 7-2　市場公募債発行市町村における臨時財政対策債の理論元利償還費算入額

年度債＼年度	2001	2002	2003	2004	2005	2006	2007	2008	2009	2010	2011	2012	2013	2014	2015	2016	2017
2001	—	—	—	—	—	—	—	—	—	—	—	—	—	—	—	—	—
2002	15.00	—	—	—	—	—	—	—	—	—	—	—	—	—	—	—	—
2003	15.00	10.80	—	—	—	—	—	—	—	—	—	—	—	—	—	—	—
2004	15.00	10.80	14.60	—	—	—	—	—	—	—	—	—	—	—	—	—	—
2005	72.00	10.80	15.70	15.98	—	—	—	—	—	—	—	—	—	—	—	—	—
2006	72.00	68.90	15.70	15.98	15.98	—	—	—	—	—	—	—	—	—	—	—	—
2007	71.00	68.30	73.27	15.98	15.98	20.02	—	—	—	—	—	—	—	—	—	—	—
2008	70.00	67.83	72.52	74.62	16.03	20.02	17.99	—	—	—	—	—	—	—	—	—	—
2009	69.00	67.21	71.69	73.62	52.92	20.01	18.01	16.01	—	—	—	—	—	—	—	—	—
2010	69.00	66.59	70.93	72.73	52.30	56.79	18.01	16.01	14.42	—	—	—	—	—	—	—	—
2011	68.00	66.10	70.11	71.67	51.68	56.10	54.81	15.98	14.42	12.51	—	—	—	—	—	—	—
2012	67.00	65.53	69.41	70.82	51.12	55.28	54.20	57.22	14.41	12.53	10.32	—	—	—	—	—	—
2013	66.00	64.68	67.45	68.84	50.49	54.58	53.53	56.63	51.28	12.47	10.30	7.39	—	—	—	—	—
2014	65.00	64.22	67.21	68.90	49.92	53.89	52.78	55.90	50.90	56.62	10.27	7.41	7.48	—	—	—	—
2015	65.00	63.57	66.43	67.99	49.27	53.11	52.20	55.19	55.19	56.23	54.41	7.41	7.48	5.79	—	—	—
2016	64.00	63.10	65.60	67.01	39.87	52.42	51.52	54.59	54.59	55.81	54.08	52.10	7.49	5.82	3.39	—	—
2017	63.00	62.62	64.89	66.09	39.82	38.49	50.78	53.93	54.18	55.38	53.68	51.79	51.60	5.80	3.40	1.83	—
2018	63.00	61.99	64.01	65.21	39.63	38.43	38.49	53.17	53.80	55.00	53.42	51.60	51.28	47.50	3.40	1.83	1.83

(注)　表 7-1 と同じ。
(出所)　表 7-1 と同じ。

入額をまとめた表 7-3 において，2001 年度債の算入額が 2017 年度（16 年度目）に激減しているのは，モデル償還年数として 15 年債と 20 年債の組合せ[18]が想定されていること，2016 年度限りで 15 年債部分の理論償還が完了したことによるものと推察される。

2.3.2　臨時財政対策債の理論元金償還費

t 年度における i 年度債 1000 円当たりの理論元利償還費 $Repayment_{i,t}$ は，以上の考察を経て既知となったが，この値は 1000 円当たりの理論元金償還費 $Principal_{i,t}$ と 1000 円当たりの理論利払費 $Interest_{i,t}$ の合計額として決定されているはずである（以下の②式）。しかし，元金償還費と利払費の理論値は公表されておらず，算定方法も開示されていない。そこで，以下の考え方に基づい

---

[18]　地方交付税制度研究会編『地方交付税制度解説補正係数・基準財政収入額篇』の「臨時財政対策債償還費」の解説を参照。

表 7-3　他の市町村における臨時財政対策債の理論元利償還費算入額

年度債\年度	2001	2002	2003	2004	2005	2006	2007	2008	2009	2010	2011	2012	2013	2014	2015	2016	2017
2001	—																
2002	12.60	—															
2003	12.60	6.50	—														
2004	12.60	6.50	14.51	—													
2005	72.22	6.48	13.97	12.60	—												
2006	71.93	68.69	13.97	12.60	20.02	—											
2007	71.71	68.59	74.83	12.57	20.02	18.67	—										
2008	71.40	68.39	74.41	72.31	20.02	18.69	18.83	—									
2009	71.21	68.31	74.11	71.97	75.90	18.70	18.77	14.28	—								
2010	70.93	68.17	73.83	71.69	75.62	77.28	18.77	14.28	12.83	—							
2011	70.58	68.00	73.51	71.40	75.28	76.98	76.98	14.28	12.78	12.10	—						
2012	68.81	67.80	73.23	71.22	74.97	76.58	76.58	67.67	12.80	12.13	8.17	—					
2013	68.51	66.79	71.81	69.83	74.71	76.23	76.23	67.52	66.33	12.08	8.18	6.40	—				
2014	68.32	66.69	70.20	70.72	74.43	75.79	75.92	67.28	66.30	65.91	8.19	6.37	6.11	—			
2015	67.99	66.63	69.88	68.12	74.10	75.40	75.53	67.21	66.17	65.78	63.57	6.37	6.11	5.01	—		
2016	67.71	66.62	69.50	67.78	67.20	75.07	75.20	67.01	66.11	65.73	63.49	62.59	6.08	4.99	1.28	—	
2017	49.71	66.53	69.17	67.47	67.10	68.29	74.78	66.91	66.02	65.58	63.50	62.62	62.50	4.98	1.32	0.50	—
2018	49.71	47.19	68.92	67.28	67.10	68.23	68.10	66.72	65.90	65.58	63.38	62.50	62.50	61.68	1.32	0.50	0.63

(注)　表 7-1 と同じ。
(出所)　表 7-1 と同じ。

て，推定された $Repayment_{i,t}$ を未知の $Principal_{i,t}$ と $Interest_{i,t}$ に分解する。

　まず，発行年度にかかわらず，「据置期間 3 年の元金均等返済」が想定されているから，起債翌年度から 3 年度後までの 3 年間は理論利払費のみであり (⑤式)，若干の例外を除けば，実際にそれらの金額は同一である (⑥式)。i 年度債の表面金利 r_i は，起債翌年度の理論元利償還費 $Repayment_{i,i+1}$ を 1000 円で除した値となる (③式)[19]。すなわち，以下の関係が成り立つ。

$$Repayment_{i,t} = Principal_{i,t} + Interest_{i,t} \quad \cdots ②$$
$$r_i = Repayment_{i,i+1} \div 1000 \quad \cdots ③$$
$$Repayment_{i,i+1} = Repayment_{i,i+2} = Repayment_{i,i+3} \quad \cdots ④$$

---

19)　複数のモデル償還年数が想定されている場合，理論利払費の前提となる金利についても異なった値が想定されている可能性があるが，想定モデルごとの理論償還費を加重平均する際のウエイトが把握できないため，金利（利払費）には共通の値が設定されているものと見なした。

第 7 章　マクロの地方財政健全化に向けて　325

表 7-4　都道府県における臨時財政対策債の理論元金償還費算入額

年度債\年度	2001	2002	2003	2004	2005	2006	2007	2008	2009	2010	2011	2012	2013	2014	2015	2016	2017
2001	—																
2002	0.00	—															
2003	0.00	0.00	—														
2004	0.00	0.00	0.00	—													
2005	58.00	0.00	0.00	0.00	—												
2006	57.81	58.13	0.00	0.00	0.00	—											
2007	58.62	58.12	56.43	0.00	0.00	0.00	—										
2008	58.44	58.17	56.57	58.59	0.00	0.00	0.00	—									
2009	58.26	58.27	56.77	58.63	45.80	0.00	0.00	0.00	—								
2010	58.08	58.36	56.90	58.59	45.90	46.93	0.00	0.00	0.00	—							
2011	58.89	58.44	57.24	58.60	46.04	47.01	46.20	0.00	0.00	0.00	—						
2012	58.71	58.52	57.38	58.62	46.15	47.02	46.22	50.79	0.00	0.00	0.00	—					
2013	58.54	58.57	57.57	58.58	46.32	47.02	46.24	50.67	44.41	0.00	0.00	0.00	—				
2014	58.35	58.44	57.11	58.60	46.42	47.02	46.19	50.75	44.53	47.87	0.00	0.00	0.00	—			
2015	59.17	58.54	57.28	58.57	46.53	47.01	46.24	50.71	48.85	48.08	47.80	0.00	0.00	0.00	—		
2016	59.00	58.58	57.48	58.54	37.87	46.96	46.20	50.73	49.03	48.21	47.97	47.65	0.00	0.00	0.00	—	
2017	58.83	58.67	57.73	58.50	38.46	35.69	46.22	50.74	49.20	48.32	48.06	47.71	48.86	0.00	0.00	0.00	—
2018	58.65	58.80	57.92	58.59	38.98	36.29	35.63	50.68	49.42	48.49	48.13	47.87	48.94	47.98	0.00	0.00	0.00

(注)　表 7-1 と同じ。
(出所)　表 7-1 に基づいて筆者作成。

$Principal_{i, i+1} = Principal_{i, i+2} = Principal_{i, i+3} = 0$　…⑤
$Interest_{i, i+1} = Interest_{i, i+2} = Interest_{i, i+3} = 1000 r_i$　…⑥

　ただし，$Repayment_{i, t}$：t 年度における i 年度債の理論元利償還費（1000 円当たり），$Principal_{i, t}$：t 年度における i 年度債の理論元金償還費（1000 円当たり），$Interest_{i, t}$：t 年度における理論利払費（1000 円当たり），r_i：i 年度債の表面金利。

　また，起債後 4 年度目（$i+4$）の理論利払費 $Interest_{i, i+4}$ は，満額の元本残存額に対応した額であるため，結果的には，3 年度目までと同額で，$1000 r_i$ となる（⑦式）。そのため，4 年度目の理論元金償還費 $Principal_{i, i+4}$ は，理論元利償還費 $Repayment_{i, i+4}$ から理論利払費 $Interest_{i, i+4} = 1000 r_i$ を控除する（⑧式）ことによって求めることができる。さらに，t 年度における i 年度債 1000 円当たりの理論元本残存額を $Remaining\ liabilities_{i, t}$ と表せば，4 年度目末における i 年度債の理論元本残存額 $Remaining\ liabilities_{i, i+4}$ は，3 年度目末の理論

表 7-5　市場公募債発行市町村における臨時財政対策債の理論元金償還費算入額

年度債 \ 年度	2001	2002	2003	2004	2005	2006	2007	2008	2009	2010	2011	2012	2013	2014	2015	2016	2017
2001	—	—	—	—	—	—	—	—	—	—	—	—	—	—	—	—	—
2002	0.00	—	—	—	—	—	—	—	—	—	—	—	—	—	—	—	—
2003	0.00	0.00	—	—	—	—	—	—	—	—	—	—	—	—	—	—	—
2004	0.00	0.00	0.00	—	—	—	—	—	—	—	—	—	—	—	—	—	—
2005	57.00	0.00	0.00	0.00	—	—	—	—	—	—	—	—	—	—	—	—	—
2006	57.86	58.10	0.00	0.00	0.00	—	—	—	—	—	—	—	—	—	—	—	—
2007	57.72	58.13	58.68	0.00	0.00	0.00	—	—	—	—	—	—	—	—	—	—	—
2008	57.59	58.29	58.78	58.64	0.00	0.00	0.00	—	—	—	—	—	—	—	—	—	—
2009	57.45	58.29	58.81	58.58	36.94	0.00	0.00	0.00	—	—	—	—	—	—	—	—	—
2010	58.31	58.30	58.91	58.62	36.91	36.77	0.00	0.00	0.00	—	—	—	—	—	—	—	—
2011	58.19	58.44	58.95	58.50	36.88	36.82	36.82	0.00	0.00	0.00	—	—	—	—	—	—	—
2012	58.06	58.50	59.11	58.58	36.91	36.73	36.88	41.21	0.00	0.00	0.00	—	—	—	—	—	—
2013	57.93	58.29	58.01	57.54	36.87	36.77	36.86	41.28	36.86	0.00	0.00	0.00	—	—	—	—	—
2014	57.80	58.46	58.62	58.52	36.88	36.81	36.78	41.21	37.01	44.10	0.00	0.00	0.00	—	—	—	—
2015	58.67	58.44	58.69	58.54	36.82	36.76	36.86	41.16	41.83	44.26	44.09	0.00	0.00	0.00	—	—	—
2016	58.55	58.60	58.72	58.50	28.02	36.81	36.84	41.22	41.84	44.40	44.22	44.70	0.00	0.00	0.00	—	—
2017	58.43	58.75	58.87	58.51	28.41	23.63	36.76	41.22	42.03	44.53	44.27	44.72	44.12	0.00	0.00	0.00	—
2018	59.30	58.76	58.84	58.56	28.67	24.04	25.14	41.12	42.26	44.71	44.47	44.87	44.14	41.72	0.00	0.00	0.00

(注)　表 7-1 と同じ。
(出所)　表 7-1 に基づいて筆者作成。

元本残存額 $Remaining\ liabilities_{i,i+3}$ である 1000 円から 4 年度目の理論元金償還費 $Principal_{i,i+4}$ を控除した額となる（⑨式）。これらの関係は以下のように表される。

$$Interest_{i,i+4} = 1000 r_i \quad \cdots ⑦$$
$$Principal_{i,i+4} = Repayment_{i,i+4} - 1000 r_i \quad \cdots ⑧$$
$$Remaining\ liabilities_{i,i+4} = Remaining\ liabilities_{i,i+3} - Principal_{i,i+4}$$
$$= 1000 - Principal_{i,i+4} \quad \cdots ⑨$$

ただし，$Remaining\ liabilities_{i,t}$：$t$ 年度末における i 年度債の理論元本残存額。

起債後 5 年度目以降に関しては，より一般的に表現することができる．すなわち，t 年度末における i 年度債の理論元本残存額 $Remaining\ liabilities_{i,t}$ は，$t-1$ 年度末の理論元本残存額 $Remaining\ liabilities_{i,t-1}$ から理論元金償還費 $Principal_{i,t}$ を控除した額となり（⑩式），$t-1$ 年度末（t 年度期首）の理論元本

表 7-6　他の市町村における臨時財政対策債の理論元金償還費算入額

年度債＼年度	2001	2002	2003	2004	2005	2006	2007	2008	2009	2010	2011	2012	2013	2014	2015	2016	2017
2001	―	―	―	―	―	―	―	―	―	―	―	―	―	―	―	―	―
2002	0.00	―	―	―	―	―	―	―	―	―	―	―	―	―	―	―	―
2003	0.00	0.00	―	―	―	―	―	―	―	―	―	―	―	―	―	―	―
2004	0.00	0.00	0.00	―	―	―	―	―	―	―	―	―	―	―	―	―	―
2005	59.62	0.00	0.00	0.00	―	―	―	―	―	―	―	―	―	―	―	―	―
2006	60.08	62.19	0.00	0.00	0.00	―	―	―	―	―	―	―	―	―	―	―	―
2007	60.62	62.49	60.33	0.00	0.00	0.00	―	―	―	―	―	―	―	―	―	―	―
2008	61.07	62.70	60.78	59.71	0.00	0.00	0.00	―	―	―	―	―	―	―	―	―	―
2009	61.65	63.03	61.36	60.12	55.88	0.00	0.00	0.00	―	―	―	―	―	―	―	―	―
2010	62.15	63.30	61.97	60.60	56.73	58.61	0.00	0.00	0.00	―	―	―	―	―	―	―	―
2011	62.59	63.54	62.55	61.07	57.57	59.40	58.15	0.00	0.00	0.00	―	―	―	―	―	―	―
2012	61.60	63.76	63.18	61.66	58.36	60.11	58.85	53.39	0.00	0.00	0.00	―	―	―	―	―	―
2013	62.07	63.16	62.67	61.05	59.27	60.88	59.60	54.00	53.50	0.00	0.00	0.00	―	―	―	―	―
2014	62.66	63.47	61.97	62.71	60.17	61.58	60.42	54.53	54.15	53.81	0.00	0.00	0.00	―	―	―	―
2015	63.13	63.82	62.55	60.90	61.05	62.34	61.16	55.24	54.72	54.33	55.40	0.00	0.00	0.00	―	―	―
2016	63.65	64.23	63.08	61.32	55.37	63.18	61.98	55.83	55.36	54.93	55.77	56.19	0.00	0.00	0.00	―	―
2017	46.44	64.55	63.67	61.79	57.58	62.73	56.52	55.98	55.45	56.58	56.24	56.39	0.00	0.00	0.00	0.00	―
2018	47.03	45.63	64.34	62.38	57.50	58.59	57.24	57.14	56.58	56.12	56.57	56.82	56.73	56.67	0.00	0.00	0.00

(注)　表 7-1 と同じ。
(出所)　表 7-1 に基づいて筆者作成。

残存額に金利 r_i を乗じた額が，t 年度の理論利払費 r_i となる（⑪式）。これらの関係は以下のように表される。

$Remaining\ liabilities_{i,t} = Remaining\ liabilities_{i,t-1} - Principal_{i,t}$ …⑩

$Interest_{i,t} = Remaining\ liabilities_{i,t-1} \times r_i$ …⑪

また，これらの関係式（⑩式と⑪式）から，さらに次の関係式（⑫式，⑬式）を得ることができる。

$\therefore \Delta Interest_{i,t} = \Delta Remaining\ liabilities_{i,t-1} \times r_i = -Principal_{i,t-1} \times r_i$ …⑫

$Interest_{i,t} = Interest_{i,t-1} - Principal_{i,t-1} \times r_i$ …⑬

$Principal_{i,t} = Repayment_{i,t} - Interest_{i,t}$ …②′

したがって，i 年度債の理論元利償還費 $Repayment_{i,t}$ は既知であるから，$t-1$ 年度の理論利払費 $Interest_{i,t-1}$ と $t-1$ 年度の理論元金償還費 $Principal_{i,t-1}$ から，t 年度の理論利払費 $Interest_{i,t}$ と t 年度の理論元金償還費 $Principal_{i,t}$ を求

めることができる (⑬式, ②′式)。このように，5年度目以降の理論元金償還費 $Principal_{i,t}$ と6年度目以降の理論利払費 $Interest_{i,t}$ を逐次的に求めることで，全年度の理論元金償還費 $Principal_{i,t}$ を算出することができるのである。

ちなみに，②′式に⑬式を代入して整理すれば，t 年度の理論元金償還費 $Principal_{i,t}$ は次のように表現することもできる。

$$Principal_{i,t} = \Delta Repayment_{i,t} + (1+r_i) \times Principal_{i,t-1} \quad \cdots ⑭$$

以上の考え方に従って求めた各年度（t 年度）における i 年度債 1000 円当たりの理論元金償還費は，表7-4，表7-5，表7-6のとおりである。

ここで，4年度目以降の理論元金償還費推定値が，厳密には同一額になっていない理由は，実際の算定では，公的資金によって発行された分には，元金均等償還方式ではなく，元利均等償還方式の償還モデルが用いられているために，わずかながらも元金部分が逓増しているものと考えられる[20]。

2.3.3 臨時財政対策債残高に係る基準財政需要額算入見込額

2.3.2項で示した方法に基づいて計算した t 年度における各年度既往臨時財政対策債（i 年度債）の 1000 円当たりの理論元金償還費 $Principal_{i,t}$ を i 年度既往臨時財政対策債の発行可能額（1000円単位）$Issuable\ amount_i$ に乗じて，積和を求めれば，t 年度の理論元金償還費の実額が得られる。そして，その理論元金償還費実額を2002～17年度について集計し，2001～17年度の臨時財政対策債発行可能額累計値から控除すれば，2017年度末における臨時財政対策債残高（元金償還費）に係る基準財政需要額算入見込額 $Deductible\ amount_{2017}$ が導出できる。すなわち，次式が成り立つ。

$$Deductible\ amount_{2017} = \sum_{i=2001}^{2017} Issuable\ amount_i - \sum_{t=2002}^{2017}\sum_{i=2001}^{t-1} Principal_{i,t} \times Issuable\ amount_i \quad \cdots ⑮$$

ただし，$Deductible\ Amount_{2017}$：2017年度末における基準財政需要額算入見込額

---

20) 井上靖朗氏のご指摘による。

第7章 マクロの地方財政健全化に向けて　329

図7-9　臨時財政対策債残高に係る今後の基準財政需要額算入見込額
（2017年度末，各都道府県〔市町村は除く〕）

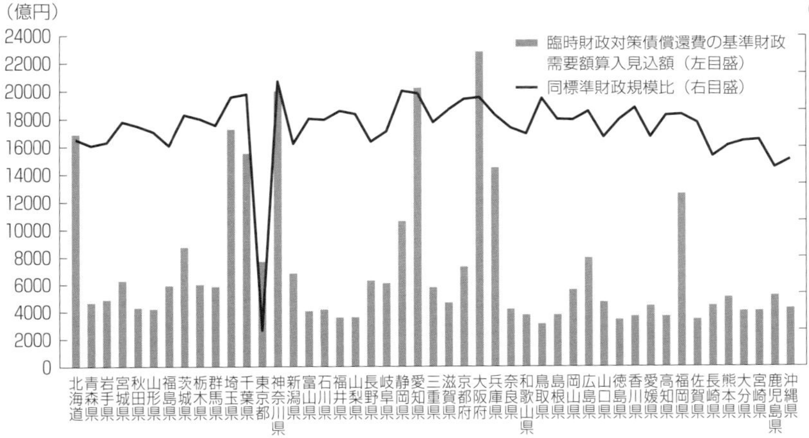

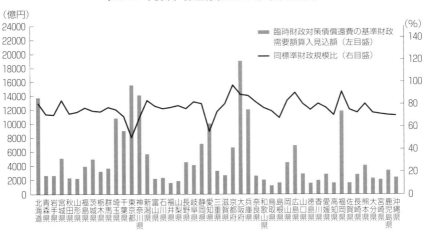

図7-10　臨時財政対策債残高に係る今後の基準財政需要額算入見込額
（2017年度末，都道府県ごとの市町村集計値）

(注)　図7-9と同じ。
(出所)　筆者作成。

　その結果を都道府県について示したものが図7-9である。都道府県合計額は33.6兆円であり，2017年度末の臨時財政対策債残高である32.6兆円を1.0兆円上回っている。

図7-10は，各市町村の都道府県別集計値を示したものである。全市町村合計額は23.3兆円であり，2017年度末の臨時財政対策債残高である20.5兆円を2.8兆円上回っている。
　すなわち，全自治体の臨時財政対策債残高に係る今後の基準財政需要額算入見込額は56.9兆円である。2017年度末における全自治体の臨時財政対策債残高53.1兆円はこの金額に近い数字となってはいるものの，財源が確保されていない基準財政需要額算入見込額の方が現実の残高を3.8兆円も上回っているのである。
　臨時財政対策債の理論償還費は，実際にどのような償還年数で起債されたかにかかわらず，一律にモデル的な償還年数を仮想して，元金均等返済による定時償還方式で算定されるため，現実の償還実績と一致するとは限らない。そのモデル的な想定においては，3年間の据置期間が設定されているため，理論元金償還費が個別自治体の基準財政需要額に算入されるのは発行可能額が割り当てられてから4年経過した後となる。一方，実質公債費比率算定に際しては，満期一括償還方式地方債に対しては，据置期間なしの30年債の元金均等償還を前提とした積立を毎年行うこと（発行額の30分の1ずつの積立）が標準ルールとして定められており（第2章参照），そのルールどおりの償還・積立を臨時財政対策債に対して行っていれば，起債後の経過年数が浅い間は，地方交付税算定過程で措置される理論元金償還費を現実の元金償還実績が上回ることとなる。言い換えると，今後の基準財政需要額算入見込額が現実の残高を上回る原因となる。また，2012年度以前は不交付団体にも臨時財政対策債の発行可能額が割り当てられていたが，東京都のように実際には起債をしなければ，残高はゼロでも元利償還金に係る基準財政需要額への算入だけが行われ続けることとなって，基準財政需要額算入見込額が現実の残高を上回る原因となる。
　理由が何であれ，今後，制度上で確保する建前になっている償還財源は現実の残高を上回る額であるのに，実はその財源はまったく確保されていない。理論償還よも速いペースで償還を行ってきた自治体にとって，後から制度によって財源補塡される前提が危うい状況にあることの意味は，実に重い[21]。

---

21) 不交付団体に関しては，今後の理論償還費が基準財政需要額に算入されるとしても，地方交付税の増額は生じないので，制度としての財源措置は実質的に不要である。ただし，過去や現在においては不交付団体であっても，今後交付団体に転ずれば，制度としての財源確保が必要となる。また，不交付団体にも臨時財政対策債発行可能額が割り当てられていた時代に起債した団体

この「臨時財政対策債残高に係る基準財政需要額算入見込額（標準財政規模比）」を示した図7-9，7-10を，「全地方債の基準財政需要額算入見込額（標準財政規模比）」について図示した図7-4，7-5と比較すると，とくに都道府県分の図7-9において，臨時財政対策債固有の特徴が現れている。

第1の特徴は，東京都の水準（標準財政規模比）がきわめて低位にあることである。不交付団体に対する臨時財政対策債発行可能額の割当がゼロとなったのは2013年度以降のことであるが，2013年度以降の発行可能額に由来する理論償還費積算値がゼロとなる効果によって，理論償還費の総額が抑制され，標準財政規模に対する割合で見た場合には，他の道府県と比べて顕著に低水準になっている。

第2の特徴は，神奈川県，静岡県，愛知県が，臨時財政対策債の基準財政需要額算入見込額の標準財政規模比に関して，上位3位までを占めていることである。これらの府県は，発行可能額が市町村と比べて都道府県へ傾斜配分されるようになったこと（2008年度以降），発行可能額の算定方式として財源不足額基礎方式が採用されたこと（2010年度から段階的移行，2013年度に完全移行）の両方の効果によって，近年は全自治体のなかでもとりわけ発行可能額が多い団体であるが，絶対額だけでなく，標準財政規模比で見ても，臨時財政対策債の基準財政需要額算入見込額の水準が高い点が注目される。

臨時財政対策債の発行可能額だけに着目すれば，不交付団体への割当額をゼロとしたことはきわめて妥当だといえるが，地方全体に将来の償還財源確保が求められる地方債が臨時財政対策債であることを踏まえて，費用分担という視点で見ると，現状では東京都には直接的な償還義務は発生せず，費用分担のあり方が問われるべき状況となっている。

2.4 地方債務としての交付税特会借入残高

マクロとミクロ合計額との乖離のうち，2.2および2.3項で着目した「臨時財政対策債残高に係る基準財政需要額算入見込額」に加えて，交付税特会においても，2018年度末に31.6兆円の借入残高が地方負担分として残っている。

については，償還時点で不交付団体のままであれば，自主財源から償還財源を捻出しなければならない。この実例は少なくなく，制度からの財源補塡がなくても安易に起債して，将来に償還負担のみを残す行動を自治体に許容してしまった点で，過去の臨時財政対策債発行額の割当の仕組みに問題があったともいえる。

この残高は，臨時財政対策債が導入される前の時代に，「地方財政対策」における「地方財源不足額」を補うための中心的な手段として借り入れられたものであり，そのうちの地方負担分である。交付税特会借入れの歴史は古く，借入れが最初に行われたのは，1964年度の補正予算時である。しかし，1984年度の制度改正によって，交付税特会借入れによって地方交付税の増額を図る方式は原則的に廃止され，既存の借入残高のうち国の負担分は一般会計によって継承されることで，いったんゼロとなっていた。地方負担分についても，1980年代末から1990年代初頭にかけては好景気を背景にした税収増の支えもあって，借入残高は低位にとどまっていた。交付税特会による新規借入金への依存度が高まり，本格的に借入残高が膨張したのは，1994年度以降のことである。

「地方財政対策」を通じて解消されるべき「地方財源不足額」に対しては，国と地方が折半して補填措置を講じるという「折半ルール」が1996年度に明確化されたが，2000年度までは主として交付税特会の新規借入金で不足額を補填した後に，その借入金の償還を国と地方が折半して負担するという位置づけのものであった。実際には，償還の繰延べも行われ，増大する交付税特会の借入残高の内訳として国負担分と地方負担分が区分されるかたちをとっていた。2001年度に折半ルールが見直され，原則的に国負担分は一般会計からの繰入金によって，地方負担分は新たに創設する臨時財政対策債の発行で資金を調達することとなったが，2007年度に交付税特会による新規借入れが完全停止されるまでは，臨時財政対策債と交付税特会借入れが併用されたため，交付税特会借入残高は2006年度まで増大を続けた（地方負担分33.6兆円，国負担分18.7兆円）。

このトレンドが変わったのは，2007年度である。新規借入れが完全停止されるとともに，交付税特会借入残高における国負担分は一般会計に振り替えられてゼロとなったのである。他方で，地方負担分に関しては，利払いは行われたものの，新規借入れも償還も行われず，借入残高が不変に保たれる状況が数年間続いた。そうしたなかで国家予算の無駄をなくす観点から2010年度に実施された「事業仕分け」の成果として，交付税特会に関しても，残高をゼロにすることが最終目標に据えられ，ネットの償還額を正の値にする方針が示された。具体的には，2011〜13年度は1000億円ずつ，2014年度以降は償還額（ネット）を対前年度で1000億円ずつ増やすことを毎年続け，さらに，2021年度からは毎年1兆円ずつの償還（ネット）を30年間継続する償還計画が，2011

年度の地方財政計画のなかで明らかにされたのである。

　もっとも，2017年度の償還額は当初計画では5000億円にまで増えるはずだったが，実際には対前年度で1000億円少ない3000億円にとどまり，2018年度は再び4000億円に増加するなど，2014年度以降は対前年度で1000億円ずつ償還額を増やすという計画には，何度も修正が施されている。借入残高を減らす計画は緩やかに実行されているが，「地方財源不足額」が恒常的に生ずる状況下で償還額を増やしていくことは容易ではないからである。

　地方財政計画と交付税特会借入残高償還計画を一体のものとして考えれば，他の条件が不変の場合，償還額の増加は同額の「地方財源不足額」の増加をもたらす。つまり，交付税特会借入残高の償還財源を当該年度の地方財政計画のなかで確保することが難しい。消費税および地方消費税率の引上げが実施されたとしても，本格的な地方税増税や地方交付税財源の増額（法定された国税5税の増税か，法定率の引上げ）が予定されていないことから，この状況は変わらない。

　交付税特会借入残高は地方全体の債務である以上，現行制度の枠組みで考える限り，自治体に債務として認識させ，自治体ごとに財政健全化に向けた行動をとるように促すことが必要であろう。

2.5　自治体に帰属させるべき債務を反映したミクロの地方債等残高合計額（修正ミクロ合計額）

　実質的な負担の帰属を明確化させるべき債務について，自治体に認識させることに先立って，2007年度以降の2017年度までの各年度末ごとに，自治体全体の「臨時財政対策債残高に係る基準財政需要額算入見込額」を推定し，その金額を交付税特会借入残高とともに「ミクロの地方債等残高合計額」に合算した「修正ミクロ合計額（修正されたミクロの地方債等残高合計額）」の推移を見たものが図7-11である。

　前もって，2.2項で述べたように，「臨時財政対策債残高に係る基準財政需要額算入見込額」と「修正ミクロ合計額」は，2007年度以来，単調増加を続けている。マクロの地方債等残高やミクロの地方債等残高合計額（ミクロ合計額）はすでに緩やかな減少が始まっているのとは対照的である。すなわち，公表されたマクロの金額やミクロ合計額を見ているだけでは気づかない実質債務の継続的増大が起きている。

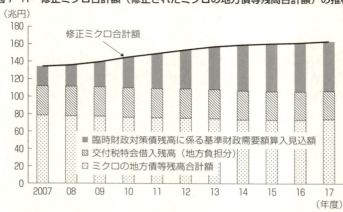

図 7-11 修正ミクロ合計額(修正されたミクロの地方債等残高合計額)の推移

(注) 臨時財政対策債残高に係る基準財政需要額算入見込額(筆者推定値)と交付税特会借入残高は 2018 年度までの数値が利用可能だが,ミクロ合計額集計に必要なデータが 2017 年度決算分までしか公表されていない。
(出所) 筆者作成。

　この差異をもたらした背景については,次のように要因分解すると,わかりやすい。

　まず,ミクロ合計額,修正ミクロ合計額,マクロの地方債等残高の相互関係は,以下の式で表すことができる。

$$L_1 = D_1 + D_2 - D_3 - D_4$$
$$L_2 = L_1 + D_3 + D_5$$
$$L_3 = L_2 + D_4$$
$$\therefore \quad \Delta L_1 = \Delta D_1 + \Delta D_2 - \Delta D_3 - \Delta D_4$$
$$\Delta L_2 = \Delta L_1 + \Delta D_3 + \Delta D_5$$
$$\Delta L_3 = \Delta L_2 + \Delta D_4$$

ただし,L_1:ミクロ合計額,L_2:修正ミクロ合計額,L_3:マクロの地方債等残高,D_1:臨時財政対策債残高,D_2:臨時財政対策債以外の一般会計等地方債残高と公営企業債元金償還費に係る一般会計等負担見込額の和,D_3:臨時財政対策債残高に係る基準財政需要額算入見込額,D_4:臨時財政対策債以外の一般会計等地方債残高と公営企業債元金償還費に係る基準財政需要額算入見込額,D_5:交付税特会借入残高

ここで，各項目について，2017年度と2007年度の差を求めれば，次のとおりである。

$\Delta L_1 = -4.5$, $\Delta L_2 = +28.5$, $\Delta L_3 = +4.5$
$\Delta D_1 = +33.4$, $\Delta D_2 = -27.5$, $\Delta D_3 = +34.6$, $\Delta D_4 = -24.1$, $\Delta D_5 = -1.5$
ただし，単位は兆円。

ミクロ合計額の変化（ΔL_1）をもたらした要因のうち，臨時財政対策債に関しては，残高（ΔD_1）が33.4兆円のプラス寄与だが，基準財政需要額算入見込額（ΔD_3）が34.6兆円のマイナス寄与のため，差引き1.2兆円のマイナス寄与である。臨時財政対策債以外の一般会計等地方債残高と公営企業債元金償還費に係る一般会計等負担見込額に関しては，残高（ΔD_2）が27.5兆円のマイナス寄与だが，基準財政需要額算入見込額（ΔD_4）が24.1兆円のプラス寄与のため，差引き3.4兆円のマイナス寄与である。総合効果は4.4兆円の減少である。つまり，臨時財政対策債以外の地方債の償還が進んだところが大きい。

修正ミクロ合計額の変化額（ΔL_2）は，ミクロ合計額の変化額（ΔL_1），臨時財政対策債残高に係る基準財政需要額算入見込額の変化額（ΔD_3），交付税特会借入残高の変化額（ΔD_5）に分解され，それぞれ-4.4兆円，$+34.6$兆円，-1.5兆円であるから，総合効果は28.5兆円の増加である（四捨五入の関係で要因ごとの値の合計値は総合効果の値と一致しない）。

マクロの地方債等残高の変化額（ΔL_3）は，修正ミクロ合計額の変化額（ΔL_2）と「臨時財政対策債以外の地方債残高に係る基準財政需要額算入見込額の変化額」（ΔD_4）によって構成され，両者は$+28.5$兆円と-24.1兆円であるから，総合効果は4.5兆円の増加である。

このように，修正ミクロ合計額がミクロ合計額やマクロの地方債等残高とは大きく異なる動きをしているのは，臨時財政対策債残高に係る基準財政需要額算入見込額によるところが大きい。

そこで，次節のシミュレーションでは，臨時財政対策債残高に係る基準財政需要額算入見込額（D_3）と交付税特会借入残高（D_5）の合計額を，解消すべきマクロとミクロ合計額の乖離額と見なし，解消をする場合に，個別自治体が実質的に負担すべき金額を明示することにする。

3 乖離解消とマクロの財政健全化に向けた方策
──財政負担シミュレーション

3.1 基本的な考え方

　地方債務の拡大を防ぐためには，マクロとミクロ合計額の乖離を解消し，ミクロでは負担感の乏しい臨時財政対策債や交付税特会借入残高についても，将来負担しなければならないと認識させる必要がある。すなわち，ミクロ合計額を修正ミクロ合計額に一致させる必要がある。そのためには，まず，臨時財政対策債による「地方財源不足額」に対する財源措置をなくして，起債や他の歳出を抑制する自治体のインセンティブを働かせることが肝要である。そうすれば，臨時財政対策債残高の増大も償還財源確保の先送りも避けることができるはずである。

　臨時財政対策債や交付税特会借入金を当面の資金確保のための中心的手段とする「地方財政対策」においては，折半ルールに従って国と地方がそれぞれ「負担」すべき額を，実態的には，国は赤字国債の増発で賄い，地方は交付税特会借入金と臨時財政対策債の発行で賄ったにすぎず，本質的に「負担」に向き合うことなく，先送りを続けてきたにほかならない。言い換えると，折半ルールにおける「地方負担」を「臨時財政対策債で当面は先送りしたとしても，その償還財源を制度上で賄うことができなければ，自治体は負担から逃れられない」ことが曖昧にされてきたともいえるであろう。

　究極的には，国は赤字国債の増発分に対する償還を，地方は交付税特会借入金と臨時財政対策債に対する償還を行わなければならない。したがって，それぞれの責任において，自らの歳入を増加させたり，自らの歳出を削減したりすることが必要となる。つまり，地方における歳入増加策か歳出削減策によって得られる資金こそが，マクロとミクロ合計額の乖離を解消させることのできる本質的な財源であり，歳入増加か歳出削減を伴うかたちでの財政負担が必ず生ずる。

　そこで，「解消すべきマクロとミクロ合計額の乖離」は，臨時財政対策債償還費残高に係る基準財政需要額算入見込額と交付税特会借入残高の合計額であると考え，乖離額の解消に地方全体で必要になる財政負担額を確定させた後，

個別自治体レベルでの負担額を具体化する3つの方法を提案する。地方全体でどのような歳入増加策や歳出削減策をとりうるのかについては，第4節で検討することとして，地方全体の財政負担額を個別自治体の負担額の集計額に一致させる前提で，3つの方法が採用された場合に各自治体が明示的に負うことになる負担額について，都道府県と市町村に分けて，シミュレーションをそれぞれの方法ごとに実施する。

最初に注意すべきことは，以下で述べるいずれの方法を採用しても，**個別自治体の実質的負担**（その結果として，ミクロの地方債等残高）が増えるが，**地方全体の債務残高**（マクロの地方債等残高）自体は変わらない。これにより，実質的な負担の帰属が曖昧だった債務の帰属先が確定することで，ミクロ合計額が修正ミクロ合計額に一致する。

ただし，個別自治体においては，現存する乖離額を解消するための財源を，どの自治体がどのように負担するのか（すなわち，結果的に個別自治体の地方債等残高をどのように増加させるのか）という方法の違いによって，認識されるミクロの地方債等残高の増加額が異なったものになる。具体的には，臨時財政対策債の基準財政需要額算入見込額と比較して，自治体ごとの負担によるミクロの債務の増加額が当初の当該自治体の基準財政需要額算入見込額として算定されていた額よりも大きくなるケースもあれば，当初の算定額よりは小さくなるケースもある。

しかしながら，すべての交付団体において，地方財政健全化法下で測られるミクロの債務額よりも負担が増えることに違いはない。

なお，シミュレーションに際して，不交付団体の取扱いには注意が必要である。過去には，不交付団体においても，臨時財政対策債の発行可能額は割り当てられており，基準財政需要額算入見込額は存在する。また，過去に，交付団体であった自治体では，当然ながら，その当時の発行可能額に対しての基準財政需要額算入見込額は存在する。現在，および今後において，不交付団体には，地方交付税は実際には交付されないため，不交付団体における臨時財政対策債残高に係る基準財政需要額算入見込額については，地方交付税交付額の増額というかたちでの財政負担は不要となる。この場合においても，地方全体としての歳出とそれに対する財政負担がなくなったわけではなく，不交付団体が「地方交付税の交付を受けない」というかたちで自主財源による財政負担をしているのである。したがって，「解消すべきマクロとミクロの乖離額」としての臨

時財政対策債残高に係る基準財政需要額算入見込額は，不交付団体が存在するかどうかにかかわらず，地方全体で財源を確保していかなければならない額といえる。

　この意味での不交付団体における負担額との整合性を保つため，以下のシミュレーションにおいては，交付団体か不交付団体かにかかわらず，3つの方法に応じて「マクロとミクロ合計額の乖離の解消」に伴う財政負担（結果として，「ミクロの地方債等残高合計額」の増加をもたらす）を求める。すなわち，不交付団体においても，交付団体と同様に，「基準財政需要額算入見込額」は配分（現金措置）されると仮想したうえで，3つの方法に応じて求められた新たな財政負担（結果として，ミクロの地方債等残高合計額を増加させる）があるものとする。不交付団体の場合，「基準財政需要額算入見込額」に相当する現金の交付があったうえで，当初のミクロの地方債等残高合計額に割当額が上乗せされることとなる。

　また，交付税特会借入残高については，もともと償還費用を基準財政需要額に算入する措置は講じられていないので，交付団体，不交付団体を問わず，個別自治体に新たに求める財政負担額がそのまま当該自治体のミクロの地方債等残高合計額を増加させることとなる。

3.2　個別自治体に新たに求める財政負担の按分方法

　個別自治体に新たに求めるシミュレーションでは，地方全体の「臨時財政対策債残高に係る基準財政需要額算入見込額」の財源を，都道府県と市町村に分けて按分を行う。将来負担比率の構成項目やそれをもとに算定されるミクロ合計額の最新数値が2017年度決算分までしか利用できないのに対して，理論値としての「臨時財政対策債残高に係る基準財政需要額算入見込額」についての最新数値は2018年度末時点で算定可能であり（都道府県合計33兆9869億円，市町村合計23兆6664億円），交付税特会借入残高も2018年度末の値（31兆6173億円）が利用可能であるため，すべてのシミュレーション時点は2018年度末に固定する。このうち，交付税特会借入残高に関しては，臨時財政対策債発行可能額のように個別自治体へ帰属させることのできる何らかの額が明示されているわけではないため，個別自治体への負担額の按分に際しても，都道府県と市町村を合わせた自治体全体の総額の按分比率を交付税特会借入残高に乗ずることとする。

その3つの按分比率は，基本的に，①各自治体が徴収する地方税の標準税率の引上げを想定する場合，②各自治体の歳出水準の引下げを想定する場合，③現在，各自治体に割り当てるべき臨時財政対策債発行可能額を想定する場合に対応するものとなる。すなわち，(1) 臨時財政対策債残高に係る基準財政需要額算入見込額に基づく財政負担の按分（A方式），(2) 基準財政収入額に基づく財政負担の按分（B方式），(3) 振替前基準財政需要額に基づく財政負担の按分（C方式）の3方式である。

採用する3つの方式とその背後にある考え方は，以下に述べるとおりである。いずれも，現行制度の枠組みを利用したものである。

(1) （A方式）臨時財政対策債残高に係る基準財政需要額算入見込額に基づく財政負担の按分

　個別自治体の「臨時財政対策債残高に係る基準財政需要額算入見込額」をその自治体の負担として帰属させる。言い換えると，各自治体の算入見込額をそのまま戻す。交付税特会借入残高の負担額は，地方全体の「臨時財政対策債残高に係る基準財政需要額算入見込額」に占める当該自治体分で按分する。

「A方式」は，臨時財政対策債残高に係る今後の基準財政需要額算入見込額に基づく財政負担の按分方法である[22]。各自治体が財政負担する金額は，臨時財政対策債と交付税特会借入金に対応する額の合計額である。このうち，臨時財政対策債部分に関しては，交付団体にとっては，今後の地方交付税算定過程で制度によって措置される前提になっていた分の措置がなくなることと実質的に同じである[23]。措置するという約束を反故にするわけではなく，措置をした

---

[22] 類似した按分方法として，各自治体の財源不足額，すなわち，「振替前基準財政需要額と基準財政収入額の差額」に基づく按分方法も想定可能であるが，採用しない。その理由は，個別自治体に対する臨時財政対策債発行可能額の割当方法が，交付団体のみを対象とする財源不足額基礎方式に完全に切り替わったのは2013年のことであり，2010〜12年度は財源不足額基礎方式と人口基礎方式の併用，2009年度以前は人口基礎方式が適用されるなど，かつては不交付団体にも臨時財政対策債発行可能額が割り当てられ，過去の発行可能額に基づく基準財政需要額への算入が今後も行われることと整合性がとれないことにある。

[23] 「個別自治体レベルでの現実の臨時財政対策債残高に関して，今後は基準財政需要額への算入をいっさい行わず，全額をそれぞれの自主財源で償還する」方法も想定可能であるが，その方法も採用しない。結果的には同額となるとしても，制度上で措置することを反故にすれば，地方財政制度に対する自治体の信頼を著しく損なうことになりかねないため，考え方として，そのような方法はとらない。

うえで，同額の負担を求めるというものである[24]。実態としては，各自治体に割り当てられた発行可能額に基づく措置額を各自治体が負担するというかたちになる。

臨時財政対策債発行可能額は，これまで，総務省が考える各自治体固有の財政負担能力（資金調達能力）を考慮して自治体ごとに割り当てられてきたと見なすことができる[25]。既往臨時財政対策債の償還財源を自治体が負担していくとすれば，自治体個々の財政負担能力に頼らざるをえない。この考え方は，交付税特会借入残高にも当てはめられるものである。

したがって，A方式のもとでは，個別の交付団体における「全地方債残高に係る基準財政需要額算入見込額」控除後の状態を基準にすれば，「臨時財政対策債残高に係る基準財政需要額算入見込額」分だけ実質的な負担が増えることになる。さらに，交付税特会借入残高に由来する負担がこれに加わる。

実際の地方財政策定計画において，交付税特会借入金償還の分だけ地方交付税総額が減額されていることを踏まえれば[26]，現実との対応関係という意味においては，このA方式による按分が最も自然といえる。

(2) （B方式）基準財政収入額に基づく財政負担の按分

「臨時財政対策債残高に係る基準財政需要額算入見込額」を都道府県集計値と市町村集計値に分け，その額を基準財政収入額に基づいて按分し，個別自治体の負担として帰属させる。交付税特会借入残高の負担額は，地方全体の基準財政収入額に占める当該自治体分で按分する。

---

[24] 実際は，理論償還費の前提となる仮想的な償還年限と現実の起債における償還年限の違いや据置期間の有無，臨時財政対策債の発行可能枠をすべて使わずに発行を控えたりすることに伴う効果などにより，交付税措置を実質的になくす場合の負担額と，実際の起債に基づく臨時財政対策債の残高は異なることになる。他方，理論償還費の前提となる仮想的な償還年限と現実の起債における償還年限の違いに起因する差異は通期では解消される。総額としては，交付税措置を実質的になくす場合の負担増と実際の臨時財政対策債残高を全額個別自治体が返済する場合の負担額は同じになるはずである。また，臨時財政対策債の発行を控えてきた場合には，今後，直接個別自治体が返済する額は少なくなる。発行を控えるためには歳出削減などが行われる必要がある。しかし，その歳出削減も負担と見なせる。結果としては，交付税措置を実質的になくす場合と，自治体の総負担額は同じになるといえよう。

[25] 発行可能額は，基本的には，マクロの臨時財政対策債の総額が決定された後，それを按分する際にミクロの財源不足額に応じて決まる仕組みであるが，あくまで，都道府県と市町村の違い，標準財政規模の違いを考慮して決定されており，個別自治体の負担能力がベースとなっていると考えることができる。

[26] 井上靖朗氏のご指摘による。

「B方式」は，基準財政収入額に基づく財政負担の按分方法である。将来の償還財源確保の先送りが続けられている臨時財政対策債に対する財源は，自治体の財源しかないと考えるものである。すなわち，現行の地方税収のなかでやりくりする（他の歳出への充当額の減額）か，地方税を増税して返済をするか，のいずれかである。

この考え方に従えば，負担能力という観点からして，現行の地方税収に応じて個別自治体に財政負担を求めることとなる。簡便さを重視するならば，地方税収の実績値を按分比率として利用することが望ましいが，税収実績値には，自治体の徴税努力や超過税率適用の有無，軽減税率適用の有無などが反映されてしまう。安直な軽減税率の適用を抑止するだけでなく，自治体の増収インセンティブを尊重し，徴収率の向上に向けた取組みを阻害しないことが重要である。したがって，税収の実績値ではなく，標準税率と課税客体の客観的な数量に基づいて算定される基準財政収入額を按分比率に用いて財政負担を割り振ることにする。このB方式のもとの負担額は，各自治体において，全国一律に地方税の標準税率を引き上げた場合の自治体住民の税負担増加額とほぼ一致することになる。

(3) (C方式) 振替前基準財政需要額に基づく財政負担の按分

「臨時財政対策債残高に係る基準財政需要額算入見込額」を都道府県集計値と市町村集計値に分け，その額を振替前基準財政需要額に基づいて按分し，個別自治体の負担として帰属させる。交付税特会借入残高の負担額は，自治体全体の振替前基準財政需要額に占める当該自治体分で按分する。

「C方式」は，振替前基準財政需要額（振替後基準財政需要額＋臨時財政対策債発行可能額）に基づく財政負担の按分方法である。振替前基準財政需要額は，国が自治体に対して保障する地方公共サービスの水準に対応している。将来の償還財源確保の先送りが続けられている臨時財政対策債に対する財源は，このサービスの水準を低下させて確保するべきだと考えるものである。この場合には，現行の振替前基準財政需要額に応じて財政負担を按分することが妥当である。C方式のもとでの負担額は，各自治体において，標準的な財政支出を全国一律に引き下げた場合に生み出される財源に対応する。もちろん，引下げには，地方歳出に対する国の義務づけや，地方財政計画で想定される歳出の縮小も同時に行われる必要がある。

図7-12 A方式：臨時財政対策債残高に係る基準財政需要額算入見込額ベースの按分
（都道府県別〔市町村は除く〕の財政負担増〔標準財政規模比〕）

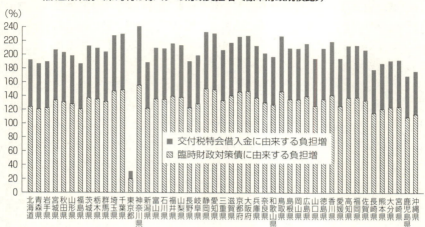

（注） 財政負担増は2018年度時点。ただし、標準財政規模は2017年度実績値を使用。
（出所） 筆者作成。

3.3 財政負担シミュレーション（2018年度末）の結果

3.3.1 都道府県に対する財政負担シミュレーションの結果

図7-12は，都道府県に対する「A方式」によるシミュレーションの結果である。具体的には，臨時財政対策債に由来する負担増と交付税特会借入金に由来する負担増を標準財政規模との対比で見たものである。

両者を合計した総合的な負担増に関して，3つの方法のなかでは，**都道府県全体の負担増が最も大きくなるのがこの「A方式」である**。その理由は，2008年度以降，市町村よりも都道府県に傾斜して臨時財政対策債発行可能額の割当が行われてきたため，臨時財政対策債に対する今後の基準財政需要額算入見込額も市町村合計23.7兆円に対して，都道府県合計34.0兆円となっているが，この相対比（41%対59%）が交付税特会借入残高の按分比率にも反映されるためである。その結果，交付税特会借入残高に由来する負担増は，市町村13.0兆円に対して，都道府県18.7兆円となる。総合的な負担増は，市町村36.7兆円に対して，都道府県52.7兆円である。

このように負担能力や現行制度との整合性の観点からは，「A方式」が妥当だと思われるが，負担額が実質的に臨時財政対策債発行可能額に比例する点には，注意が必要である。個別自治体に対する発行可能額割当方式が人口基礎方

第7章　マクロの地方財政健全化に向けて　343

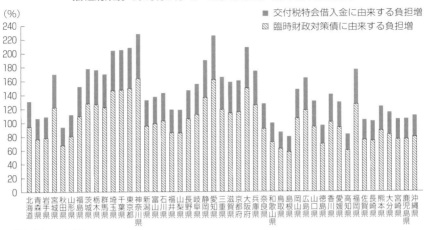

図7-13　B方式：基準財政収入額ベースの按分
（都道府県別〔市町村は除く〕の財政負担増〔標準財政規模比〕）

（注）　図7-12と同じ。
（出所）　筆者作成。

式であった2009年度までは東京都に最大の臨時財政対策債発行可能額が割り当てられていたが，割当方式が財源不足額基礎方式へと順次移行し，2013年度には完全移行したことで，それ以後，不交付団体にはまったく割り当てられていない。そのため，発行可能額に応じて算定される理論償還費の基準財政需要額算入見込額も標準財政規模との対比で見た場合には，大きな規模にはならず，最も負担能力が高いと考えられる東京都に関しては，臨時財政対策債に由来する負担増は小さくなり，交付税特会借入残高に由来する負担増においても同比率で負担する場合，負担増の合計額は標準財政規模の31％にとどまることになる。負担増がとくに大きいのは，神奈川県，静岡県，愛知県である。

図7-13は，基準財政収入額に基づく按分を行う「B方式」による都道府県に対するシミュレーション結果である。

基準財政収入額の絶対値も基準財政収入額に基づく財政負担按分額（負担増）も東京都が突出して大きいが，財政負担按分額（負担増）の標準財政規模比で見ると，神奈川県，愛知県，大阪府の順で高水準になっている。また，都道府県相互の負担増の格差が最も大きいこともこの「B方式」による按分結果の特徴である。

また，都道府県全体で見た負担増については，3つの方法のなかで最も小さくなるのが「B方式」である。市町村税収総額の方が都道府県税収総額よりも

大きいことを反映して，基準財政収入額における相対比が市町村58％に対して，都道府県42％にとどまるからである。その結果，交付税特会借入金に由来する負担増は市町村18.4兆円に対して，都道府県13.3兆円となる。もっとも，臨時財政対策債に由来する負担増も合わせた総合的な負担増で見れば，市町村42.1兆円に対して，都道府県47.3兆円であるから，決して，市町村に過大な負担を強いる方法とはいえない。

図7-14は，振替前基準財政需要額（振替後基準財政需要額＋臨時財政対策債発行可能額）に基づく按分を行う「C方式」による都道府県に対するシミュレーション結果である。

「C方式」による按分結果の特徴は，東京都を除いて，都道府県間の負担増格差が小さいことである。振替前基準財政需要額の絶対値も振替前基準財政需要額に基づく財政負担按分額（負担増）も東京都が突出して高いが，財政負担按分額（負担増）の標準財政規模比は東京都が最も小さい。ただし，「A方式」と比べれば，他の道府県との差は小さい。

一方，都道府県全体で見た負担増については，3つの方法のなかで中位となるのがこの「C方式」である。振替前基準財政需要額における相対比が市町村53％に対して，都道府県47％であることを反映して，交付税特会借入金に由

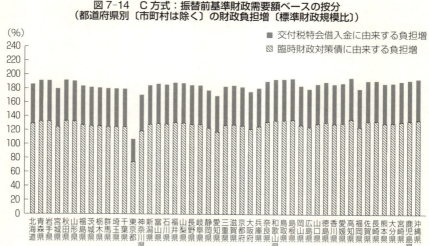

図7-14　C方式：振替前基準財政需要額ベースの按分
（都道府県別〔市町村は除く〕の財政負担増〔標準財政規模比〕）

（注）　図7-12と同じ。
（出所）　筆者作成。

来する負担増は市町村16.7兆円に対して,都道府県15.0兆円となる。総合的な負担増は,市町村40.4兆円に対して,都道府県49.0兆円であり,B方式による按分と大きくは異ならない。

3.3.2 市町村に対する財政負担シミュレーションの結果

都道府県ごとの域内市町村集計値を対象に,「A方式」,「B方式」,「C方式」を適用したシミュレーション結果は,図7-15,図7-16,図7-17に示すとおりである。市町村全体の負担増に関しては,「A方式」が一番小さく,「C方式」,「B方式」の順番で水準が上がる。地域間格差の傾向は,都道府県間比較と同様の傾向があり,「C方式」による結果が財政負担増の格差が最も小さく,「B方式」による結果が最も大きい。

さらに細かく見ると,「A方式」による結果については,不交付団体が多い愛知県内市町村と東京都内市町村の財政負担増が他道府県内市町村と比べて顕著に小さい。総合的な財政負担増が大きくなるのは,京都府,福岡県,広島県,大阪府,兵庫県の市町村であり,政令市の財政負担増が影響している。臨時財政対策債発行可能額の算定方法が財源不足額基礎方式に移行してから,交付団体である市町村のなかでは政令市に傾斜して発行可能額が割り当てられる仕組

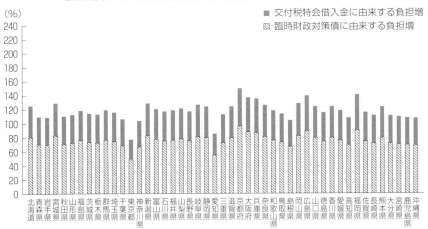

図7-15 A方式:臨時財政対策債残高に係る基準財政需要額算入見込額ベースの按分
(都道府県ごとの市町村集計値,財政負担増の標準財政規模比)

(注) 図7-12と同じ。
(出所) 筆者作成。

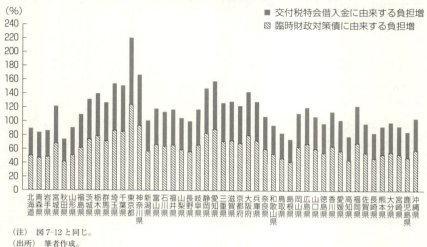

図7-16　B方式：基準財政収入額ベースの按分
（都道府県ごとの市町村集計値，財政負担増の標準財政規模比）

(注)　図7-12と同じ。
(出所)　筆者作成。

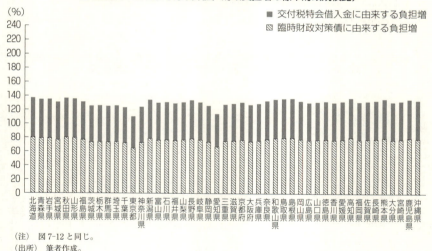

図7-17　C方式：振替前基準財政需要額ベースの按分
（都道府県ごとの市町村集計値，財政負担増の標準財政規模比）

(注)　図7-12と同じ。
(出所)　筆者作成。

みとなっていること，政令市に対する理論償還費算定に際して，他の市町村と比べて長い償還年数が仮想されてきたことが，結果に反映されている。

「B方式」に関しては，東京都内市町村の財政負担増が大きく，次いで神奈

川県内と愛知県内の市町村の財政負担増が大きい一方，秋田県内と島根県内の市町村の財政負担増が小さく，市町村税収の多寡が按分結果に反映されている。

他方，「C方式」に関しては，東京都内市町村の財政負担増が最も小さいという結果となっている。

4 具体的な方策と求められる制度改革

前節で示したマクロとミクロ合計額の乖離を解消する方策は，見かけ上は個別自治体の財政負担を大きく増やすものであるが，もともとは自治体が実質的に負担する債務の帰属を明確化したにすぎない。ミクロ的には，後年度の地方交付税算定過程で償還費の全額を措置される前提では，実質的な債務としての認識が後退することは避けようのないものである。それでも，マクロ的には，将来の償還財源を制度として確保しないまま，既往臨時財政対策債の償還費を新たな臨時財政対策債で賄うことで償還先送りを続けている以上，この債務は自治体全体の債務以外の何ものでもない。

前節で示した3つの按分方法に基づく個別自治体レベルの財政負担は，究極的には，地方全体の歳入の増加か歳出の削減によってしか実現できない。その具体的な方策は，これまでの「解消すべきマクロとミクロ合計額の乖離」を解消させる方策であると同時に，今後は「地方財源不足額」を発生させない方策であることは共通している。

4.1 現行制度下での「地方財源不足額」解消策

そもそも，自治体に臨時財政対策債発行可能額を割り当てるのは，地方財政計画策定過程で恒常的に「地方財源不足額」が発生することへの対処として行われるものである。したがって，「地方財源不足額」が発生せず，恒常的，もしくは好況期に「地方財源余剰額」が生ずる構造があったならば，新たな臨時財政対策債や交付税特会借入金が不要となるだけでなく，これまでの臨時財政対策債や交付税特会借入金に対する償還財源を制度として確保することは可能になる。

実際，2018年4月開催の財政制度等審議会財政制度分科会では，地方財政計画において財源余剰が生じた場合には，これまでの財源不足期に積み上がった債務の縮減に充てるべきではないかという見解が示された。財源不足が財源

余剰に転じたときに備えて，歳出の拡大に使うのではなく，過去の「地方財政対策」が残した債務の償還を優先させる土台作りを意識した議論である。ただし，地方財政計画上の財源余剰が生ずる状況が近々に到来することを期待できるというよりは，地方財政を財源面で支える立場にある国がきわめて厳しい財政状況にあるため，少しでも国からの財源移転を減らすこと，過去の対策が残した債務に向き合うことにねらいがあると見られる[27]。

これまでの「マクロとミクロ合計額の乖離額」を解消させ，「地方財源不足額」を「地方財源余剰額」へと転じさせることのできる方策としては，具体的には，次の3つの方策が考えられる。第1の方策は，地方交付税財源の拡充である。第2の方策は，自治体の独自財源の拡充である。第3の方策は，国が妥当と考える地方歳出額の見直しと減額である。

4.1.1 地方交付税財源の拡充

地方財政制度を支える地方交付税の財源は，2019年3月現在，所得税および法人税の33.1%，酒税の50.0%，消費税の収入額の22.3%と地方法人税の全額とすることが地方交付税法第6条によって定められており，地方交付税特会に繰り入れられる金額を増やすには，繰入に際しての法定率を引き上げるか，これらの国税の税率自体を引き上げるかのいずれかが，必要である。

まず，法定率のみを引き上げる方策は，制度として，地方全体の歳入を増やす方策ではあるものの，国の負担を増やすだけでなく，国の一般会計における一般歳出（歳出総額のうち国債費と地方交付税交付金を除く歳出）を租税および印紙収入で賄う際の不足額をさらに拡大させる。つまり，赤字国債の増発と財政赤字の拡大を必然的にもたらす。2018年6月に閣議決定された「経済財政運営と改革の基本方針2018」では，国と地方のプライマリー・バランスを黒字化する目標時期を2025年度まで延期する方針が示されたが，国のみがプライマリー・バランス赤字を続けている現状を踏まえれば，国の赤字をさらに拡大

[27) 代表的な見解として，財政制度等審議会（2018）「新たな財政健全化計画等に関する建議」の34頁に「この財源余剰分については，国・地方の財政健全化目標を着実に達成する観点から，地方のPB歳出の積増しに費消するのではなく，国・地方のPB改善に着実につなげ，過去の財源不足期に累積した債務の縮減を図っていく必要がある」との記述がある。一方，地方財政審議会（2018）「誰もが希望を持てる地域社会に向けた地方税財政改革についての意見（概要）」では，「折半対象財源不足が解消された場合は，臨時財政対策債残高（54兆円）や交付税特会借入残高（32兆円）の圧縮等に取り組む必要」との見解が示されている。

表 7-7　地方交付税財源として見た消費税と地方消費税

	1989年4月	1997年4月	2014年4月	2019年10月（予定）	2020年4月（予定）
①広義の消費税率（＝②＋③）	3.0%	5.0%	8.0%	10.0%	10.0%
②国税としての消費税率（消費税法上の税率）	3.0%	4.0%	6.3%	7.8%	7.8%
③実質的な地方消費税率（＝②×④）	―	1.0%	1.7%	2.2%	2.2%
④地方税法上の地方消費税率	―	1/4	17/63	22/78	22/78
⑤交付税特会への繰入率（消費税の法定率）	24.0%	29.5%	22.3%	20.8%	19.5%
⑥地方交付税に含まれる消費税分（＝②×⑤）	0.72%	1.18%	1.4049%	1.6224%	1.5210%
⑦地方の実質的な取り分（＝③＋⑥）	0.72%	2.18%	3.1049%	3.8224%	3.721%

（出所）消費税法，地方税法，地方交付税法等に基づいて筆者作成。

させる方策は実現性に乏しい。

　この「経済財政運営と改革の基本方針2018」では，2019年10月に消費税率の引上げを予定どおり実施する方針も示された。その引上げによって，6.3%である消費税率は7.8%，1.7%である地方消費税率は2.2%[28]となるが，地方交付税財源として消費税の法定率が現在の22.3%から最終的（2020年4月）には19.5%まで引き下げられることになっている。表7-7は，消費税率および地方消費税率と消費税の交付税特会法定率をまとめたものである。

　さらに，消費税率引上げ分の使い道の見直しが行われた結果，「消費税率の2%の引上げによる5兆円強の税収のうち，教育負担の軽減・子育て層支援・介護人材の確保等と，財政再建とに，それぞれ概ね半分ずつ充当する」こととされている。これらの方針も踏まえたうえで，消費税率引上げが「地方財源不足額」に及ぼす影響は次のように考えられる。

　まず，消費税率引上げによる消費税増収分（地方消費税増収分と交付税特会へ繰り入れられる消費税の増収分）のうち，地方消費税率引上げによる増収分は教育負担の軽減・子育て層支援・介護人材の確保のための歳出で半分相殺され，残り半分が「地方財源不足額」の縮減をもたらすと考えることができる[29]。

---

28) 地方税法上は，地方消費税の課税標準は消費税額とされ（第72条の82），また，税率はその課税標準に対する率として定められており（第72条の83），形式的に正しく表記するならば，2019年3月現在の地方消費税率は1.7/6.3，引上げ後の地方消費税率は2.2/7.8とすべきである。しかし，地方消費税率は消費税の課税標準に対する割合として表記する慣行が社会的に浸透しているため，引上げ前の地方消費税率は1.7%，引上げ後は2.2%と表記した。

29) 厳密には，地方消費税の増収分のうちの不交付団体分は「地方財源不足額」の縮減には寄与しないが，税率変化による効果がわかる算式での試算にとどめるため，不交付団体分の除外は行っていない。

「地方財源不足額」縮減の総合効果は，歳出充当分を控除した地方消費税の増収による効果と国税である消費税の交付税特会繰入分の増加による効果の合計である。すなわち，

歳出充当分を控除した地方消費税の増収に伴う「地方財源不足額」の縮減効果
　　＝地方消費税率引上げ幅×1/2×消費税の課税ベース
　　＝0.5%×1/2×消費税の課税ベース
　　＝0.25%×消費税の課税ベース
消費税の交付税特会繰入分の増加に伴う「地方財源不足額」の縮減効果
　　＝（引上げ後の消費税率[国税分]×引上げ後の法定率（交付税特会への繰入率）
　　　－現行の消費税率[国税分]×現行の法定率（交付税特会への繰入率））
　　　×消費税の課税ベース
　　＝（7.8%×19.5%－6.3%×22.3%）×消費税の課税ベース
　　＝0.116%×消費税の課税ベース
「地方財源不足額」縮減の総合効果
　　＝0.366%×消費税の課税ベース

結果は，おそらく1兆200億円程度にとどまるはずである。このうち，地方消費税の増収に伴う効果が7000億円程度，消費税の交付税特会繰入分の増加に伴う効果が3200億円程度の見込みである。

つまり，法定5税の税率引上げによって地方交付税財源を拡充し，「地方財源不足額」を解消する文脈で考えると，予定されている消費税率の引上げの貢献度はきわめて小さい。この目的に従って国税率を引き上げるとしたら，かなりの引上げ幅が必要となる。

たとえば，欧州諸国では，EC指令によって付加価値税の標準税率下限が15％と定められており，それを参考にして，消費税率と地方消費税率合わせて10％にまで引き上げられた後に，消費税率のみをさらに5％ポイント引き上げるというケースを想定する。便宜的に，引き上げられるのは法定5税のうち消費税率のみとして，交付税特会への繰入に際しての法定率と地方消費税率[30]は据え置かれると仮定する。その場合，消費税収自体は14兆円程度増えるが，

30）実質的な地方消費税率を据え置いて，消費税率のみを引き上げる場合は，地方税法上の税率（課税標準である消費税額に対する割合として表記した場合の税率）は引き下げられることになる。

地方交付税財源の増加は 2.7 兆円程度にとどまる。

一方，2019 年度の「地方財源不足額」は 2007 年度以来 12 年ぶりの 4 兆円台にとどまっているものの，2017，18 年度でも 6 兆円台，過去最大額を示した 2010 年度は 18.2 兆円もあったことから，法定 5 税の税率引上げのみで「地方財源不足額」を解消する方策の実現性は低いといえるであろう。

4.1.2　自治体の独自財源の拡充

自治体の独自財源の拡充とは，平たくいえば，地方税の増税である。それは，地方全体の必要交付税額を減額する方策でもある。個別自治体の地方交付税算定においては，基準財政需要額と基準財政収入額の差額が普通交付税の交付基準額とされるが，その算定式における基準財政収入額には，地方税の標準税収の 75% と地方譲与税の 100% が算入される。地方税の残りの 25% 分は「留保財源」分と呼ばれ，地方債償還費のうち基準財政需要額には算入されない部分や任意の歳出に充当されることになる。

地方財政計画は個別自治体の歳入・歳出の積算に基づいて決定されるわけではないため，留保財源分に対応する歳出と不交付団体の財源超過分に対応する歳出（いわゆる「水準超経費」）を地方財政計画上でどのように計上するのかにも，「地方財源不足額」は影響を受けると見られる。そこで，便宜的に，地方財政計画上で地方税の増収があったとき，その 25% 分が留保財源となるとした場合，75% は「地方財源不足額」解消に寄与することになる。必要な地方税の増税額は，国税（法定 5 税）の増税によって地方交付税財源を拡充する方策と比べて，少額ですむ。なぜなら，地方交付税財源としての法定率が，所得税・法人税は 33.1%，酒税は 50%，消費税は 22.3% であり，75% を上回っているのは地方法人税（100%）のみだからである[31]。

地方財源不足額が 4.4 兆円にまで縮小した 2019 年度の地方財政計画においてさえ，地方税収は 40.2 兆円にとどまっており，全自治体が必要とする歳出（一

---

31)　全額が交付税特会に繰り入れられる地方法人税については，増税に伴う「地方財源不足額」縮減効果は，地方税増税よりも効果が大きいものの，課税標準は法人税額であり，地方交付税財源を法人所得から発生する税に加重することが適切といえるのか，また，景気の影響を受けやすく，地方交付税財源が不安定化しやすいことをどのように評価するかなど，地方法人税率の引上げの妥当性をめぐる論点は少なくない。地方法人税の特徴と問題点を簡潔にまとめたものとしては，石川（2015b）がある。

般財源充当分）を地方税のみで不足することなく賄える状況からは程遠い。「地方財源不足額」を「地方財源余剰額」へと転じさせ，これまでの「マクロとミクロ合計額の乖離額」を解消させるためには，標準税率の引上げなどによって，少しでも歳入を増やし，現在の「地方財源不足額」を減らすことが必要である。

ただし，増税に伴う個別自治体の一般財源を増額させる効果に関しては，交付団体では増収額の25％にとどまるのに対して，不交付団体では増収額の全額が一般財源の増加をもたらすため，一般財源の地域間格差を拡大させる側面があることを考慮する必要がある。したがって，抜本的な地方税改革によって，地方税収の地域的偏在を是正することが別途求められる。

4.1.3 地方歳出額の減額

　第2節で述べたとおり，地方財政計画は個別自治体の歳入，歳出の積上げとして決定されているわけではないため，地方財政計画に計上された歳出額がどのような妥当性に裏づけられているのかは見えにくい。

　実際には，マクロ（地方財政計画）の地方交付税とミクロ（個別自治体）の地方交付税の集計額が一致するように，後から決定されるミクロの算定ルール，すなわち費目別の基準財政需要額算定における単位費用や補正係数を調整しているからである。そして，ミクロの算定ルールの妥当性を確保しようとするならば，個別自治体の決算など歳出の実績に照らし合わせることを通じて検証するしかないであろう。その結果が翌年度以降の地方財政計画における歳出の想定にも反映されていると見られる。マクロが先に決定されて，ミクロが後から決定されるとしても，このようなミクロからマクロへのフィードバックが存在する限り，マクロの地方歳出額には，現実を事後追認する部分が含まれることになる。そうした要素を含めて，費目別の基準財政需要額には，自治体ごとに国が妥当と考える歳出の水準が反映されていると見なすことができる。

　そもそも，地方交付税は，国が各自治体に求めるレベルで地方行財政運営を行うにあたり必要となる歳出額に対して，それを賄うべき地方税が不足する場合に，不足する財源を国が保障するという位置づけで交付されるものである。自治体ごとの費目別基準財政需要額とは，各自治体，各費目には国が妥当と考える歳出額に対して，そのうちの特定財源で賄われる分を控除した部分のうち，基準財政収入額に算入されない一般財源部分，すなわち，留保財源分以外の一般財源で賄われるべき部分として算定されるものである。

したがって，「地方財源不足額」を「地方財源余剰額」へと転じさせ，これまでの「解消すべきマクロとミクロ合計額の乖離」を解消させるための財源を賄うためには，国主導の国庫補助負担事業や法令による義務づけの見直しを行ったうえで自治体に求める歳出額を見直し，その水準を引き下げることを通じて，地方財政計画上の歳出額を減らし，必要な地方交付税の総額と「地方財源不足額」を少しでも縮減することが必要である。

4.1.1～4.1.3 項における検討結果を踏まえれば，国民（および，選挙を通じて国民に選ばれた政治家）自身が将来に向けた自治体財政の持続可能性を深く考え，自治体ごと，費目ごとに妥当な歳出額を明確にしたうえで，歳出削減と歳入増の両方を確実に進めていくことが，最も現実的かつ必要な方策といえるであろう。

4.2 他の方策の可能性

以上で述べた方策は，現行の地方財政制度，とくに地方交付税制度の枠組みは維持したうえで「地方財源不足額」を解消するためのものである。しかし，枠組み自体を抜本的に改めることで，「地方財源不足額」が発生しないようにすることも可能である。たとえば，地方交付税制度の抜本的改革案を示した提言としては，赤井ほか（2010a）がある。その改革案においては，まず，自治体の歳出によって提供する地方公共サービスのうち公共事業以外の部分は基礎的サービスとそれ以外の部分に分け，さらに基礎的サービスをナショナル・ミニマム部分と上乗せ部分とに分けて，ナショナル・ミニマム部分は明確な達成基準とともに全額国庫負担で，上乗せ部分と他のサービスを地方税と新しい地方交付税で賄う仕組みが想定されている。新しい地方交付税は，地方固有の財源として明確に位置づけ，資金使途を明示したうえで国民から徴収する共同税によって財源を賄う。現行の地方交付税における財源保障機能と財政調整機能は完全に分離され，財源保障機能はナショナル・ミニマム部分の国庫負担によって，財政調整機能は共同税によって担われる。ナショナル・ミニマム部分が全額国庫負担されることで，追加サービスとしての独自歳出における自治体の責任と財源の対応関係が明確となり，透明性が大きく向上する。

このような仕組みのもとでは，「国民・住民にとって妥当な歳出額が不明瞭であるがために，結果として，不要な歳出や過大な歳出が実施される事態」は

避けられるであろう。また，その実績額を事後的に追認する要素が地方財政計画の策定に入り込む余地もなくなるであろう。不要な歳出・過大な歳出が行われなければ，それに対応する起債も不要となる。そのため，制度上で確保されなければならない過去に発行された地方債の償還費が存在することで地方財政計画上の歳出額に拡大圧力がかかる効果も，解消される。そして，共同税の地方財政計画への計上額と，上乗せ部分と他のサービスに対する歳出額の対応づけを明確にして，必要額は必ず共同税で賄うことを徹底すれば，地方財政計画策定過程で「地方財源不足額」が生ずることもなくなる。

当然ながら，そのような制度改革を実現するためには，国および自治体自身が，実現のための強い意思を持つことが必要である。

まとめ

本章では，マクロの地方財政健全化に向けて，マクロの地方債等残高とミクロの地方債等残高合計額の乖離の実態を明らかにした。その原因は，将来負担比率算定に際して，地方債残高に係る今後の基準財政需要額算入見込額が分子から控除される項目として扱われることにあり，地方財政健全化法のもとでのミクロの地方債等残高合計額とマクロの地方債等残高の間には2017年度末で130兆円を超える乖離が生じている。

とくに問題視されるのは，臨時財政対策債であり，地方財政計画策定で生ずる「地方財源不足額」を解消する「地方財政対策」における中心的手段として用いられる一方，発行体に実質的な負担を意識させないかたちで，将来の償還財源確保を先送りし続けていることである。いわば，「制度による財源保障」と「地方財源不足額」の板挟みのなかで，自治体に臨時財政対策債発行可能額を割り当てざるをえなかった面はある。問題は，後年度の地方交付税算定過程でその償還費を全額措置する前提にもかかわらず，マクロ的には，臨時財政対策債を縮減する効果を持つ恒久的な償還財源を確保することは一度もなく，新たな臨時財政対策債発行という実質的な借換えによる償還先送りが続けられてきたことにある。その結果，巨額の残高があるにもかかわらず，実質的には自治体の債務として認識されないという奇妙な実態を作り出し，将来に大きな痛みを残す状態になっている。

さらに深刻なのは，新たに発行される臨時財政対策債によって既往臨時財政対策債の元利償還金をも賄うことは，毎年の「地方財政対策」において決定さ

れているにすぎず，それを毎年度繰り返すことについて，制度やルールのうえでの裏づけがあるわけではないことである．将来の償還財源は確保されていないにもかかわらず，将来負担比率算定上も実質債務から除外されている「臨時財政対策債残高に係る基準財政需要額算入見込額」（筆者推定値）は 2018 年度末で 57.7 兆円にも達している．

　同様のことが，臨時財政対策債が導入される前の時代に地方財源不足額解消手段として用いられた交付税特会借入金にも当てはまり，2018 年度末で 31.6 兆円もの借入残高がある．これらに対する将来の償還財源が確保されていない以上，マクロの視点では地方全体で返済すべき債務であるにもかかわらず，個別自治体の債務として認識されているとは言い難い．

　その「臨時財政対策債残高に係る基準財政需要額算入見込額」と交付税特会借入残高をミクロの地方債等残高合計額に合算した額（修正ミクロ合計額）の推移を見ると，2007 年度以降，単調増加を続けている．つまり，公表されたマクロの一般会計等地方債残高やミクロの一般会計等地方債残高集計合計値を見ているだけでは，地方財政の持続可能性を揺るがしかねない実質債務の継続的増大には気づかないということである．しかも，「臨時財政対策債残高に係る基準財政需要額算入見込額」と交付税特会借入残高は，将来負担比率の集計対象から除外されるため，確実な返済を促すガバナンス効果も働かない．

　必要なのは，これらの債務に対する実質的な負担の帰属先を明確にすること，個別自治体の真の負担額を明確化させることである．すなわち，ミクロ合計額を修正ミクロ合計額に一致させることである．その具体的な手段として，個別自治体に新たに求める財政負担額に関して 3 つの方法（臨時財政対策債残高に係る基準財政需要額算入見込額に基づく按分，基準財政収入額に基づく按分，振替前基準財政需要額に基づく按分）を提示し，実際に適用した場合の財政負担額の変化も都道府県と市町村に分けて試算した．健全化判断比率で判断する限り，ミクロ・ベースでの地方財政健全化は着実に成果をあげてきたが，いっそうの財政健全化を実現するためには，マクロとミクロ合計額の乖離の一定部分を解消させる（ミクロ合計額を修正ミクロ合計額に一致させる），これらの方策を早期に実施することが必要である．

　個別自治体に新たに求める財政負担額は，歳入増加か歳出削減によって実現されるものであり，地方財政計画策定過程で毎年度生じる「地方財源不足額」を今後は「地方財源余剰額」に転じさせるためにも歳入増加や歳出削減が必要

である。そのための具体的策としては，地方交付税財源の拡充，地方税増税など自治体にとっての独自財源の拡充，地方歳出額の削減が考えられるが，これらは，その実現に向けた強い意思とともに行われることが重要である。

付論　適正規模の財政調整基金に向けて──マクロの財源移転とミクロの年度間財源調整の観点から

　自治体が保有する金融資産（相当項目）のうち，2010～15年度において顕著な拡大を示したことで注目され，2017年度の経済財政諮問会議や財政制度等審議会などで，そのあり方を議論されてきたのが財政調整基金である。

　この財政調整基金の機能を経済学的に考えると，予算の単年度主義を遵守するなかで異時点間の財源調整を通じて住民の効用を通時的に最大化するためには，不可欠な調整手段といえる。第4章付論2のモデル分析で示したとおり，自治体の歳出額に基づく住民の効用関数が危険回避的ならば，各時点の歳出額を平準化することが最適な選択となる。このとき，将来の歳入額に変動が予想される場合，歳出額の平準化を行うには，基金の積立や取崩しによって歳入額の変動をならすことが必要である。自治体が望む歳出額に不足する額を任意の起債額で調達するというような赤字地方債の発行は許可されないため，基本的には，財政調整基金以外には財源の異時点間調整を行える手段がないからである。

　ただし，財政調整基金残高がなぜ急拡大したのかという理由については，2017年11月に公表された「基金の積立状況等に関する調査結果」[32]で自治体の回答が整理されているものの，その是非についての議論はされていない。どのような理由があるにせよ，地方交付税や国庫支出金などによって財源面で地方財政を支えている国が毎年度大きな財政赤字を続けるなかで，多くの自治体が基金残高を拡大させている事実もあり，財源移転の規模が過大ではないかと指摘されることも多い。すなわち，財政調整基金の適正な規模に関しても，考え方は統一されていない。

　また，通常のレベルを超える自然災害が発生した際には国から特別な財源移転が行われるにもかかわらず，自治体がそうした将来の財源移転を予想せずに，歳入減少や歳出

---

32)　「基金の積立状況等に関する調査結果」では，全自治体を対象にして，保有する各種基金の残高，今後の3～5年間の増減見込み，積立の方策のほか，財政調整基金積立の理由が公表された。財政調整基金増加に対する寄与の大きい要因としては，合併算定替え特例措置の満了への備え，景気循環による法人関係税収変動への対応，災害への備え，増大する社会保障関係費への対応，老朽化した公的施設の更新費用への対応などがあげられている。一方，2019年3月に公表された「基金残高等一覧」においては，自治体ごとに基金種類別の残高，前年度からの変化額，基金の呼称などが掲載されている。

増大に備える目的で財政調整基金積立を行っている場合には，ミクロレベルでも過大な基金残高が存在することになる。自治体においても，どのような想定に基づいて基金を積み立てているのかを自問し，最適規模について再検討する余地がある。

将来の歳入，歳出に大きな変動をもたらすリスク要因としては，①経済的要因，②政治的要因，③自然的要因があるが，国がそれらに対してどのような措置を講じたのか，そのときに財政調整基金がどのように変化したのか，事実を整理しておくことが有益であろう。

①の例としては，とりわけ記憶に残るのは，リーマン・ショックに伴う急激な経済収縮が引き起こした税収の大幅減少である。2010年度の地方税収は，前年度比0.9兆円減，税収が最も多かった2007年度（40.3兆円）と比べて6.0兆円減の34.3兆円にとどまった。しかし，地方交付税総額（臨時財政対策債発行可能額も合算）は，前年度比3.9兆円増，2007年度比7.1兆円増の24.9兆円もあったため，これら3項目による一般財源額[33]は，前年度比3.0兆円増，2007年度比1.1兆円増の59.2兆円に達した。

その後の税収は2014年度以降に顕著に増加したが，広義の地方交付税総額がそれに対応するかたちでは減らされず，一般財源額はさらに増加した。歳出特別枠や別枠加算を通じた地方交付税総額の水準維持が景気回復後も2015年度まで続いたからである。

②の例としては，小泉政権時の三位一体改革による国庫支出金と地方交付税の削減があげられる。政治を通じて地方に対する財源保障の規模が決定されている日本においては，その決定自体が将来の歳入変動をもたらすリスク要因になる。三位一体改革とは，国庫補助負担金改革（費目ごとの補助金見直しによる金額の削減），税源移譲（個人所得税率引下げ分の個人住民税への移管），地方交付税改革（地方交付税および臨時財政対策債の総額抑制と算定ルールの簡素化）を一体のものとして進めるというものであった。総務省から公表された「『三位一体の改革』の成果」によれば，2004〜06年度の歳入額に対する効果累計は，国庫補助負担金改革で4.7兆円減少，税源移譲で3.0兆円増加，地方交付税（臨時財政対策債を含む）改革で5.1兆円減少と算定され，3項目の変化額合計は6.8兆円の減少であった。

これらの数値は改革を行わなかった場合との比較によるものと考えられ，他の要因も加わった実績ベース（決算ベース）の数値を見ると，2003年度に対する2004〜06年度の変化額累計は，国庫支出金4.5兆円減少，地方税6.8兆円増加，地方交付税（臨時財政対策債を含む）11.5兆円減少，合計9.2兆円減少であり，地方歳入額への影響がきわめて大きかったことがわかる。もっとも，国庫支出金の水準が下がったのは，この時期だけである。

---

33) 通常は，地方税，地方交付税，臨時財政対策債のほか，地方譲与税と地方特例交付金も合算した額を一般財源総額と捉えるが，ここでは便宜的に，金額の大きい最初の3項目の合計値を一般財源額とした。

表 7-8　普通会計決算における東日本大震災分の歳入・歳出

(単位：億円)

			各年度実績値						平均値	
			2011年度	2012年度	2013年度	2014年度	2015年度	2016年度	2017年度	2011〜12年度	2013〜17年度
歳入合計			50,345	60,089	48,709	45,931	44,065	38,177	28,081	55,217	40,993
	地方債以外の歳入		47,991	54,098	44,610	43,076	41,195	36,670	27,711	51,045	38,652
		下記2項目の計	34,982	36,018	24,403	22,183	19,816	17,842	13,077	35,500	19,464
		震災復興特別交付税	8,134	7,645	5,071	5,144	5,889	4,877	4,382	7,890	5,073
		国庫支出金	26,848	28,373	19,332	17,039	13,927	12,965	8,695	27,611	14,392
	地方債		2,354	5,991	4,099	2,855	2,870	1,507	370	4,173	2,340
歳出合計			44,910	53,198	42,455	40,116	38,344	33,749	24,918	49,054	35,916
	積立金以外の歳出		24,347	33,528	32,930	28,917	30,317	26,367	20,652	28,938	27,837
		投資的経費	10,354	18,800	19,278	18,973	20,857	18,077	14,347	14,577	18,306
		災害復旧事業費	5,105	6,077	5,890	4,180	4,673	4,788	3,962	5,591	4,699
	積立金		20,563	19,670	9,525	11,199	8,027	7,382	4,266	20,117	8,080

(注)　全自治体の集計値。
(出所)　総務省「地方公共団体普通会計決算の概要」(2011〜17年度) に基づいて筆者作成。

③の例としては，災害発生に伴う歳出増があげられる。人的被害，経済的被害の規模がとりわけ大きかった災害としては，2011年3月の東日本大震災，2018年7月の西日本集中豪雨，2018年9月の北海道地震が記憶に新しい。このうち，東日本大震災による被害が顕著だった9県178市町村は「特定被災地方公共団体」に指定され，特別の財政援助および助成が与えられている。東日本大震災が自治体財政に与えた影響は，総務省による「地方公共団体普通会計決算の概要」における特別集計値から把握可能であり，その概要は表7-8に示すとおりである。

歳入総額には地方債が含まれていること，歳出総額には基金への積立金（積増し額）が含まれていることを考慮して，地方債以外の歳入額と基金積立金以外の歳出額とを比較すると，すべての年度において前者が後者を上回っている。震災復興特別交付税と国庫支出金という国からの移転額に着目すると，震災後間もない2011〜12年度においては，両者の合計額（2年間の平均3.6兆円）だけで，基金積立金以外の歳出額の全額（平均2.9兆円）を賄えていたことがわかる。また，両者の大小関係については，当該期間における平均値が震災復興特別交付税は0.8兆円，国庫支出金は2.8兆円と，後者が大きく上回っている。

以上に関しては，①，②は全自治体が影響を受けた事例，③は被災自治体のみが影響を受けた事例という違いはあるものの，国からの財源移転を財政調整基金の動向に照らし合わせると，驚くほどの符合が見られる。①の事例では，リーマン・ショックに伴う景気後退時に手厚い地方交付税の交付が行われ，景気回復後も地方交付税の減額が緩やかであったために，高水準の一般財源総額が続いたことが特徴であり，その2010〜15

年度に基金残高も大幅に増加している。②の事例では，三位一体改革が行われた2004～06年度においては，税源移譲や景気回復に伴う税収の自然増では相殺できないほど大きな財源移転額の削減があり，基金残高は前年度比で減少，もしくは微増にとどまった。③の事例では，震災廃棄物処理の遅れや交通インフラの損壊による物流の停滞などで事業執行に遅れが生じたり，その結果として，国からの交付金が基金に形を変えて積み上がったりすることはあったが，財源が足りないために事業が実施できない状況はさほど生じなかったことがうかがえる。

このように，自治体の財政調整基金の積立行動が地方交付税や国庫支出金から大きな影響を受けているとすれば，その将来予想の形成に関わる財源移転のルールや慣行を改めれば，自治体の選択は十分に変わりうる。

まず，地方交付税については，地方財政計画で総額が決まった後に，個別自治体に対する算定額の積上げが総額と一致するように算定ルールが調整されており，ルールも結果としての算定額も安定的なものではない。リーマン・ショック後の自治体は高額の地方交付税は恒久的なものではないと予想し，自衛的に基金積増しを行ったと推測されるが，実際には，高額の交付と基金の拡大が続いた。基金拡大の要因として考えられるのは，それだけではない。もともと，ルールが随時変更されうる不確実な状況にあったために，ルールが明確で安定している状況と比べて，自治体が最適と考える財政調整基金の規模が押し上げられていた側面があるはずである。言い換えると，地方交付税や国庫支出金に関するルールが明確化されれば，個別自治体が最適と考える基金残高は縮小するはずである。それに伴って，国からの地方交付税額や国庫支出金を減額することも可能である。

たとえば，尋常ではない災害などによって個別自治体では平準化が困難な変動が生じた場合には，国庫支出金の増額を必ず行うことを方針やルールとして明確化しておけば，そうした特殊事態に自治体レベルで備える必要性が薄れて，基金の最適規模も低下すると考えられる。重要なのは，国からの財源移転に関する「ルールの明確化」である。自治体も，適正と考える財政調整基金の規模について，住民に対して十分説明することが必要である。

終章

さらなる地方財政健全化に向けたガバナンス制度改革

はじめに

　第1章で地方財政健全化制度の仕組みと実際の成果を概観した後，続く第2～5章では，地方財政健全化法によって定められた4種類の健全化判断比率が自治体の財政健全化を促すガバナンス効果について，決算データに基づく計量分析やケーススタディを通じて実証を行った。その結果，財政健全化団体や財政再生団体となって財政的選択が大きく制約される状況に陥ることを回避するため，自治体が財政健全化に自発的に取り組むことを促す効果（ガバナンス効果）を発揮していることを確認した。

　これらを踏まえて，第6章においては，そのガバナンス効果の発現を阻害する，健全化判断比率算定ルールに残る抜け穴の改善策を議論し，財政健全化に対するガバナンス機能を強化する方策を検討した。

　また，第7章では，マクロ的には地方全体の債務でありながらも，地方財政健全化法の枠組みでは個別自治体には自らの債務と認識されていない債務，すなわち，臨時財政対策債残高に係る基準財政需要額算入見込額と交付税特会借入残高を実質的な負担が将来発生するものという認識へと変え，償還を確実なものとさせるため，3つの方法で個別自治体への帰属額を明示するシミュレーションを行った。そこでは，自治体に，確実な返済に取り組むインセンティブに配慮した。

　本章では，本書全体の総括として，健全な地方財政を実現するための改革の進め方を整理する。

1 地方財政の健全性確保のために求められるガバナンス制度

1.1 地方財政に対するガバナンス制度構築の必要性

　日本の地方財政制度は，地方交付税や国庫支出金など国からの財源移転の上に成り立っている。これは，すべての地域に対して，一定レベルの行政サービスを供給することを可能にし，地域間の財政格差，税収格差を縮小することに貢献している一方で，地方全体および個別自治体が，国からの移転財源に頼る構図を生み出すことにもつながっている。地方交付税の総額は，国の内部（総務省と財務省の間での交渉）で決まるが，この交渉に関しては，個別自治体は関与せず，あくまでマクロ・ベースの議論が行われる。

　したがって，地方に対する財源移転を決定する国は，地方全体および個別自治体の財政の健全性を確保する責任があり，そのための仕組み，すなわちガバナンス制度の構築が求められる。ミクロの視点に基づく（個別自治体レベルで財政健全化を実現するための）ガバナンス制度が，まさしく，地方財政健全化法によって定められた地方財政健全化制度である。

　また，マクロ（地方全体の財政健全化を実現するため）の視点に立って，一般会計における地方財政関連予算の決定プロセスを見ると，地方財政を所管する総務省と国家予算全体を所管する財務省の協議を通じて，国から地方へ交付される地方交付税総額が最終決定されている。地方財政計画策定過程で生ずる「地方財源不足額」に対する解消策として講じられている「地方財政対策」において，当面の資金手当てにとどまって，本質的な財源確保を先送りしてきた中心的手段が，かつての交付税特会による借入れであり，現在の臨時財政対策債の発行である。

　本書では，誰の責任が重いのかという議論や，国と地方が限られた財源を奪い合うというような視点にくみすることなく，財政の持続性を高めて少子高齢化の時代を乗り切るため，ミクロおよびマクロの両面から地方財政の健全化を推進するためのガバナンス制度のあり方を考え，責任分担の明確化を柱とする改革プランを検討してきた。

1.2 ガバナンス効果を支える地方財政健全化法の特徴——旧再建法との違い

ミクロ（個別自治体）の財政健全化に対するガバナンス効果が有効に機能する制度とは，具体的には，各自治体が地方行政サービスの提供を通じて住民に高い便益をもたらすことのできるように適切な予算編成とその執行を行うこと，それを実現するために適切な資金管理を行うこと（実質赤字比率や連結実質赤字比率による管理），自らが発行した地方債については確実に無理のない償還を行い，債務残高を適正なレベルに維持すること（実質公債費比率や将来負担比率による管理）など，持続可能な財政運営ができるように促す仕組みが組み込まれている制度である。

旧再建法のもとでは不十分だった点や弱点を補強すべく設計されたのが地方財政健全化法であり，同法に基づく地方財政健全化制度の特徴としては，以下の点をあげることができる。

第1は，従前の財政再建団体に相当する財政再生団体に関する基準（財政再生基準）に加えて，財政健全化団体に関する基準（早期健全化基準）が設けられていることである。"イエローカード"の基準が存在するだけでも，さらに重い"レッドカード"に相当する行為を抑止する効果が働くはずである。しかし，旧再建法のもとでは，"イエローカード"の基準が存在しなかった。

第2に，健全化判断比率が早期健全化基準，もしくは財政再生基準に達した自治体には，例外なく適用されるルール，事後的に全うすべき責務が明確化されていることである。前者は財政健全化団体となって財政健全化計画を，後者は財政再生団体となって財政再生計画を策定・実施しなければならない。

第3に，財政健全化計画，財政再生計画の実施状況について議会に報告したうえで公表しなければならないことが定められており，計画の策定・実施に対する首長と議会の関与責任を明確にすることで，計画の実効性が担保されていることである。大幅な歳出削減や起債抑制などを伴う計画を策定することは，予算編成と政策運営に関する選択に自ら縛りをかけることを意味する。これを回避するために，前もって財政健全化を進めることが期待できる。

第4に，自治体が現実に負っている財政責任に見合うように財政状況のチェック指標を拡充する観点から，新設2指標を含む4種類の健全化判断比率を採用したことである。新たに導入されたのは，連結実質赤字比率と将来負担比率で，前者は実質赤字比率概念を全会計の連結ベースに拡張した指標，後者

は実質公債費比率概念をストック・ベースに拡張したうえ，地方公社や第三セクター法人に由来する一般会計等負担見込額なども算入した指標である。

　第5に，指標算定に対する第三者によるチェックや情報開示に関わるルールを具体的に示したことである。自治体には監査委員への健全化判断比率算定の際の基礎資料の提出と報告が義務づけられた一方，監査委員には，監査結果の議会への報告が求められている。また，健全化判断比率に関しては，まず，個別の自治体が公表義務を負っている。そのうえで，都道府県は域内の全市町村分をとりまとめて公表し，国は全都道府県分と各都道府県がとりまとめた全市町村分をとりまとめて公表するルールがある。

2　ミクロ・ベースの財政健全化に対するガバナンス機能とその強化

2.1　実証分析を通じて明らかになった健全化判断比率のガバナンス効果

　本書の第1章においては，2007～17年度の健全化判断比率の実績値から，「懸念される一定のレベルを超えて財政悪化が進んだ自治体の減少」，「財政悪化が軽度に進んだ自治体の減少」，「問題なしと見なせる自治体の増加」，「健全化判断比率平均値の改善」，「財政状況がきわめて良好な自治体の増加」という事実を示し，自治体の財政健全化が着実に進んでいることを明らかにした。この事実が自治体の自発的な財政健全化行動を促す，地方財政健全化法のガバナンス効果によって支えられたものであるのかどうかに着目したのが第2～4章の実証分析である。逆に，旧再建法下ではガバナンス効果が発揮されない事例との関係に着目したのが，第5章の実証分析である。

　第2～4章における計量分析を通じて明らかになったのは，地方財政健全化法で定められた4種類の健全化判断比率は，相互に補完し合いながら，財政健全化を促進するガバナンス効果を発揮していることである。すなわち，地方財政健全化法に基づく財政健全化制度は有効に機能し，目的は果たされていることが示された。

　まず，第2章では，元利償還金の全額が後年度の地方交付税算定過程で措置・補塡される臨時財政対策債に着目し，46道府県において，償還・積立不足，言い換えると，償還財源の先食いが広範囲に観察されることを明らかにし

た。さらに，満期一括償還方式を主たる償還方法として採用している15道府県を対象にして推定した二元配置固定効果モデルの結果から，実質公債費比率が早期健全化基準に近づくにつれて，積極的な償還・積立，すなわち，先食い解消を自治体に促す効果が増すことを示した。

第3章では，地方財政健全化法の本格施行開始直前の2008年度限りで発行が許可された公立病院特例債に着目した。当時は病院特別会計の資金不足額が連結実質赤字の主因であったが，公立病院特例債発行の有無がその後の資金不足額縮減幅にも影響する処置効果モデル（プロビット・モデルと回帰モデル）の推定結果からは，財政再生団体や財政健全化団体となることを回避するために連結実質赤字を改善すべき幅が大きいほど，病院特別会計における現実の資金不足額縮減幅が大きいこと，公立病院特例債は起債団体の資金不足額縮減を促進する処置効果を持っていることが明らかになった。

第4章では，将来負担比率を，実質公債費比率のストック概念に相当する側面（第1の側面）と，他の3種類の健全化判断比率がカバーできない要素を集計対象とするという側面（第2の側面）という2つの側面に分けて，自治体に財政健全化を促すガバナンス効果を検証した。

第1の側面に関するガバナンス効果は，実質公債費比率を補完する役割であり，一般会計の地方債残高が原因で将来負担比率が高い自治体に対して，ネットの繰上償還を通じてそれを引き下げるように促すことを，繰上償還を実施するか否かと繰上償還額を決定するモデルの推定（Heckmanの2段階推定法によるプロビット・モデルと回帰モデルの推定）結果から示した。

第2の側面に関するガバナンス効果は，将来負担比率のみが持っている機能であり，設立法人等の債務に対する債務保証・損失補償が履行されれば，母体自治体に実質赤字が生じて財政再生団体化するリスクを伴っていること，それが一般会計等負担見込額として将来負担比率に算入されていることで，当該法人の抜本的な経営改革や清算・解散を促すことを示した。具体的には，土地開発公社と2009～13年度に限定して発行が許可された第三セクター等改革推進債に着目して，入れ子型ロジット・モデルを推定し，将来負担比率の早期健全化基準からの乖離率が小さい自治体ほど土地開発公社の解散・清算を行うこと，債務保証・損失補償の額が大きいほど第三セクター等改革推進債を発行するが，大きくなければ起債しないで公社の解散・清算を行うことが明らかになった。

また，第5章では，旧再建法のもとでガバナンス効果が発揮されなかった

事例として，夕張市の財政破綻に着目し，会計間取引と一時借入金の不正利用によって，管理指標である実質赤字比率が操作されたことで，財政危機の発覚が遅れ，破綻にまで至った危機拡大のメカニズムを考察した。この苦い経験による教訓は，財政健全化に取り組む自治体のインセンティブを重視するかたちで，地方財政健全化法の設計に活かされている。その後も，資料公表や情報開示の範囲を拡大させることで，住民によるモニタリングの力がより働くように，改善が加えられている。

2.2 地方財政健全化法のガバナンス機能強化に向けて残された課題

しかしながら，第6章で明らかにされたとおり，健全化判断比率の算定ルールや，自治体の自発的な財政健全化行動を促すために設定されているはずの早期健全化基準の水準には，いまだいくつかの抜け穴や矛盾点が見受けられ，ガバナンス機能の発揮を限定している。今後は，できる限り早く，財政健全化を促すガバナンス効果を高める改革を実施し，将来に向けて持続可能な財政運営体制を構築することが求められる。その際，重要なのは，財政健全化に向けた自治体の行動インセンティブを尊重すること，住民のモニタリング・コストを低下させることである。

第6章における提案の内容は，以下の3つに大別できる。

第1は，すでに現行ルールのもとで健全化判断比率算定に使われているが，開示はされていない項目，あるいは健全化判断比率（実質赤字比率，連結実質赤字比率，実質公債費比率，将来負担比率の4指標）の定義式を構成する項目や算定過程における中間的指標を開示するというものである。

第2は，健全化判断比率（うち，実質赤字比率，連結実質赤字比率，実質公債費比率の3指標）の現行の算定方法の弱点に調整を施した代替的な算定方法による結果を参考系列として明示するというものである。

第3は，将来負担比率に関して，内数として確定債務部分と未確定債務部分に分けた数値も算定するとともに，確定債務部分の将来負担比率に対する早期健全化基準と協議不要基準を新設するというものである。

以下では，第6章で示した改革プランを次の3つのステップに分けて実施することを提案する。

- 第1ステップ：見える化

    実質公債費比率におけるストック・ベースの積立不足額と積立不足率の見

える化を行う。すでに算定されているものであり，すぐにでも実行可能である。健全化判断比率の基礎データを掲載している「財政状況資料集」において，掲載欄を追加するだけで対応できるはずである。

　また，元利償還金に対する基準財政需要額算入済額（算入累計額）の見える化も行う。将来負担比率の分子における控除項目である「基準財政需要額算入見込額」について地方債種類ごとに集計する際のデータを利用すれば，元利償還金に対する基準財政需要額算入済額（算入累計額）が把握できるはずである。「一般会計等地方債残高」および「充当可能基金」について地方債の種類ごとに集計する際のデータを利用すれば，現実の積立・償還の累計額（満期一括償還方式の場合）や償還累計額（定時償還方式の場合）が把握できるはずである。その算入済額と積立・償還累計額とを比較可能なかたちで開示することにより，交付税措置（基準財政需要額へ算入）された償還財源を先食いする行動を抑止する効果が期待できる。

● 第2ステップ：参考系列の算定と明示

　実質赤字比率および連結実質赤字比率に関して，代替的な定義式に基づく算定値を参考系列として明示する。現行の実質収支の定義式においては，減債基金からの借入れによって黒字を実現した場合でも，当該借入額は他の歳入項目と同様に扱われ，除外されることはない。しかし，当該借入金は返済しなければならないものであることを踏まえ，実質赤字比率の算定時に歳入から除外するというのが代替的定義式の考え方である。

　同様に，連結実質赤字比率算定時も，現実に連結赤字が生じていても，集計対象会計の赤字・資金不足が「解消可能資金不足額」と認定できれば，赤字から除外するという考え方が現行定義式では採用されている。代替的定義式とはその適用を認めないものである。

　いずれも，現行定義式にはきわめて寛容な考え方が採用されており，それによって赤字が回避されている場合でも，その事実を開示する義務さえも課していないことが現行ルールの問題点だといえる。代替的定義式に基づく参考系列の開示は，この問題を解決するものである。このような開示の意義を周知することはすぐに始め，第2ステップとして早期の開示をめざす。

● 第3ステップ：補足的な基準の新設

　将来負担比率の分子における将来負担額を，確定債務と未確定債務に分けて明示し，それぞれに補足的な基準を設定する。現在の将来負担額には，性

質の異なる債務が1つに集計されているが，その内数として確定債務と未確定債務に分けて明示することで，より緻密な債務管理を志向する。

まず，現行の将来負担比率の早期健全化基準（都道府県と政令市：400％，一般市町村：350％）は維持したうえで，**確定債務部分の将来負担比率の早期健全化基準（地方財政健全化制度）と協議不要基準（地方債協議制度）を新設する**。確定債務部分は，将来負担比率算定時の分子における将来負担額を構成する項目のうちの一般会計等地方債残高，公営企業債や一部事務組合等が起こした地方債の元金償還費に充てる一般会計等負担見込額と連結実質赤字額および一部事務組合等の連結実質赤字額相当額のうち一般会計等負担見込額の合計から充当可能基金，充当可能特定財源，基準財政需要額算入見込額を控除した額とし，未確定債務部分は将来負担額を構成する項目のうちの残りの項目としたうえで，標準財政規模と算入公債費の差額で除せば，これらが将来負担比率の内数となる。

将来負担比率の確定債務部分は実質公債費比率のストック概念として位置づけられるものであり，これに対する早期健全化基準が新設されれば，実質公債費比率では捕捉しきれない償還先送りを把握し，抑止するガバナンス機能を持つことになる。しかし，将来負担比率全体の値として設定された現行の早期健全化基準は，市町村（政令市を除く）が発行する地方債の償還方式と平均的な償還年限の実態を踏まえると，実質公債費比率の早期健全化基準と比べて相対的に高い水準に設定されているため（償還先送りをやめることで将来負担比率を引き下げるというインセンティブは生じず）財政健全化に向けたガバナンス効果の発揮が阻害されている。この状況を改めるには，将来負担比率全体の早期健全化基準よりも低い水準の早期健全化基準を確定債務部分に新設し，それが実質公債費比率の早期健全化基準と整合的な水準になるようにすることが必要である。

また，自治体により高いレベルでの財政健全化を促すため，早期是正の機能を担う協議不要基準は早期健全化基準よりも明確に低い水準であることが求められる。そこで，2016年度の制度改正前に将来負担比率全体の協議不要基準として採用されていた都道府県・政令市300％，一般市町村（政令市を除く）200％という水準を確定債務部分の協議不要基準として新設することを提案する。したがって，確定債務部分の早期健全化基準は，これらと将来負担比率全体の早期健全化基準の間に設定されることになる。

3 マクロとミクロ合計額が乖離する原因とその解消に向けた改革

3.1 マクロの地方財政健全化に向けて残された課題

　個別自治体に対しては、地域間の税収基盤の格差を縮小する観点から、国からの財源移転が行われている。本来は、地域固有の財源のもとで、自治体が対応するのが原則であるが、自主財源の確保には限界も生じる。そのため、国から地方交付税の交付を受け、自治体は自主財源と依存財源とを合わせた財源によって歳出を賄う財政運営となっている。しかし、日本全体で見れば、税源が一定であることは変わらず、国からの財源移転にも限界がある。

　投資的経費は足りない財源を地方債で調達することで費用負担を償還期間のなかで平準化する一方、発行体はその返済と償還財源の確保に責任を持つ必要がある。その地方債の元利償還金に関しても、地方交付税算定過程で基準財政需要額へ算入されることを通じて措置（財源補填）され、自治体の実質的な負担を軽減する仕組みがある。地方財政健全化法のもとでは、その「基準財政需要額算入見込額」を将来負担額から控除して自治体の実質債務を捉え、個別自治体が償還の実質的な費用を最終的に担う位置づけとはなっていない。

　しかし、臨時財政対策債の償還財源は確保されておらず、第7章で議論したとおり、マクロとミクロ合計額の乖離をもたらす原因となっている。もともと、臨時財政対策債の発行は、地方財政計画の策定過程で生ずる「地方財源不足額」を解消させるための措置を講ずる「地方財政対策」において、「地方負担分」に対する恒久的な財源確保を先送りし、当面の資金調達だけを行う方法として、2001年度から始まったものである。

　問題視されるのは、過去の「地方財政対策」の結果として積み上がった既往臨時財政対策債から生ずる償還費に対しても、その時点の「地方財政対策」において、新たな臨時財政対策債の発行を通じて措置がなされていることである。つまり、償還費に対する措置といっても、マクロ的には、実質的には借換えを行っているにすぎず、この額に対する将来の償還財源確保は何ら行われていない。既往臨時財政対策債の償還費を賄うための臨時財政対策債のほかに、新たな「地方財源不足額」（「折半対象財源不足額」のうちの地方負担分）を賄うための臨時財政対策債も毎年発行されているため、「基準財政需要額算入見込額」は

減ることなく，増加の一途である．第 7 章で試算したように，その総額は 2018 年度末時点で 57.7 兆円に達していると見られる．

また，臨時財政対策債が導入される以前の地方財政対策における中心的方策であった交付税特会による借入金については，残高が常に明示され，将来の債務として社会的に認識しやすかったのに対して，臨時財政対策債の新規発行と実質的な借換えによって負担を毎年先送りする現在の仕組みは，先送り額すら社会的に認識しにくくなっている．

3.2 マクロとミクロ合計額の乖離解消に向けた改革

このような「個別自治体が実質的な費用負担を認識しない債務」を監視し，統制するガバナンス制度の構築が必要である．具体的には，これらの債務は「地方負担分」の先送りによるもの，言い換えると，地方全体で償還すべき債務であることを再認識し，歳入増加か歳出削減を通じて，個別自治体が実質的に負担しなければならないことを明確化して償還に取り組まなければならない．そのインセンティブを持たせるためにも，全自治体にその地方全体の財政負担額を按分して，自らが将来実質的に負担すべき債務として認識させることを，地方財政健全化法の枠組みに組み入れることが欠かせない．

とくに，臨時財政対策債の償還費は，後年度の地方交付税算定過程で全額が措置される前提になっているため，多くの個別自治体にとっては，「自らが実質的に費用負担をしなければならない債務である」という認識は希薄であると思われる．しかし，マクロ的には，臨時財政対策債残高を減らす効果のある財源が制度を通じて措置されたことは一度もなく，新たな臨時財政対策債の発行が繰り返し行われているにすぎない．このマクロとミクロ合計額の乖離（のうち臨時財政対策債に由来する部分）を解消し，臨時財政対策債は地方全体の実質的な債務であることを再認識し，個別自治体に帰属する実質負担額を明確にする必要がある．

以下では，第 7 章で示した改革プランを次の 3 つのステップに分けて実施することを提案する．

- 第 1 ステップ：認識していない将来負担額の再認識

    地方全体で負わなければならないマクロの地方債等残高と地方財政健全化法のもとでのミクロの地方債等残高合計額が乖離している現実を積極的に明示・説明し，全自治体が地方全体の視点に立って，この問題を解決する必要

があることを認識できるようにする。
- 第2ステップ：マクロとミクロ合計額の乖離の縮小

現在の地方財政健全化法のもとでは、「地方債残高に係る基準財政需要額算入見込額（今後の交付税措置見込額）」分は個別自治体（ミクロ）の実質的な債務とは位置づけられていないため、そのミクロの地方債等残高合計額とマクロの地方債等残高との乖離をもたらしている。とりわけ、臨時財政対策債の償還費については、マクロ的に見れば、新たな臨時財政対策債で賄うという実質的な借換えが続けられており、残高を減らす効果のある本質的な償還財源の確保がなされていない。したがって、地方全体で返済する必要があり、個別自治体には財政負担が生ずることを再認識させ、その金額を明示することで、自治体に確実に返済するインセンティブを持たせることが必要である。地方全体の財政負担額を全自治体が公平に負担できる仕組みで按分することが望ましい。地方全体で負担すべき額については、臨時財政対策債残高に係る基準財政需要額算入見込額（非公表）を独自に推定した後、交付税特会借入残高を合算した額とする（詳しくは、第7章のシミュレーションを参照）。

- 第3ステップ：個別自治体に再認識された財政負担額分も考慮した健全化判断比率の算定によるガバナンス

個別自治体に再認識された財政負担額分も考慮した健全化判断比率を新たに算定し、早期健全化基準や財政再生基準を適用することとし、ガバナンス効果を効かせる。すなわち、認識されていなかった財政負担を再認識することに伴って、負担すべき額が増加した分だけ、算定された実質公債費比率や将来負担比率の早期健全化基準からの余裕度（乖離幅）が縮小し、自発的な財政健全化を促すガバナンス効果が発揮される。

このステップに従うことで、真の財政健全化が進み、地方財政の持続可能性が確固たるものになることが期待できる。

おわりに

本書における分析・検討を通じて再確認できたことは、自治体の自主性と行動インセンティブを尊重した制度設計を行うことの重要性である。個別自治体レベルでの財政健全化に絞っていえば、自治体に自発的な健全化行動を促す仕組みが制度やルール細部に内在していることが重要であり、制度やルールによ

る誘導こそがガバナンス効果の本質である。それは，国による直接管理や強要とは著しく異なるものであり，主役は，あくまで自発的に行動する自治体である。地方財政健全化法に基づく財政健全化制度には，まさしく，このような点が十分に考慮されている。財政再生団体や財政健全化団体となれば，以後の財政的選択を自然体で行うことはできないという意味において，大きな制約を自ら課さなければならない。そのような事態を避けるため，4種類の健全化判断比率のうち，どれか1つでも早期健全化基準に近い水準にある自治体は，その健全化判断比率を引き下げるための財政健全化策を講じる。それこそが自発的な財政健全化行動の出発点であり，現実に大きな成果をあげてきた。

国による直接管理とは対極にある考え方には「市場を通じた規律づけ」という考え方もあり，その究極形が法的な意味での財政破綻が起こりうることを前提にした市場からの誘導や圧力を重視する考え方となるのに対して，地方財政健全化法は，自治体が財政破綻に至らないように，自発的に健全財政を維持させる機能が働くことに重きを置いている。しかし，地方財政健全化法によるガバナンス効果は，「市場を通じた規律づけ」が志向する方向性とも両立しうるものである[1]。財政状況の悪い自治体が発行する市場公募債や銀行等引受債には高い利回りや高い金利が要求されることは，いくつかの実証研究が明らかにしている[2]。その高金利を避けるためには自治体は健全な財政状況を維持する必要があり，高金利を避けるための選択行動と，財政再生団体や財政健全化団体となることを避ける選択行動は，本質的に異ならないからである。

もう1つ再確認できたことは，住民に対する情報開示の重要性である。財

---

1) 格付機関による自治体の格付け（非依頼格付け）が地方財政健全化法のもとでの財政指標と整合的な関係にあることを順序プロビット・モデルの推定を通じて明らかにした研究に石川（2009）がある。また，自治体が依頼格付けを取得する確率と自治体が発行する地方債の金利スプレッドが健全化判断比率などで測られる財政状況を反映して同時決定される連立モデルを推定した石田（2018a）は，依頼格付けの取得が金利スプレッドを縮小させること，財政状況がよいほど依頼格付けの取得に積極的であること，財政状況の悪化は金利スプレッドを拡大させることを明らかにしている。また，石田・中里（2018）は，財政状況の類似した他団体の金利スプレッドが拡大すると，自身の金利スプレッドも拡大するという信用リスクのスピルオーバーが存在することを明らかにしたうえで，市場規律のみに依存するのではなく，複数の規制を組み合わせることが有効であると主張している。

2) 銀行等引受債や市場公募地方債の利回りに関する自治体間格差は，財政状況の違いのほか，いくつかの要因で説明できること示した研究には，田中（2004），石川（2007），中里（2008），石田（2014, 2018b），石田・中里（2018）がある。

政的選択が大きく制約される状況を自治体が忌避するのは，そもそも，そのような状況下では，自治体の財政活動を通じて住民が得られる便益が小さいものになってしまうからである。住民に高い便益をもたらすこと，住民に資することが自治体の役割であり，住民の選好に合った財政的選択がなされるためには，住民自身が財政状況を正しく理解し行動できることが不可欠である。すなわち，住民が自治体の行動を監視すること，必要に応じた意思表示を行うことができる環境が整っていることが必要である。自治体としては，健全化判断比率の算定結果だけでなく，その構成項目や算定過程で得られる指標なども，意味あるものはすべて，住民のために開示すべきである。

　健全化判断比率で測られるミクロの財政状況は，地方財政健全化法が2009年4月に本格施行されてからの10年間で大きく改善したが，住民に向けた情報開示が十分に行われているとは言い難い。家庭や個人におけるインターネット利用が広く浸透した今日においても，当年度の予算内容や最新の決算結果を自らのウェブサイトで公表していない自治体もあるほどである。健全化判断比率に限定しても，その公表義務は一義的には個別自治体にあることを地方財政健全化法は定めており，都道府県による域内市町村分のとりまとめや国による全都道府県分，全市町村分のとりまとめは，それに付随して行われる位置づけのはずである。健全化判断比率による財政状況の点検は住民のためのものであることを，すべての自治体がいま一度，再認識し，自治体が自発的かつ積極的な情報開示を住民に対して行うことを強く願って，本書を締めくくることとしたい。

あ と が き

　本書のベースとなっている共同研究は，地方財政健全化法の意義を計量分析を通じて明らかにする目的で，2011 年秋に始めたものである．その共同研究は，途切れることなく，約 8 年間にわたって続いている．

　実のところ，地方財政健全化法に基づく制度やルールが持つ効果について，経済学的な解明や実証的な評価を試みた研究は少ない．本書を執筆するうえで参考にした計量分析論文，事例研究論文，制度解説論文，新聞記事などは，できる限り，参考文献に掲げた．また，内かん，通知，事務連絡というかたちで総務省（旧自治省を含む）から自治体に提示された行政文書などのなかにも，制度やルールを理解するうえできわめて重要かつ有益な内容を伴っているものがあり，参考資料に掲げるだけでなく，必要に応じて本文中で具体的な文書名を紹介することとした．

　個々の健全化判断比率が果たしている役割，及ぼしている効果について，仮説を立てて検証するには，地方財政健全化制度のみならず，地方債制度や地方交付税制度など外延にある制度を正しく理解し，公表されたデータのうち何が利用可能なのかを詳細に検討する必要がある．そして，それらは，地方財政に関わる，数えきれないほど多くの方々からいただいた支援と協力がなければ，実現しなかったものである．

　すべての方のお名前をここに記すことはできないが，制度の細部に至るまで数々のご教示を賜った平嶋彰英氏（立教大学特任教授，前地方職員共済組合理事長，元総務省自治税務局長），頻繁に行った照会に対して常に真摯な対応をしてくださった総務省自治財政局の方々，地方行財政運営の現場の実情をご教示くださった大阪府，北海道，吹田市，寝屋川市，交野市，富津市，夕張市の方々，学会での討論や本書の草稿に対するコメントを寄せてくださった磯道真氏（『日経グローカル』編集長），林宏昭氏（関西大学教授），井上靖朗氏（鳥取県総務部長），江川雅司氏（明治学院大学教授），鷲見英司氏（新潟大学准教授），中里透氏（上智大学准教授），福田直氏（新潟市参事兼統括政策監），中野時浩氏（大阪府総務部長）には，とりわけお世話になった．もちろん，本書にありうべき過誤は筆者の責に帰するものである．

また，本書の企画から刊行まで実に5年を要することとなったが，有斐閣の柴田守氏と渡部一樹氏の支えなくしては，本書が世に出ることはなかったはずである。ここに記して，深い感謝の意を表したい。

　2019年3月

著　者

参 考 文 献

相川俊英（2006）「Close Up『第2の夕張』へとつながるか 北海道5市町のヤミ起債問題」『週刊ダイヤモンド』2006年9月9日号，16～17頁

青木信之（2007）「一般地方財政篇 新しい地方財政再生制度研究会報告書について——新たな地方公共団体の財政の健全化に関する法制度の構築に向けて」『地方財政』第46巻1号，103～123頁

赤井伸郎（2005a）「PFI成功の鍵——適確な契約によるリスクの適正配分とインセンティブコントロール（特集 自治のギモンに答えます——自治体職員の新「常識」）」『地方自治職員研修』第38巻4号，29～31頁

赤井伸郎（2005b）「地方財政と地方自治のためのインセンティブ設計」『NIRA政策研究』第18巻9号，33～39頁

赤井伸郎（2006）『行政組織とガバナンスの経済学——官民分担と統治システムを考える』有斐閣

赤井伸郎（2018）「国・自治体財務諸表の活用」2018年9月13日付『日本経済新聞』夕刊7面「十字路」欄

赤井伸郎・岩本康志・佐藤主光・土居丈朗（2010a）「提言：『地域主権』の実現に向けた地方財政抜本改革——ナショナルミニマム保障のための『一括交付金』の導入，財政調整に特化した地方交付税」

赤井伸郎・岩本康志・佐藤主光・土居丈朗（2010b）「提言：『地域主権』の実現に向けた地方税改革——融合型から分離型へ，財源確保に説明責任を，地方消費税の分離化と地方交付目的税の創設」

赤井伸郎・佐藤主光・山下耕治（2003）『地方交付税の経済学——理論・実証に基づく改革』有斐閣

秋本敏文（1974）「病院事業をめぐる最近の状況」『公営企業』第6巻8号，29～34頁

朝日新聞社（2001a）「泉崎村支援，県が38億5000万円貸し付けへ」2001年2月21日付『朝日新聞』朝刊29面，福島版

朝日新聞社（2001b）「財政破たんで緊縮予算，福島・泉崎村」2001年4月22日付『朝日新聞』朝刊29面，福島版

朝日新聞社（2006）「（夕張ショック 再建団体へ）監視役の道も加担 基金から不正融資」2006年6月23日付『朝日新聞』朝刊28面，北海道版

朝日新聞社（2007）「大阪府『赤字隠し』計3500億円，来年度も継続方針，新知事の判断が焦点に」2007年12月31日付『朝日新聞』朝刊1面，大阪版

朝日新聞社（2014）「23道府県3500億円財源不足 臨財債の返済金，他に流用」2014年4月3日付『朝日新聞』朝刊5面

朝日新聞社（2016a）「85自治体，会計操作2300億円 公社などへの貸付金，回収装う」2016年8月22日付『朝日新聞』朝刊1面

朝日新聞社（2016b）「甘い財政，将来にツケ 会計操作，夕張破綻後も各地で」2016年8月22日付『朝日新聞』朝刊3面

朝日新聞社（2017a）「土地塩漬け 公金6000億円投入 公社の借金膨張133自治体が起債」2017年5月5日付『朝日新聞』朝刊1面

朝日新聞社（2017b）「赤字予算回避，道債頼み 新年度道予算案，一般会計2兆7534億円／北海道」2017年2月18日付『朝日新聞』朝刊26面，北海道版

安藤範行（2014）「歳出特別枠・別枠加算の見直しと地方法人税の交付税原資化——平成26年度地方財政対策」参議院事務局企画調整室『立法と調査』第349号，39～57頁

安藤裕（2006）「自治のチ・カ・ラ① 工業・住宅団地の販売を推進し，自主的財政再建に努める——福島県泉崎村」『ガバナンス』2006年4月号，74～77頁

井川成正（2012）「平成にっぽんの首長 自治の自画像（第66回）山口県下松市長 井川成正 財政再建団体に転落した。その教訓を現在まで活かしてきた。」『ガバナンス』2012年9月号，74～77頁

池田憲治（2007）「一般地方財政篇 夕張市の財政再建について」『地方財政』第46巻4号，121～174頁

石川達哉（2007）「地方公共団体の財政状況に対する評価と市場公募地方債の流通利回り」ニッセイ基礎研究所『所報』第48巻，1～32頁

石川達哉（2008）「地方公共団体に対する新しい再建・再生制度と連結実質収支比率の動向――地方公共団体財政健全化法の意義」ニッセイ基礎研究所『所報』第50巻，1～37頁

石川達哉（2009）「地方公共団体に対する格付けと財政指標の関係――順序プロビットモデルによる地方公共団体格付けの分析」ニッセイ基礎研究所『所報』第56巻，127～142頁

石川達哉（2010）「臨時財政対策債発行可能額と不交付団体の発行実績――Tobit modelによる分析」日本財政学会第67回大会報告論文

石川達哉（2013）「地方財政の健全化は進んだのか？――その2：健全化判断比率の読み方と地方公共団体の動向」ニッセイ基礎研究所「基礎研レポート」2013年8月27日

石川達哉（2015a）「土地開発公社を巡る40年間――"抜本的改革"の背景と成果」ニッセイ基礎研究所『所報』第59巻，75～88頁

石川達哉（2015b）「地方税ではない"地方法人税"が持つ意味――地方財政計画の読み方その3」ニッセイ基礎研究所「研究員の眼」2015年3月31日

石川達哉（2015c）「臨時財政対策債発行可能額と実際の起債額――交付団体における起債抑制要因の実証分析」日本財政学会第72回大会報告論文

石川達哉（2015d）「地方交付税とは似て非なる臨時財政対策債の本質」ニッセイ基礎研究所「基礎研レポート」2015年11月6日

石川達哉（2017a）「政府間財政移転と地方財政」赤井伸郎編『実践 財政学――基礎・理論・政策を学ぶ』有斐閣，66～99頁

石川達哉（2017b）「地方債」篠原正博・大澤俊一・山下耕治編著『テキストブック 地方財政』創成社，138～159頁

石川達哉（2017c）「再び問われる交付税特会の行方――地方財政の健全性は高まったのか？」ニッセイ基礎研究所「基礎研レポート」2017年8月31日

石川達哉（2018a）「『地方財源不足額』は本当に解消されているのか？――先送りされ続ける臨時財政対策債の償還財源確保」ニッセイ基礎研究所「基礎研レポート」2018年7月13日

石川達哉（2018b）「同床異夢の臨時財政対策債――償還費を本当に負担するのは国か，地方か？」ニッセイ基礎研究所「研究員の眼」2018年12月28日

石川達哉・赤井伸郎（2012）「臨時財政対策債の構造と膨張の実態 基準財政需要額算定額と返済額から見た自治体歳出の実証分析」日本地方財政学会第20回大会報告論文（石川・赤井（2013a）は当論文の修正版）

石川達哉・赤井伸郎（2013a）「臨時財政対策債の構造と実態――基準財政需要算入額と積立・償還額から見た自治体行動の実証分析」日本地方財政学会編『大都市制度・震災復興と地方財政』（日本地方財政学会研究叢書第20号），65～83頁

石川達哉・赤井伸郎（2013b）「経営改善を促す特例債の評価に関する実証分析――地方財政健全化法と公立病院特例債の視点から」日本地方財政学会第21回大会報告論文

石川達哉・赤井伸郎（2015a）「財政健全化策としてのネットの繰上償還の要因に関する実証分析――将来負担比率のガバナンス効果に着目して」日本地方財政学会編『原子力災害と地方自治体の財政運営』（日本地方財政学会研究叢書第22号），157～182頁

石川達哉・赤井伸郎（2015b）「土地開発公社の清算に係る第三セクター等改革推進債発行に関する実証分析――将来負担比率のガバナンス効果は働いているのか？」日本財政学会編『協働社会に

における財政』(財政研究第11巻),166～190頁
石田三成(2014)「北海道内市町村における銀行等引受債の金利に関する実証分析——地域金融機関による寡占の弊害と公的資金の役割の検証」日本財政学会編『「社会保障・税一体改革」後の日本財政』(財政研究第10巻),224～241頁
石田三成(2018a)「依頼格付け取得の効果」持田信樹・林正義編『地方債の経済分析』有斐閣,137～155頁
石田三成(2018b)「銀行等引受債の経済分析」持田信樹・林正義編『地方債の経済分析』有斐閣,157～183頁
石田三成・中里透(2018)「地方債の信用リスクとスピルオーバー」持田信樹・林正義編『地方債の経済分析』有斐閣,113～135頁
石原信雄(1955a)「地方財政再建特別措置法案について」『地方財務』第14号,10～15頁
石原信雄(1955b)「地方財政再建特別措置法案について(2)」『地方財務』第15号,12～15頁
石原信雄(1973)「昭和48年度地方債計画について」『地方財政』第12巻3号,117～134頁
石原信雄(1975)「地方財政の現状と問題点」『財経詳報』第1064号,51～55頁
石原信雄(2016)『新 地方財政調整制度論(改訂版)』ぎょうせい
磯道真(2010)「地方財政を読み解く③ 地方財政健全化法の抜け道 解消可能赤字や繰上償還で指標改善」『日経グローカル』第149号(2010年6月7日),46～47頁
磯道真(2012)「減債基金の積み立て不足 37自治体で合計2.5兆円」『日経グローカル』第207号(2012年11月5日),40～41頁
磯道真(2017)「減債基金の積立不足54団体で2兆3883億円 大阪府など4団体は2000億円超す」『日経グローカル』第316号(2017年5月15日),42～43頁
磯道真(2018)「公会計・統一的基準の財務4表分析 埼玉など8県は純資産比率5％割れ,5県は借金が固定資産を上回る」『日経グローカル』第347号(2018年9月3日),26～35頁
伊藤祐一郎(1974)「公立病院の経営の改善について」『公営企業』第6巻4号,48～59頁
伊藤廉(1985)「『国の補助金等の整理及び合理化並びに臨時特例等に関する法律案』の概要について」『地方財政』第24巻3号,72～99頁
乾智里・磯道真(2000)『地方自治体は大丈夫か——地方債を格付けする』日本経済新聞社
犬丸淳(2017)『自治体破綻の財政学——米国デトロイトの経験と日本への教訓』日本経済評論社
今吉敏雄ほか(1956)「地方財政再建整備をめぐって(座談会)」『地方自治』第100号,27～44頁
ウエッジ編集部(2011)「WEDGE Report 検証・夕張市 自治体の再建に投げかける教訓とは」『WEDGE』第23巻3号,54～57頁
碓井光明(1999)「土地開発公社による用地取得をめぐる諸問題」『地方財政』第38巻7号,4～16頁
梅原英治(2009a)「北海道夕張市の財政破綻と財政再建計画の検討(1)」『大阪経大論集』第60巻2号,43～66頁
梅原英治(2009b)「北海道夕張市の財政破綻と財政再建計画の検討(2)」『大阪経大論集』第60巻3号,27～48頁
梅原英治(2009c)「北海道夕張市の財政破綻と財政再建計画の検討(3)」『大阪経大論集』第60巻4号,107～129頁
梅原英治(2010a)「北海道夕張市の財政破綻と財政再建計画の検討(4)」『大阪経大論集』第60巻5号,175～193頁
梅原英治(2010b)「北海道夕張市の財政破綻と財政再建計画の検討(5)」『大阪経大論集』第60巻6号,177～195頁
梅原英治(2010c)「北海道夕張市の財政破綻と財政再建計画の検討(6)」『大阪経大論集』第61巻1号,71～93頁
梅原英治(2011)「北海道夕張市の財政破綻と財政再建計画の検討(7)」『大阪経大論集』第61巻4号,

181～204 頁
大沢博（2015）「公営企業篇『新公立病院改革ガイドライン』について」『地方財政』第 54 巻 7 号，56～73 頁
太田善之（1996a）「土地開発公社における会計⑴──滋賀県内の事例を参考にして」『彦根論叢』第 303 号，29～49 頁
太田善之（1996b）「土地開発公社における会計⑵──滋賀県内の事例を参考にして」『滋賀大学経済学部研究年報』第 3 巻，123～148 頁
太田善之（1996c）「土地開発公社における会計⑶──滋賀県内の事例を参考にして」『彦根論叢』第 304 号，59～80 頁
大宅千明（2018）「統一的な基準による地方公会計の取組の状況について」『地方財政』第 57 巻 8 号，13～29 頁
岡田純夫（1956）「地方財政再建立法とその運営」『自治研究』第 32 巻 3 号，21～48 頁
緒方林太郎（2015）「答弁書（その 1：臨時財政対策債償還）」（2015 年 2 月 5 日）BLOGOS ウェブサイト http://blogos.com/article/105894/
小川功（1995）「地方債のデフォルトと土地会社方式による解決──生保共同引受による留萌町債問題と生保土地管理（株）設立を中心として」『彦根論叢』第 293 号，155～171 頁
柏木恵（2013）「3 段階で財政を健全化──北海道赤平市の財政再建への取り組み」『地方財務』第 705 号，102～116 頁
柏木恵（2015a）「財政再建への道のり どん底からのどのように抜け出したのか（第 1 回）滋賀県栗東市──新幹線新駅設置計画中止からの立て直し」『地方財務』第 730 号，228～239 頁
柏木恵（2015b）「財政再建への道のり どん底からのどのように抜け出したのか（第 8 回）青森県黒石市──身の丈以上の大盤振る舞い」『地方財務』第 738 号，138～152 頁
柏木恵（2016）「公立病院特例債発行のインセンティブと不良債務解消──北海道空知管内を中心に」『経済学論纂（中央大学）』第 56 巻 3・4 合併号，71～89 頁
金坂成通・赤井伸郎（2013）「第三セクター等改革推進債の実績と実態」『公営企業』第 44 巻 11 号，12～25 頁
河北新報社（2000a）「破たん寸前 福島・泉崎村⑷機能不全の村議会／"カラ財源" 可決／村長との間に欠ける緊張感／実質的な議論なし」2000 年 4 月 14 日付『河北新報』朝刊 15 面
河北新報社（2000b）「破たん寸前 福島・泉崎村⑸監督責任／行政指導を無視／財務改善棚上げに／県「暴走」止められず」2000 年 4 月 15 日付『河北新報』朝刊 15 面
河北新報社（2000c）「破たん寸前 福島・泉崎村⑹あらしの中の船出／再建へ課題山積／村民，小林村長に期待と不安」2000 年 4 月 16 日付『河北新報』朝刊 15 面
河北新報社（2000d）「福島・泉崎村財政問題／本年度も借入金で返済／村長が県に報告／「自主再建建に全力」／県，「残念だが努力に期待」」2000 年 5 月 12 日付『河北新報』朝刊 15 面
河北新報社（2001a）「低利，10 年満期で一括償還／優遇も厳しい村再建」2001 年 2 月 21 日付『河北新報』朝刊 15 面
河北新報社（2001b）「福島・泉崎村／一時借入金を返済／白河農協に 43 億円／県が基金貸し付け」2001 年 4 月 3 日付『河北新報』朝刊 15 面
河北新報社（2005）「福島・泉崎村，新たな再建計画策定／現行返済策は達成不可能」2005 年 3 月 12 日付『河北新報』朝刊 15 面
鎌田素史（2010）「過去最大の地方財源不足額の発生──平成 22 年度地方財政対策」参議院調査室『立法と調査』第 301 号，40～53 頁
川越敏史（2013）「公立病院改革と地方財政措置」『公営企業』第 44 巻 12 号，121～128 頁
企業会計基準委員会（2003）「固定資産の減損に係る会計基準の適用指針」
企業会計基準委員会（2006）「棚卸資産の評価に関する会計基準」
企業会計審議会（2002）「固定資産の減損に係る会計基準の設定に関する意見書」

参 考 文 献

木田和成（1986a）「地方財政再建制度を振り返って(1)」『自治研究』第 62 巻 2 号，48～64 頁
木田和成（1986b）「地方財政再建制度を振り返って(2)」『自治研究』第 62 巻 3 号，87～99 頁
木田和成（1986c）「地方財政再建制度を振り返って(3)」『自治研究』第 62 巻 6 号，91～109 頁
木田和成（1986d）「地方財政再建制度を振り返って(4)」『自治研究』第 62 巻 9 号，79～93 頁
木田和成（1986e）「地方財政再建制度を振り返って(5)」『自治研究』第 62 巻 12 号，75～91 頁
九都県市首脳会議（2015）「地方税財政制度について～臨時財政対策債の廃止を求めて～」
小西砂千夫（2007）「住民はどうやれば自治体の暴走をチェックできるか」『自治体財政のツボ——自治体経営と財政診断のノウハウ』関西学院大学出版会，11～25 頁
小西砂千夫（2012）「ミクロの積み上げがマクロではない」『政権交代と地方財政——改革のあり方と制度理解の視座』ミネルヴァ書房，96～108 頁
小西砂千夫（2014）「地方財政再建促進特別措置法と自治体財政健全化法——その文脈と背景」『経済学論究』第 68 巻 3 号，287～318 頁
小西砂千夫（2017a）「再建法制——地方財政再建促進特別措置法と自治体財政健全化法」『日本地方財政史——制度の背景と文脈をとらえる』有斐閣，269～297 頁
小西砂千夫（2017b）「財政課職員の知恵袋（第 19 回）災害が起きたときのためにどこまで財政的な備えが必要なんでしょうか」『地方財務』第 760 号，180～187 頁
小西砂千夫（2018）「自治体財政健全化法 10 年を振り返る」『会計検査研究』第 58 号，5～10 頁
小林紘（1978）「地方財政の現状と課題——財政再建の状況」『ジュリスト』第 667 号，30～35 頁
小室将雄（2012）「自治体職員のための基礎から学ぶ公会計簿記実践編（第 13 話）財政課のお仕事——土地開発公社の解散にまつわる話」『地方財務』第 700 号，109～115 頁
近藤隆之（1955）「何故健全財政を維持すべきか」『地方財務』第 15 号，7～11 頁
坂本大祐（1996）「土地開発公社の現状と課題」『地方財務』第 510 号，27～35 頁
相良隼二（1999）「地方財政危機の研究（下）赤池町に見る再建団体転落のすすめ」『日経地域情報』第 325 号，17～22 頁
佐藤健（2006）「地方債協議制度について——地方財政法施行令の改正内容の解説を中心に」『地方財政』第 45 巻 2 号，87～127 頁
澤田豊（1979）「公立病院特例債の発行と病院事業の経営状況」『地方財務』第 296 号，118～128 頁
自治省財政局各担当課長ほか（1974）『昭和 49 年度 改正地方財政詳解』地方財務協会
信濃毎日新聞社（2018a）「売木村，一般会計赤字に／事業債，起債せぬミス／基金取り崩し補てん」2018 年 9 月 14 日付『信濃毎日新聞』朝刊 4 面
信濃毎日新聞社（2018b）「売木村，赤字埋め補正予算可決 起債ミス分は 7000 万円」2018 年 9 月 21 日付『信濃毎日新聞』朝刊 31 面
週刊ダイヤモンド（2013）「三セク債発行特例設けても残る土地開発公社の課題」『週刊ダイヤモンド』2013 年 7 月 20 日号，10～12 頁
衆議院調査局総務調査室（2006）『自治体破綻法制について』
宿谷和生（2009）「公営企業篇『公立病院』に関する財政措置の改正要綱について」『地方財政』第 48 巻 4 号，109～123 頁
菅原宏太（2013）「地方財政健全化法の施行と地方公共団体の健全化行動——関西の市町村データによる考察」『会計検査研究』第 47 号，39～54 頁
鈴木豪（2009）「公立病院特例債について」『公営企業』第 41 巻 1 号，31～40 頁
鈴木直道（2010）「夕張の今 夕張市民アンケート調査と財政再生計画」『月刊自治研』第 52 巻 3 号，72～78 頁
鈴木直道（2012）『やらなきゃゼロ！ 財政破綻した夕張を元気にする全国最年少市長の挑戦』岩波書店
鈴木直道（2014）『夕張再生市長——課題先進地で見た「人口減少ニッポン」を生き抜くヒント』講談社

鈴木善充・橋本恭之（2015）「国庫支出金の構造変化について——夕張市の事例」『生駒経済論叢』第13巻1号，41〜68頁
鷲見英司（2015）「地方財政健全化法下での地方自治体の財政健全化行動の実証分析」日本地方財政学会編『原子力災害と地方自治体の財政運営』（日本地方財政学会研究叢書第22号），130〜156頁
鷲見英司（2016）「地方財政健全化法による地方自治体の効率化効果に関する実証分析」日本地方財政学会編『自治体政策の課題と展望』（日本地方財政学会研究叢書第23号），31〜54頁
諏訪一夫・森徹（2012）「臨時財政対策債と大都市自治体の財政運営——名古屋市における発行を事例として」『地方財務』第700号，47〜66頁
高木健二（2010）「夕張市の財政再生計画」『自治総研』第36巻8号，1〜17頁
高田寛文・磯道真（2009）「日経グローカルセミナー［2008年］12月定例会 自治体の財政健全化指標を読み解く——今後の課題と展望」『日経グローカル』第116号，52〜55頁
高槻博（1977）「再建を引き受けた革新の苦悩——米沢市に見る自治の実態」『エコノミスト』1977年4月26日号，50〜53頁
高寄昇三（1988）『現代地方債論』勁草書房
高寄昇三（2007）「地方債成立史（35）昭和40年代の地方債（5）ヤミ起債問題と地方公社債」『公営企業』第39巻5号，79〜83頁
田中宏樹（2004）「地方債市場とリスク」『会計検査研究』第29号，83〜97頁
田中宏樹（2013）「負債外部性と財政規律——臨時財政対策債をめぐる自治体間相互連関の実証分析」『政府間競争の経済分析——地方自治体の戦略的相互依存の検証』勁草書房，155〜174頁
地方資金研究会編（1972）『体系地方債（新訂）』大蔵財務協会
地方債制度研究会（2006）「地方債講座 第5回 実質公債費比率の算定方法等について②」『地方債月報』第325号，28〜32頁
辻道雅宣（2010）「夕張市の財政破綻の軌跡と再建の課題」『自治総研』第36巻10号，62〜84頁
土居丈朗（2001）「財政再建に踏み出した地方自治体——財政再建に必要な視点」『地方財務』第570号，2〜12頁
土居丈朗（2004）「地方債と破綻処理スキーム」『フィナンシャル・レビュー』第71号，5〜40頁
土居丈朗・外山昌毅・吉岡大（2011）「財務状況把握の財務指標と地方財政健全化の判断指標」『フィナンシャル・レビュー』第105号，113〜145頁
東京商工リサーチ（2018）「全国の『第三セクター等』7,503法人経営状況調査（2016年度決算）」東京商工リサーチ・ウェブサイト「データを読む」2018年10月2日　http://www.tsr-net.co.jp/news/analysis/20181002_01.html
戸野本優子（1999）「財政再建団体のすすめ」『法学セミナー』第44巻3号，4〜7頁
永江総宜（2013）「新しい局面を迎えた地方公営企業の会計情報開示」『広報研究』第17号，42〜55頁
中里透（2008）「財政収支と債券市場——市場公募地方債を対象とした分析」『日本経済研究』第58号，1〜16頁
中島邦夫（1970）『地方債の制度と運用』地方財務協会
中田鉄治（1990）「夕張市における観光開発の取り組み」『都市政策』第59号，110〜121頁
長野士郎（1956）「地方財政再建促進特別措置法制定の意義とその運用」『地方財務』第23号，2〜11頁
西村宣彦（2009）「財政再建計画抜本変更の論理と倫理——夕張市の事例から」日本財政学会編『少子高齢化社会の財政システム』（財政研究第5巻），296〜314頁
西村宣彦（2010a）「財政の再生か，地域・自治の再生か（北海道夕張市）」『住民と自治』第563号，14〜17頁
西村宣彦（2010b）「自治体財政の危機と再生——住民に何ができるか（シンポジウム：2009年北海

学園大学市民公開講座住民参加による地域づくり)」『季刊北海学園大学経済論集』第 57 巻 4 号，185～194 頁
西村宣彦・平岡和久・堀部篤（2010）「財政悪化と自治体財政統制システム──北海道夕張市を事例に」日本地方財政学会編『地方財政の破綻と再生』（日本地方財政学会研究叢書第 15 号），111～135 頁
日本経済新聞社（2000a）「財政破たんの福島・泉崎村，開発行政に負の遺産──借金予算の 5 倍超」2000 年 5 月 23 日付『日本経済新聞』地方経済面東北 B 24 面
日本経済新聞社（2000b）「福島・泉崎村が，財政再建計画を可決」2000 年 7 月 11 日付『日本経済新聞』地方経済面東北 B 24 面
日本経済新聞社（2001）「福島・泉崎村の財政再建計画，県が支援の意向，村の対応策評価」2001 年 2 月 2 日付『日本経済新聞』地方経済面東北 B 24 面
日本経済新聞社（2006）「空知の 6 市町，無許可の起債 74 億円──道も容認，是正策検討」2006 年 6 月 23 日付『日本経済新聞』地方経済面 1 面
日本経済新聞社（2007）「府債 2930 億円　返済先送り──大阪府，再建団体回避狙う」2007 年 12 月 31 日付『日本経済新聞』夕刊 27 面
日本経済新聞社（2009）「地域の医療守れるか？　財政難に医師不足　公立病院経営重症に　交付税増・特例債テコに改革を」2009 年 1 月 26 日付『日本経済新聞』朝刊 25 面
日本経済新聞社（2012a）「大阪府，借金 5000 億円に，一般財源から返済，22 年度以降膨張，自民府議団試算──積み立て不足，財政圧迫」2012 年 2 月 29 日付『日本経済新聞』大阪夕刊社会面
日本経済新聞社（2012b）「赤字地方債急増　国の財政圧迫　12 年度末，40 兆円突破見込み　交付税抑制のツケ回し」2012 年 4 月 5 日付『日本経済新聞』朝刊 4 面
日本経済新聞社（2012c）「地方債返済用の交付税　23 道府県　別目的に使用　10 年間で 2800 億円」2012 年 5 月 18 日付『日本経済新聞』夕刊 2 面
日本経済新聞社（2016）「国の借金肩代わり『赤字地方債』増勢──自治体の警戒心強く」2016 年 9 月 26 日付『日本経済新聞』朝刊 33 面
日本経済新聞社（2017）「借金返済の基金 54 自治体で不足──昨年度，本社調査」2017 年 5 月 15 日付『日本経済新聞』朝刊 3 面
日本経済新聞社（2018）「『地方債圧縮を』諮問会議で提起 民間議員」2018 年 11 月 18 日付『日本経済新聞』朝刊 5 面
日本公認会計士協会（2000）「販売用不動産等の強制評価減の要否の判断に関する監査上の取扱い」
日本放送協会（2015）「全国 900 近くの自治体『借金返済資金』別費用に」2015 年 7 月 14 日付 NHK News WEB
芳賀玲子（2012）「公立病院改革プランの実施状況等について」『公営企業』第 43 巻 12 号，49～57 頁
橋都由加子（2018）「地方債制度と国の関与の変遷」持田信樹・林正義編『地方債の経済分析』有斐閣，27～56 頁
橋本恭之・木村真（2014）「夕張市の財政再建の現状と課題」『関西大学経済論集』第 64 巻 2 号，165～195 頁
橋本行史（2007）『自治体破たん「夕張ショック」の本質──財政論・組織論からみた破たん回避策』（地方自治ジャーナルブックレット第 42 号），公人の友社
畑山栄介（2008）「夕張市の財政再建について」『地方財政』第 47 巻 6 号，91～115 頁
平井龍（1957）「地方財政再建の概況(1)」『自治研究』第 33 巻 11 号，59～71 頁
平嶋彰英（2006）「地方債篇　地方債協議制度への移行と平成 18 年度地方債同意等基準について」『地方財政』第 45 巻 6 号，141～151 頁
平嶋彰英（2010）「一般地方財政篇　地方公共団体財政健全化法成立から三年を経て──制度設計を振り返り，影響を検証する」『地方財政』第 49 巻 7 号，10～39 頁

平嶋彰英（2017）「臨時財政対策債実態は特例の赤字地方債減らぬ残高，国・地方で解消急務」『エコノミスト』2017年11月21日号，32〜33頁
平嶋彰英・植田浩（2001）『地方債』（地方自治総合講座9），ぎょうせい
広田啓朗・湯之上英雄（2018）「地方財政健全化指標における相互依存関係の実証分析」『経済分析』第198号，1〜21頁
福井新聞社（2018a）「福井市17年度赤字へ　決算見通し　大雪で財政悪化」2018年5月17日付『福井新聞』朝刊1面
福井新聞社（2018b）「福井市　赤字1.6億円，17年度一般会計決算，1997年度以来」2018年9月20日付『福井新聞』朝刊2面
福島隆（2009）「不動産会計基準の整備と企業財務への影響——会計基準の概観と実態調査」『不動産研究』第51巻4号，3〜15頁
福田明俊（2009）「会計基準の変遷と不動産評価——企業会計における不動産評価に関する考察」『不動産研究』第51巻4号，27〜38頁
舟場正富（1975）「地方財政破綻の歴史的位相と処方」『朝日ジャーナル』1975年11月21日号，12〜16頁
星野菜穂子（2011）「公立病院と地方交付税——高知県2町を事例として」日本地方財政学会編『地方財政の理論的進展と地方消費税』（日本地方財政学会研究叢書第18号），85〜108頁
北海道新聞社（2006）「空知6市町『ヤミ起債』，総額71億円，道も関与——産炭基金引き受け」2006年6月23日付『北海道新聞』朝刊1面
北海道新聞社（2018）「会計処理ミスで西興部村赤字に」2018年9月28日付『北海道新聞』朝刊5面
北海道新聞取材班（2009）『追跡・「夕張」問題——財政破綻と再起への苦闘』講談社
本間良太郎（2013）「平成25年度地方財政計画及び地方債計画等について——公営企業を中心として」『公営企業』第44巻12号，65〜80頁
毎日新聞社（2000a）「泉崎村の財政危機問題，新たな一時借入を了承——議会，専決処分には反発」2000年5月18日付『毎日新聞』朝刊19面，福島版
毎日新聞社（2000b）「泉崎村，『自主的財政再建計画』を村議会で可決——敬老年金などを停止」2000年7月11日付『毎日新聞』朝刊27面，福島版
毎日新聞社（2000c）「3赤字会計に繰り出し——財政危機の泉崎村，一般会計補正予算案を提出」2000年9月15日付『毎日新聞』朝刊23面
毎日新聞社（2000d）「三セクの資本金放棄などを可決——泉崎村議会が閉会」2000年9月22日付『毎日新聞』朝刊23面，福島版
毎日新聞社（2001）「泉崎村，借入金処理方針固まる　県，約37億円を支援——一般会計から」2001年2月2日付『毎日新聞』朝刊21面，福島版
毎日新聞社（2006）「無許可起債：北海道・夕張市など旧産炭地6市町が75億円—道容認」2006年6月23日付『毎日新聞』朝刊22面，北海道版
毎日新聞社（2007）「大阪府：2930億円の赤字隠し，再建団体回避か——04〜06年度」2007年12月31日付『毎日新聞』朝刊25面
毎日新聞社（2012）「府議会：府の借金返済『5100億円，負担先送り』22〜43年度の22年間で——自民が試算」2012年3月1日付『毎日新聞』朝刊23面，大阪版
毎日新聞社（2018）「売木村　一般会計，赤字に　事業債の起債ミス　17年度」2018年9月15日付『毎日新聞』朝刊25面，長野版
前島雅彦（2009）「早期健全化団体，『確実』は17市町村——病院特例債や駆け込みリストラが奏功」『日経グローカル』第126号（2009年6月15日），44〜45頁
桝原勝美（1973）「地方公営交通事業の経営の健全化に関する法律について」『地方財政』第12巻9号，100〜113頁

松浦克己／コリン・マッケンジー（2009）『ミクロ計量経済学』東洋経済新報社
松村清之（1955）「地方財政再建計画について」『地方自治』第 91 号，1～11 頁
三橋敏・山本恭司（2009）「業種に特有な会計及び税務処理シリーズ（第 9 回）不動産販売業の会計処理と税務」『ZEIKEITSUSHIN』第 64 巻 15 号，196～203 頁
宮下量久（2018）「過疎対策事業債の発行要因に関する実証分析」『大都市圏域における自治体経営のイノベーション』（日本地方財政学会研究叢書第 26 号），61～86 頁
森田祐司監修／トーマツパブリックセクターグループ編（2008）『自治体財政健全化法の監査――審査の実務とポイント』学陽書房
安武憲明（2001）「財政再建団体からの再生――福岡県赤池町の記録」『地方財務』第 570 号，39～69 頁
吉田博（2007）「夕張財政破綻の本質とは 第 3 回 夕張市の財政再建計画の検証」『地方財務』第 634 号，141～165 頁
読売新聞社（2000a）「泉崎村の特別会計巨額赤字問題 財政再建団体に転落も」2000 年 3 月 23 日付『読売新聞』朝刊 28 面，福島版
読売新聞社（2000b）「『返済計画は不十分』佐藤知事，特別会計巨額赤字問題で泉崎村を批判」2000 年 4 月 11 日付『読売新聞』朝刊 32 面，福島版
読売新聞社（2000c）「泉崎村巨額赤字問題で臨時議会 自主再建 10 議案可決 5 年 45 億円返済」2000 年 5 月 18 日付『読売新聞』朝刊 28 面，福島版
読売新聞社（2000d）「泉崎村特別会計巨額赤字問題 再建計画案，一般会計から補てんも」2000 年 6 月 8 日付『読売新聞』朝刊 28 面，福島版
読売新聞社（2000e）「巨額赤字の泉崎村 前村長時代に口約束で事業委託 ずさんな財務体質露呈」2000 年 7 月 8 日付『読売新聞』朝刊 32 面，福島版
読売新聞社（2000f）「巨額赤字の 3 セク解散 泉崎村，歳出削減分は特別会計に」2000 年 9 月 15 日付『読売新聞』朝刊 30 面，福島版
読売新聞社（2001a）「巨額赤字の泉崎村 県，振興基金貸し付け 2 月議会で条例改正へ」2001 年 1 月 17 日付『読売新聞』朝刊 28 面，福島版
読売新聞社（2001b）「県が 38 億円貸し付け 財政再建の泉崎に」2001 年 2 月 21 日付『読売新聞』朝刊 34 面，福島版
読売新聞社（2001c）「巨額赤字を繰り上げ充用 泉崎の補正予算案が可決」2001 年 5 月 31 日付『読売新聞』朝刊 30 面，福島版
読売新聞社（2006）「旧産炭地ヤミ起債，高橋知事『道にも責任』――関与認め，年内に是正方針」2006 年 6 月 23 日付『読売新聞』夕刊 1 面，北海道版
読売新聞社（2018a）「福井市給与削減『想定外の災害』市長強調」2018 年 5 月 18 日付『読売新聞』朝刊 27 面，福井版
読売新聞社（2018b）「起債の手続き怠り 売木村 6700 万円の赤字 17 年度」2018 年 9 月 15 日付『読売新聞』朝刊 29 面，長野版
読売新聞東京本社北海道支社夕張支局編（2008）『限界自治夕張検証――女性記者が追った 600 日』梧桐書院
Dewatripont, M. and E. Maskin (1995) "Credit and Efficiency in Centralized and Decentralized Economies," *Review of Economic Studies*, Vol. 62, Issue 4, pp. 541-555.
Hausman, J. and D. McFadden (1984) "Specification Tests for the Multinomial Logit Model," *Econometrica*, Vol. 52, No. 5, pp. 1219-1240.
Kornai, J., E. Maskin and G. Roland (2003) "Understanding the Soft Budget Constraint," *Journal of Economic Literature*, Vol. 41, No. 4, pp. 1095-1136.
Maddala, G. S. (1983) *Limited-Dependent and Qualitative Variables in Econometrics*, Cambridge University Press.

Maskin, E. S. (1996) "Theories of the Soft Budget-Constraint," *Japan and the World Economy*, Vol. 8, Issue 2, pp. 125-133.

McFadden, D. L. (1981) "Econometric Models of Probabilistic Choice," in C. F. Manski and D. McFadden eds., *Structural Analysis of Discrete Data with Econometric Applications*, MIT Press: pp. 198-272.

McFadden, D. L. (1987) "Regression-based Specification Tests for the Multinomial Logit Model," *Journal of Econometrics*, Vol. 34, Issues 1-2, pp. 63-82.

Qian, Y. and G. Roland (1998) "Federalism and the Soft Budget Constraint," *American Economic Review*, Vol. 88, No. 5, pp. 1143-1162.

Rhodes, R. A. W. (1997) *Understanding Governance; Policy Network, Governance, Reflexivity, and Accountability*, Open University Press

Roland, G. (2000) *Transition and Economics: Politics, Markets, and Firms*, MIT Press.

Train, K. E. (2009) *Discrete Choice Methods with Simulation*, Cambridge University Press.

Wooldridge, J. M. (2010) *Econometric Analysis of Cross Section and Panel Data*, MIT Press.

参 考 資 料

新しい地方財政再生制度研究会（2006a）「財政再建制度等について」『第1回研究会配布資料』資料3，総務省
新しい地方財政再生制度研究会（2006b）「財政指標の検討の視点」『第2回研究会配布資料』資料5，総務省
新しい地方財政再生制度研究会（2006c）「地方債と一時借入金について」『第2回研究会配布資料』参考資料2，総務省
新しい地方財政再生制度研究会（2006d）『新しい地方財政再生制度研究会報告書』，総務省
泉崎村（2006）「自主的財政再建計画書（第2期）」泉崎村ウェブサイト http://www.vill.izumizaki.fukushima.jp/page/page000275.html
泉崎村（2013）「平成25年10月25日をもって財政再建を達成することができました。」泉崎村ウェブサイト http://www.vill.izumizaki.fukushima.jp/page/page000271.html
大阪府（2018a）「減債基金について」http://www.pref.osaka.lg.jp/zaisei/kosai2/gensaikikin.html
大阪府（2018b）「平成30年度当初予算案の概要（平成30年度当初予算案「資料」）」http://www.pref.osaka.lg.jp/zaisei/yosan/h30tousho.html
大阪府（2018c）「財政状況に関する中長期試算〔粗い試算〕平成30年2月版」http://www.pref.osaka.lg.jp/zaisei/araishisan/index.html
大阪府総務部財政課（2008）「大阪府の借換債について（大阪府債IR資料）」
大阪府総務部財政課（2011）「府債残高等の状況について（平成23年10月）」
経済財政諮問会議（2018a）「地方行財政改革と地方創生に向けて」『第14回経済財政諮問会議』資料3-1
経済財政諮問会議（2018b）「地方行財政改革と地方創生に向けて（参考資料）」『第14回経済財政諮問会議』資料3-2
財政制度等審議会（2018）「新たな財政健全化計画等に関する建議」
財政制度等審議会財政制度分科会（2014）「地方財政について」平成26年11月7日開催分科会配布資料1
財政制度等審議会財政制度分科会（2015）「地方財政」平成27年5月11日開催分科会配布資料1参考資料
財政制度等審議会財政制度分科会（2016）「『経済・財政再生計画』の着実な実施（地方財政）」平成28年4月7日開催分科会配布資料5
財政制度等審議会財政制度分科会（2018）「地方財政」平成30年4月25日開催分科会配布資料1
財政投融資に関する基本問題検討会・地方公共団体向け財政融資に関するワーキングチーム（2009）「地方公共団体向け財政融資に関する報告書」
財務省理財局（2016）「平成27年度地方公共団体の財務状況把握等の結果について」
財務省理財局（2018）「地方公共団体向け財政融資財務状況把握ハンドブック（平成30年6月改訂）」
自治事務次官（1973）「地方公営交通事業の経営の健全化の促進に関する法律等の施行について（通知）」（昭和48年8月1日付「自治企」第129号）
自治事務次官（2000）「土地開発公社経営健全化対策について」（平成12年7月28日付自治事務次官通知；「自治政」第54号，「自治地」第142号）
自治大臣官房地域政策室長・自治省財政局地方債課長（2000）「土地開発公社経営健全化対策措置要領取扱細則について」（平成12年7月28日付「自治大臣官房，自治省自治財政局通知」；「自治政」第55号，「自治地」第143号）
自治省編（1976）「(5)財政再建の状況」『昭和51年版 地方財政の状況（地方財政白書）』158〜159頁

自治省編(1977)「(5)財政再建の状況」『昭和52年版 地方財政の状況(地方財政白書)』159~161頁
自治省編(1978)「(5)財政再建の状況」『昭和53年版 地方財政の状況(地方財政白書)』142頁
自治省編(1979)「(5)財政再建の状況」『昭和54年版 地方財政の状況(地方財政白書)』144~145頁
自治省編(1980)「(5)財政再建の状況」『昭和55年版 地方財政の状況(地方財政白書)』142~143頁
自治省自治財政局財政課長・地方債課長(1978)「減債基金の設置等について」(昭和53年9月5日付「各都道府県総務部長・各指定都市財政局長宛自治省自治財政局財政課長・地方債課長内かん」)
自治省財政局財政課長(1985)「昭和60年度の地方財政について(財政課長内かん)」(昭和60年1月22日付「各都道府県総務部長,各指定都市財政局長あて自治省財政局財政課長内かん」)
自治省地方債課長(1986)「地方債の管理について」(昭和61年6月19日付「各都道府県総務部長・各指定都市財政局長あて自治省地方債課長内かん」)
自治省地方債課長(1992)「市場公募地方債に係る満期一括償還方式の導入について」(平成4年1月20日付「市場公募地方債発行都道府県総務部長・市場公募地方債発行指定都市財政局長あて自治省財政局地方債課長内かん」)
総務事務次官(2002)「第五次病院事業経営健全化措置について」(平成14年4月19日付総財経第103号」)
総務省(2006a)「市町村の一時借入金等についての点検結果(平成18年8月3日)」
総務省(2006b)「市町村の一時借入金等についての点検結果(平成18年8月30日)」
総務省(2006c)「『三位一体の改革』の成果」
総務省(2007)「公立病院改革ガイドライン」
総務省(2008a)「公立病院改革ガイドラインQ&A(改訂版)」
総務省(2008b)「平成20年度 補償金免除繰上償還に係る計画の承認について」
総務省(2009a)「公立病院特例債に係る発行予定額について」
総務省(2009b)「公立病院改革プラン策定状況等について(調査日:平成21年3月31日)」
総務省(2009c)「平成21年度 補償金免除繰上償還に係る計画の承認について」
総務省(2010)「平成22年度 公的資金補償金免除繰上償還に係る計画の承認」
総務省(2011)「平成23年度 公的資金補償金免除繰上償還に係る計画の承認」
総務省(2012)「平成24年度 公的資金補償金免除繰上償還に係る計画の承認」
総務省(2015)「新公立病院改革ガイドライン」
総務省(2015)『統一的な基準による地方公会計マニュアル(平成27年1月23日)』
総務省(2016)『統一的な基準による地方公会計マニュアル(平成28年5月改訂)』
総務省自治財政局(2017)「基金の積立状況等に関する調査結果」
総務省(2018a)「平成30年度 地方団体の歳入歳出総額の見込額」
総務省(2018b)『平成30年版 地方財政白書(地方財政の状況 平成29年3月)』
総務省自治行政局地域振興課長(2005)「『土地開発公社の経理について』の一部改正について」(平成17年1月21日付「総行地」第148号)
総務省自治行政局地域振興室長(2009)「土地開発公社の抜本的改革について」(平成21年8月26日付「総行地」第84号)
総務省自治行政局地域振興室長・自治財政局公営企業課長(2013a)「土地開発公社経営健全化対策措置要領取扱細則について」(平成25年2月28日付「総行地」第10号,「総財公」第24号)
総務省自治行政局地域振興室長・自治財政局公営企業課長(2013b)「土地開発公社経営健全化対策に係る提出書類等について」(平成25年2月28日付「総行地」第11号,「総財公」第25号)
総務省自治行政局地域振興課長・自治財政局地方債課長(2008)「土地開発公社経営健全化対策について」(平成20年2月6日付「総行地」第12号,「総財地」第9号)
総務省自治財政局(2007)「『地方公共団体の財政の健全化に関する法律』に関する説明会(説明資料),平成19年9月26日」
総務省自治財政局公営企業課(2012a)「第三セクター等の抜本的改革の一層の推進について」(平成

24 年 7 月 31 日付「事務連絡」)
総務省自治財政局公営企業課 (2012b)「第三セクター等の抜本的改革に係る取組状況等について」(平成 24 年 12 月 10 日付「事務連絡」)
総務省自治財政局公営企業課長 (2009)「第三セクター等改革推進債の取扱いについて」(平成 21 年 4 月 10 日付「総財公」第 59 号)
総務省自治財政局財務調査課 (2007)『地方公共団体財政健全化法における早期健全化基準等について』(平成 19 年 12 月 7 日付「事務連絡」)
総務省自治財政局財務調査課 (2018)『地方公会計の活用の促進に関する研究会報告書』
総務省自治財政局財務調査課・地方公共団体金融機構 (2016)『地方公会計の活用のあり方に関する研究会報告書』
総務省自治財政局地方債課・財務調査課 (2015)『地方財政の健全化及び地方債制度の見直しに関する研究会報告書』
総務省自治財政局地方債課長 (2006a)「地方債の総合的な管理について」(平成 18 年 3 月 31 日付「総財地」第 107 号)
総務省自治財政局地方債課長 (2006b)「実質公債費比率等について」(平成 18 年 5 月 1 日付「総財地」第 151 号)
総務省自治財政局地方債課長 (2014)「地方債の総合的な管理について (通知)」(平成 26 年 4 月 1 日付「総財地第 115 号」)
総務省自治財政局長 (2003)「第三セクターに関する指針の改定について」(平成 15 年 12 月 12 日付「総財経」第 398 号)
総務省自治財政局長 (2008)「第三セクター等の改革について」(平成 20 年 6 月 30 日付「総財公」第 112 号)
総務省自治財政局長 (2009)「第三セクター等の抜本的改革の推進等について」(平成 21 年 6 月 23 日付「総財公」第 95 号)
総務省自治財政局長 (2014)「第三セクター等の経営健全化等に関する指針の策定について」(平成 26 年 8 月 5 日付「総財公」第 102 号)
総務省地域力創造グループ過疎対策室 (2010)「過疎対策について」(平成 22 年 9 月 30 日)
総務大臣 (2014)「第三セクター等の経営健全化の推進について」(平成 26 年 8 月 5 日付「総財公」第 101 号)
総務大臣・財務大臣 (2009)「覚書 (平成 21 年度の地方財政補正措置及び平成 22 年度の地方財政対策を講ずるに当たり,申し合わせ;平成 21 年 12 月 23 日)」
総務大臣・財務大臣 (2010)「覚書 (平成 23 年度の地方財政対策を講ずるに当たり,申し合わせ;平成 22 年 12 月 22 日)」
総務大臣・財務大臣 (2011)「覚書 (平成 24 年度の地方財政対策を講ずるに当たり,申し合わせ;平成 23 年 12 月 22 日)」
総務大臣・財務大臣 (2013a)「覚書 (平成 25 年度の地方財政対策を講ずるに当たり,申し合わせ;平成 25 年 1 月 27 日)」
総務大臣・財務大臣 (2013b)「覚書 (平成 26 年度の地方財政対策を講ずるに当たり,申し合わせ;平成 25 年 12 月 21 日)」
総務大臣・財務大臣 (2015a)「覚書 (平成 27 年度の地方財政対策を講ずるに当たり,申し合わせ;平成 27 年 1 月 12 日)」
総務大臣・財務大臣 (2015b)「覚書 (平成 28 年度の地方財政対策を講ずるに当たり,申し合わせ;平成 27 年 12 月 22 日)」
総務大臣・財務大臣 (2016)「覚書 (平成 28 年度の地方財政補正措置及び平成 29 年度の地方財政対策を講ずるに当たり,申し合わせ;平成 28 年 12 月 19 日)」
総務大臣・財務大臣 (2017)「覚書 (平成 30 年度の地方財政対策を講ずるに当たり,申し合わせ;平

成29年12月18日)」
総務大臣・財務大臣（2018）「覚書（平成31年度の地方財政対策を講ずるに当たり，申し合わせ：平成30年12月18日)」
総務副大臣（2013）「土地開発公社経営健全化対策について」（平成25年2月28日付「総行地」第9号，「総財公」第18号）
地方公会計の推進に関する研究会（2018a）「指標の検証等について」『第1回研究会配布資料』4，総務省
地方公会計の推進に関する研究会（2018b）「債務償還可能年数の算定式の見直しについて（素案）」『第2回研究会配布資料』3，総務省
地方公会計の推進に関する研究会（2018c）「指標の検証等について①1.債務償還可能年数について」『第3回研究会配布資料』4，総務省
地方公会計の推進に関する研究会（2019）『地方公会計の推進に関する研究会報告書（平成30年度）』，総務省
地方財政審議会（2018）「誰もが希望を持てる地域社会に向けた地方税財政改革についての意見（概要)」
地方財政調査研究会編（2018）『地方公共団体財政健全化制度のあらまし 平成30年度』地方財務協会
福智町（2006）「財政再建を再見する かつて三町は倒産した（特集合併再建—財政再建再び／改革の羅針盤—)」『広報ふくち』2006 No.10，4〜5頁
北海道企画振興部（2006a）「夕張市の財政運営に関する調査（中間報告）（平成18年6月29日)」
北海道企画振興部（2006b）「夕張市の財政運営に関する調査（経過報告）（平成18年8月1日)」
北海道企画振興部（2006c）「夕張市の財政運営に関する調査（平成18年9月11日)」
夕張市（2010）「夕張市財政再生計画の概要（平成22年3月)」

[各年版，各年度版]
地方債協会「地方債統計年報」（各年版）
財務省理財局「地方公共団体の財務状況把握等の結果について」（各年度版）
総務省「決算カード」（各年度版）
総務省「健全化判断比率・資金不足比率カード」（各年度版）
総務省「健全化判断比率・資金不足比率の概要（確報)」（各年度版）
総務省「財政状況資料集」（各年度版）
総務省「財政状況等一覧表」（各年度版）
総務省「市町村別決算状況調」（各年度版）
総務省「第三セクター等の出資・経営等の状況に関する調査結果」（各年度版）
総務省「第三セクター等の状況に関する調査結果」（各年度版）
総務省「第三セクター等について地方公共団体が有する財政的リスクの状況に関する調査結果」（各年度版）
総務省「地方公営企業年鑑」（各年度版）
総務省「『地方公共団体の財政の健全化に関する法律』における健全化判断比率等を算定するための様式に関する記載要領（都道府県・市区町村共通)」（各年度版）
総務省「『地方公共団体の財政の健全化に関する法律』における資金不足比率等を算定するための様式に関する記載要領（公営企業関係／都道府県・市区町村・一部事務組合等共通)」（各年度版）
総務省「地方公共団体普通会計決算の概要」（各年度版）
総務省「土地開発公社事業実績調査結果概要」（各年度版）
総務省「都道府県決算状況調」（各年度版）
総務省「病院事業決算状況・病院経営分析比較表」（各年度版）

総務省自治財政局『地方交付税等関係計数資料』(各年度版)
地方交付税制度研究会編『地方交付税制度解説(単位費用篇)』地方財務協会(各年度版)
地方交付税制度研究会編『地方交付税制度解説(補正係数・基準財政収入額篇)』地方財務協会(各年度版)
夕張市「夕張市の統計書」(各年版)

索 引

● あ 行

赤字国債　117
赤字地方債　6, 117, 320
赤字予算　46
新しい地方財政再生制度研究会　1, 12, 240, 259
イエロー・ゾーン　9, 14, 24, 214
依存財源　368
1号土地（依頼土地）　190
一時借入金　237, 238, 246
一時借入金利子　61
一部事務組合　13, 21, 284
　——等が起こした地方債　52, 60, 193
一般会計　18, 281
一般会計等　19, 48
一般会計等地方債残高　159, 304, 310
一般会計等負担見込額　63, 161
　受益権を有する信託に係る負債額のうち
　——　60, 175
一般化最小二乗法　107
一般財源　352, 357
依頼土地　→1号土地
　——の買戻し予定額　178, 193
入れ子型ロジット・モデル　158, 200
インセンティブ　2, 100, 139, 244
エージェント　4
縁故債　105
オーバーナイト　254, 257

● か 行

会計間取引　21, 49, 126
会計操作　219, 222, 224, 235, 236, 238, 240, 242, 244
会計年度独立の原則　67, 241
解消可能資金不足額　51, 282, 283
確定債務　290, 291, 365, 366

加算項目　62, 159
ガバナンス　68, 141, 252, 361
　——効果　2, 10, 35, 37, 38, 70, 78, 102, 107, 137, 148, 157, 158, 171, 174, 176, 237, 261, 262, 282, 306, 360, 363, 364, 371
ガバメント・ガバナンス　3
借換債　101, 166, 266, 268, 270, 275
借換償還　74, 94, 167, 266
元金均等償還　285, 321
元金償還費　323
元利均等償還　55, 328
元利償還金　22, 66, 72, 111, 320, 368
　——に係る交付税措置　58, 65, 75, 160, 205, 277, 279
既往臨時財政対策債　74, 84, 301, 305, 314, 321, 328, 368
議会への報告　363
起債制限比率　15, 22, 54, 69, 233
基準外繰入金　124, 144, 149
基準財政収入額　76, 340, 351
基準財政需要額算入見込額　304, 307, 309, 313, 317, 319, 320, 328, 331, 333, 338-342, 366, 368, 370
基準財政需要額への算入公債費　66, 74
基準内繰入金（繰入基準額）　124, 134
逆ミルズ比　172
旧再建法　→地方財政再建促進特別措置法
協議不要基準　26, 28, 41, 70, 289, 290, 292, 367
協議不要対象団体　26
供用済土地　188
規律づけ　3, 78, 99, 371
銀行等引受債　54, 95, 167, 371
近視眼的　56, 74, 266, 268
首長と議会の関与責任　16, 362
繰上償還　58, 70, 71, 152, 154, 166, 167, 175, 207

グロスの―― 71, 166, 167
ネットの―― 71, 154, 158, 166, 168, 364
繰入基準額 →基準内繰入金
繰出金 19
グリーン・ゾーン 24
経営健全化基準 51
経済財政運営と改革の基本方針2018 81, 348
経済財政運営と構造改革に関する基本方針 2006 12
経済財政諮問会議 302, 308, 356
形式収支 45, 152
経常収支比率（公営企業会計ベース） 122
経常収支比率（普通会計ベース） 223, 224, 248
激変緩和措置 36, 119
決算事務 17
決算剰余金 47, 152
原価法 190
現金償還 267, 294
減債基金 22, 56, 85, 100, 166, 281, 282
　――からの借入れ 366
　――の積立不足を考慮して算定した額 57, 69, 94, 99, 102, 103, 263, 265, 266, 269, 271, 274, 276, 293, 297
　――の積増し 102, 207
減算項目 62, 159
減収補填債 20, 112
建設地方債 83, 161
健全化判断比率 4, 9, 17, 34, 60, 254, 281, 363, 365, 372
　――のトレードオフ 152
健全化判断比率・資金不足比率カード 58, 193
広域連合 18
公営企業会計 50, 51, 119, 138
公営企業債 18, 52, 59, 304
公営交通事業再建債 124
公営事業会計 48
公拡法 →公有地の拡大の推進に関する法律
公債費 56, 57, 68

公債費負担 15, 21, 54, 270
公債費負担適正化計画 24, 41, 70, 289
公的資金 71, 167
公的資金補償金免除繰上償還 71, 167
行動インセンティブ 3, 69, 236, 244, 365
交付基準額 76, 112, 300
交付税及び譲与税配付金特別会計（交付税特会） 76, 316, 331, 332
　――借入金 303, 307, 317, 338-341
交付団体 53, 83, 337, 339, 345-352
公有地 180
公有地取得事業 187, 190
公有地信託 255, 257
公有地の拡大の推進に関する法律（公拡法） 180, 182, 190, 229, 238
公有用地 190, 193
効用最大化 177, 210
公立病院改革ガイドライン 123, 135
公立病院改革プラン 136
公立病院特例債 6, 21, 36, 50, 117, 119, 121, 125-128, 130, 139, 364
公立病院のネットワーク化 284
国税5税 351
国庫支出金 45, 124, 234, 357, 359
コミットメント 36, 137, 148, 317

● さ 行

歳計剰余金 72, 166
財源措置 124, 134, 142, 149, 250, 303
財源不足額基礎方式 76, 88, 312, 339, 343
債権放棄 183
財源保障 4, 34, 316
　――機能 353
財源補填 6, 307, 368
財政健全化 1, 34, 360, 363, 370
　マクロの―― 306, 368
　ミクロの―― 306, 362
財政健全化計画 10, 14, 16, 23, 67, 194, 362
財政健全化行動 2
財政健全化団体 3, 10, 14, 23, 26, 67, 170, 194, 215

財政再建計画　15, 217
財政再建債　217, 245
財政再建制度　15
財政再建団体　13, 15, 35, 178, 187, 217
財政再生基準　13, 25, 71, 214, 362
財政再生計画　10, 14, 16, 214, 362
財政再生団体　3, 10, 13, 27, 214
財政状況資料集　47, 58, 72, 94, 193, 236, 244, 252, 256, 258, 260, 262, 263, 274, 366
財政状況等一覧表　280
財政制度等審議会　89, 347
財政調整基金　20, 46, 280, 281, 308, 356
　――の積増し　152, 154, 207
　――の取崩し　152, 223
財政調整機能　353
財政投融資制度　11
財政の持続可能性　320, 370
財政破綻　219, 228, 231
再生振替特例債　27, 228
財政民主主義　3
財政融資資金　42, 164, 259
財政力指数　106, 218, 248
最適化行動　67, 209
債務減免　183
債務償還可能年数　258, 259
債務超過　18, 62, 178, 192
債務負担行為に基づく支出予定額　59, 193
債務保証　39, 62, 63, 178, 180, 182, 364
サンプル・セレクション・モデル　171
三位一体改革　357
塩漬け土地　39, 185, 187
時価評価額　63
時価表示　190, 193
事業費補正　83
資金繰り　15, 19, 21, 106, 144, 151, 282
資金剰余　50, 51, 116
資金不足　21, 49-51, 116, 130, 131
　真の――　122
　見かけ上の――　122, 131
資金不足比率　13, 25, 51
資産老朽化比率（有形固定資産減価償却率）　258, 259, 261
自主再建　14, 35, 245
自主財源　368
市場公募債（市場公募地方債）　38, 54, 95
市場公募資金　71, 167
市町村別決算状況調　166
実繰入額　124
実質赤字　19, 20, 44, 116, 152, 155
実質赤字解消計画　24, 41
実質赤字比率　15, 19, 34, 44, 151, 212, 213, 224, 233, 280, 365, 366
実質黒字　116, 154
実質公債費比率　17, 21, 28, 30, 37, 42, 52, 54, 58, 61, 66, 78, 102, 145, 151, 159, 161, 163, 165, 175, 204, 206, 263, 264, 270, 281, 286, 364, 365
実質収支　20, 44-49, 116, 151, 223
実質収支比率　30, 220, 223, 224
指定管理者制度　123, 136
指定金融機関　241, 245
修正実質収支　47
住宅供給公社　179, 180, 183, 184, 229, 255, 256
充当可能基金　33, 280, 308
　――の積増し　207
住民の効用　3, 209, 356
住民の便益　3, 67, 161
取得価額　63, 188-190, 193
準元利償還金　52, 54, 56, 60, 66, 72
純損益　21, 50
準用再建（準用財政再建）　14, 217, 221, 224
準用財政再建団体（準用団体）　25, 214, 217, 219, 228, 233
償還財源　306, 314, 319, 330, 347
　――の先食い　38, 69, 71, 74, 78, 85, 87, 95, 103, 113, 277, 278, 363
償還年限　38, 74, 87, 90, 161, 169, 206, 287
償還年数　161, 278
償還不足　71, 85, 95, 277
償還方式（償還方法）　74, 83

索　引　393

証券方式　66
証書方式　66
情報開示　4, 16, 236, 274, 363, 371
情報公開　8
剰余金処分　72
将来負担額　59, 61, 204, 208, 291, 366, 369
将来負担の帰属　4
将来負担比率　15, 22, 28, 32, 39, 42, 59-61, 151, 157, 159, 162, 163, 165, 170, 175, 194, 204, 206, 278, 281, 284, 286-290, 306, 308, 364, 366
処置効果　140, 142
　——モデル　118, 139
人口基礎方式　88, 312, 339, 342
新公立病院改革ガイドライン　123
震災減収対策企業債　50
折半対象財源不足額　75, 79, 106, 300, 303, 305, 316, 319
折半対象前財源不足額　75, 79, 305, 316
折半ルール　79, 303, 332, 336
設立法人　179, 284
　——以外の者に対する特定短期貸付金等のうち一般会計等負担見込額　60, 175
　——の負債額のうち一般会計等負担見込額　60, 63, 160, 176, 193
セーフティネット　11, 33, 216
早期健全化基準　14, 23, 70, 148, 163, 214, 285-287, 362, 365
　——からの乖離率　168
早期是正　41
相対的危険回避度　209
想定企業会計　48
総務・財務両大臣覚書　301
測定単位　84, 321
措置額　22, 38, 46, 53, 65, 83, 313
据置期間　55, 87, 127
措置率　32, 74
損失補償　39, 62, 178, 180, 182, 364

● た　行

代位弁済　18, 63, 176, 187, 192, 198

代行用地　190, 193
第三セクター等改革推進債　6, 39, 63, 158, 177, 194, 195, 198, 209, 251, 364
第三セクター等の抜本的改革　181
第三セクター法人　18, 62, 179, 182
退職手当支給予定額のうち一般会計等負担見込額　60, 62, 175, 193
多項ロジット・モデル　200
棚卸資産の評価に関する会計基準　189
単位費用　83, 321, 352
単コロ　221, 235, 238, 240, 246, 253, 256, 257
地方財政審議会　348
地方公営企業法　21, 48
　——の全部適用　123, 136
地方公会計　259
地方公共団体　1
地方公共団体金融機構　42, 127, 164
地方公共団体の財政の健全化に関する法律
　→地方財政健全化法
地方公共団体の財政の健全化に関する法律施行令　16, 141
地方交付税　19, 46, 53, 82, 113, 348, 352, 357, 359
　——総額　46, 78, 79, 313, 340, 341
　——制度　353
　——の精算　20
　——の代替財源　75, 76, 318
　個別自治体に対する——　78, 79, 313
　実質的な——　77
地方交付税等関係計数資料　322
地方交付税法　76, 313, 317, 321, 348
地方債　6, 7, 32, 67, 164
　——協議制度　6, 25, 26, 53, 290
　——許可制度　6, 25, 290
　——届出制度　26, 40
　——に関する省令　68, 264
地方財源不足額　4, 75, 79, 88, 113, 300, 303, 305, 315, 316, 318, 320, 332, 347, 351, 353, 368
地方財政計画　4, 78, 301, 305, 318, 351, 352

地方財政健全化制度　2, 3, 292, 361, 362
地方財政健全化法（地方公共団体の財政の健
　　全化に関する法律）　1, 9, 11, 13, 34, 35,
　　70, 213, 238, 244, 246, 258, 362
　　――の抜け穴　261
　　――の本格施行　11, 36, 119, 181, 246
地方財政再建促進特別措置法（旧再建法）
　　1, 11, 13, 34, 35, 213, 215, 217, 230, 233,
　　244, 362
地方財政状況調査関係資料　47
地方財政制度　302, 353, 361
地方財政対策　75, 300, 303, 305, 316, 332,
　　336, 368
地方財政の健全化及び地方債制度の見直しに
　　関する研究会　252, 253, 257, 261
地方財政法　40, 113, 166, 258, 261
地方財政法施行令　24, 66, 70, 141
地方三公社　179, 182, 229
地方自治　3, 110
地方自治法　1, 17, 179, 246
地方消費税　333, 349, 350
地方譲与税　351
地方税　351
地方団体の歳入歳出総額の見込額　76, 313
地方道路公社　179, 180
地方独立行政法人　123, 136, 179, 284
地方分権　3, 11
地方分権21世紀ビジョン懇談会　12
地方法人税　351
積立金　45, 55, 56, 68
積立行動　78, 96, 102, 105, 359
積立不足　56, 59, 69, 71, 78, 85, 87, 93, 95,
　　100, 103, 270, 275, 277, 295
　　――の解消　58
　　（減債基金の）――を考慮して算定した額
　　52, 57, 59, 69, 93, 263-265
積立ルール　56, 91, 272
低価法　190
定時償還方式　54, 69, 100, 163, 170, 276,
　　285
定常状態　159, 163, 164, 285, 296

デフォルト　54, 183
特定財源　32, 248
特定調停　183
特別会計　48
特別交付税　124
特例国債　117
特例地方債　21, 36, 111, 117
土地開発公社　39, 63, 177-180, 184, 185,
　　190, 197, 229
　　――の清算・解散　193
土地開発公社経営健全化対策　186, 191
土地開発公社経理基準　188, 190
土地造成事業　187, 190
土地の先行取得　180, 190
都道府県決算状況調　166
トービット・モデル　89, 171

● な　行

ナショナル・ミニマム　353
二元配置固定効果モデル　105
2号土地（プロパー土地）　190, 193
年度割相当額　22, 38, 56, 68, 92, 101, 264,
　　276, 277

● は　行

引受資金　55
病院事業経営健全化措置　126
病院特別会計　118, 120, 364
不交付団体　53, 83, 88, 312, 331, 337, 345,
　　352
不正経理　228, 230, 235, 245
普通会計　48, 119
普通交付税　76, 351
普通交付税に関する省令　84, 85, 322
振替後基準財政需要額　76
振替前基準財政需要額　76, 106, 341, 344
不良債務　50, 116
プロパー土地　→2号土地
プロビット・モデル　139, 143, 172, 177
ヘックマン（Heckman）の2段階推定法
　　171

索　引

法人に対する政府の財政援助の制限に関する
　　法律　　182
法定率　　305, 348, 349, 351
法適用企業　　50
法非適用企業　　50
簿価表示　　188, 193
補正係数　　83, 321
ホワイト（White）の修正　　107
本再建　　217

● ま　行

満期一括償還方式　　22, 38, 54, 68, 69, 95, 96,
　　170, 264, 288, 293
未確定債務　　193, 290, 291, 365, 366
未収金　　188
民間資金　　26, 40, 71
モニタリング・コスト　　244, 365

● や　行

約定スケジュール　　165, 208
ヤミ起債　　230, 235, 237, 238
有形固定資産減価償却率　　→資産老朽化比率
夕張市　　1, 12, 224, 231, 239-243
予算外支出　　219, 230
予算過程　　191

予算制約
　　──のソフト化　　117
　　ハードな──　　137
予算の単年度主義　　67

● ら・わ　行

利払費　　124, 323
流動資産　　19, 50, 130
流動負債　　19, 50, 130
留保財源　　20, 106, 108, 351
両建て　　47, 90, 166
理論償還費　　83, 87, 306, 321, 330, 340
　　──の基準財政需要額算入額　　65, 80, 83,
　　85, 87
理論積立残高　　38, 56, 57, 93, 265, 269, 270,
　　293, 295-297
臨時財政対策債　　4, 6, 33, 38, 73-78, 249,
　　300, 305, 308, 313-320, 331, 363, 368
　　──の落とし穴　　76
　　──発行可能額　　75, 79, 88, 309, 331, 340
累積欠損　　125
レッド・ゾーン　　9, 13, 214
連結実質赤字比率　　15, 18, 21, 36, 49, 116,
　　119, 132, 137, 148, 151, 282, 366
ワタリ　　219

著者紹介

赤井 伸郎（あかい のぶお）
　1991 年，大阪大学経済学部卒業，94 年，大阪大学大学院経済学研究科博士後期課程単位取得，98 年，大阪大学博士（経済学）学位取得。大阪大学経済学部助手，兵庫県立大学（前・神戸商科大学）助教授などを経て現職。
　現在，大阪大学大学院国際公共政策研究科教授。
　主な著作に，『地方交付税の経済学』（共著，有斐閣，2003 年，第 5 回 NIRA 大来政策研究賞受賞，第 13 回租税資料館賞受賞，第 47 回日経・経済図書文化賞受賞），『行政組織とガバナンスの経済学』（有斐閣，2006 年，第 48 回エコノミスト賞受賞），『交通インフラとガバナンスの経済学』（有斐閣，2010 年），『実践 財政学』（編著，有斐閣，2017 年），"Fiscal Decentralization Contributes to Economic Growth: Evidence from State-level Cross-section Data for the United States"（共著，*Journal of Urban Economics*, 52, 2002），"Interregional Redistribution as a Cure to the Soft Budget Syndrome in Federations"（共著，*International Tax and Public Finance*, 16, 2008），"Too Big or Too Small? A Synthetic View of the Commitment Problem of Interregional Transfers"（共著，*Journal of Urban Economics*, 64, 2008），"A Simple Dynamic Decentralized Leadership Model with Private Savings and Local Borrowing Regulation"（共著，*Journal of Urban Economics*, 70, 2011）などがある。

石川 達哉（いしかわ たつや）
　1982 年，東京大学経済学部卒業。ニッセイ基礎研究所経済研究部主任研究員などを経て現職。
　現在，大阪大学招へい教授，ニッセイ基礎研究所客員研究員。
　主な著作に，「家屋および土地の資本コストと税制による deadweight loss」（『住宅土地経済』No. 55, 2005 Winter），「臨時財政対策債の構造と実態」（共著，日本地方財政学会編『大都市制度・震災復興と地方財政』日本地方財政学会研究叢書第 20 号，2013 年，所収），「土地開発公社の清算に係る第三セクター等改革推進債発行に関する実証分析」（共著，日本財政学会編『協働社会における財政』財政研究第 11 巻，2015 年，所収），「政府間財政移転と地方財政」（赤井伸郎編『実践 財政学』有斐閣，2017 年，所収），「地方債」（篠原正博・大澤俊一・山下耕治編著『テキストブック 地方財政』創成社，2017 年，所収）などがある。

地方財政健全化法とガバナンスの経済学
―― 制度本格施行後10年での実証的評価

Economics of Governance Effect of Act on Assurance of Sound Financial Status of Local Governments

2019年7月20日　初版第1刷発行

著　者	赤　井　伸　郎
	石　川　達　哉
発行者	江　草　貞　治
発行所	株式会社 有　斐　閣

郵便番号 101-0051
東京都千代田区神田神保町 2-17
電話 (03) 3264-1315〔編集〕
　　 (03) 3265-6811〔営業〕
http://www.yuhikaku.co.jp/

印刷・大日本法令印刷株式会社／製本・大口製本印刷株式会社
© 2019, Nobuo Akai, Tatsuya Ishikawa. Printed in Japan
落丁・乱丁本はお取替えいたします。
★定価はカバーに表示してあります。

ISBN 978-4-641-16545-8

JCOPY　本書の無断複写(コピー)は，著作権法上での例外を除き，禁じられています。複写される場合は，そのつど事前に(一社)出版者著作権管理機構(電話03-5244-5088, FAX03-5244-5089, e-mail:info@jcopy.or.jp)の許諾を得てください。